国家级教学团队

东北财经大学财务管理专业系列教材

高级财务管理

Advanced Financial Management

刘淑莲 任翠玉 主编

东北财经大学出版社
Dongbei University of Finance & Economics Press
大 连

图书在版编目（CIP）数据

高级财务管理／刘淑莲，任翠玉主编．—大连：东北财经大学出版社，2014.8（2015.6 重印）
（东北财经大学财务管理专业系列教材）
ISBN 978-7-5654-1669-9

Ⅰ．高…　Ⅱ．①刘…②任…　Ⅲ．财务管理-高等学校-教材　Ⅳ．F275

中国版本图书馆 CIP 数据核字（2014）第 187965 号

东北财经大学出版社出版
（大连市黑石礁尖山街 217 号　邮政编码　116025）
教学支持：（0411）84710309
营 销 部：（0411）84710711
总 编 室：（0411）84710523
网　　址：http：//www.dufep.cn
读者信箱：dufep @ dufe.edu.cn

大连永盛印业有限公司印刷　　东北财经大学出版社发行

幅面尺寸：170mm×240mm　　字数：456 千字　　印张：22 3/4
2014 年 8 月第 1 版　　2015 年 6 月第 3 次印刷

责任编辑：高　铭　孔利利　　责任校对：赵　楠
封面设计：张智波　　版式设计：钟福建

ISBN 978-7-5654-1669-9
定价：36.00 元

东北财经大学财务管理专业系列教材编委会

总 序

随着知识经济和信息经济时代的到来，加之经济全球化趋势的日益凸显，社会对财务管理理论、财务管理实践和财务管理人才培养都提出了更高的要求。因此，高等学校必须为社会培养更多符合其特定要求的财务管理人才。自教育部于 1998 年设立“财务管理”本科专业以来，越来越多的普通高等学校设立了这一专业。在这种背景下，编写一系列理论融汇实际、符合中国国情的优秀的财务管理专业教材，对于培养财务管理人才的重要性是不言而喻的。为此，国家级教学团队——东北财经大学会计学院财务管理系于 2005 年组织骨干师资力量，由本团队资深教授担纲，编写并出版了本院第一套财务管理专业系列教材，包括《财务管理基础》、《企业财务管理》、《高级财务管理》、《投资管理》、《资产评估》五部教材。

第一套财务管理专业系列教材一经推出，就得到了广大读者的厚爱，为许多高等院校所广泛选用，并针对本套教材的体系结构、知识组合和内容界定提出了许多富有建设性的意见。这也促进了我们进一步完善财务管理专业系列教材的信心与决心。2006 年以来，国内外的环境发生了显著的变化，尤其是新《企业会计准则》、新《企业财务通则》以及《企业内部控制基本规范》的颁布，使得原有教材的部分内容需要修改与更新。美国金融危机的爆发，也促使社会公众认识到风险管理尤其是金融衍生投资风险管理的重要性，财务管理教材需要与时俱进，及时反映这一时代背景的深刻变化。另外，东北财经大学会计学院 2005 年被列为首批资产评估全国教学建设基地院校，并于 2006 年在财务管理专业下设置了“资产评估专门化”方向，因此，原有的财务管理专业系列教材已经无法满足本科教学的需要，针对“资产评估专门化”方向的人才培养特点，非常有必要增加一些专业教材。

基于此，我们对原有的财务管理专业系列教材进行了全面修订，并以新版的形式呈现在读者面前，分别是《财务管理基础》、《公司理财》、《高级财务管理》、《证券投资》、《资产评估》等五部教材；同时，新编了《财务学》、《资产评估原理》、《企业价值评估》、《房地产评估》等四部教材，并于2014 年重新编写了《财务管理基础》、《高级财务管理》两部教材。

与第一套财务管理专业系列教材相比，本套教材呈现出以下几个特点：

1. 体系更加完整。本套教材中，《财务管理基础》、《公司理财》、《资产评估》、《企业价值评估》为财务管理专业（含“资产评估专门化”方向）通用专业教材；《资产评估原理》、《房地产评估》是“资产评估专门化”方向所特有的专业教材；《高级财务管理》则作为除“资产评估专门化”方向的财务管理专业学生的选用教材；《财务学》是除财务管理专业之外的其他专业学生学习财务学相关知识的教材。这样的体系安排可满足不同方向、不同层次、不同专业学习财务管理相关知识的教学需要。

2. 内容更加全面。依据《企业会计准则》、《企业财务通则》、《企业内部控制基本规范》等一系列最新规范制度，结合国内外实务的最新动态，吸收读者反馈的合理建议，在保持原系列教材基本体系、特色与优点的基础上，我们在新系列教材中尽可能地反映了财务管理、资产评估理论和实务的最新进展。

3. 更加突出实务。鉴于目前我国高等院校的大部分财务管理专业本科毕业生均走向社会从事实务工作，因此，在教材中除了强调基本概念和基本原理以外，更重要的是培养学生的操作能力。本套教材更加强调理论结合实际，更加强调基本方法的运用和基本技能的掌握，穿插了大量真实的案例，突出案例教学。

4. 体例更加合理。每一部教材不仅列出了本章学习目标，归纳和总结了主要知识点之间的相互联系，而且还配有大量的习题与案例，供教师教学和学生自学使用。

东北财经大学财务管理专业系列教材是国家级教学团队——东北财经大学会计学院财务管理系全体教师共同劳动的结晶，尤其凝聚了众多资深教授和专家多年的经验和心血。当然，由于我们的经验与人力有限，教材中难免存在不足乃至缺陷，恳请广大读者批评指正。

我们的工作尚处于一个开端处，本次再版修订推出的教材仅仅是一个新的起点，而不是终点。随着社会的进步、经济的发展和环境的变化，我们将不断修订，使东北财经大学财务管理专业系列教材不断地与时俱进，及时跟踪反映学科的最新进展。

东北财经大学财务管理专业系列教材编委会

前　言

关于高级财务管理的研究内容，目前理论界并没有达成共识。现有的教学实践主要沿着两条主线进行：一是以金融理论为基础，将公司财务决策与公司战略相结合，特别注重金融资产定价、金融工具设计、金融机构对公司价值的影响。其主要代表作是：格林布莱特和蒂特曼的《金融市场与公司战略》[①]。虽然这本书并没有冠以“高级财务管理”的名称，但作者指出，“该书对财务理论、经验和实践进行了深入的分析”。另一条主线是以契约理论为核心，将公司财务决策与公司治理相结合，注重信息不对称和代理冲突对财务活动和财务关系的影响。其主要代表作是：让·梯若尔的《公司财务理论》[②]。在这本书中，作者以契约理论和信息经济学为基础，通过一个统一的框架，成功地将公司财务和契约、激励和控制权等分散理论整合起来，为财务管理专业的学生提供了一本标准的高级教科书。作者在前言中写道：“本书主要从理论与实证两个方面，讨论了公司的高级财务政策与战略，特别是针对美国的非金融公司进行了详尽的分析和研究。”

事实上，大多数商学院在讲授高级财务管理的内容时，通常以“高级公司财务”或“高级财务管理”作为课程名称，一般不提供专门的高级财务管理教材，而是以一本介绍公司财务的教材作为参考书，然后从中找出许多在高级课程中才涉及的具体的专题进行讨论。有的学校提供一些课堂笔记、研究论文、学术专著作为相关专题的参考教材。例如，美国商学院主讲教师通常采用《公司财务变革》[③] 或者《新公司财务：理论与实务》[④]。这些书主要汇集了《应用公司财务期刊》（The Journal of Applied Corporate Finance）上的文章，主要由美国商学院的财务学教授撰

① GRINBLATT，TITMAN. Financial Markets and Corporate Strategy ［M］. New York：McGraw-Hill Irwin，2004.

② TIROLE. The Theory of Corporate Finance ［M］. NJ：Princeton University Press，2010.

③ STERN，CHEW. The Revolution in Corporate Finance ［M］. 4th ed. NJ：John Wiley and Sons Ltd，2003.

④ CHEW. The New Corporate Finance：Where Theory Meets Practice ［M］. New York：McGraw-Hill Irwin，1993.

写，并消除了数学或计量检验模型。这些文章涉及的专题主要包括：资本市场效率、财务战略、实物期权、资本结构与股利政策、公司融资、风险管理、并购与重组、公司治理、国际财务等。2003 年，由美国教授约瑟夫等撰写的《高级公司财务：政策与战略》① 为学生提供了一本有组织地、全面地讨论公司高级财务政策与战略的教材，特别针对美国的非金融公司进行了详尽的分析和研究。

在我国，随着财务管理专业课程体系的改革，许多学校将财务管理课程设置为初级、中级和高级 3 个层次，但课程体系涵盖的内容相差较大。翻阅这些教材可以发现，初级财务管理和中级财务管理类似于国外的公司理财Ⅰ和公司理财Ⅱ，或者说初级财务管理是公司理财的基础教材，而不是财务管理专业的基础教材；高级财务管理与国外较为相似，是对公司财务研究领域的拓展和延伸。但是，到底拓展或延伸哪些内容，学术界并未达成共识。为了保持与《财务管理基础》、《中级财务管理》等教材的相关性和独立性，大部分教材都是以公司财务理论为核心，采用各种专题形式来介绍高级财务管理的理论与实务的。

鉴于上述情况，本书的作者根据多年高级财务管理课程的授课经验，将单个专题性内容、期刊文章和阅读材料等零散的知识组织起来，作为教材出版。考虑到教学的需要，本书将高级财务管理分为 10 章。各章的基本内容如下：

第 1 章以资本市场的融资功能为主线，采用时间序列和横截面相结合的方法，通过对中国上市公司的股权融资、债务融资、股利政策、公司主要财务指标等进行描述性统计，便于读者了解中国资本市场的历史沿革、资本市场的作用及其对上市公司财务政策的影响。

第 2 章在介绍费雪分离定理和财务决策法则的基础上，简要回顾了在理想市场条件下影响公司财务决策的相关理论。通过分析资本资产定价模型、M-M 资本结构理论和期权定价模型的发展轨迹和研究思路，说明同一理论或学说在公司财务领域的应用，以及各种理论的内在逻辑和相互印证关系。

第 3 章放松了完善市场条件的假设，简要介绍信息不对称及其财务信号传递作用；公司各利益主体（如股东与管理者、股东与债权人、大股东与小股东）之间的代理冲突；分析公司财务与公司治理的内在逻辑，以及解决代理冲突的内部治理机制和外部治理机制等问题。

第 4 章简要介绍企业不同生命周期的融资方式，说明 IPO、股权再融资的发行条件、新股发行的定价方法及定价过程；分析 IPO 和股权再融资的发行过程和发行费用；讨论债券的信用评级与债券选择、债券的发行程序，便于读者掌握在债券发行过程中的定价与分销问题。

第 5 章在分析投资决策、竞争战略与价值创造关系的基础上，从股东权益的视

① OGDEN, JEN, O'CONNOR. Advanced Corporate Finance: Policies and Strategies [M]. Prentice Hall, 2002.

角提出经济增加值和市场增加值的评价标准，利用财务战略矩阵将价值创造与现金余缺联系起来，并从EVA和竞争战略两个不同的角度进一步分解了价值驱动因素，最后阐述了价值创造体系在价值管理中的作用。

第6章在介绍并购类型和并购浪潮的基础上，分析总结了并购效应的理论并找出相关的经验证据，以此了解并购发展的必然性。在了解了并购动机之后，简要介绍了企业并购价值评估的思路，了解并购定价的理论依据，然后对并购融资和对价方式进行了总结，最后介绍了国外比较常见，但在我国也应引起关注和重视的敌意收购以及相关的防御策略。

第7章在介绍衍生工具的基本概念和分类的基础上，简要介绍了衍生工具的功能，重点阐述了利用衍生工具管理商品价格风险、利率风险和汇率风险的基本策略和方法。

第8章以财务危机的内涵与特征为研究起点，对财务危机的宏观与微观影响因素予以阐述，以阶段论、业务范畴论和性质论的研究视角，对公司财务危机的共性特征进行研究与探讨，以此推演出财务危机共性特征的财务表现；同时对财务危机预警的经典方法——多元判定分析模型和多元逻辑模型进行理论阐述，并结合我国上市公司的特点进行预警应用研究，以使读者掌握财务危机及其预警的理论和应用方法。

第9章在阐述企业集团组织结构与财务管理体制基本特征的基础上，从企业集团投资管理、筹资管理和财务控制3个方面阐述了企业集团财务管理的重要内容，目的是解决企业集团投资决策的科学性、资源配置的效率性和控制评价的合理性等问题。

第10章首先介绍跨国公司财务管理的环境及特征，根据外汇的相关概念及汇率决定理论，从跨国公司角度出发，说明跨国公司资本预算的方法、跨国公司的融资管理以及跨国公司内部资本转移管理的相关内容。

从教材结构看，第1章描述了中国资本市场的融资功能和上市公司的主要财务特征，第2章、第3章分别介绍了在理想资本市场、非理想资本市场条件下的财务理论（基于诺贝尔经济学奖中有关金融经济学的相关理论）。书中描述了各种模型及公式，其目的在于通过各种模型及公式说明财务理论（如CAPM、M-M、BSOPM）之间的内在联系，通过数据分析说明这些模型的应用过程。第4章~第10章是专题部分，其中第4章~第6章主要从资本市场融资、投资决策（包括并购活动）方面说明财务决策的相关问题；第7章、第8章从风险的角度讨论衍生产品与财务危机预警等问题；第9章、第10章则从公司组织特征角度研究企业集团财务和跨国公司财务的问题。书中内容设置积木化，各章内容既相互联系，又独立成篇，便于根据实际需要组织教学以及学生自主学习。本书作为财务管理专业系列教材之一，书中的一些内容，特别是在第2章、第3章中对各种财务理论的内在逻辑和相互印证关系的描述，与财务管理专业系列教材《公司理财》既相互独立，又相互联系。感兴趣的学生也可以将财务管理专业配套教材《公司理财》作为一本参考教材，以便更好地理解本书内容。

本书可以作为MBA、MPAcc和本科高年级学生"高级财务管理"课程的教材，也可以作为财务管理专业、会计专业硕士研究生的参考教材。本书的章节顺序可作为本课程的一般授课顺序，教师也可根据学生的实际情况变更次序或根据需要作某些增删。MBA、MPAcc和本科高年级的学生可更加注重专题部分的内容以及教材中的案例分析；财务管理专业、会计专业硕士研究生，可重点关注本书的理论分析以及实证检验的相关结论。在教学中，书中各章设置的讨论题、案例分析可用于课堂讨论、小组作业或现场报告。在教学组织中，可由5~7名学生组成小组，在主讲教师的指导下，让学生按特定题目各抒己见，然后展开讨论，互相切磋。这样就为学生提供了在课堂中难以得到的自我表现机会。"案例分析"提供了解析过程，有利于学生自己动手、下载数据、查阅文献、设计方案、分析论证、撰写报告，随着课程的进度进行相关的案例分析，使案例分析成为课堂教学和自我测试的一个必要环节。本书各章所选案例具有较强的代表性，注意各章知识的融合和贯通，易于学生把握财务知识的总体框架。

需要说明的是，本书假设学生已经学习了"经济学"、"概率论与统计学"、"管理学"、"会计学"、"公司财务"等课程。这些先修课程有助于学生加深对本书内容的理解。但是，先修课程并非至关重要。为学习方便，本书对前续课程中的有关概念作了必要的铺垫性说明。书中许多内容曾作为"高级财务管理"课程的授课内容，并在使用过程中不断进行修订和补充。

全书由刘淑莲教授、任翠玉副教授主编。各章具体分工如下：第1章~第3章由刘淑莲教授撰写，第4章由宋淑琴讲师撰写，第5章由熊伟讲师撰写，第6章由唐睿明教授撰写，第7章、第9章由任翠玉副教授撰写，第8章由秦志敏教授撰写，第10章由罗菲副教授撰写，最后由刘淑莲教授、任翠玉副教授对全书进行修改和总纂。任何一部教材的架构和写作既源于作者的知识积累和创造，更来自于前人的研究成果和贡献。本书在写作过程中，参阅了国内外许多财务专家、学者的理论和实证研究的最新成果。他们的思想和观点对本书的完成极为重要。为了反映这些专家和学者的贡献，我们对书中引用的观点或案例尽可能标注了相应的出处。由于相关的论文和专著非常多，加上我们不可能对所有的问题都详细讨论，因此，书中尽量列出了相关的参考书目。感兴趣的读者可以进一步阅读相关文献，以便获得更多的信息。在本书出版之际，对于这些专家和学者的学术成果，我们再次表示诚挚的敬意！

此外，胡燕鸿、李井林、王月华、刘倩、蒋楠、陈天航、高新宇、张云迪、孟思远等对教材部分章节进行了仔细的校对，并提供了部分上市公司的财务数据。由于他们的工作，本书才得以顺利完成，在此一并表示谢意。

感谢东北财经大学出版社的支持，感谢责任编辑孔利利等在本书编辑出版过程中所付出的辛勤劳动。他们的支持和帮助使本书增色许多并得以顺利出版。

在本书的写作过程中，虽然穷尽了作者在这一领域教学与实践的积累，许多地方反复推敲，几易其稿，但限于水平和时间，书中难免有许多疏漏和不当之处。谨以此书献给理论界与实务界的理财专家，献给在这一领域学习与探索的未来的理财专家。你们的批评和建议将是本书再次修订的重要依据。

刘淑莲

2014 年 6 月

目 录

第1章 资本市场与公司财务特征

学习目标

◇ 了解资本市场对推动经济发展、企业融资变迁的影响
◇ 了解内部融资与外部融资、直接融资与间接融资结构的特征
◇ 熟悉股权融资、债务融资的变动趋势及其行业特征
◇ 掌握中国上市公司主要财务指标的变动趋势及其原因
◇ 了解中国上市公司的股利分配行为及其特征

有人说，马克思将《资本论》中的“资本”留在西方，而将“论”留在东方。直到20世纪70年代末期，中国经济体制开始从计划经济向市场经济转型，国有企业资金需求从行政拨款、银行借款向市场多样化发展。伴随着国有企业筹集资金和体制改革的推进，资本市场应运而生，成为推动所有制改革和改进资源配置方式的重要力量。

1980年1月，中国人民银行抚顺市支行代理抚顺红砖厂面向企业发行280万股股票，获得成功。1980年7月，成都市工业展销信托股票公司，按面值向全民和集体所有制单位发行股票，招股2 000股，每股1元，至1983年实际募资1 400万元。这是新中国成立以来有记载的第一家以募集方式成立的股份公司。1983年7月，广东省宝安县联合投资公司在《深圳特区报》刊登招股公告，以县财政为担保，向社会发行股票集资1 300万元。这是首家通过报刊公开招股的公司。1984年7月，北京天桥百货公司向社会公开发行定期3年的股票。这是首家进行股份制改造的国有企业。

1991年11月，上海真空电子器件股份有限公司向海外投资者发行面值100元人民币，共100万股的人民币特种股票，并于1992年2月在上交所上市。这是新中国证券市场的第一只股票。1993年6月，青岛啤酒股份有限公司在中国香港发行上市，成为中国内地首家在香港上市的H股。1994年8月，山东华能发电股份有限公司在纽约证券交易所发行上市，成为中国内地首家在纽约上市的N股。

1997 年 3 月，北京大唐发电股份有限公司在伦敦证券交易所挂牌上市，成为中国内地首家在伦敦上市的 L 股。1997 年 5 月，天津中新药业在新加坡证券交易所发行上市，成为中国内地首家在新加坡上市的 S 股。

根据《中国证券监督委员会年报》（2012），截至 2012 年底，沪深两市的上市公司共计 2 494 家，比 2011 年底增加 152 家。沪深两市的总市值 23.04 万亿元，流通市值 18.17 万亿元，分别比 2011 年底增加 7.28% 和 10.15%。中国股市总市值位居全球第二位，仅次于美国；流通市值占总市值的 78.86%，比 2011 年年末上升了 2.07 个百分点。其中，中小板总市值 28 804.03 亿元，流通市值 16 244.15 亿元，创业板总市值 8 731.20 亿元，流通市值 3 335.29 亿元。

第 1 章以资本市场融资功能为主线，采用时间序列和横断面相结合的方法，通过对上市公司的股权融资、债务融资、股利政策、公司主要财务指标等的描述性统计，以期了解中国资本市场的历史沿革，资本市场对经济发展及其对上市公司财务政策的影响。

1.1 资本市场与企业融资

1.1.1 股票市场与企业融资

20 世纪 70 年代后期，随着宏观经济体制改革和金融体制改革的不断深入，中国政府面临着的建设资金短缺巨大压力，企业也面临着融资困境。以 1981 年发行国库券为始端，国债开始恢复。到 20 世纪 80 年代中期，城市的一些国有企业和集体企业开始进行各种形式的股份制尝试，许多企业开始半公开、公开发行股票，股票的一级市场开始出现。这一时期股票一般按面值发行，且保本、保息、保分红，到期偿还，具有一定债券的特性；发行对象多为内部职工和地方公众；发行方式多为自办发行，没有承销商。

随着证券发行的增多和投资者队伍的逐步扩大，证券流通的需求日益强烈，股票和债券的柜台交易陆续在全国各地出现。1986 年 8 月，沈阳市信托投资公司率先开办了代客买卖股票和债券及债券抵押融资业务。同年 9 月，中国工商银行上海市信托投资公司静安证券业务部率先对其代理发行的飞乐音响公司和延中实业公司的股票开展柜台挂牌交易，标志着股票二级市场雏形的出现。我国证券市场主要有主板市场、中小板市场和创业板市场。

1）沪深证券交易所主板市场

1990 年 11 月 26 日，上海证券交易所（上交所）由中国人民银行批准成立，同年 12 月 19 日正式开业。当日首批上市公司共有方正科技等 7 家。1991 年 7 月 15 日，上交所以 1990 年 12 月 19 日为基期 100 点，开始发布上证综合指数。1989 年 11 月 15 日，深圳证券交易所（深交所）开始筹建，1991 年 4 月 11 日由中国人民银行批准成立并于同年 7 月 3 日正式开业。1991 年 4 月 4 日深交所以前一天为基期 100 点，开始发布深证综合指数。图 1-1 列示了 1990—2011 年上交所、深交所上市公司的数量和增长趋势。

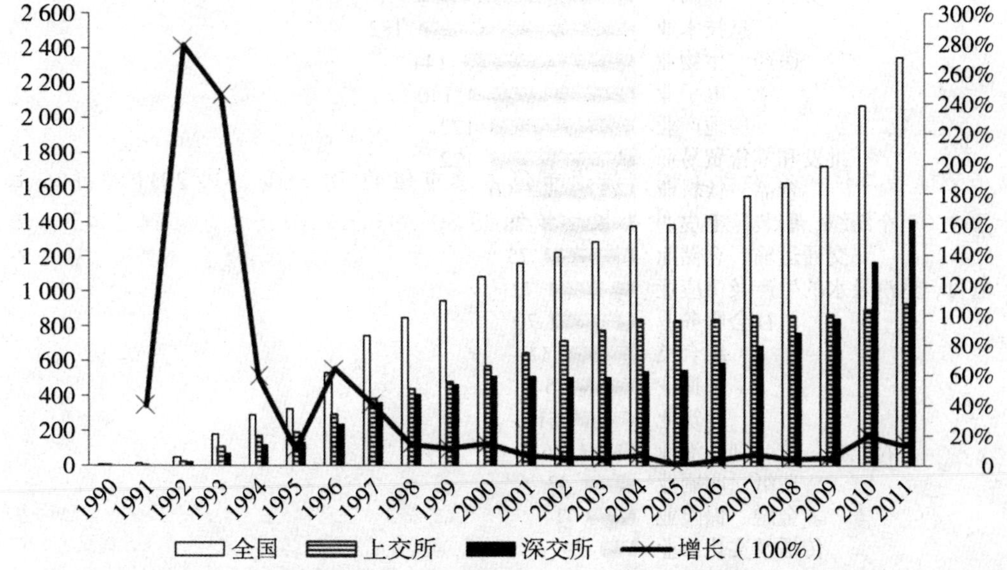

图 1-1　1990—2011 年上交所、深交所上市公司的数量和增长趋势

资料来源：根据《中国证券期货统计年鉴（2012）》数据整理。

在图 1-1 中，1990—2011 年上交所、深交所上市公司的数量由 1990 年的 10 家上升到 2011 年的 2 342 家，年平均增长率为 40. 93%，其中增长率最高的年份为 1992 年，上市公司数量由上一年的 14 家增至 53 家，增长率为 278. 57%；增长率最小年份为 2005 年，上市公司数量由上一年的 1377 家增至 1 381 家，增长率为 0. 29%，近 10 年上市公司的增长数量基本处于较平稳状态。

从上市公司的行业分类看，在 2011 年的 2 342 家上市公司中，机械、设备、仪表类行业为 449 家，占全部上市公司数量的 19. 17%，其次为石油、化学、橡胶、塑料类行业，占全部上市公司数量的 10. 75%，其他类行业的上市公司占比均小于 10%。从上市公司行业分类看，上市公司大部分集中在制造业，而金融保险类上市公司仅为 41 家，占全部上市公司数量的 1. 75%。有关数据如图 1-2 所示。

从股权融资分析，中国上市公司主要通过首次股票公开发行（IPO）、再融资（增发和配股）以及在中国香港上市（H 股）进行股权融资的。1991—2011 年上市公司 A 股的发行情况如图 1-3 所示。

在图 1-3 中，柱形为各年的发行量，折线为各年的发行额。在 1991—2011 年间，上市公司各年的 A 股发行量，最低为 5 亿股（1991 年），最高为 561. 33 亿股（2010 年），平均值为 137. 49 亿股；各年的 A 股发行额，最低为 5 亿元（1991 年），最高为 8 870. 74 亿元（2010 年），平均值为 2 028. 08 亿元。在此期间，发行量和发行额的波动幅度较大。从发行额看，至少经过了三次大的波动，其中两大拐

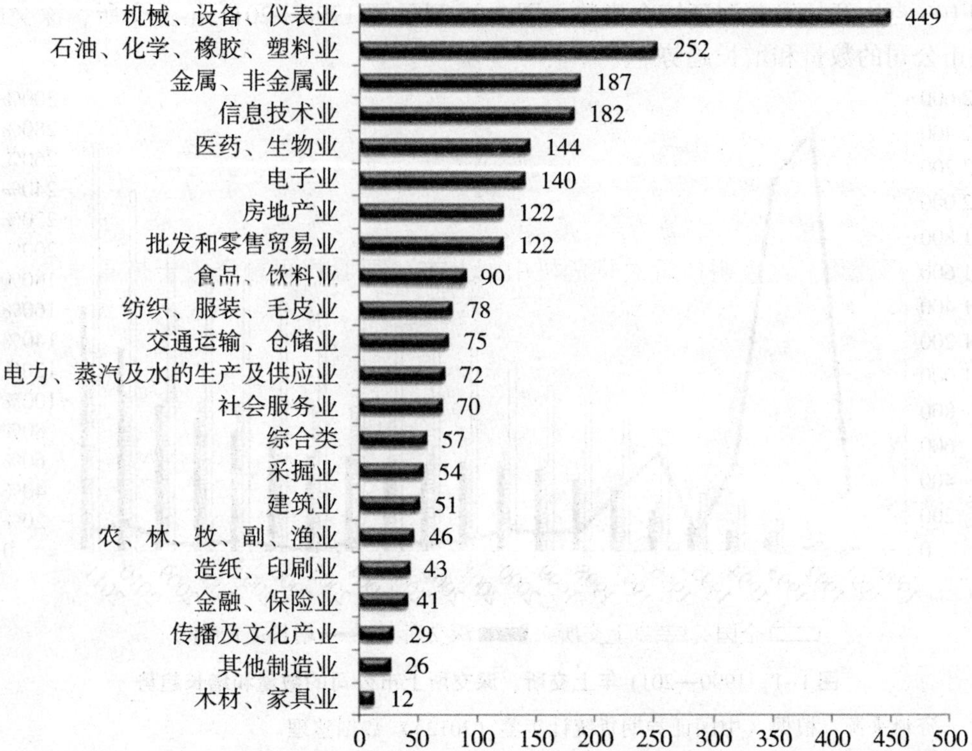

图 1-2　2011 年上市公司行业分类

资料来源：根据《中国证券期货统计年鉴（2012）》数据整理。

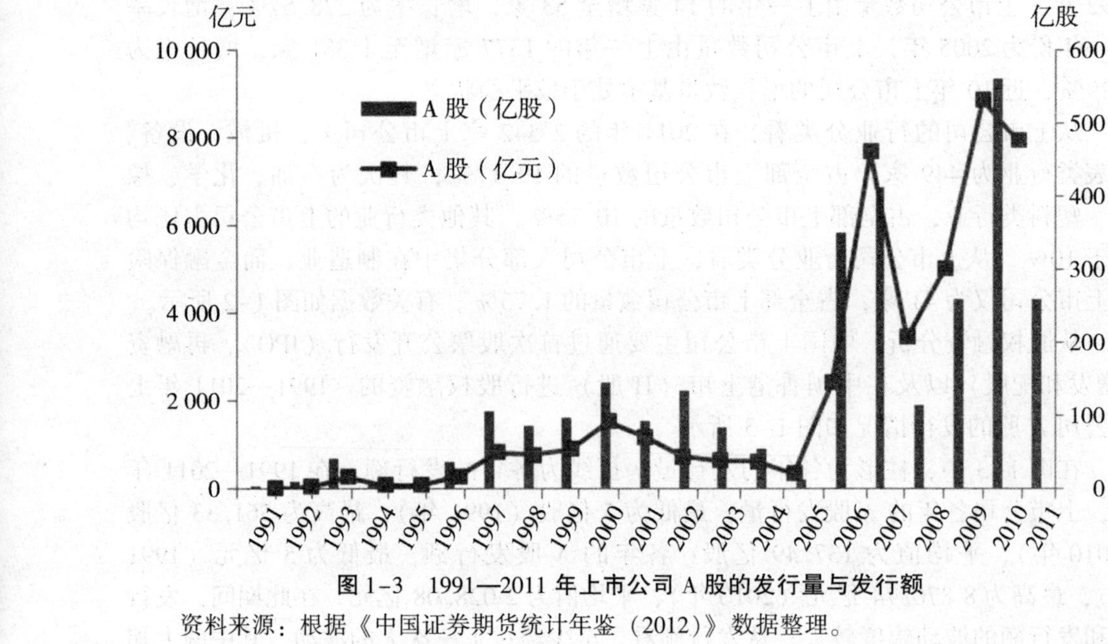

图 1-3　1991—2011 年上市公司 A 股的发行量与发行额

资料来源：根据《中国证券期货统计年鉴（2012）》数据整理。

点分别在2005年和2008年，前者与我国2005年的股权分置改革有关，后者与2008年的全球次贷经济危机有关。

为了了解不同融资方式的变动趋势，我们将A股融资方式进一步分解为IPO、增发和配股3种方式，如图1-4所示。相对来说，中国上市公司IPO、增发和H股在2003年后有大幅度提升。在2005—2011年期间，IPO融资呈M形变化；增发融资从2005年开始大幅上升，2007—2011年增长呈W形变化；2009—2011年配股呈倒V形变化。这表明在后次贷危机中，上市公司股权再融资主要是通过增发方式完成的。

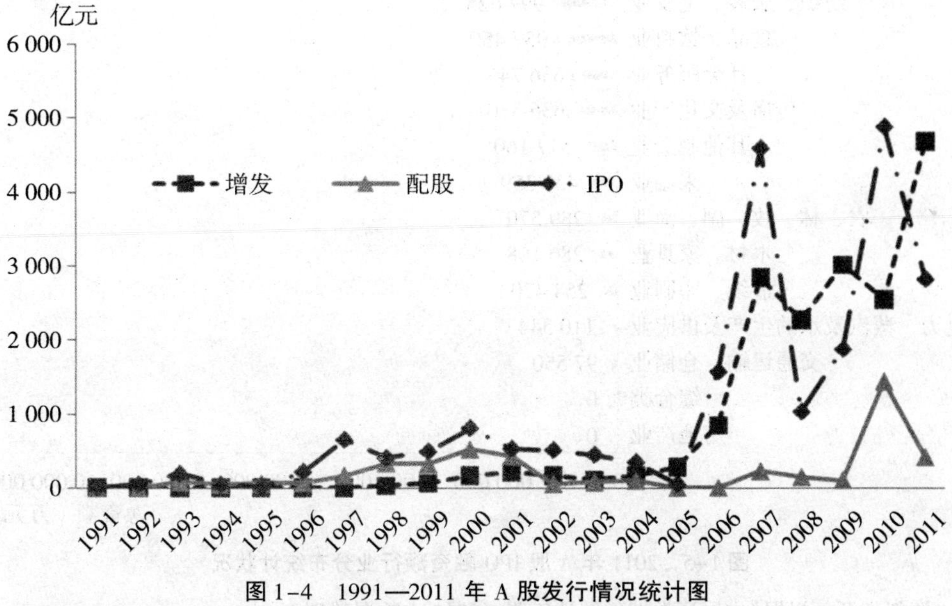

图1-4　1991—2011年A股发行情况统计图

资料来源：根据《中国证券期货统计年鉴（2012）》数据整理。

从上市公司行业分布和行业融资来看，大部分上市公司都是工业制造业，图1-5列示了2011年A股IPO融资额行业分布统计状况。2011年A股IPO融资额为27 773 491万元，其中融资最多的是机械、设备、仪表行业，融资额占当年融资总额的29.94%；其次为石油、化学、橡胶、塑料行业，融资额占当年融资额的11.09%，这与图1-2的结论基本一致。这表明中国各级政府在选择上市公司时的一个政策偏好，同时也反映了中国经济结构依然以机械、设备等制造业为主的现实。

表1-1给出了2011年A股IPO融资金额地区分布格局，反映了中国目前经济发展的地区差异。融资额前六名的地区分别是北京、江苏、浙江、广东、山东、上海，这一点与中国改革开放优先发展沿海地区的总体战略有关，而贵州、宁夏、西藏、云南等西南部地区2011年没有发行A股上市公司，这与其历史上的经济地位有关。

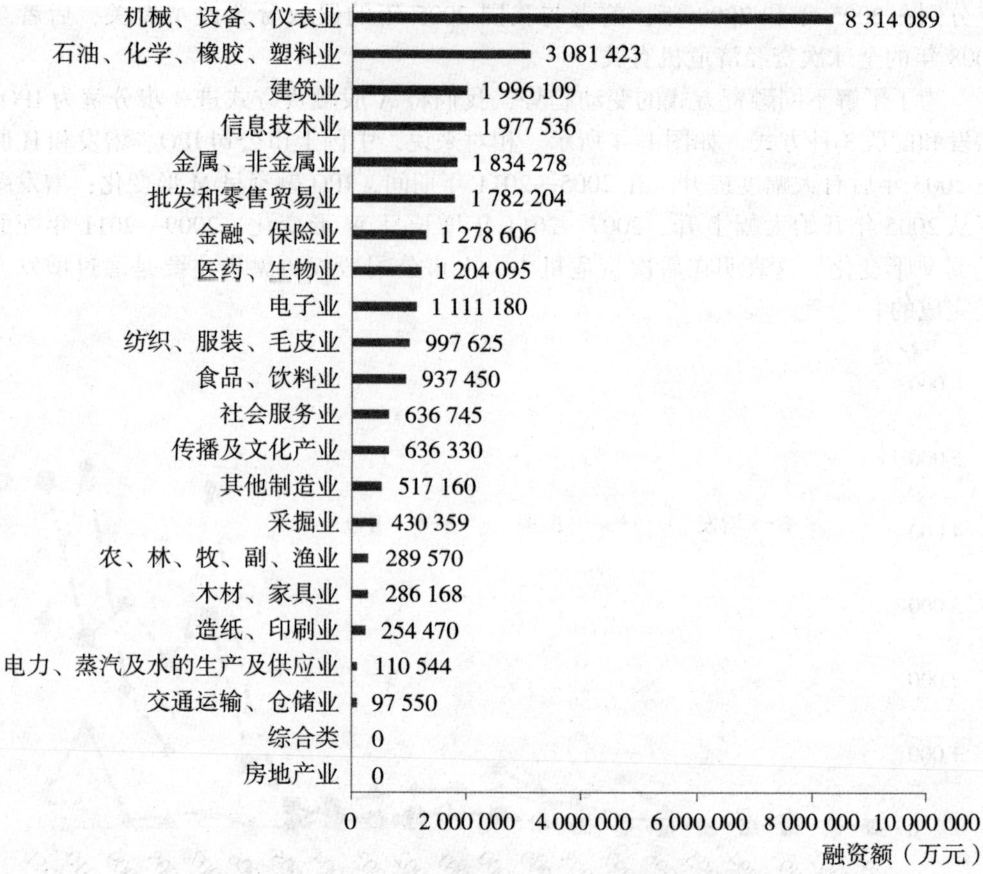

图 1-5　2011 年 A 股 IPO 融资额行业分布统计状况

资料来源：根据《中国证券期货统计年鉴（2012）》数据整理。

表 1-1　　　　　　**2011 年 A 股 IPO 融资金额地区分布**

地区	融资总额		地区	融资总额	
	金额（万元）	（%）		金额（万元）	（%）
安徽	1 039 840	3. 74	辽宁	191 746	0. 69
北京	4 807 506	17. 31	内蒙古	317 100	1. 14
福建	879 338	3. 17	宁夏	0	0
甘肃	120 320	0. 43	青海	96 000	0. 35
广东	3 147 416	11. 33	山东	1 642 810	5. 92
广西	114 406	0. 41	山西	226 629	0. 82
贵州	0	0	陕西	86 870	0. 31

续表

地区	融资总额		地区	融资总额	
	金额（万元）	（%）		金额（万元）	（%）
海南	137 310	0.49	上海	1 566 686	5.64
河北	1 325 756	4.77	四川	534 911	1.93
河南	890 720	3.21	天津	100 000	0.36
黑龙江	174 600	0.63	西藏	0	0
湖北	476 379	1.72	新疆	74 179	0.27
湖南	1 123 432	4.04	云南	0	0
吉林	186 124	0.67	浙江	3 482 093	12.54
江苏	4 768 300	17.17	重庆	223 021	0.80
江西	40 000	0.14			

资料来源：根据《中国证券期货统计年鉴（2012）》数据整理。

2）中小企业与创业板市场

为丰富资本市场层次，满足处于不同阶段、属于不同类型企业的融资需求以及不同投资者的风险偏好，深交所于 2004 年 5 月设立中小企业板。截至 2012 年年末，中小企业板的上市公司由 2005 年的 50 家上升至 701 家，中小企业板的股票市场价值总额由 2005 年的 482 亿元扩大到 2012 年的 28 804 亿元。2005—2012 年中小企业板市场发展情况如图 1-6 所示。中小企业板上市的行业从以制造业为主，并开始向信息技术、互联网、物流服务、金融、房地产等行业覆盖。公司的地区分布也主要从浙江、广东向全国 31 个省市（区）扩大。

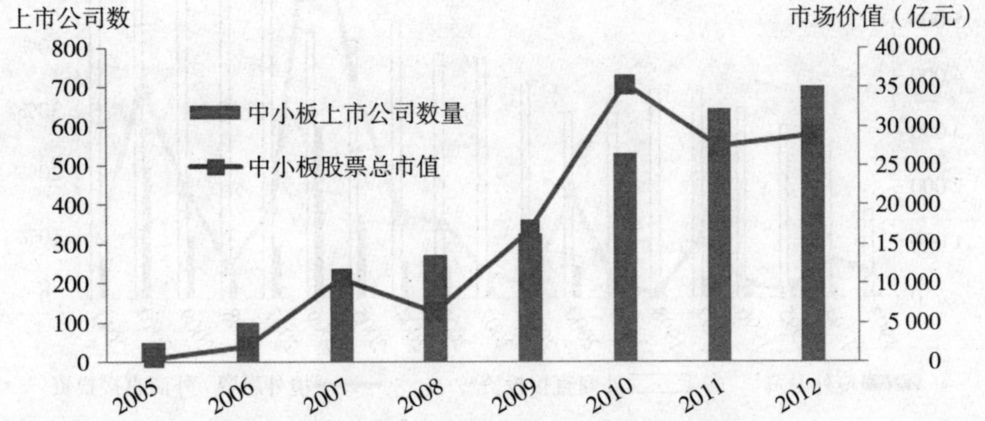

图 1-6　2005—2012 年中小企业板市场发展情况

资料来源：根据《深圳证券交易所市场统计年鉴（2012）》数据整理。

如果说中小企业板市场主要面向已符合现有上市标准、成长性好、科技含量较高、行业覆盖面较广的各类公司，那么创业板市场则主要面向符合新规定的发行条件但尚未达到现有上市标准的成长型、科技型以及创新型企业。经过长达10年的准备，创业板于2009年10月正式推出，10月30日创业板的首批28家公司上市。截至2012年年末，创业板的上市公司总数由2009年的36家增至2012年的355家，上市公司的股票总价值从2009年的1610亿元增至2012年的8 731亿元。创业板市场推出后，为一批具有自主创新能力的企业提供了发展所需资金，促进了中小企业政策支持体系的建设，引导社会资金流向自主创新型企业和战略性新兴产业。

3）境外融资与外部直接投资

20世纪90年代，为解决外汇短缺和外汇管制等问题，一些企业开始在海外发行H股、N股、L股。H股是在中国内地注册的公司在中国香港上市的外资股；N股是在中国境内注册公司，在纽约上市的外资股；L股是在中国境内注册公司，在伦敦上市的外资股。

图1-7列示了1993—2011年证券市场境外H股融资情况。在1993—2004年，H股融资稳定增长；在2004—2011年，H股融资呈现“M”形变化。中国企业海外上市不仅拓宽了中国境内企业的融资渠道，而且加速了国有大型企业转换经营机制，提高其国际知名度和竞争力，更使中国的证券界开始了解国际成熟资本市场的业务规则。在1993—2011年间，外商直接投资额基本呈上升趋势，年均直接投资

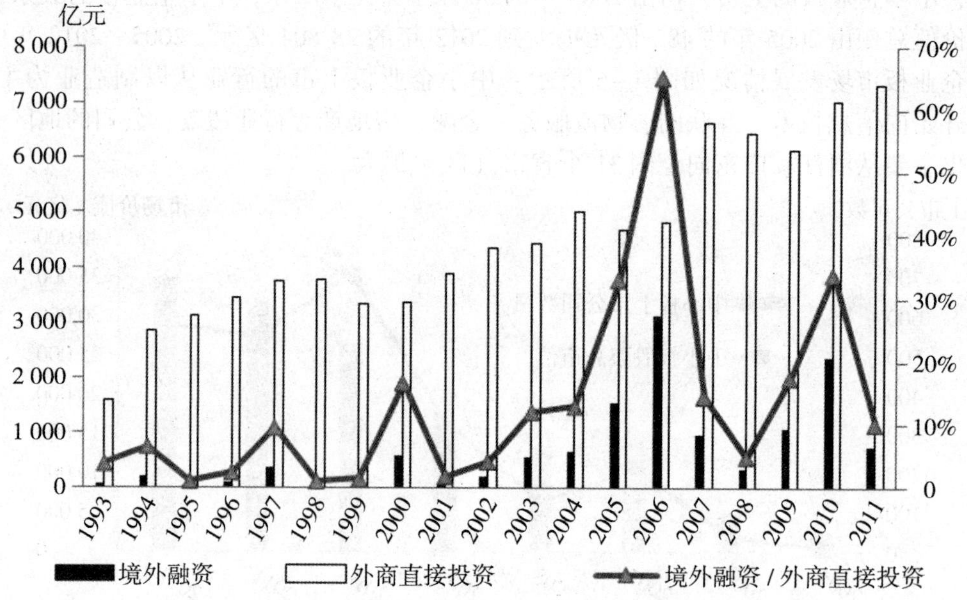

图1-7　1993—2011年境外H股融资与外商直接投资

资料来源：根据《中国证券期货统计年鉴（2012）》数据整理。

额为 4 524 亿元。从境外 H 股融资与外商直接投资比重看，在 1993—2011 年间，平均比重为 13%，最高为 65. 11%（2006 年），最低仅为 1. 01%（1995 年）。总体来说，外商直接投资额远远高于境外 H 股融资额。

根据中国证券监督管理委员会年报（2012），截至 2012 年年末，共有 179 家境内有限公司到境外上市，融资总额为 1 906. 59 亿美元。其中，在中国香港主板上市 148 家（含香港、纽约同时上市 10 家，香港、伦敦同时上市 4 家，香港、纽约、伦敦同时上市 1 家），在香港交易所创业板上市 28 家。在 179 家 H 股公司中有 81 家发行 A 股，1 家发行 B 股，1 家发行 A、B 股。

根据 2013 年中国企业上市年度研究报告①，2013 年中国共有 66 家企业在海外 5 个市场上市，活跃度较 2012 年提高了 40. 4%；融资额合计 190. 13 亿美元，较 2012 年的 98. 42 亿美元水平提高了 93. 2%，且比上市较活跃的 2011 年海外上市融资总额还高出 6. 7%，如图 1-8 所示。中企海外上市活跃度 2013 年有所回升主要有以下三方面原因：一是境内新股发行暂停，部分企业不得不转道海外市场；二是中概股赴美通道打开，2013 年共有 8 家企业成功赴美上市，而 2012 年仅有两家中企登陆美资本市场；三是境外资本市场的回暖也是吸引中企海外上市的客观原因。

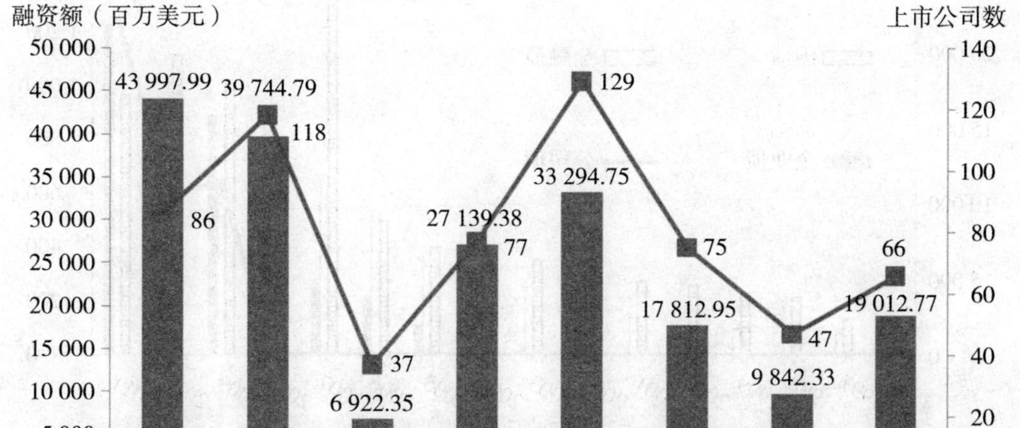

图 1-8　2006—2013 年中国企业海外 IPO 融资额与上市数量

资料来源：私募通 2013. 12（www. ped ata. cn）。

根据 2013 年中国企业上市年度研究报告②，2013 年在海外上市的 66 家中国企业分布于中国香港主板、纽约证券交易所、NASDAQ、法兰克福证券交易所和伦敦

① http：//research. pedaily. cn/report/free/ipo/.
② http：//research. pedaily. cn/report/free/ipo/.

AIM 5 个市场，与 2012 年同期相比，减少了香港创业板市场，但增加了伦敦 AIM 市场。具体来看，香港主板作为中国企业海外上市主力市场的地位依旧不变，共有 56 家企业上市，合计融资 181.69 亿美元，分别占中国企业海外上市公司总数的 84.8%和融资总额的 95.6%，且上市数量和融资金额较 2012 年同期分别增加了 47.4%、90.1%，其中“光大银行”H 股、“中国信达”、“中国银河”、“中石化炼化工程”、“辉山乳业”和“徽商银行”6 笔10 亿美元规模以上的大型 IPO 融资额合计占香港主板总额的 59.6%。

1.1.2 债券市场与企业融资

与股票交易并行，中国于 1981 年 7 日重新开始发行国债。从 1982 年开始，有的企业开始自发地向企业内部或社会集资并支付利息，形成最初的企业债。1984 年，银行开始发行金融债以支持一些在建项目，此后，金融债成为银行的一种常规性融资工具。公司债券融资的债务工具主要包括公司债、可转换债券、可分离债券等。图 1-9 描述了 1996—2011 年全国各类债券的发行情况。

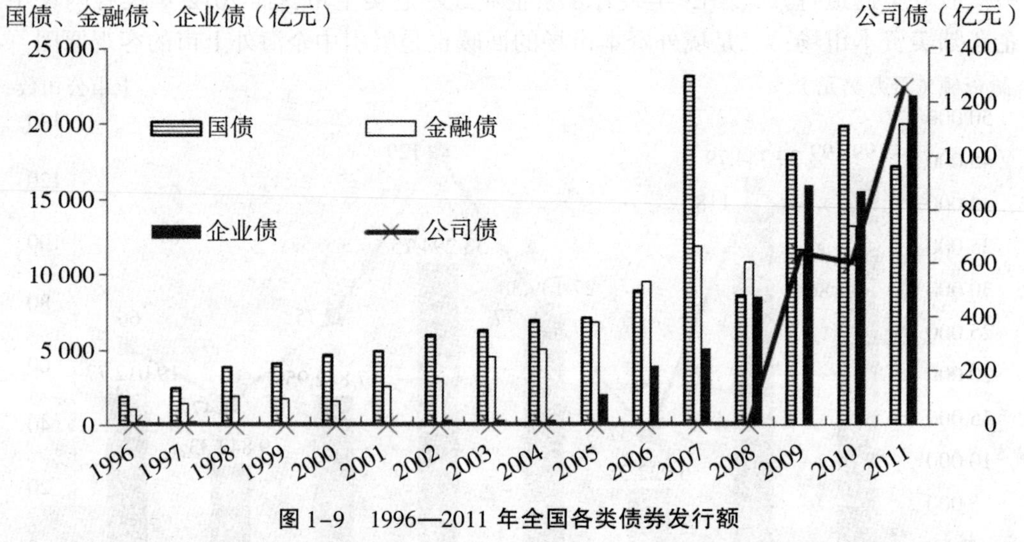

图 1-9 1996—2011 年全国各类债券发行额

资料来源：根据《中国证券期货统计年鉴（2012 年）》数据整理。

图 1-9 表明，在 1996—2011 年间，中国发行的债券主要是国债、金融债、企业债，直到 2009 年才出现公司债。以 2011 年为例，在全年的债券发行额中，企业债占 36.31%，金融债占 33.19%，国债占 28.42%，发行额最少的是公司债，仅占 2.08%。

需要说明的是，企业债和公司债虽然都是企业依照法定程序发行的、约定在一定期限还本付息的有价证券。但这两种证券产生的制度背景不同，因而存在一定区别：第一，发行主体不同，公司债目前仅由上市的股份有限公司发行。第二，募集资金的用途不同，企业债券的募集资金一般用于基础设施建设、固定资产投资、重大技术改造、公益事业投资等方面；而公司债可根据公司自身的具体经营需要提出发行需求。第三，监管机构不同，公司债的发行实行核准制，由中国证监会审核发债公司的材料是否符合法律制度规定，而发行企业债则由国家发改委审批。第四，信息披露要求的差异，企业债券的发行人没有严格的信息披露义务，公司债的发行人的信息披露较为严格。

我国可转债融资历史较短，进入 20 世纪 90 年代以后，随着股票市场的建立才开始出现。根据中国证监会编制的《中国资本市场二十年》的数据，中国境内发行可转债的历史可以追溯到 1991 年 8 月 11 日发行的能源转债。这是一只由非上市公司发行的可转债，其发行者为海南新能源股份有限公司，发行规模仅为 3 000 万元、存续期为 3 年，公司股票直到 1992 年 11 月才上市，转换期从 1993 年 6 月 7 日开始，从 1993 年 6 月 7 日至 6 月 16 日之间有 30% 的可转债按照配股价转换为 A 股股票并在深交所上市流通。1992 年 11 月，中国宝安集团股份有限公司在国内证券市场第一次公开发行了总额为 5 亿元的 3 年期可转债，该债券于 1993 年 2 月 10 日上市交易，成为我国第一只上市交易的可转债。在经济转型的特殊背景下，可转债在中国的发展经历了一个不断积累经验、逐步完善的过程。自 2010 年开始我国可转换债券的融资方式得到了大规模的发展，到 2011 年 2 月随着中石化 230 亿元可转债的上市，中国可转债的市场容量突破千亿。随着中国平安发行 260 亿元可转债，中石化发行 300 亿元可转债获批等消息的爆出，2012 年可转债的发行出现了空前的繁荣。

2006 年，交易所债券市场推出了分离交易可转债，这是一种附认股权证的公司债，可分离为纯债券和认股权证两部分，赋予了上市公司一次发行两次融资的机会。分离交易可转债是债券和股票的混合融资品种，它与普通可转债的本质区别在于债券与期权可分离交易。2006 年年末出台的《上市公司证券发行管理办法》首次将分离交易可转债列为上市公司再融资品种，并对其发行条件、发行程序、条款设定等方面做出较为具体的规定。2006 年 11 月 29 日，第一只分离交易可转债“06 马钢”在上海交易所上市。随后，许多上市公司开始发行分离交易可转债进行融资。根据《中国证券期货统计年鉴（2012）》，在 2006—2008 年间，先后有 21 家上市公司发行分离交易可转债，发行额为 950. 65 亿元。

根据《中国证券监督管理委员会年报（2012）》统计，上市公司 2012 年融资额按数额大小排序分别是：公司债券融资、增发融资（定向增发和公开增发融资分别为 1867. 49 亿元、104. 74 亿元）、IPO 融资（主板、中小板、创业板融资分别为 333. 57 亿元、349. 25 亿元、351. 49 亿元）、可转债券融资、配股融资和中小企业私募融资。从 2012 年的融资顺序看，公司债券融资超过股权融资，如图 1-10 所示。

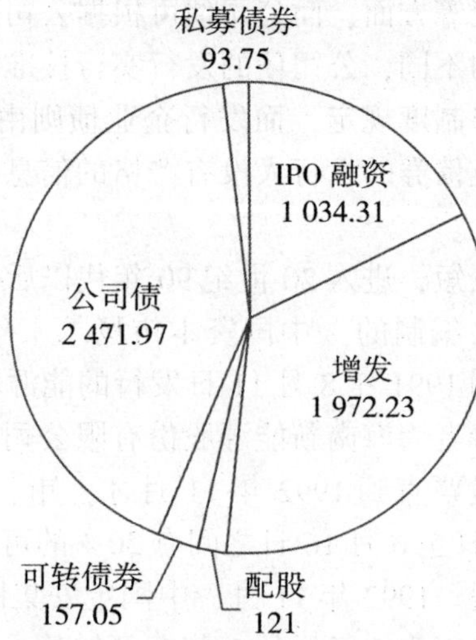

图 1-10　2012 年中国上市公司融资结构

资料来源：根据《中国证券监督管理委员会年报（2012）》，数据整理。

1.2 资本市场与经济发展

1.2.1 股票市场价值与 GDP 的关系

股票市场作为国民经济的晴雨表，反映了国民经济发展的好坏与快慢。经济发展决定了股票市场的发展，股票市场的变动反映了宏观经济的变动。或者说，经济周期性变化是股票市场周期性变化的内在原因，但这并不代表两个周期是完全同步的，作为一个相对独立的要素市场，股票市场的波动也存在自身的特有规律。

图 1-11 列示了股票市场价值与 GDP 的关系。在 1992—2011 年间，股票市场价值与 GDP 总体上呈上升趋势，但在 2000—2004 年间，2007—2008 年间，以及 2010—2011 年间，股票市场价值变化与 GDP 相反。在 1992—2011 年间，股票市场价值与 GDP 的相关系数为 0. 86，这表明两者的相关程度较高。

关于股票市场与 GDP 的关系，通常采用"股票总市值占 GDP 的比例"指标进行衡量。从总体上看，经济发达程度与股票总市值占 GDP 的比例之间呈高度的正相关关系，即股票总市值占 GDP 的比例越高，经济发达程度越高。但该比例并不是越高越好，如果股票总市值的增长超越了经济增长水平，股票市场就会出现剧烈的调整，甚至是股灾。根据图1-12 的数据，在 1992—2011 年间，股票市场价值与 GDP 比率的平均值为 34. 71%，流通股价值与 GDP 比率的平均值为 15. 62%。在这期间，股票市场价值与 GDP 比率最高年份为 2007 年，这一比率为 1. 231，股票市场价值超过 GDP。

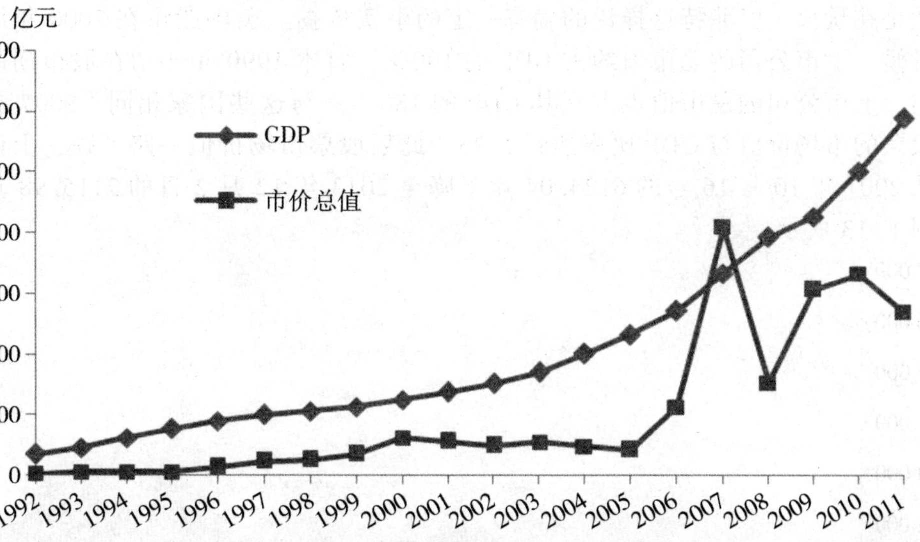

图 1-11　1992—2011 年股票市场价值与 GDP 的变动趋势

资料来源：根据《中国证券期货统计年鉴（2012）》数据整理。

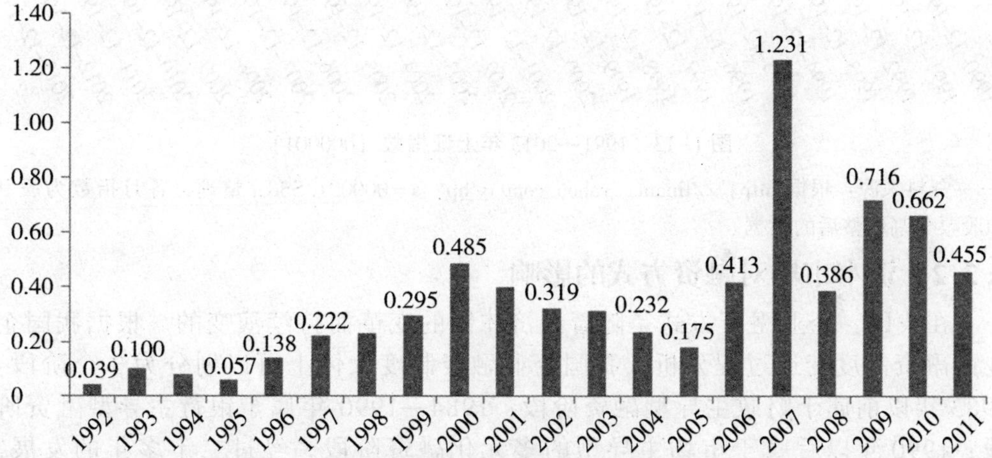

图 1-12　1992—2011 年股票市场价值与 GDP 比率

资料来源：根据《中国证券期货统计年鉴（2012）》数据整理。

在实务中，股票的市场价值与 GDP 的比率通常用来衡量一个国家证券市场的发展程度，可以作为股市投资价值的重要参考指标。投资大师沃伦 · 巴菲特于 2001 年年底在《财富》杂志的一篇访谈中提出，“虽然股市总价值与 GDP 比率作为分析工具有其自身局限性，但是，如果只选择一个指标来判断任何时刻市场的估值水平，则它可能是最好的指标。……（当）该比值上升到前所未有的水准时，就应当被视为一个严重的警号。”他进一步认为，就美国市场而言，如果这一比率降到 70% ~80% 的区间，就比较适合买入。如果这一比率逼近 200% 时你再买入，就是在玩火。巴菲特这样说的确有一定的事实依据。美国股市在2000年崩盘的时候，上市公司的总市值约占GDP的190%，日本1990年年初在股市崩溃的时候，上市公司的总市值也占到其GDP的180%。与这些国家相同，2007年中国股票的市场价值与GDP比率达到1.23，此后股票市场价值一路下跌，上证指数从2007年10月16号的6124.04点下降至2013年12月2日的2115.98点，如图1-13所示。

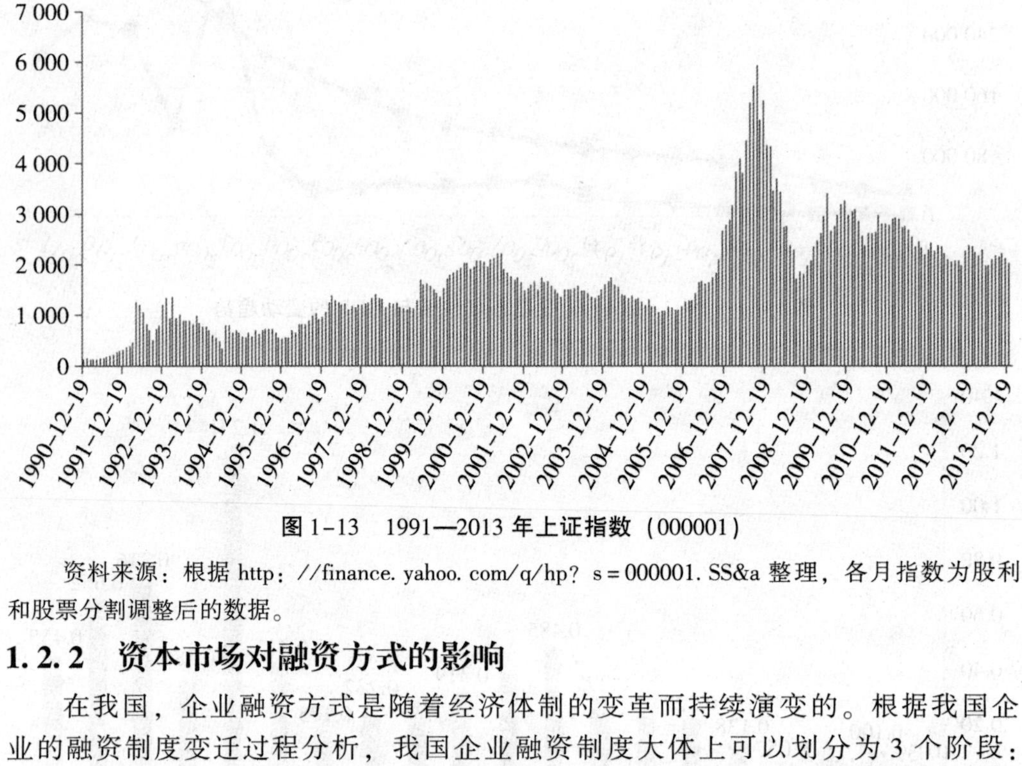

图1-13　1991—2013年上证指数（000001）

资料来源：根据 http：//finance. yahoo. com/q/hp？ s＝000001. SS&a 整理，各月指数为股利和股票分割调整后的数据。

1.2.2　资本市场对融资方式的影响

在我国，企业融资方式是随着经济体制的变革而持续演变的。根据我国企业的融资制度变迁过程分析，我国企业融资制度大体上可以划分为3个阶段：1983年以前属于财政主导型融资阶段；1984—1990年属于银行主导型融资阶段；1990年以后属于市场主导型的多元化融资阶段。经过二十多年的发展，资本市场的发展在一定程度上改变了过去单纯依赖财政拨款和银行贷款的局面，直接融资总体上升，社会的金融结构得到改善。图1-14和图1-15描述了1993—2011年境内直接融资额（股票、债券）和银行贷款增加额的趋势及其关系。

根据图1-15的数据，在1993—2011年间，境内直接融资额与银行贷款增加额比率平均为7%，最高年份为2007年，这一比率也仅为21%。这表明，公司资金来源大部分来自银行借款。因此，要在发展股票市场的同时，大力发展债券市场，显著提高直接融资比重，这有利于改善企业的财务结构，增强企业的发展活力。

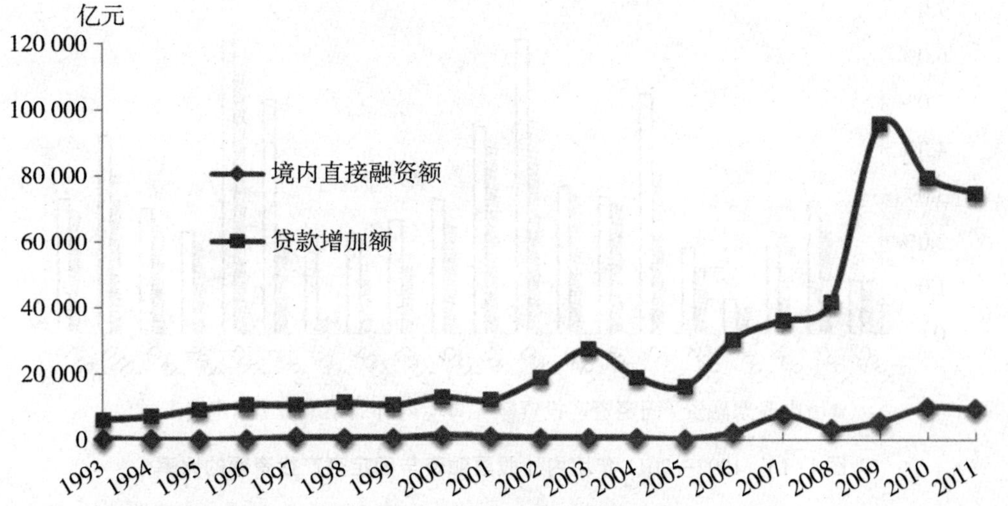

注：境内融资额＝A 股 IPO+A 股再融资+B 股融资+债券融资

图 1－14　1993—2011 年境内直接融资额与银行贷款增加额

资料来源：根据《中国证券期货统计年鉴（2012）》数据整理。

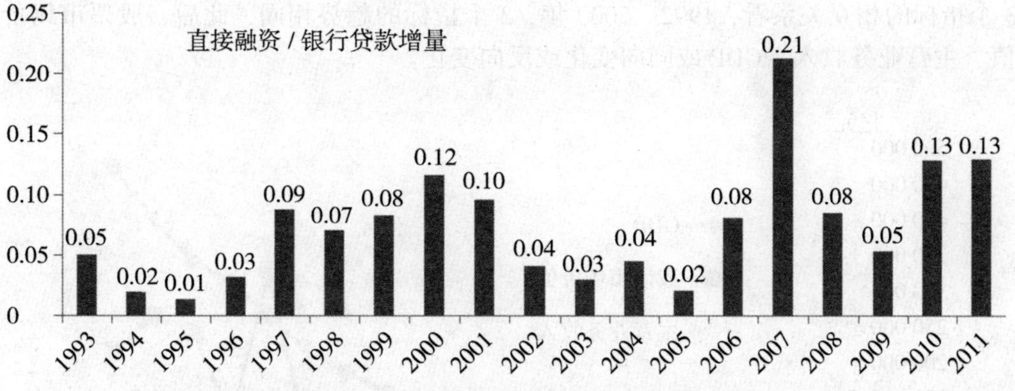

图 1－15　1993—2011 年境内直接融资额与银行贷款增加额的比率

资料来源：根据《中国证券期货统计年鉴（2012）》数据整理。

1.2.3　资本市场对企业发展的影响

资本市场的发展，拓宽企业的融资渠道，加速了资源向优势企业集中，增强了企业的核心竞争力，促进了机械制造、金融、电子、能源、钢铁、化工等行业的发展，同时也推动了企业重组和产业结构的调整。图 1－16 描述了 1992—2011 年境内外股票融资与固定资产投资比率关系。

图 1－16 表明，在 1992—2011 年间，中国境内外股票融资占固定资产投资额的比率平均为 3.2%，最高年份为 2000 年和 2007 年，这一比率分别为 6.39%和 6.32%。总体上说，中国上市公司固定资产投资的资金大部分来自非股票融资。

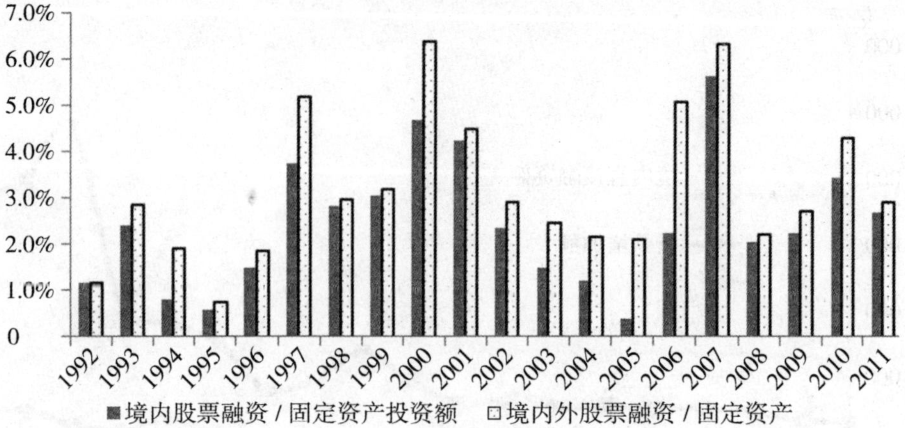

图 1-16 1992—2011 年境内外股票融资与固定资产投资额的比率

资料来源：根据《中国证券期货统计年鉴（2012）》数据整理。

图 1-17 描述了 1992—2011 年股票市场价值、主营业务收入、GDP 变化趋势。总体上看，3 个指标都基本上呈上升趋势，但股票市场价值的变动幅度比较大。从 3 个指标的相互关系看，1992—2000 年，3 个指标的趋势相同，此后，股票市场价值、主营业务收入、GDP 或同向变化或反向变化。

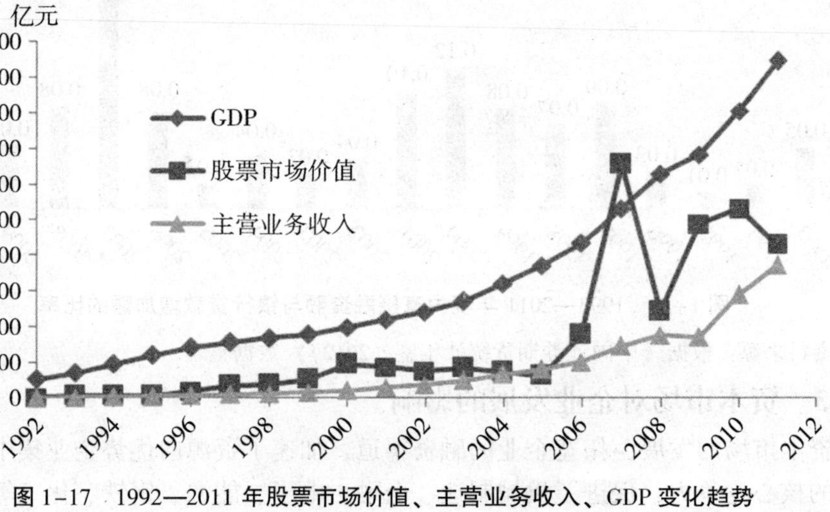

图 1-17 1992—2011 年股票市场价值、主营业务收入、GDP 变化趋势

资料来源：根据《中国证券期货统计年鉴（2012）》数据整理。

图 1-18 描述了 1992—2011 年股票市场价值与账面净值的比率（市账比）关系，在 1992—2011 年间，市账比在 1.58~6.23 之间变化，平均值为 3.03。在实务中，市账比一般用来分析公司的投资机会，市账比越高，意味着公司未来的增长机会越大。

资本市场资源配置功能不仅推动了企业做大做强，而且促进了价格发现和价值

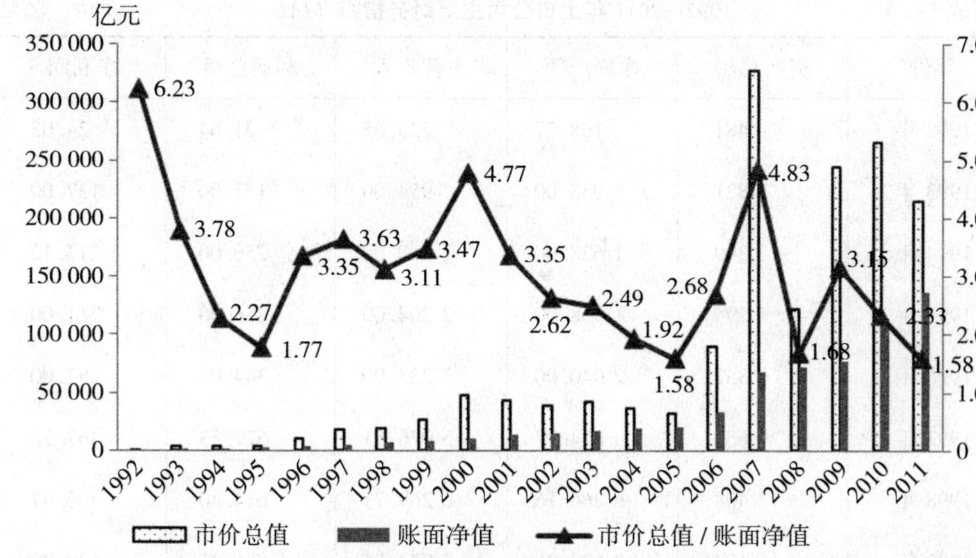

图 1-18　1992—2011 年上市公司市账比

资料来源：根据《中国证券期货统计年鉴（2012）》数据整理。

评估。在资本市场出现之前，中国企业缺乏有效的定价机制，估价通常基于企业的净资产。特别是国有企业股权和资产的转让，没有公开有效的平台让更广泛的投资者参与竞价，因此难以取得与企业价值基本相符合的价格。在资本市场上，企业价值主要取决于其未来的盈利能力而非净资产，由此确定的企业价值往往数倍于企业的净资产。此外，在资本市场中形成的各种参数，如利率、汇率、证券价格、证券指数等是进行财务估价的前提和基础。

1.3 中国上市公司主要财务特征

1.3.1　中国上市公司主要财务指标

上市公司是资本市场发展的基石。二十多年来，中国的上市公司不断发展壮大，也成为推动企业改革并带动行业成长的中坚力量。表 1-2 列示了 1992—2011 年间上市公司主要财务指标。1992—2011 年间，上市公司的资产总额由 481 亿元上升到 1 028 843 亿元，年均增长率为 58.69%；主营业务收入由 225.55 亿元上升到 185 414.53 亿元，年均增长率为 50.38%；利润总额由 31.64 亿元上升到 26 099.41亿元，年均增长率为 56.98%。从年均增长率看，这 3 项指标都呈同方向变动，且变动幅度基本相同。

图 1-19 和图 1-20 列示了上市公司主要盈利能力指标和资产负债率指标。根据图 1-19，在 1990—2011 年间，销售利润率（利润总额/营业收入）在 6.4% ~ 18.37%之间变动，平均值为 11.49%；总资产收益率（利润总额/资产总额）在此

表 1-2　　1992—2011 年上市公司主要财务指标（1）　　单位：亿元

年份	资产总额	净资产额	主营收入	利润总额	净利润
1992 年	481	168.27	225.55	31.64	24.03
1993 年	1 821	933.00	954.00	157.00	137.00
1994 年	3 309	1 628.00	1 680.00	256.00	214.12
1995 年	4 295	1 958.00	2 204.00	256.00	211.00
1996 年	6 352	2 940.00	3 235.00	344.00	282.00
1997 年	9 661	4 824.77	5 076.51	577.33	467.76
1998 年	12 408	6 266.76	6 269.71	614.40	466.97
1999 年	16 107	7 639.35	7 974.56	806.31	628.88
2000 年	21 674	10 079.77	10 783.87	1 007.43	769.22
2001 年	29 257	12 975.66	15 475.80	1 016.48	694.22
2002 年	41 526	14 636.98	19 001.97	1 298.89	826.95
2003 年	53 246	17 044.80	25 047.16	1 890.11	1 256.83
2004 年	63 472	19 261.59	34 064.44	2 671.98	1 757.06
2005 年	72 713	20 461.59	41 042.29	2 627.31	1 674.82
2006 年	218 490	33 418.35	50 774.97	5 109.75	3 400.76
2007 年	414 152	67 772.61	73 144.42	13 433.60	9 962.23
2008 年	486 892	72 228.88	88 241.06	10 738.72	8 199.28
2009 年	617 852	77 364.18	85 305.95	13 678.97	10 032.22
2010 年	862 227	114 143.88	144 619.94	22 208.87	16 457.13
2011 年	1 028 843	135 767.78	185 414.53	26 099.41	19 110.74

资料来源：根据《中国证券期货统计年鉴（2012）》数据整理。

期间变动范围在 2.21%～8.62%之间，平均值为 4.4%；净资产收益率（净利润/净资产）在此期间变动范围在 5.35%～14.7%之间，平均值为 10.44%。在这 3 个指标中，总资产收益率呈下降趋势，销售利润率、净资产收益率基本上呈 V 形变化。此外，在 1992—2011 年间，资产负债率在 48.76%～87.48%之间变动，平均值为 66.14%。从变化趋势看，随着资产负债率的提高，总资产收益率不断下降，相关系数为-0.8；资产负债率与净资产收益率的相关系数为 0.3989，与销售利润率的相关系数为 0.2788。

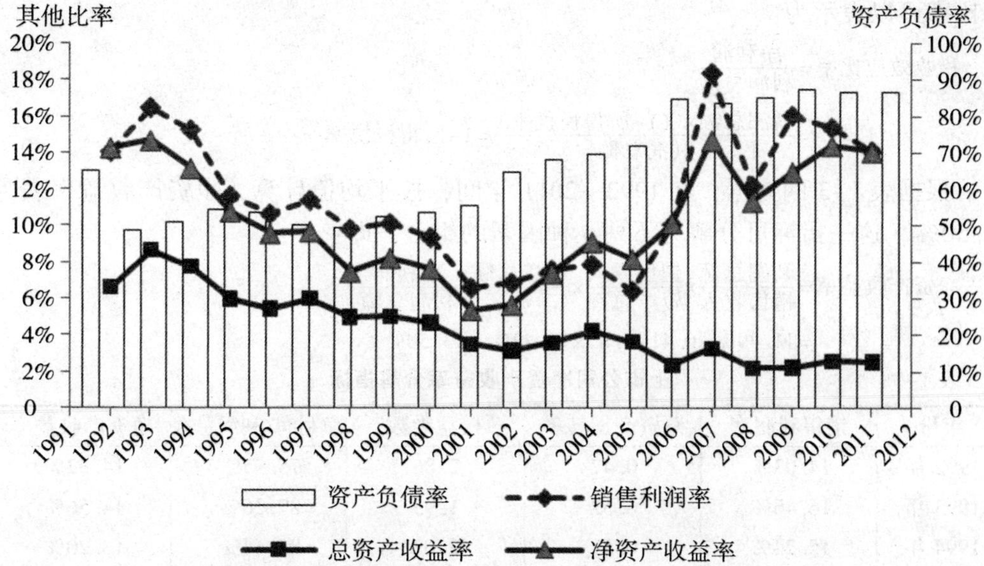

图 1-19　1990—2011 年上市公司主要财务指标

资料来源：根据《中国证券期货统计年鉴（2012）》数据整理。

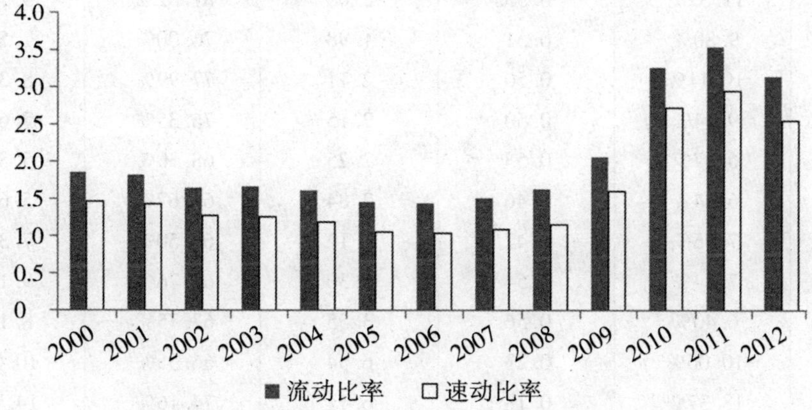

图 1-20　2000—2012 年上市公司短期偿债能力指标

资料来源：根据 CSMAR 中国上市公司财务报表数据库计算。

为分析净资产收益率（ROE）的影响因素，ROE 可分解为以下指标：

$$\text{净资产收益率}=\frac{\text{利润总额}}{\text{销售收入}}\times\frac{\text{销售收入}}{\text{资产总额}}\times\frac{\text{资产总额}}{\text{净资产}}\times\frac{\text{净利润}}{\text{利润总额}}$$

$$=\text{销售利润率}\times\text{总资产周转率}\times\text{权益乘数}\times\text{税收效应比率}$$

表 1-3 列示了影响 ROE 的 4 种因素：(1) 销售利润率，反映公司的盈利能力指标；(2) 总资产周转率，反映公司的营运能力指标；(3) 权益乘数，反映公司的偿债能力，公司负债越多，这一指标越大，反之亦然；(4) 税收效应比率，反映税收对 ROE 的影响，所得税税率越高，这一比率越小，公司的 ROE 就越低，这一比率可以表示为：

$$税收效应比率=\frac{净利润}{利润总额}$$

$$=\frac{利润总额\times(1-所得税税率)}{利润总额}=1-所得税税率$$

根据表 1-3 的数据，在 1992—2011 年间，按平均值计算，净资产收益率表为 13.50%，这一指标可分解为下列 4 种因素的组合，即：

$$净资产收益率=\frac{利润总额}{销售收入}\times\frac{销售收入}{资产总额}\times\frac{资产总额}{净资产}\times\frac{净利润}{利润总额}$$

$$=11.49\%\times0.41\times3.85\times74.42\%=13.50\%$$

表 1-3　　**上市公司净资产收益率分解指标**

年份	销售利润率	总资产周转率	权益乘数	净利润/利润总额	净资产收益率
1992 年	14.03%	0.47	2.86	75.95%	14.32%
1993 年	16.46%	0.52	1.95	87.26%	14.56%
1994 年	15.24%	0.51	2.03	83.64%	13.20%
1995 年	11.62%	0.51	2.19	82.42%	10.70%
1996 年	10.63%	0.51	2.16	81.98%	9.60%
1997 年	11.37%	0.53	2.00	81.02%	9.76%
1998 年	9.80%	0.51	1.98	76.00%	7.52%
1999 年	10.11%	0.50	2.11	77.99%	8.32%
2000 年	9.34%	0.50	2.15	76.35%	7.67%
2001 年	6.57%	0.53	2.25	68.30%	5.35%
2002 年	6.84%	0.46	2.84	63.67%	5.69%
2003 年	7.55%	0.47	3.12	66.50%	7.36%
2004 年	7.84%	0.54	3.30	65.76%	9.19%
2005 年	6.40%	0.56	3.55	63.75%	8.11%
2006 年	10.06%	0.23	6.54	66.55%	10.07%
2007 年	18.37%	0.18	6.11	74.16%	14.98%
2008 年	12.17%	0.18	6.74	76.35%	11.27%
2009 年	16.04%	0.14	7.99	73.34%	13.16%
2010 年	15.36%	0.17	7.55	74.10%	14.61%
2011 年	14.08%	0.18	7.58	73.22%	14.07%
平均值	11.49%	0.41	3.85	74.42%	13.50%

资料来源：根据《中国证券期货统计年鉴（2012）》数据计算。

在影响 ROE 的 4 个因素中，只要提高销售利润率或总资产周转率或负债比率，或者降低所得税税率，都可以提高净资产收益率。

除公司的获利能力指标外，图 1-20 描述了 2000—2012 年上市公司短期偿债能力指标。在 2000—2012 年间，上市公司的流动比率在 1.44 ~ 3.56 之间变动，平均值为 2.05；速动比率在 1.03 ~ 2.94 之间变动，平均值为 1.60。从各年的变动趋势看，流动比率、速动比率基本上呈上升趋势。

图 1-21 描述了上市公司资产周转率指标。在 2000—2012 年间，应收账款周转率在 6.2 ~ 740.2 次之间变动，平均值为 181.26 次；存货周转率在 17.2 ~ 190.7 次之间变动，平均值为 50.7 次；总资产周转率在 0.46 ~ 0.63 之间变动，平均值为 0.57。从这三个指标的变动范围来看，总资产周转率变动幅度比较小，其次是存货周转率，变动幅度较大的是应收账款周转率。

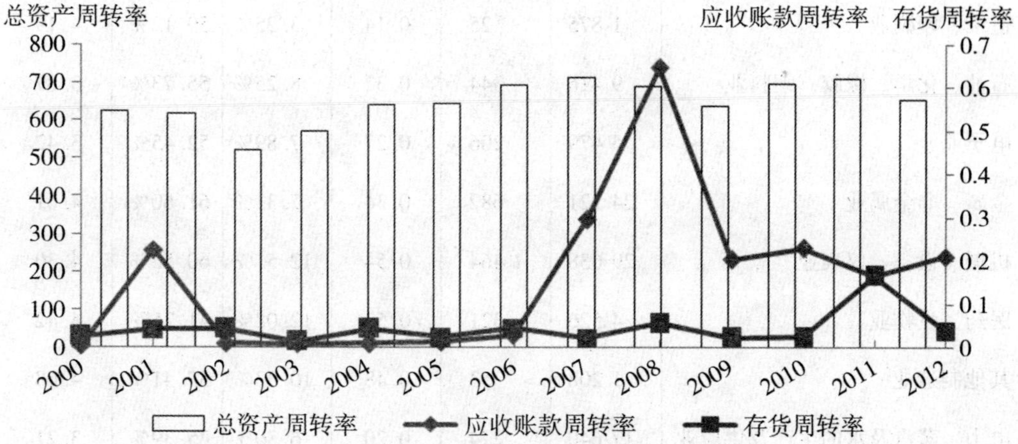

图 1-21　2000—2012 年上市公司资产周转率指标

资料来源：根据 CSMAR 中国上市公司财务报表数据库计算。

表 1-4 列示了 2011 年上市公司不同行业的主要财务指标。在各行业中，总资产、净利润最高的行业为金融、保险业（分别为 800 529 亿元和 9 508 亿元），最低的行业为为木材、家具业（分别为 367 亿元和 16 亿元）；每股收益最高的行业为采掘业（0.89 元），最低的行业为造纸、印刷业（0.14 元）；净资产收益率最高的行业为金融、保险业（18.15%），最低的行业为造纸、印刷业（3.25%）；资产负债率最高的行业为金融、保险业（93.46%），最低的行业为传播及文化产业（38.78%）；每股净资产最高的行业为采掘业（5.90 元），最低的行业为综合类（2.76 元）。上述简单地分析表明，金融、保险业具有资产规模大、净资产收益率高、资产负债率高的特点。

从投资者的角度分析，还需要了解上市公司的每股收益、每股净资产、市盈率等指标的变化情况，如图 1-22、图 1-23 所示。在 1992—2011 年间，上市公司的每股收益在 0.13 ~ 0.53 元之间变动，平均值为 0.28 元；每股净资产在 2.25 ~ 3.78

表 1-4　　2011 年报上市公司分行业主要财务指标

行业	总资产（亿元）	净利润（亿元）	每股收益（元）	净资产收益率	资产负债率	每股净资产（元）
农、林、牧、副、渔业	1 223	43	0.21	6.68%	47.73%	3.08
采掘业	43 811	3 222	0.89	15.07%	51.22%	5.90
食品、饮料业	4 061	399	0.84	17.98%	45.36%	4.69
纺织、服装、毛皮业	2 650	115	0.35	9.76%	55.69%	3.61
木材、家具业	367	16	0.31	7.48%	43.19%	4.13
造纸、印刷业	1 875	25	0.14	3.25%	59.12%	4.19
石油、化学、橡胶、塑料业	9 416	344	0.32	8.25%	55.73%	3.87
电子业	5 479	206	0.27	7.89%	52.45%	3.42
金属、非金属业	24 221	682	0.34	7.33%	61.60%	4.61
机械、设备、仪表业	29 638	1 464	0.54	12.51%	60.52%	4.30
医药、生物业	4 526	321	0.53	12.08%	41.25%	4.42
其他制造业	1 208	53	0.48	10.33%	57.41%	4.68
电力、蒸汽及水的生产及供应业	17 640	274	0.20	6.30%	75.39%	3.21
建筑业	23 180	484	0.41	12.04%	82.67%	3.44
交通运输、仓储业	15 381	511	0.26	8.23%	59.62%	3.22
信息技术业	9 714	229	0.29	7.12%	66.93%	4.05
批发和零售贸易业	8 131	333	0.49	12.44%	67.11%	3.96
金融、保险业	800 529	9 508	0.60	18.15%	93.46%	3.32
房地产业	18 191	580	0.47	12.26%	74.00%	3.81
社会服务业	3 128	138	0.37	10.59%	58.37%	3.53
传播及文化产业	993	59	0.39	9.76%	38.78%	3.94
综合类	3 482	107	0.23	8.17%	62.25%	2.76

资料来源：根据《中国证券期货统计年鉴（2012）》数据整理。

元之间变动，平均值为2.67元。从图1-22中可以看出，每股净资产在整个期间的变化幅度比较小，而每股收益在这一期间呈V形变化，这与前述的销售利润率、净资产收益率的变化趋势基本相同。

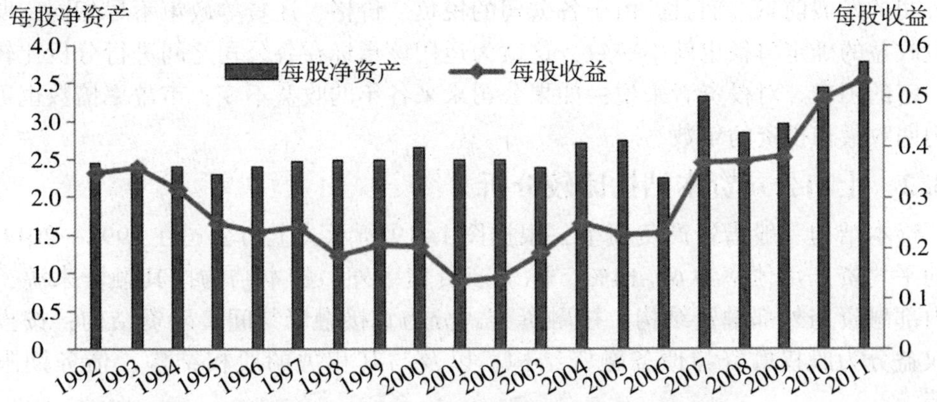

图1-22 1992—2011年上市公司每股收益与每股净资产

资料来源：根据《中国证券期货统计年鉴（2012）》数据整理。

图1-23描述了沪深两市A股上市公司平均市盈率，在1995—2011年间，上海股票交易所各年的平均市盈率在13.41～59.24之间变动，平均值为32.04倍；深圳股票交易所各年的平均市盈率在9.97～72.11之间变动，平均值为36.33倍。

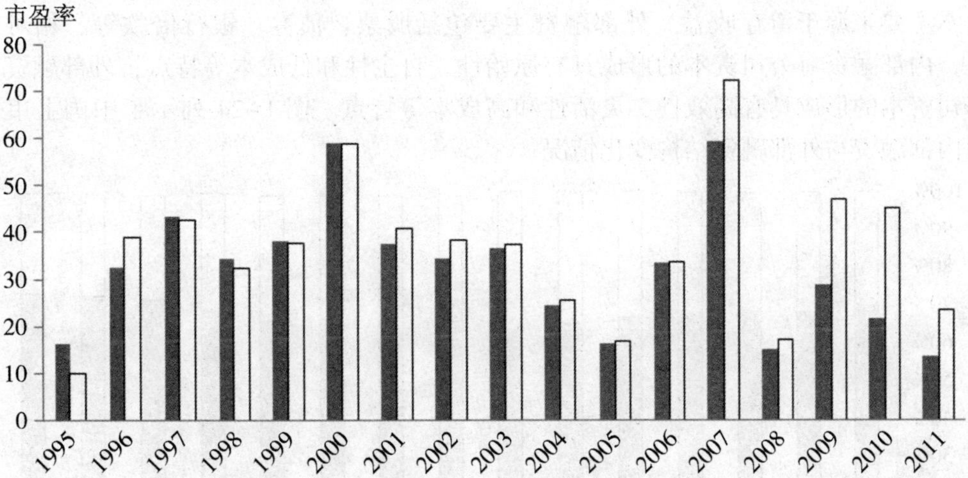

图1-23 1995—2011年上市公司A股平均市盈率

资料来源：根据《中国证券期货统计年鉴（2012）》数据整理。

市盈率是投资者在市场上买卖股票时分析股价与上市公司净利润之间关系（即股票以几倍于每股收益的价格买入或卖出）的一个重要尺度。据此可以衡量某种股票就其公司收益而言，是否定价合理。一般来说，经营前景良好、发展前途较好的公司，其股票市盈率会趋于上升；反之，发展机会不多、经营前景黯淡的公司，其股票市盈率处于较低的水平。但是，在股市中，一个公司的市盈率可能会被非正常地抬高或压低，无法反映出该公司的资产收益率情况，导致投资者错误地估计公司的发展前景。而且，由于各公司的税负、价格、还贷等政策不尽相同，所以每股收益的确定口径也就不一致，这就为运用该指标在各公司之间进行分析比较带来一定的困难。对投资者来说，如果公司未来各年的收益不变，市盈率倍数也可被作为回收最初投资的年数。

1.3.2 上市公司资本结构比较分析

资本结构一般指资产负债率，根据图 1-19 所示，上市公司在 1992—2011 年间的平均资产负债率为 66.14%。除资产负债率外，资本结构按其融资来源，分为内部融资与外部融资结构；按融资方式分为直接融资与间接融资结构；按投资者权益分为股权融资与债务融资结构，以及与其相关的股权结构、债务期限结构等。

1）内部融资与外部融资结构

按照储蓄与投资的关系可以将公司的资金来源分为内部融资与外部融资。内部融资是指投资者利用自己的储蓄作为投资资本，外部融资是指投资者利用他人的储蓄作为投入资本。从公司的角度出发，内部融资主要指留存收益以及经营活动提取的折旧等。由于折旧主要用于重置损耗的固定资产的价值，因此，公司增量的内部资本主要来源于留存收益。外部融资主要包括股票、债券、银行借款等。相对来说，内部融资对公司资本的形成具有原始性、自主性和低成本等特点；外部融资对公司资本的形成具有高效性、灵活性和高成本等特点。图 1-24 列示了中国上市公司内部融资与外部融资结构变化情况。

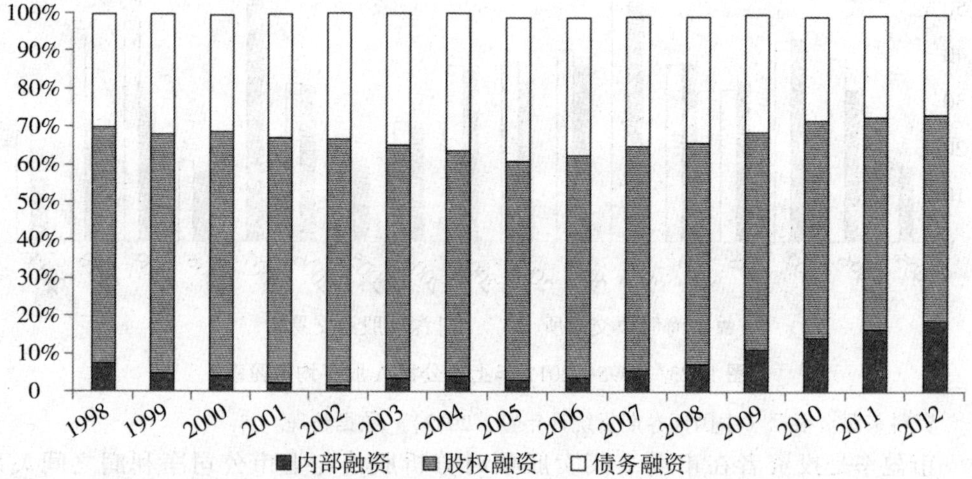

图 1-24 1998—2012 年中国上市公司内源融资与外源融资结构

资料来源：根据 CSMAR 中国上市公司财务报表数据库计算。

在图 1-24 中的内部融资按“未分配利润”与“折旧与摊销”之和计算；外部融资主要指“股权融资”（按实收资本或股本与资本公积计算）和“债务融资”（按“短期借款”、“一年内到期的非流动负债”、“长期借款”及“应付债券”合计计算）。图 1-24 中所统计的上市公司为非 ST、非 PT 及非金融保险类上市公司。图 1-24 表明，中国非金融上市公司在 1998—2012 年间，虽然内部融资比例主要呈逐渐上升的趋势，但总体上说，公司的资本主要来源于外部融资，即通过发行股票、债券以及银行借款等方式获得资金。

从逻辑上讲，公司的融资方式随着整个经济社会的发展经历了从内部融资—外部融资—内部融资这样一个交替变迁的过程。纵观现代公司的发展过程，外部融资对公司的发展起着极大的支持作用。随着公司规模和能力的提升，又提高了内部融资能力。图 1-25 列示了 1991—1993 年主要发达国家公司的内部融资与外部融资结构。在这些市场经济国家中，公司主要依赖内部融资。其中内部融资比重最高的国家是美国，最低的国家是日本。

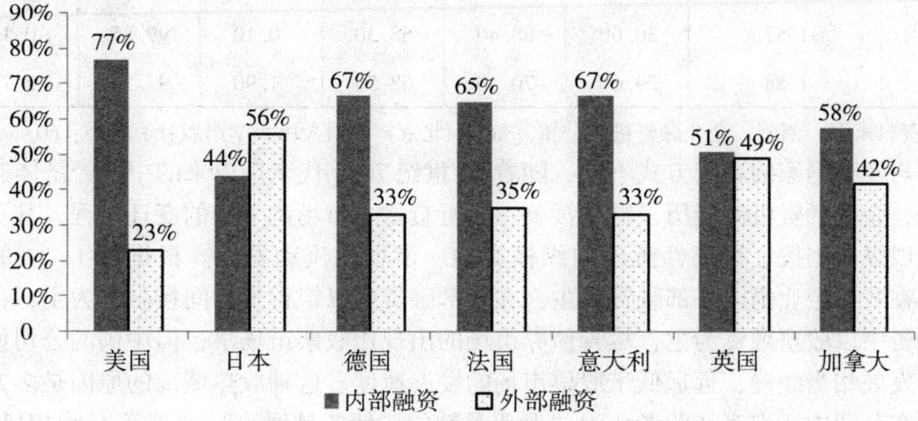

图 1-25　1991—1993 年主要发达国家公司的内部融资与外部融资结构

资料来源：RAJAN，RAGHURAM G. and LUIGI ZINGALES. What Do We Know about Capital Structure? Some Evidence from International Data［J］. Journal of Finance，1995，50（5）：1421-60.

2）直接融资与间接融资结构

在外部融资中，主要有两种模式：一种是以英美等国家为代表的直接融资模式；另一种是以日本等后起国家为代表的间接融资模式。但从发展趋势看，特别是在 20 世纪 80 年代以后，情况缓慢地发生了变化。各国在保持原有融资方式、特征的同时，将不同的融资方式相互结合，在融资方式的选择上越来越趋于同一。原来以直接融资为主的国家，由于商业银行介入长期信用和证券业务，使得银行的间接融资比重有所上升。在日本、德国等国家，随着资本市场化和国际化，金融管制的放松，各类金融机构的发展，多种金融工具的创新，公司比以往更多地参与证券市场的融资活动。国际间的公司融资方式比较见表 1-5。

表 1-5　　　　　　　　国际间的公司融资方式比较（%）

国家	时期	内部资金	外部资金			外部资金	
			合计	间接融资	直接融资	间接融资	直接融资
美国	1958—1962	65.10	34.90	14.90	20.00	42.69	57.31
	1980—1984	73.70	26.30	17.20	9.10	65.40	34.60
日本	1958—1962	24.00	76.00	56.00	20.00	73.68	26.32
	1966—1970	40.00	60.00	49.00	11.00	81.67	18.33
	1980—1984	59.10	40.90	35.10	5.80	85.82	14.18
英国	1958—1962	62.00	38.00	17.00	21.00	44.74	55.26
	1980—1984	81.10	18.90	16.70	2.20	88.36	11.64
法国	1980—1989	42.10	57.90	41.50	16.40	71.68	28.32
中国	1986	32.80	67.20	66.30	0.90	98.66	1.34
	1987	30.60	68.40	68.30	0.10	99.85	0.15
	1988	29.60	70.40	68.50	1.90	97.30	2.70

资料来源：刘彪．企业融资机制分析［M］．北京：中国人民大学出版社，1995：60.

与发达国家的融资方式不同，随着20世纪70年代末期以来的中国经济体制的变革，企业融资机制经历了财政拨款—银行贷款—市场调节型的变迁过程。其资金配置以纵向划拨、行政性流动向纵横交融、市场化流动发展。根据图1-24的数据，在我国企业仍以外部融资为主，在外部融资中以银行贷款间接融资为主，在直接融资中以股票融资为主，尽管债券市场的出现比股票市场早，但中国的公司债券市场发展相当缓慢，远远低于股票市场的发展速度。这种股热债冷的原因是多方面的：在公司中，许多经营者认为"股票是软的，债务是硬的"，"既不必承担风险，又不必偿还本金"的股票融资对自己最为有利。而且，相当多的上市公司将股权资本视为可自主支配的"自由现金流量"，根据需要调整股利政策，或通过送股、转股等股票股利形式发放股利，或降低现金股利支付率，从而使经营者认为股票的融资成本低廉。

吴晓求（2003）认为，公司偏好股票融资而冷落债券融资的关键原因在于政府政策的误导。在中国，政府驱动资本市场发展有双重目标：既要发挥资源配置作用，又要肩负着推动改革的使命，只有满足上述两者要求的市场形式才能得到政府的扶持和鼓励。当两者目标发生冲突并难以两全时，在实际操作中往往是牺牲资源配置成本，以保证经济改革的顺利进行。也可以说，国有企业没有完成根本性改革时其债务最终都要由国家来承担。如果发行公司债券，将对国有企业制度和政府调控经济模式改革产生极大的压力。对公司来说，股票本来是比公司债券更具有影响力的金融产品，但国家通过对上市公司设置国家股和法人股，使国有企业的股权结构不会因为高层交易而变化。这样，股票融资成为国家改变国有企业债务比率，从而改善国有商业银行资产质量但又不需改变经济管制模式的一种方法。

3）股权融资结构

在中国，上市公司的股票被划分为非流通股和流通股两大类。前者是指不能在交易市场上自由买卖的股票（包括国家股、国有法人股、内资及外资法人股、发起自然人股等），其中国家股是在股份公司改制时由国有资产折成的股份，而国有法人股一部分是成立股份公司之初由公司发起人出资认购的股份。流通股按市场属性的不同可分为A股、B股、法人股和境外上市股。虽然A股、B股、H股可以在股市上自由流通，但三者的流通市场却彼此分割，呈现出同股不同价、同股不同权、同股不同利的状况。这种现象在中国股权分置改革前较为严重。表1-6描述了1992—2007年中国上市公司股权结构状况。

表1-6　　1992—2007年中国上市公司股权结构状况（%）

年份	非流通股					流通股			
	国家股	法人股	职工股	其他	合计	A股	B股	H股	合计
1992	41.80	26.44	1.23	0	69.47	15.76	14.77	0	30.53
1993	49.06	20.66	2.41	0.05	72.18	15.82	6.37	5.63	27.82
1994	43.31	22.53	0.98	0.16	66.98	21.00	6.06	5.96	33.02
1995	38.74	24.63	0.36	0.74	64.47	21.21	6.66	7.66	35.53
1996	35.42	27.18	1.20	0.95	64.75	21.92	6.45	6.88	35.25
1997	31.52	30.70	2.04	1.18	65.44	22.79	6.03	5.74	34.56
1998	34.25	28.34	2.05	1.25	65.89	24.06	5.30	4.75	34.11
1999	36.16	26.60	1.19	1.07	65.02	26.34	4.60	4.04	34.98
2000	38.90	23.81	0.64	0.93	64.28	28.43	4.00	3.29	35.72
2001	46.20	18.29	0.45	0.31	65.25	25.26	3.13	6.36	34.75
2002	47.20	17.32	0.27	0.54	65.33	25.69	2.85	6.13	34.67
2003	47.39	16.63	0.17	0.53	64.72	26.67	2.73	5.88	35.28
2004	46.78	16.40	0.13	0.64	63.95	27.87	2.76	5.42	36.05
2005	44.82	13.33	0.05	3.75	61.95	29.78	2.85	5.42	38.05
2006	30.70	5.03	0.02	26.53	62.28	22.08	1.53	14.11	37.72
2007	26.85	3.83	0	23.34	54.02	21.53	1.12	23.33	45.98
均值	39.94	20.11	0.82	3.88	64.75	23.51	4.83	6.91	35.25

资料来源：根据《中国证券期货统计年鉴（2008）》数据整理。

根据表1-6的数据，在1992—2007年间，上市公司的股权结构大部分是由非流通股构成（均值为 64.75%），且国家股占绝对优势（国家股比例均值为 39.94%）；流通股比例均值为 35.25%。在这种股权结构下，国有股权过大，很难形成对国有资产的约束和监督机制。与此同时，国家股和国有法人股不能自由流通，使他们不能在股票升值的过程中通过转让股票获利，也不能在股票市场贬值时通过出售股票来减少损失。其结果是一方面不利于国有资产的增值和防止国有资产的流失；另一方面，国有资产难以合理流动，不利于国有资产的优化。随着中国股市的健全发展和股权分置改革的完成，非流通股比例逐渐下降，流通股比例逐渐上升。根据中国证券期货统计年鉴（2012）的数据，到 2011 年年末，流通股比例已上升到 99.7%，非流通股比例仅占 0.3%。

中国上市公司股权结构的另一个特征是股权高度集中。图 1-26 描述了 2003—2012 年中国上市公司前三大股东持股比例情况。

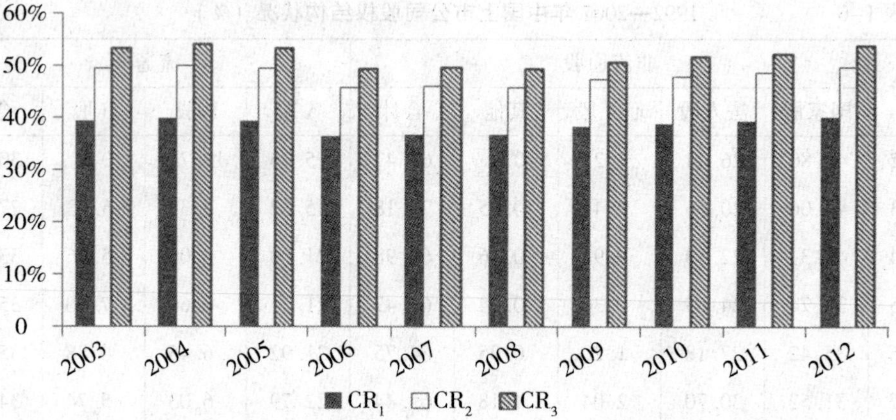

图 1-26　2003—2012 年中国上市公司前三大股东持股比例

资料来源：根据 CSMAR 中国上市公司股东研究数据库整理。

在图 1-26 中，反映股权集中度的指标计算方式如下：

第一大股东持股比例 CR_1 = 第一大股东持股数之和 ÷ 总股份数

前二大股东持股比例 CR_2 = 前二大股东持股数之和 ÷ 总股份数

前三大股东持股比例 CR_3 = 前三大股东持股数之和 ÷ 总股份数

图 1-26 表明，中国上市公司属于集中型股权结构，2003—2012 年间，第一大股东持股比例平均为 38.45%，前两大股东持股比例平均为 48.02%，前三大股东平均持股比例为 51.61%。股权过度集中可能带来两方面的经济影响：一方面是持股比例较高的股东有更大的动力监督管理决策，从而降低代理成本，增加公司价值；另一方面是大股东在公司中的绝对或相对控股地位，有可能出现大股东侵占小股东利益的倾向，产生大股东与小股东的代理冲突问题。

4）债务融资结构

从理论上说，公司每一项资产应该与一种与它到期日基本相同的融资工具相对应，即短期流动资产一般与短期资金来源相匹配，长期资产一般与其长期资金

(长期负债或股权资本) 相匹配。从风险与成本的角度分析，短期债务具有成本低、风险高等特点，长期债务则具有成本高、风险低等特点。图1-27列示了中国上市公司债务期限结构。在图1-27中，长期债务融资比例小于短期债务融资，短期债务融资比例小于商业信用等自发性融资方式（如应付账款等)，这表明上市公司通常是“短贷长用”，这虽然可以降低债务成本，但同时提高了到期偿债风险。通过分析亏损上市公司债务期限结构也得到了同样的结论，这表明中国上市公司债务期限结构特征与公司的盈利能力无关，也就是说，无论公司处于盈利状态还是亏损状态，债务期限结构都相同。

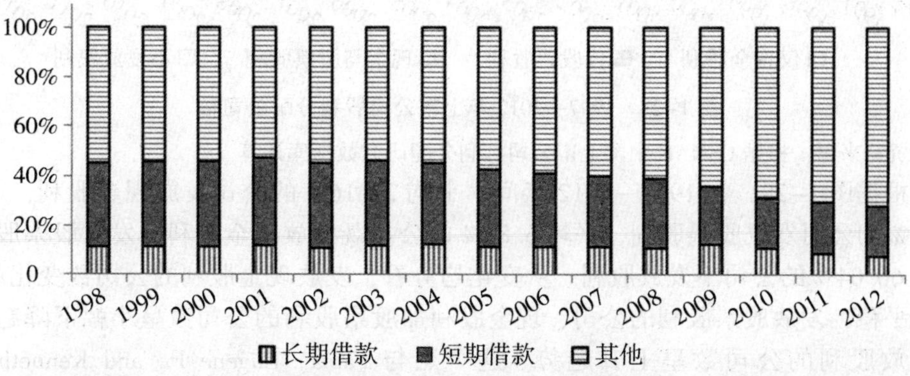

图1-27　1998—2012年中国上市公司（未分配利润大于零）债务期限结构

资料来源：根据CSMAR中国上市公司财务报表数据库计算。

Fan, Joseph PH, Sheridan Titman and Garry Twite（2012）在对39个国家1991—2006年的公司资本结构研究中发现，在此期间这些国家的公司资产负债率(负债总额÷公司市场价值，其中，公司市场价值=股票市场价值+负债账面价值+优先股账面价值）的平均值为29%，中位数为0.22；39个国家的公司长期负债率(长期负债÷负债总额）的平均值为53%，中位数为0.34。显然，这一结果与中国上市公司资产负债率的平均值66.14%、短期负债比率大于长期负债比率的结果不同。尽管两者统计的口径不完全相同，但也可以说明中国上市公司与其他国家在债务结构上的区别。

1.3.3　中国非金融上市公司股利行为统计分析

理论上说，公司赚取收益后可以对股东分红或者留存公司用于再投资。按照公司价值最大化的原则，公司分红与否的根本依据是资金的使用效率。当公司具有好的投资机会，公司不但不应该分红，还应该继续融资，以促进股东价值的最大化。而当资金在公司中没有更高效率的使用途径时，则应将剩余资金返还给股东。在股价高估时以现金分红方式返还，而当股价低估时则采用回购股票的方式返还。图1-28描述了上市公司在1997—2012年间，发放现金股利的公司、发放股票股利公司、发放现金加股票股利公司、不发放股利公司占当年上市公司数的百分比。

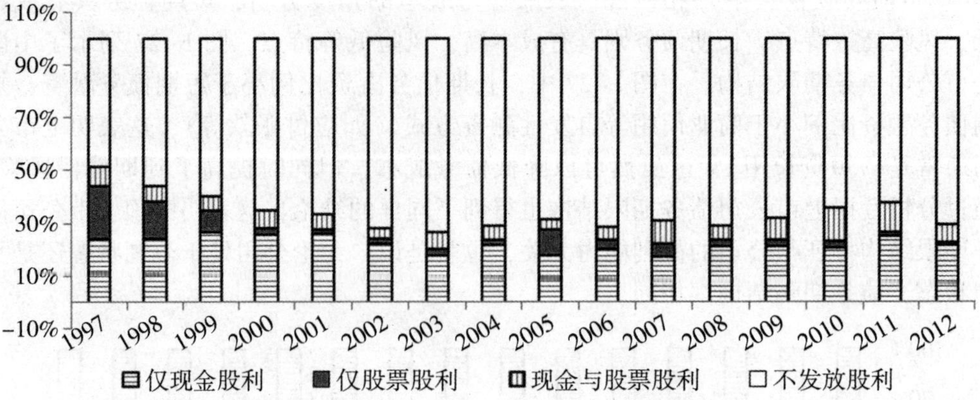

图 1-28　1997—2012 年上市公司股利分配公司数

资料来源：根据 CSMAR 中国上市公司红利分配研究数据库计算。

根据图 1-28，在 1997—2012 年间，平均 22.16% 的公司发放现金股利，平均 4.97% 的公司发放股票股利，平均 6.83% 的公司既发放现金股利又发放股票股利，平均 66.04% 的公司不发放股利。从变化趋势看，发放现金股利的公司数变化趋势较为平稳，发放股票股利的公司、现金股利加股票股利的公司数呈小幅下降趋势，不发放股利的公司数呈上升趋势。这一点与 Fama，Eugene F. and Kenneth R. French（2001）提出"消失的现金股利之谜"有些相似。据投资银行 Morgan 估计，美国 500 家最大公司的股利支付率已从 1990 年的 50% 以上降至 30% 左右，即所谓的"股利消失"现象。

图 1-29 描述了 1997—2012 年中国上市公司平均派现和送股水平。从各年派现和送股的变化趋势看，上市公司各年的派现水平一直呈上升趋势，年平均增长率为 26.02%。上市公司各年平均送股水平波动较小，年均平均增长率为 14.37%，这表明中国上市公司在此期间的股利支付仍以派现为主，特别是 2005 年股权分置改革以后，上市公司的派现水平有较大幅度提高。其原因之一可能与中国证监会出台的一系列与再融资资格相挂钩的股利分配政策有关。为了鼓励上市公司的股利分配行为，证监会自 2000 年起规定，只有发放股利的公司才有资格利用公开资本市场再融资。2006 年 5 月 6 日，在证监会颁布的《上市公司证券发行管理办法》中规定："上市公司公开发行证券应符合最近三年以现金或股票方式累计分配的利润不少于最近三年实现的年均可分配利润的百分之二十"。2008 年 10 月 9 日，证监会颁布的《关于修改上市公司现金分红若干规定的决定》中，将此项规定修改为"上市公司公开发行证券应符合最近三年以现金方式累计分配的利润不少于最近三年实现的年均可分配利润的百分之三十"。这些规定的颁布和实施旨在运用外部融资约束来影响上市公司股利分配的决策。对于具有再融资意愿的公司来说，也可能会根据该政策来调整自身的股利发放政策。

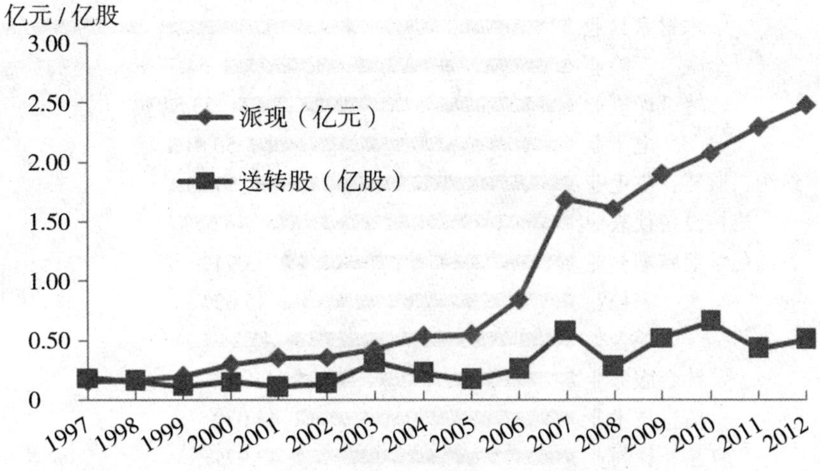

图 1-29　1997—2012 中国上市公司年平均派现和送股水平

资料来源：根据 CSMAR 中国上市公司红利分配研究数据库计算。

在实务中，除了分析现金股利、股票股利的绝对水平外，还应该考察上市公司股利支付的相对水平（每股现金股利÷每股收益）。图 1-30 列示了 2000—2012 年不同股利支付率水平下的公司分布情况。从图 1-30 中可以看出各年的股利支付率在 25% ~50% 之间的公司数是最多的（除 2010 年外）。

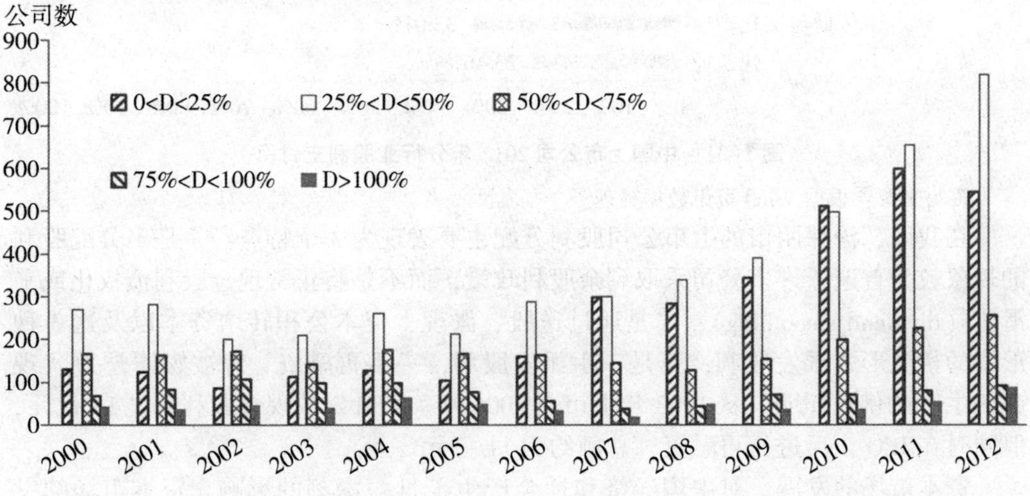

图 1-30　2000—2012 年上市公司平均股利支付率及频次分布（D% = 股利÷每股收益）

资料来源：根据 CSMAR 中国上市公司红利分配研究数据库计算。

图 1-31 描述了中国上市公司 2012 年分行业股利支付情况，由于金属、非金属行业 2012 年的股利支付率超过 100%，因此没有包括在图 1-31 中。除金属、非金属行业外，在 2012 年，平均支付率最高的行业为木材家具业（86. 69%），平均支付率最低的行业为建筑业（23. 46%）。

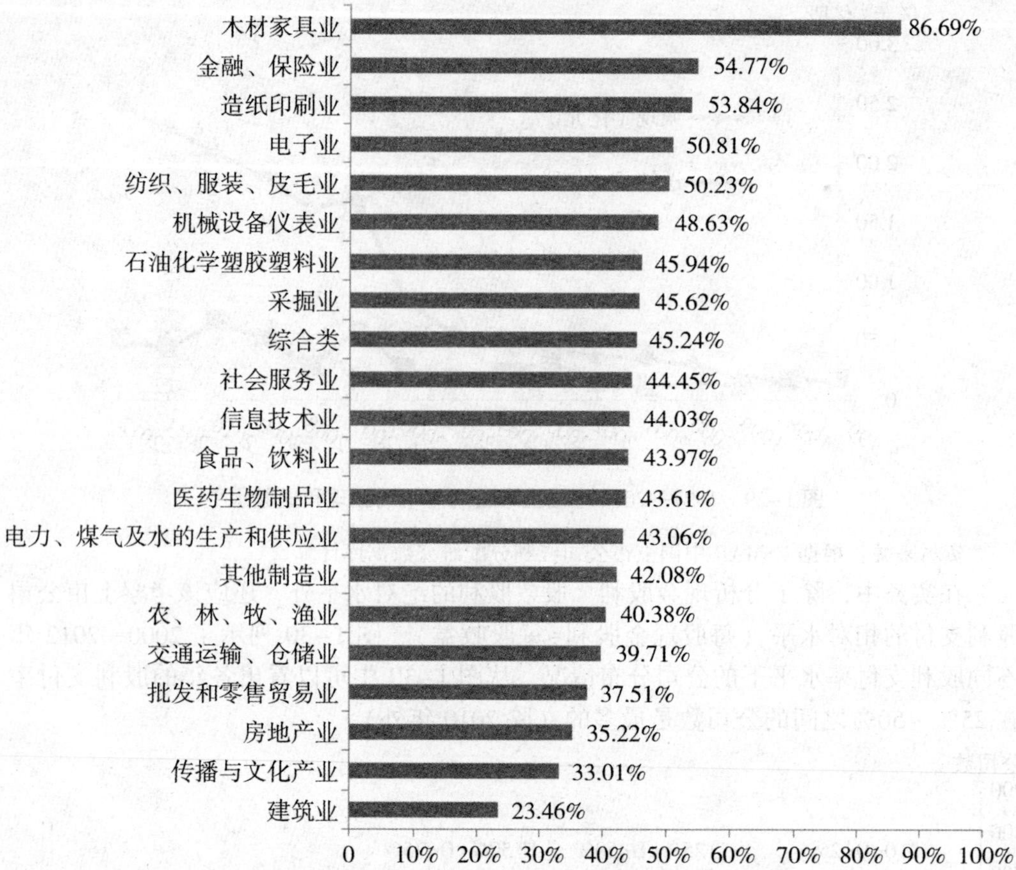

图 1-31　中国上市公司 2012 年分行业股利支付率

资料来源：根据 Wind 资讯数据整理。

在我国，沪深两市的上市公司股利分配主要表现为 3 个特点：一是不分配股利的现象较为普遍，许多公司采取剩余股利政策，而不是将正常现金股利债权化或平滑化（dividend smoothing）；二是通过送股、派现、资本公积转增资本以及这 3 种形式的衍生形式派发股利；三是一手派发股利，一手再融资。曾被媒体誉为“现金奶牛”的佛山照明，从 1993 年上市至 2006 年，累计发放现金股利超过 18 亿元，但同时在 IPO 以后进行再融资，总额约为 11 亿元。

资本市场的发展，对中国经济和社会产生了日益深刻的影响。资本市场的发展，为国家重点支柱产业、重点企业、基础行业的发展提供了重要的融资渠道，一大批行业龙头企业，在推动建立现代企业制度、优化资源配置、调整经济结构、促进金融深化和经济发展等方面发挥了积极的作用。资本市场的发展也推动了中国金融结构的转型，提高了直接融资比重，改善了企业的融资结构和盈利模式。资本市场的发展也来带动了股份制公司的普及和发展，为建立现代企业制度提供了市场基础。

本章小结

1. 从股权融资分析，中国上市公司主要是通过首次股票公开发行（IPO）、再融资（增发和配股），或在中国香港上市（H 股）进行股权融资的。

2. 从上市公司行业分布和行业融资来看，大部分上市公司都是工业制造业，2011 年融资最多的是机械、设备、仪表行业，其次为石油、化学、橡胶、塑料行业。这表明中国各级政府在选择上市公司时的一个政策偏好，同时也反映了中国经济结构依然以机械、设备等制造业为主的现实。

3. 企业债券和公司债券虽然都是企业依照法定程序发行的、约定在一定期限还本付息的有价证券，但这两种证券产生的制度背景，在发行主体等方面的区别主要体现为：发行主体不同；募集资金用途不同；企监管机构不同；信息披露要求的差异。

4. 分离交易可转债是一种附认股权证的公司债，可分离为纯债和认股权证两部分，赋予了上市公司一次发行两次融资的机会。分离交易可转债是债券和股票的混合融资品种，它与普通可转债的本质区别在于债券与期权可分离交易。

5. 经济周期性变化是股票市场周期性变化的内在原因，但这并不代表两个周期是完全同步的，作为一个相对独立的要素市场，股票市场的波动也存在自身的特有规律。

6. 经济发达程度与股票总市值占 GDP 的比例之间呈高度的正相关关系，即股票总市值占 GDP 的比例越高，经济发达程度越高。但该比例并不是越高越好，如果股票总市值的增长水平超过了经济增长水平，股票市场就会出现剧烈的调整，甚至是股灾。

7. 与发达国家的融资方式不同，随着 20 世纪 70 年代末期中国经济体制的变革，企业融资机制经历了财政拨款—银行贷款—市场调节型的变迁过程。其资金配置以纵向划拨、行政性流动向纵横交融、市场化流动发展。

8. 在外部融资中，主要有两种模式：一种是以英美等国家为代表的直接融资模式；一种是以日本等后起国家为代表的间接融资模式。从发展趋势看，特别是在 20 世纪 80 年代以后，情况缓慢地发生了变化。各国在保持原有融资方式、特征的同时，将不同的融资方式相互结合，在融资方式的选择上越来越趋于同一。

9. 中国上市公司债务期限结构的特点表现为：长期债务融资比例小于短期债务融资；短期债务融资比例小于商业信用等自发性融资方式（如应付账款等）。这表明上市公司通常是“短贷长用”，这虽然可以降低债务成本，但同时提高了到期偿债风险。

10. 沪深两市上市公司股利分配主要表现为 3 个特点：一是不分配股利的现象较为普遍，许多公司采取剩余股利政策，而不是将正常现金股利债权化或平滑化（dividend smoothing）；二是通过送股、派现、资本公积转增资本以及这 3 种形式的衍生形式派发股利；三是一手派发股利，一手再融资。

讨论题

1. 结合中国上市公司的融资结构现状，分析内部融资与外部融资结构、直接融资与间接融资结构产生的原因。说明融资制度变迁对企业融资结构的影响。

2. 一些经济学家认为，企业偏好股票融资而冷淡债券融资的关键原因，在于政府政策的误导。请结合中国证券市场情况说明“股热债冷”的原因。

3. 请根据图 1-12 分析股票价值与 GDP 的关系，说明两者相一致或相背离的原因。关于研究股票市场与经济发展的关系，我国学者巴曙松认为“中国股市是体制缺陷的晴雨表”（中国经济时报，2003 年 12 月 2 日），你是否同意这一观点？请说明原因。

4. 请根据《中国证券期货年鉴（2013）》的数据，分行业分析中国上市公司资本结构（资产负债率）现状，说明影响资本结构的影响因素。

5. 请根据《中国证券期货年鉴（2013）》的数据，分析上市公司 2013 年 ROE 变动的影响因素，结合宏观经济形势说明 ROE 变动的原因。

案例分析

A 股上市公司股利政策分析

人民网股票频道统计出 2012 年股利支付率前 10 名的 A 股上市公司（以 2012 年年报拟分红预案计算），其中方大特钢以 25.38% 的股利支付率成为 A 股分红王，超出银行一年期定期存款利率 7 倍多；2012 年遭遇行业困境净利润骤降 99% 的海润光伏出人意料地大派红包，以 12.56% 的股利支付率位居第二，见表 1-7。

表 1-7　**A 股上市公司 2012 年股利支付率排行榜**

排名	证券代码	证券名称	分红预案	股利支付率
1	600507. SH	方大特钢	每 10 股派 10 元	25. 38%
2	600401. SH	海润光伏	每 10 股派 7. 4 元	12. 56%
3	002651. SZ	利君股份	每 10 股派 12. 2 元	8. 84%
4	002242. SZ	九阳股份	每 10 股派 5 元	7. 07%
5	600377. SH	宁沪高速	每 10 股派 3. 6 元	6. 84%
6	002520. SZ	日发精机	每 10 股转 5 股派 8 元	6. 44%
7	600177. SH	雅戈尔	每 10 股派 5 元	6. 21%
8	601567. SH	三星电气	每 10 股派 5 元	6. 06%
9	601799. SH	星宇股份	每 10 股派 6. 55 元	6. 01%
10	601988. SH	中国银行	每 10 股派 1. 75 元	5. 95%

资料来源：http：//finance. people. com. cn/stock/n/2013/0508/c67815-21408093. html.

从分红的绝对数看，在 2012 年分红总额排行榜中，7 家银行、3 家能源企业包揽了分红榜前十的位置。工商银行以全年现金分红 835.6 亿元高居榜首，建设银行分红 670 亿元位居次席。据统计，这 10 家企业的现金分红总额达到了 3889.6 亿元，占全部上市公司现金分红总额的 57%。其现金分红占净利润的比例达 36%，高于上市公司平均水平，有关数据见表 1-8。

表 1-8　　2012 年 A 股上市公司分红榜前 10 名　　单位：亿元

排名	证券代码	证券名称	2012 年分红总额	2012 年净利润
1	601398. SH	工商银行	835. 6	2 385. 3
2	601939. SH	建设银行	670	1 931. 8
3	601857. SH	中国石油	519	1 153. 2
4	601288. SH	农业银行	508. 3	1 450. 9
5	601988. SH	中国银行	488. 5	1 394. 3
6	600028. SH	中国石化	260. 5	635
7	601088. SH	中国神华	190. 9	476. 6
8	601328. SH	交通银行	178. 2	583. 7
9	600036. SH	招商银行	135. 9	452. 7
10	600000. SH	浦发银行	102. 6	341. 9

请选择其中两家不同行业的上市公司分析其股利政策：

（1）公司股利政策历史状况：前几年公司支付了多少股利？前几年公司是否发行了股票股利？

（2）公司的前五大股东是谁？他或她是否喜欢股利，或者是否偏爱股票股利？

（3）公司发放现金股利会向市场传递什么信号？或者说，公司利用股利政策作为信号的必要性有多大？

（4）公司近几年是否进行了再融资？你认为公司的未来投资机会与融资需求是否匹配，公司能否具有融资的灵活性？

（5）通过查阅资料，公司是否存在限制股利政策发放的债务契约？

（6）公司和该行业其他公司的股利政策相比，是高于平均股利支付率还是低于平均值？

延伸阅读文献

[1] 吴晓求．中国上市公司：资本结构与公司治理 [M]．北京：中国人民大学出版社，2003.

[2] 汪昌云．公司财务政策与公司治理：中国的实践 [M]．北京：中国人民大学出版社，2006.

[3] 中国证券监督管理委员会．中国证券监督管理委员会编年报（2012）

[M]. 北京：中国财政经济出版社，2013.

[4] 中国证券监督管理委员会. 中国资本市场二十年 [M]. 北京：中信出版社，2012.

[5] 中国证券监督管理委员会. 中国证券期货统计年鉴2012 [M]. 上海：学林出版社，2012.

[6] FAMA EUGENE F and KENNETH. Disappearing dividends: changing firm characteristics or lower propensity to pay? [J]. Journal of Financial Economics, 2001, 60 (1): 3-43.

[7] FAN JOSEPH TITMAN and TWITE. An international comparison of capital structure and debt maturity choices [J]. Journal of Financial and Quantitative Analysis, 2012, 47 (1): 23.

[8] RAJAN RAGHURAM G. and ZINGALES. What Do We Know about Capital Structure? Some Evidence from International Data [J]. Journal of Finance, 1995, 50 (5): 1421-1460.

第2章 财务估价模型概览

学习目标

◇ 熟悉费雪分离定理和财务决策基本法则

◇ 了解资本资产定价理论的逻辑起点以及在均衡条件下的定价模型

◇ 掌握套利定价机制，明确公司价值、资本成本、投资决策之间的相互关系

◇ 理解二项式定价、期权定价模型在公司估价、风险评估、投资收益中的作用

◇ 熟悉 CAPM、M-M、BSOPM 之间相互影响、相互印证的内在逻辑关系

黑格尔说："不理解过去人们的思想，也就不能理解过去的历史。正是在这种意义上，历史就是思想史，一切历史都是思想史。"金融思想最初萌芽于 Louis Bachelier（1990）的这篇博士论文"投机理论"（the theory of speculation），其率先采用数学工具解释股票市场的运作。数十年后，这篇关于证券市场统计研究的论文，最终被认定是标志着金融学从经济学独立出来，成为一门新学科的里程碑。① 20 世纪 50 年代以后，随着资本市场作用的日益提高，金融理论的研究空前繁荣，出现了一群日后在金融学史上举足轻重的代表性人物。在马可维茨（Markowitz，1952）、夏普（Sharpe，1964）、米勒（Miller，1958）、法玛（Fama，1965）等学者的努力下，金融学成为半个世纪以来最活跃的一个经济学分支。这些理论成为金融学史上具有重大学术价值的历史文献，他们也先后成为诺贝尔经济学奖的得主。如果用一个术语来描述这些经典文献，那就是资产定价。例如，Franco Modigliani-

① 沈艺峰，沈洪涛．公司财务理论主流［M］．大连：东北财经大学出版社，2004：1.

Merton H. Miller（1958）的资本结构无关论，Harry M. Markowitz（1952）的投资组合理论，William F. Sharpe-John Lintner-Jack Treynor（1964）的资本资产定价模型，Fischer Black-Myron Scholes（1973）的期权定价理论，Eugene F. Fama（1965）的有效市场假说，以及 Eugene F. Fama-Kenneth R. French（1976）的"Fama-French 三因素模型"。这些模型反映了主流金融经济学的基本走向和理论框架。更为重要的是，在理想资本市场假设条件下，这些模型关于资产风险、预期收益或公司价值等的结论具有高度的一致性。当然，这一假设条件并非现代金融经济学理论的全部，对部分假设条件的逐步放松反映了现代金融经济学的发展轨迹。特别是金融学理论与金融实践的结合革命性地改变了公司财务的理论与实务。瑞典皇家科学院（1990）在经济学诺贝尔奖的致辞中称"Merton Miller 革命性地改变了公司财务的理论与实务，将公司财务从一个松散的工作程序及规则，改变为追求股东价值最大化的精细巧妙法则。"

第 2 章在分析财务决策基本法则的基础上，从公司财务的视角，简要介绍资本资产定价模型、M-M 资本结构理论和期权定价模型的发展轨迹和研究思路，说明同一理论或学说在公司财务领域的应用，以及各种理论的内在逻辑和相互印证关系。

2.1 财务决策的基本法则

2.1.1 资本市场对消费与投资选择的作用

财务估价理论是建立在资本市场如何有效分配资源的基础之上的，其中最重要的变量是"利率"——通常指资本的机会成本。从理论上说，资本机会成本是"租用"资本的价格，它是资本使用者使用资本所付出的代价，也是资本所有者提供资本要求的最低收益。为方便讨论，假设：资本的所有者和使用者均可在一个资本市场中进行交易；仅有一个资本的机会成本——利率，这一利率是通过资本所有者和使用者之间的竞争来决定的。

在确定性条件下，任何持有一定财富的经济行为人面临的基本选择是：消费或投资，即经济行为人所面临的问题是今天应该消费或投资多少？这关系到怎样安排他的消费，或者说配置他现有的财富，以使他既能享有今天的消费又能通过今天的投资来增加他在未来的消费或财富。例如，你今天和一年后的今天各有 X 元收入，如果没有资本市场且没有办法储存未用的现金，你今天和一年后的今天各自最多只能消费 X 元。资本市场的存在使你得以将今天的货币与未来的货币进行交易，从而使你无论是现在还是将来都能适量地消费。

假设某个人王先生，现在拥有的财富为：（1）现金 4 000 元；（2）银行存单一张，价值 6 000 元，利率 8%，期限 1 年。如果市场允许他可以以 8% 的利率自由地借入或贷出资金，那么，他通过借贷可实现的所有消费可能性的组合如图 2-1

中的斜线所示。

图 2-1 中的斜线描述了即期消费（横轴）和远期消费（纵轴）的各种可能组合。图中斜线与横轴的交点，表示王先生即期消费 10 000 元，这是他当前能消费的最大值。为了获得这个最大值，他必须借入 6 000 元（他已持有现金 4 000 元）。当一年到期时，王先生用银行存款本息归还借款本息后，可供消费的财富为零。图中斜线与纵轴的交点，表示王先生一年后能消费的最大值。为了达到此点，他必须放弃即期消费，将手中持有的现金（4 000 元）贷放出去。假设利率为 8%，一年后贷放现金的财富增加至 4 320 元，加上 1 年期银行存款到期本息 6 480 元，共计 10 800 元。

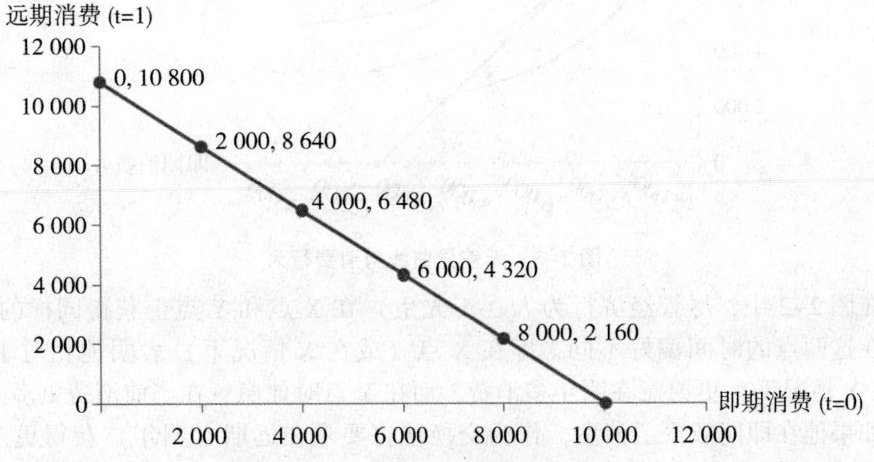

图 2-1　即期与远期消费组合（元）

在图 2-1 中，如果王先生即期消费 8 000 元，投资 2 000 元，明年可供王先生消费的现金为 2 160 元（2 000×1. 08）；如果王先生即期消费 4 000 元，投资 6 000 元，明年可供王先生消费的现金为 6 480 元；其他各点的计算方法相同。图中的斜线是个人消费的可行线，从最高点（10 800）向下移动，王先生将增加即期消费而减少远期消费。王先生在斜线上选择哪一点，取决于他个人的偏好和处境。

根据经济学原理，对于同一个经济行为人，如果存在由不同的跨期组合构成的组合，其中每一个组合都能给他带来相同的效用，那么就说他在这些组合（即期和远期消费总量）之间的效用上无偏好差异。这个由效用等价的组合形成的集合可用一条效用无差异曲线表示。每一个经济行为人都有自己固有的一组效用曲线，其中所有的无差异曲线都互不相交并且凸向原点（如图 2-2 所示）。这意味着在财富有限的情况下，经济行为人最多只能达到某一水平的效用曲线；如果经济行为人想从一条无差异曲线过渡到更高一级的无差异曲线，就必须拥有更多的财富。如果将无差异曲线附加在个人消费可行性曲线上，就可以找出个人最佳消费点，即消费可行性曲线与无差异曲线相切的点（Y），此时消费时间偏好的边际替代率等于利率。在无差异曲线上，经过 Y 点的切线斜率表示在 Y 点的即期消费与远期消费之间的边际替换率（marginal rate of substitution，MRS），MRS=-（1+r），其中r为利率，它表明，如果经济行为人放弃1个单位的即期消费，在远期他可以得到1+r单位的消费，这个数量恰好是为了放弃现时消费所需得到的补偿数量。由于它测量了消费在时间上的替换率MRS，因此r也被看做是利率。

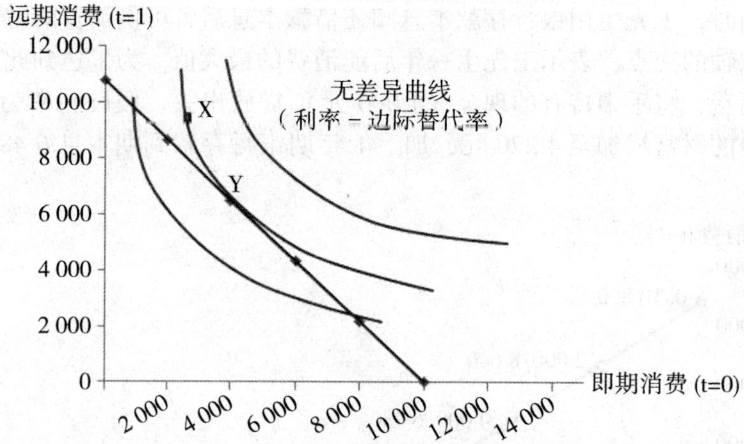

图2-2　无差异曲线与消费行为

在图2-2中，尽管经济行为人（王先生）在X点和Y点上获得同样的效用，但他在这两点的时间偏好不同，即在X点（或在X情况下）表明他相对于Y点（或在Y情况下）更愿意在明年多消费，而在Y点时他愿意在当前消费更多。或者说，如果他在即期减少了消费，作为交换他将要求在远期（明年）获得更多的消费，从而使他保持相同的效用。这样，消费选择便从Y点移动到X点。

2.1.2　利率水平对投资与消费选择的影响

上例中，如果市场利率从8%上升到16%或下降到0，则消费组合线的斜率也会发生变化，即：W_1Y_1线斜率（r=0）为-1.0；W_1F_{10}线斜率（r=8%）为-1.08；W_1Y_2线斜率（r=16%）为-1.16。图2-3描述了利率水平变化对消费选择的影响。当市场利率为8%时，明年可供消费的现金为10 800元，低于利率为16%的消费水平（11 600元），高于利率为0时的消费水平（10 000元），但代表财富的现值（10 000元）与利率变化无关。

2.1.3　投资、融资与消费组合

假设经济行为人拥有一个投资项目，这个项目可以被理想化分割，这意味着它包含一系列等差数列形式的不同投资规模，即投资机会集，其中每一个投资规模都代表一个投资机会或一种投资可能。据此，他可以建立自己的投资计划并确定投资收益。此外，在这个投资项目中，所有的投资规模（机会）都是相互独立，并且每一个投资机会都是有收益的，但它们的收益率各不相同。如果将这些投资机会按照收益率递减的顺序排列，就可以得到一个投资额（投资规模）与收益率之间的

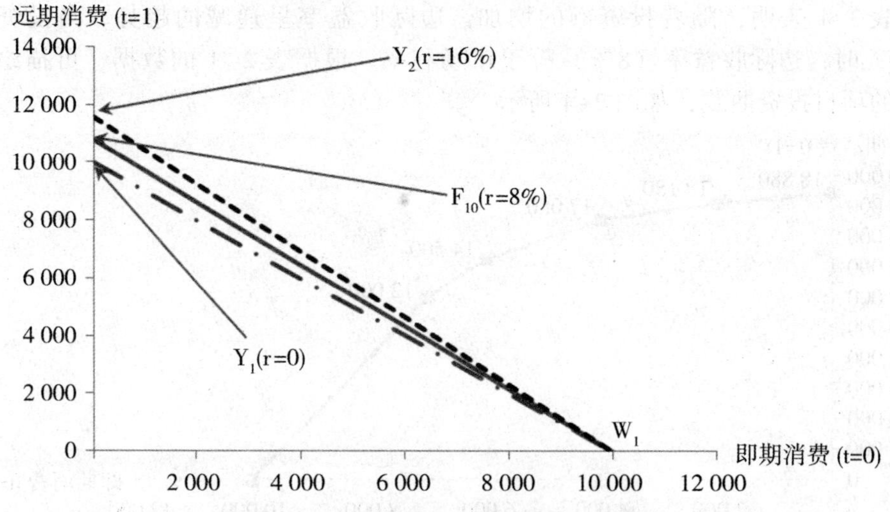

图 2-3 利率水平变化对消费选择的影响

函数关系，即随着投资额的增大，边际投资收益率逐渐减小。

在上例中，王先生除了进行金融资产投资（银行存款）外，还可投资于实物资产（假设开设一家打印社），预期不同投资额下的预计年末现金流量见表 2-1。

表 2-1 项目投资与收益 金额单位：元

投资方案	总投资额	增量投资额	年末现金流量	投资收益率（%）	边际收益率（%）
1	3 000	3 000	12 000	300. 00	300. 00
2	4 000	1 000	14 500	262. 50	150. 00
3	5 000	1 000	16 000	220. 00	50. 00
4	6 000	1 000	17 080	184. 67	8. 00
5	7 000	1 000	17 680	152. 57	-40. 00
6	8 000	1 000	18 180	127. 25	-50. 00
7	9 000	1 000	18 580	106. 44	-60. 00
8	10 000	1 000	18 880	88. 80	-70. 00

在表 2-1 中的投资收益率和边际收益率的计算方式如下：

$$投资收益率=\frac{CF_1}{C_0}-1$$

式中：CF_1 表示一年后的现金流入量；C_0 表示初始投资。

$$边际收益率=\frac{CF_n-CF_{n-1}}{C_n-C_{n-1}}-1$$

式中：CF_n表示选择第 n 个投资方案一年后的现金流量；CF_{n-1}表示选择第 n-1 个投资方案一年后的现金流量；C_n表示选择第 n 个投资方案的初始投资；C_{n-1}表示选择第 n-1 个投资方案的初始投资。

表2-1 表明，随着投资额的增加，边际收益率呈递减的趋势。当投资额为6 000元时，边际收益率（8%）等于市场利率。根据表2-1 的数据，可描绘出王先生的项目投资曲线，如图2-4 所示。

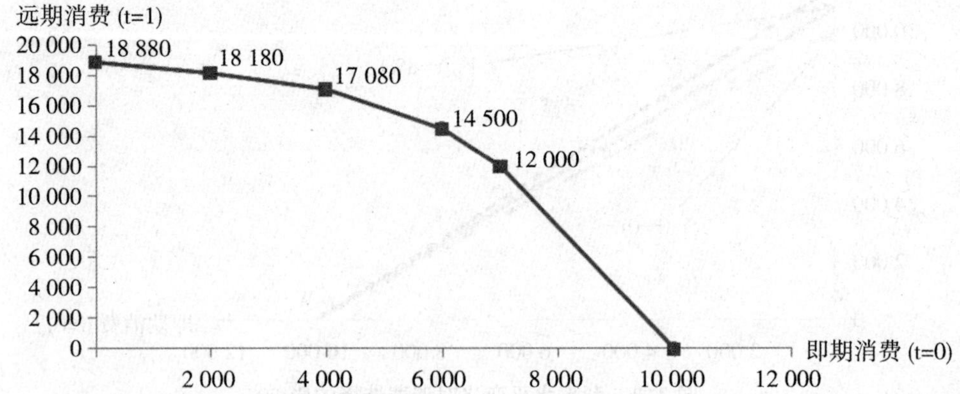

图2-4 项目投资机会集

图2-4 的横轴表示王先生的初始财富部分用于项目投资，部分用于当期消费。纵轴表示第0 期项目在投资一年后的价值。例如，图中曲线与横轴相交的点表示王先生的初始财富价值10 000 元；如果王先生投资3 000 元开设一家打印社，其余的7 000 元用于当期消费，则一年后的现金流量价值为12 000 元（表2-1）；同样，如果王先生用于项目投资的金额分别为4000 元、6 000 元和8 000 元，用于当期消费的金额分别为6 000 元、4 000 元和2 000 元，则一年后项目现金流量价值分别为14 500 元、17 080 元、18 180 元；如果王先生将全部财富都进行项目投资，当期消费为零，则一年后项目现金流量价值为18 880 元。

如果王先生将其财富分别进行项目投资和金融资产，各种不同投资组合方案一年后的现金流量见表2-2。

表2-2 **项目投资与金融资产投资现金流量** 单位：元

投资方案	项目投资	项目投资年末现金流量	金融资产投资（8%）	金融资产投资现金流量	明年可供消费的现金流量
0	0	0	10 000	10 800	10 800
1	3 000	12 000	7 000	7 560	19 560
2	4 000	14 500	6 000	6 480	20 980
3	5 000	16 000	5 000	5 400	21 400
4	6 000	17 080	4 000	4 320	21 400
5	7 000	17 680	3 000	3 240	20 920
6	8 000	18 180	2 000	2 160	20 340
7	9 000	18 580	1 000	1 080	19 660
8	10 000	18 880	0	0	18 880

表2-2表明，如果王先生选择方案3或方案4，即将初始财富中的5 000元（或6 000元）投资于项目，剩余的5 000元（或4 000元）进行金融资产投资，则一年后的投资现金流量均为21 400元。其他投资组合方案的投资收益均低于方案3和方案4，或者说方案3和方案4是最佳投资方案。

从理论上说，当经济行为人拥有初始财富组合并且同时面对投资机会和消费机会时，他总会用1元的投资边际收益率和其时间偏好边际比率（即期消费与远期消费比率）进行比较。如果投资边际收益率较大，投资者会进行投资，直到最后1元的投资收益率等于消费的时间偏好边际比率。项目投资机会使经济行为人按照自己的偏好将今天放弃的消费用于投资，并通过项目投资将其转变为明天价值更大的财富，使他可以在远期获得比没有投资机会时更高的消费。

例如，王先生选择方案4（表2-2），投资6 000元开设一家打印社，如果折现率与借款利率相等，均为8%，则一年后的现金流入量17 080元的现值为15 815元（17 080÷1.08），扣除初始投资6 000元，王先生投资的净现值为9 815元。进行项目投资使王先生的财富总额变为：

王先生投资后财富现值=初始财富现值+投资净现值

=10 000+15 815-6 000=19 815（元）

如果将图2-1、图2-4组合起来，可以得到图2-5，用于分析不同投资与消费组合对远期消费的影响。

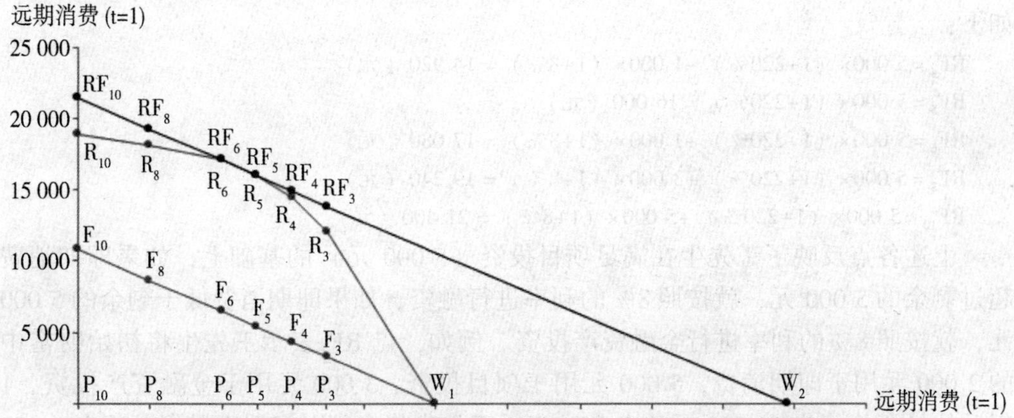

图2-5　投资与消费偏好选择

在图2-5中横轴表示王先生的初始财富在项目投资、金融资产投资或融资，以及消费之间的选择。W_1表示王先生的初始财富为10 000元；P_3、P_4、P_5、P_6、P_8、P_{10}分别表示王先生在当前投资3 000元、4 000元、5 000元、6 000元、8 000元和10 000元，剩余部分用于即期消费。纵轴表示在不同的投资与消费选择下王先生明年财富的价值。

图中$F_{10}W_1$线表示王先生在当前将其财富分别用于金融资产投资与消费的组

合，以及在不同组合下明年财富的价值；$R_{10}W_1$ 线表示王先生在当前将其财富分别用于项目投资与消费的组合，以及在不同组合下明年财富的价值；$RF_{10}W_2$ 线表示王先生在当前将其财富分别用于项目投资（5 000 元）、金融资产投资、融资与消费的组合，以及在不同组合下明年财富的价值。

斜线 $RF_{10}W_2$ 与斜线 $F_{10}W_1$ 相平行且与曲线 $R_{10}W_1$ 上的点 R_6 和点 R_5 相切。在一个完善的资本市场①中，一方面使有剩余资金的人能够优化其投资与消费，另一方面也使需要投资和消费而又缺乏资金的经济行为人筹得资金进行投资或消费，以便增加财富与效用。不论经济行为人的消费偏好如何，都会选择最佳的投资-消费组合。一般来说，偏好当期消费的经济行为人会通过借入资金完成这一投资-消费组合；偏好未来消费的经济行为人会通过贷出资金实现这一投资-消费组合。

点 W_2 表示如果王先生选择投资方案 3，即将现在财富的 5 000 元进行项目投资，1 年后该项目现金流量的现值为 14 815 元（16 000÷1.08），净现值为 9 815 元（14 815-5 000）；王先生投资后的财富现值为 19 815 元（初始财富 10 000+净现值 9 815），W_1 与 W_2 之间的差额（9 815 元）表示王先生进行项目投资创造的净现值。这意味着引入项目投资使当期财富增加的价值等于投资项目创造的净现值。

点 RF_3 表示王先生将初始财富 10 000 元中的 7 000 元用于现时消费，5 000 元（剩余的 3 000 元加上从资本市场借入 2 000 元）用于项目投资；1 年后投资价值扣除借款本息后的价值为 13 840 元（16 000-2 000×1.08）。其他各点的计算方式如下：

RF_4 = 5 000×（1+220%）-1 000×（1+8%）= 14 920（元）

RF_5 = 5 000×（1+220%）= 16 000（元）

RF_6 = 5 000×（1+220%）+1 000×（1+8%）= 17 080（元）

RF_8 = 5 000×（1+220%）+3 000×（1+8%）= 19 240（元）

RF_{10} = 5 000×（1+220%）+5 000×（1+8%）= 21 400（元）

上述各点反映了王先生在满足项目投资（5 000 元）的基础上，如果即期消费超过剩余的 5 000 元，就按照 8% 的利率进行融资，如果即期消费低于剩余的 5 000 元，就按照 8% 的利率进行金融资产投资。例如，点 RF_8 表示王先生将初始财富中的 2 000 元用于即期消费，5 000 元用于项目投资，3 000 元用于金融资产投资，1 年后的投资价值为 19 240 元。点 RF_{10} 表示王先生将全部财富用于投资，其中 5 000 元用于项目投资，5 000 元用于金融资产投资，1 年后的投资价值为 21 400 元。

2.1.4 费雪分离定理与项目定价

费雪分离定理（Fisher's Separation Theorem，1930）认为，在理想的市场中，资本市场将产生一个单一的利率，此时投资者的生产决策是由客观市场规则决定的（最大化可达到的财富），而与个体的主观偏好无关。这样使借贷双方在进行消费

① 完善资本市场的 3 个基本假设：借款利率与贷款利率相等；不存在税收；不存在交易成本。

和投资决策时都可以以市场利率为依据，而反过来又促使投资和融资决策的相互分离。按照这一定理，在完善的资本市场条件下，任何投资决策都可以分为两个依次连续并且彼此分开的过程：第一步，进行最佳投资方案的选择，直到投资边际收益率等于资本市场利率。在这个均衡点上，经济行为人的财富（当前消费与未来消费的组合）达到最大化。面对同一条投资曲线，所有经济行为人都将做出相同的最佳决策。最佳投资以财富最大化为共同准则而不考虑个人偏好。第二步，决定跨期消费路径，或者说通过不同的借贷行为选择最佳消费模式，直到消费时间偏好比率等于资本市场利率，在这个平衡点上，经济行为人将获得最大的满足。每一个经济行为人都将做出自己的最佳消费决策。

在图2-5中，斜线 $RF_{10}W_2$ 与曲线 $R_{10}W_1$ 相切的两点是点 R_6 和点 R_5，所对应的项目投资额分别为5 000元和6 000元。以此构成的两种投资消费组合可以使经济行为人获得最大的远期消费。这一结果表明，如果项目的边际投资收益率等于利率（本例中，r=8%），就应该进行投资。由此可以推论，最优的投资水平能够最大化经济行为人的当期财富。如果投资的边际收益率等于由市场决定的资本的机会成本，那么投资者的当期财富 W_0，用数学方法可表示为：

$$W_0=CF_0+\frac{CF_1}{1+r}$$

从项目估价的角度分析，引入项目投资使未来的财富增加了 Δ，则当期财富增加了 Δ/（1+r）。或者说，给定一项单期的项目投资，它的净现值（NPV）可以定义为因投资导致的当期财富增加的数量。

$$NPV=\frac{\Delta}{1+r}$$

如果项目投资是多期的，上述的结论仍然成立。假设有一个两期的经济事项，且存在资本市场和既定的项目投资。在第0期，经济行为人通常会向银行借入 Δ/（1+r）与 $\Delta/(1+r)^2$ 两部分资金，其中，一部分资金 Δ/（1+r）到第1期时用初始投资收益偿还；另一部分资金 $\Delta/(1+r)^2$ 到第2期时用第1期投资的收益偿还。由此，项目的净现值也可以表示为使第0期的财富增加的数额：

$$NPV=\frac{\Delta}{(1+r)}+\frac{\Delta}{(1+r)^2} \tag{2.1}$$

上述项目定价理论可适用于任意的期限。假设 NCF_0，NCF_1，…，NCF_n 分别代表各个时期0，1，…，n的现金净流量；r代表各期的利率，则项目的现值（PV）可表示为：

$$\begin{aligned} PV &= NCF_0+\frac{NCF_1}{(1+r)}+\frac{NCF_2}{(1+r)^2}+\cdots+\frac{NCF_n}{(1+r)^n} \\ &= \sum_{t=0}^{n}\frac{NCF_t}{(1+r)^t} \end{aligned} \tag{2.2}$$

这一表达式可以推广到各个时期的市场利率并不相等的情形。令 r_t 代表第t期与第 t+1 期之间不变的利率，在这种情况下，项目的价值可表示为：

$$PV = NCF_0 + \frac{NCF_1}{(1 + r_0)} + \frac{NCF_2}{(1 + r_0)(1 + r_1)} + \cdots + \frac{NCF_n}{\prod_{j=0}^{n-1}(1 + r_j)}$$

$$= NCF_0 + \sum_{t=1}^{n} \frac{NCF_t}{\prod_{j=0}^{t-1}(1 + r_j)} \tag{2.3}$$

将费雪分离定理用于公司财务决策中，意味着即使股东将投资决策权交给管理者，同样可使其财富达到最大化。因为，无论决策者是谁，也不管其效用曲线如何，对于同一条投资曲线（或投资机会集），任何决策者都会做出同样的最佳决策。或者说，费雪分离定理为股份公司提供了一个为其所有股东都一致认同的目标：所有的投资者，不论其消费偏好如何，在公司投资于净现值大于零的资产时均会获益，他们都将分享净现值，从而每个人最终都能消费更多。因此，公司经理在进行投资决策时，无需考虑股东的偏好（只要存在竞争市场，股东就可以选择符合其需要的最佳消费时间模式），只要选择净现值大于零的投资机会，就能增加每个股东所持公司股份的市场价值，就会实现股东财富最大化，这就是净现值决策法则的理论基础。

费雪分离定理以及由此得出的净现值决策法则是建立在完善资本市场的假设之上的，如果资本市场上借贷利率不相等，即资本市场上的利率不是单一的，那么，费雪分离定理的有效性将不复存在。

2.2 资本资产定价模型

2.2.1 资产定价模型的基本假设

资本资产定价模型（capital assets pricing model，CAPM）的发展可以追溯到马可维茨的投资组合理论（Markowitz，1952）。在持有多种风险的市场中，风险厌恶的投资者如何选择最优的投资组合，一直是投资者较为困难的事情。马可维茨在 1952 年提出的“均值—方差”分析方法十分方便地解决了这个问题。在马可维茨模型中，投资者在 t-1 时选择一个组合，该组合在 t 时获得一个随机收益。这一模型将任何一项风险资产或证券组合的收益与风险放在一个两维的空间去考察，使得证券投资组合分析第一次具有了“可计算性”，因此在资产定价领域具有非常重要的意义。尽管这一模型将投资决策变量选择局限在“均值”和“方差”两个统计量上，这相对于实际市场中的情形显得过于简化并由此衍生出许多问题，但这并不能掩盖其工作的开创性意义。

马可维茨组合选择模型给出了均值方差有效组合的一个解析解，在此基础上，威廉·夏普（William Sharp，1964）、林特纳（J. Lintner，1965）、莫森（Mossin，

1966)，利用当资产价格满足于市场出清[①]条件时其组合必然为有效组合的关系，各自独立地研究了任意证券组合收益率和某个共同因子之间的关系，并由此导出了一个可检验的 CAPM 模型，揭示了在市场均衡的条件下，单项资产与市场组合在预期收益率与风险上所存在的关系。

在马可维茨模型基础上，他们提出的假设条件包括：（1）所有的投资者都追求单期最终财富的效用最大化，市场中的所有投资者都根据马可维茨“均值—方差”模型选择或优化投资组合；（2）所有的投资者对每一项资产收益的均值、方差的估计相同：给定 t-1 时的市场价格出清条件，投资者对资产收益从 t-1 到 t 时的联合分布预测完全一致；（3）所有的投资者都能以给定的无风险利率借入或贷出资本，其数额不受任何限制，市场上对卖空行为无任何约束；（4）所有的资产都可完全细分，并可完全变现（即可按市价卖出）；（5）资本市场是完全竞争的，不存在税收和交易费；（6）所有的投资者都是价格的接受者，即所有的投资者各自的买卖活动不影响市场价格。

2.2.2　资产定价的逻辑分析

事实上，上述各种假设条件是相互联系、相互包容的。例如，假设（1）表明投资者的效用是由期末财富和方差决定的，这意味着 CAPM 是一个单期模型；假设（3）表明市场上存在无风险资产且市场借贷利率相等；假设（5）表明市场无交易成本，可以直推导出线性有效边界；假设（2）投资者对证券未来收益的概率分布看法相同，表明所有投资者所做的决策都在同一个有效边界上。图 2-6 描述了 3 条无差异曲线以及投资者的机会集，其中 E（r_p）表示投资组合的预期收益率；σ（r_p）表示投资组合预期收益率的标准差；E（r_{min}）和 σ（r_{min}）分别表示最小收益率和最小标准差。根据无差异曲线，投资者Ⅲ的风险厌恶程度最高，其次是投资Ⅱ，最后是投资者Ⅰ。由此，他们各自会选择不同的比例投资于机会集上的风险资产。从图中可以发现，理性的投资者决不会选择 CD 线上的投资组合，只要沿着投资机会集中的正斜率线段 CBA 移动，就可以得到更高的预期效用。处于正斜率线段的投资组合一般称为有效边界（efficient frontier）或有效集（efficient set）。

有效集是指在方差（或标准差）既定的情况下，从投资机会集中选择出的均值—方差组合，没有其他任何投资机会可以获得比有效边界更高的平均收益。有效集大大缩小了投资者选择的投资组合范围。例如，在图 2-6 中，点 A 和点 D 处的投资组合具有相同的标准差，但点 A 在相同风险水平下可以获得更高的效用，因而点 A 处于有效集上，点 D 处的组合是非有效集上。在考虑多个资产的投资组合时，如果能够知道个别资产的预期收益率和方差，以及两两资产收益的协方差，那么就可以找出机会集以及有效集。

---

① 市场出清是指在市场调节供给和需求的过程中市场机制能够自动地消除超额供给（供给大于需求）或超额需求（供给小于需求）市场在短期内自发地趋于供给等于需求的均衡状态。在给定的价格（P）之下，市场上的意愿供给等于意愿需求。

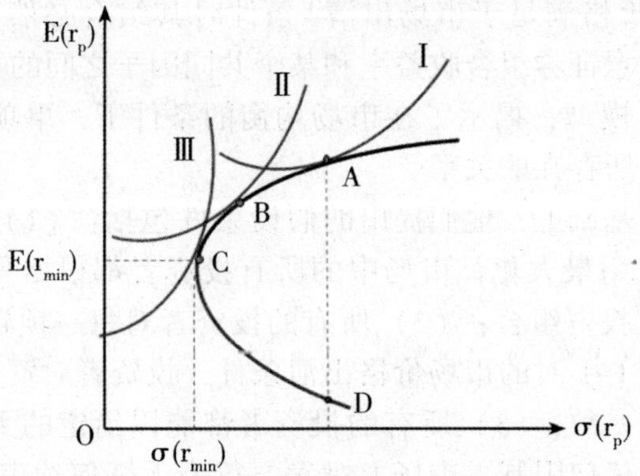

图 2-6　无差异曲线与投资组合选择

在图 2-6 中投资组合的资产都是风险性资产，如果引入无风险资产 r_f，投资组合的选择问题就会大大简化。或者说，如果投资者可以自由的以无风险利率借入或贷出资金，便可以在任意风险资产和无风险资产之间画一条直线，落在这条线上的点代表风险资产和无风险资产的投资组合。在图 2-7 中虚线分别表示无风险资产与风险资产 A、B、C 的投资组合。事实上，这种投资组合有多种可能，但仅有一条直线（r_fMN）是最优的。无论投资者对风险厌恶的程度有多大，他们都更偏好无风险资产与落在有效集上的投资组合 M 所构成的组合。在图 2-7 中，投资者Ⅲ是最厌恶风险的，他的投资组合几乎都是无风险资产；投资者Ⅰ对风险厌恶程度较低，他不仅将自己的资金全部投资于投资组合 M，而且以无风险利率借入资金投资于投资组合 M，或者说，他投资于投资组合 M 的比例大于 100%。在图中，虽然 3 位投资者均可以在点 C 处获得最小方差组合，但没有一位会选择这一投资组合，因为他们可以通过将无风险资产与投资组合 M 进行组合来获得更好的结果。事实上，投资组合 M 即是全部风险资产的市场投资组合，所有的风险资产都是风险投资组合 M 的一部分。

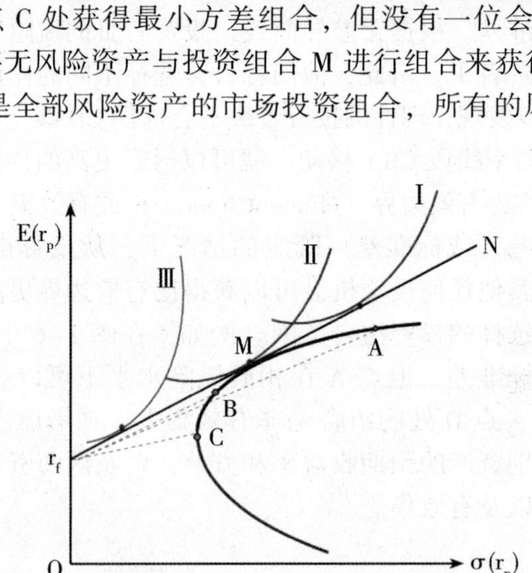

图 2-7　最佳线性有效集

在图 2-7 中连接无风险资产和市场组合的直线（r_fMN）即为资本市场线（capital market line，CML），位于 CML 上的每一点都代表有效投资组合。根据两项资金分离[①]原则，任何一个投资者的最优投资组合都可以表示为无风险资产和风险资产的线性组合，只是他们在无风险投资和切点投资组合上有所不同。如果每位投资者都持有切点的投资组合，那么这一组合一定是股票市场上实际可以观察到的投资组合；如果每一投资组合的权重都是股票市场价值的一部分，那么该组合即为市场组合。在市场投资组合中单项资产的风险是指由第 j 种风险资产引起的市场投资组合风险的边际增加。当增加第 j 种风险资产的边际权重时，市场组合的风险就增加了第 j 种资产与市场组合的协方差。[②]

图 2-8 描述了第 j 种资产风险与收益的关系，图中的直线称为证券市场线（the security market line，SML），SML 的直线方程即为资本资产定价模型（CAPM）：

$$E(r_j)=r_f+\beta_j[E(r_m)-r_f] \tag{2.4}$$

其中：$\beta_j=\dfrac{Cov(r_j,r_m)}{Var(r_m)}$

式中，$E(r_j)$ 为第 j 种资产的预期收益率；$E(r_m)$ 为市场组合的预期收益率；$Var(r_m)$ 为市场投资组合收益率方差；$Cov(r_j, r_m)$ 代表第 j 种资产和市场投资组合收益率的协方差。

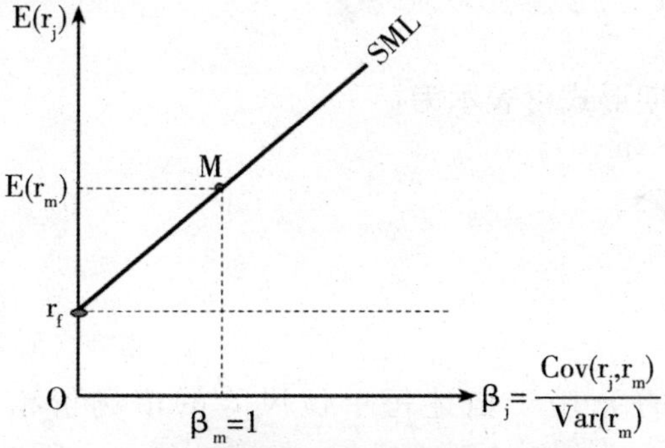

图 2-8　证券市场线

公式（2.4）说明第 j 种资产所要求的收益率等于无风险收益率加上风险溢价。如果风险溢价为 $\pi=E(r_m)-r_f$，那么第 j 种资产的风险溢价等于 $\beta\cdot\pi$，其中 β 系

---

① 两项资金分离是指每位投资者的最大效用投资组合是由无风险资产和一个风险资产组合合成的（后者是由从无风险利率出发并与风险资产的有效集相切的直线所决定）。

② 假设 Var_m 是未加入该项新资产时的市场组合方差，将加入到市场组合的单项新资产的方差设为 Var_j，该项资产占市场组合的比重设为 w_j，该项资产与市场组合的协方差设为 $Cov(r_j, r_m)$，则加入新资产（j）后的市场组合方差 $Var_{m'}$ 为：

$$Var_{m'}=w_j^2Var_j+(1-w_j)^2Var_m+2w_j(1-w_j)Cov(r_j,r_m)$$

由于市场组合包含市场中所有交易的资产，那么任何单项资产在市场组合的市场价值中的比重是很小的，因而上式中的第一项接近零，第二项接近 Var_m，剩下的第三项（协方差）可用于度量因资产 j 而增加的风险。

数是风险资产 j 和市场组合 m 之间的协方差再除以市场组合的方差。根据协方差的特点，市场投资组合与自身的协方差等于市场投资组合的方差，即 Cov（r_m，r_m）= Var（r_m），由此可以得出，市场投资组合的 β_m 系数等于 1，第 j 种资产的 β_j 系数反映了第 j 种资产系统风险对市场风险的贡献度。当风险资产与市场投资组合的协方差为正时，其 β 系数亦为正，反之亦然。无风险资产的 β 系数等于 0，β 系数为正（负）的风险资产的预期收益率要比无风险收益高（低）。

2.2.3 资本资产定价模型的应用

CAPM 在金融学中的作用主要体现在它提供了一种系统的方法来计算风险资产要求的收益率。当风险资产要求的收益率等于预期收益率时，市场达到均衡。因此，CAPM 也可用于计算风险资产要求的收益率。目前，这一模型已广泛用于股票价格分析和公司资本预算决策。

1）估计证券价值与风险调整后的均衡价格

CAPM 给出的是收益率与风险的关系，不是直接的价值或价格形式。因此，要以 CAPM 估计资产的价值，首先要将 CAPM 的预期收益率改写为价格的表达式。Rubinstein（1973）分析了证券价值和它的风险调整的均衡价格。为简化，假设只涉及 1 期，证券的期初价格为 P_0、期末价格为 P_1，这个价格包括了期末的风险收益。例如，股票价格包括股利加上资本利得，债券的价格包括到期的利息等。期末证券投资的收益率为：

$$r_j = (P_1 - P_0) / P_0 \tag{2.5}$$

上式收益率的预期形式可表示为：

$$E(r_j) = [E(P_1) - P_0] / P_0 \tag{2.6}$$

对公式（2.4）重写：

$$E(r_j) = r_f + \lambda COV(r_j, r_m)$$

其中：$$\lambda = \frac{[E(r_m) - r_f]}{Var(r_m)} \tag{2.7}$$

公式（2.7）中的 λ 用于描述每单位风险的市场价格，令（2.6）式等于（2.7）式，则：

$$\frac{E(P_1) - P_0}{P_0} = r_f + \lambda COV(r_j, r_m)$$

如果将 P_0 看成风险资产的均衡价格，重新组合上式，可以得到：

$$P_0 = \frac{E(P_1)}{1 + r_f + \lambda COV(r_j, r_m)} \tag{2.8}$$

满足（2.8）式的证券价格公式被称为风险调整后收益率估价公式（risk-adjusted rate of return valuation formula），分子为风险资产的预期期末价格，分母可视为一种风险调整折现率。如果第 j 种资产是无风险资产，则资产 j 与市场组合收益率的协方差等于 0，而正确的单期折现率就等于（$1+r_f$）；如果第 j 种资产具有正的系统风险，必须将风险溢价 $\lambda COV(r_j, r_m)$ 加入到无风险利率（r_f）中，对折现率进行风险调整。

在单期估价模型中，对资产的估价并不是基于个体的效用偏好。只要投资者认为风险资产具有相同的收益分布，则不论投资者自身具有怎样的个人效用函数，他们都会对该资产以相同的方式进行定价。

2）CAPM 与资本成本

在公司财务中，CAPM 主要用于估计股权资本成本。假设公司无负债，且不存在公司所得税和个人所得税，如果可以估算出公司股票的系统风险和市场组合的收益率，则按 CAPM 计算的风险资产（股票）要求的收益率，就是公司的股权资本成本。假设股权资本成本为 r_S，则：$E(r_j)=r_S$。

在公司的项目评估中，可将公司视为一个由不同风险资产或项目构成的组合，如果公司的所有项目与公司整体均具有相同的风险，那么，r_S 也可以解释为新项目所要求的最低收益率，如图 2-9 所示。如果项目的风险水平与公司整体的风险水平不一致，此时需要估计项目的系统风险和项目投资要求的收益率。项目 K 的收益率 r_k 高于公司的股权资本成本 $E(r_j)$，但项目 K 的系统风险较高。如果单纯以项目的预期收益率大于公司的股权资本成本 $E(r_j)$，公司应实施该项目。但是，这种做法未必正确。根据市场的系统风险 β_k 要求的收益率为 $E(r_k)$，而项目本身能够提供的收益率为 r_k，由于 $r_k<E(r_k)$，显然应拒绝项目 K。

由于 CAPM 使决策者能够估计出具有不同风险项目所要求的收益率，因此，在实务中经常采用 CAPM 作为项目价值的决策标准。

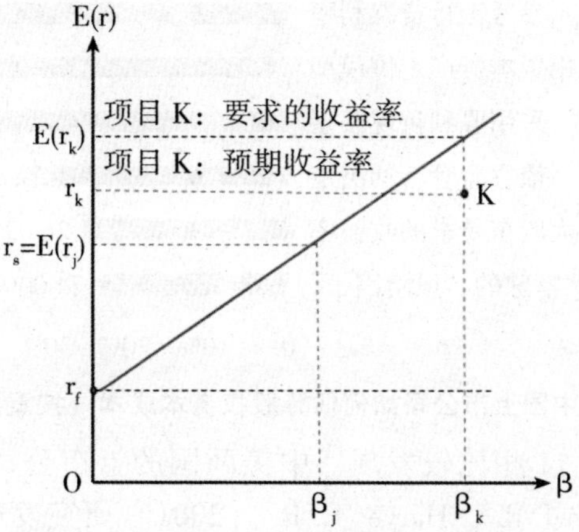

图 2-9　资本资产定价模型与项目收益率

在实务中，公司是如何确定股权资本成本的？Graham J R，Harvey C R.（2001）在对 392 位美国公司的 CFO 进行问卷调查后，发现 73.49% 的公司使用 CAPM 计算股权资本成本，采用不同方法计算资本成本的调查结果如图 2-10 所示。

图 2-10 表明，被调查的 CFO 总是或几乎总是使用 CAPM 估计资本成本；排在第二、第三位的是根据平均历史收益率（39.41%）和多因素模型（34.29%）估

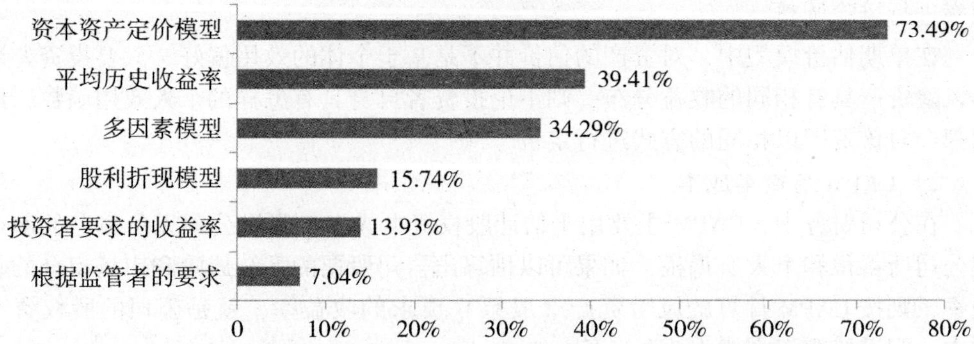

图 2-10 美国公司资本成本计算方法选择（按重要程度排序）

计资本成本；采用股利折现模型的占 15.74%。他们的研究发现：大公司比小公司更可能使用 CAPM，而小公司更倾向于使用投资者所要求的资本成本；负债率高的公司更可能使用 CAPM；管理层持股比例低的公司更可能使用 CAPM；公众公司比私营公司更可能使用 CAPM；有境外销售收入的公司更可能使用 CAPM；进入财富 500 的公司更倾向于使用 CAPM。

李悦、熊德华、张峥、刘力（2009）对中国上市公司财务总监（主管会计工作的负责人）进行问卷调查，收回有效问卷 167 份（回收率为 11.08%），对样本公司如何估算公司的股权资本成本进行了问卷调查，其问卷结果如图 2-11 所示。

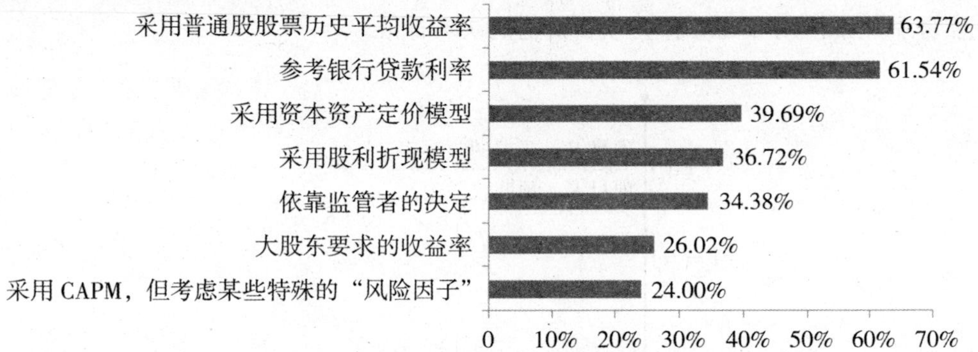

图 2-11 中国上市公司如何估算股权资本成本（按重要性排序）

将图 2-10 和图 2-11 相比较发现，中美两国的上市公司在估计股权资本成本时的差别较大。Graham J. R.，Harvey C. R.（2001）研究发现与广泛使用 CAPM 作为股权资本成本估计方法的美国上市公司相比，中国上市公司更倾向于采用股票历史平均收益率和银行贷款利率估算股权资本成本。这一现象表明中国上市公司与成熟市场的上市公司之间还有很大差距。

2.2.4 CAPM 的经验检验

在财务学中最重要的问题就是如何度量风险以及如何描述预期收益与风险的关系，CAPM 提供了一个简易并与直觉相符（风险越大，收益越高）的方法。但是，由于 CAPM 的各种假设在现实中并不存在，这个模型一出生就遭到了理论界与实务界的质疑，并采取不同的方法进行经验检验。

CAPM 预示所有的投资者都持有市场组合，而且只要市场组合在有效边界上，就可以得到 β 系数与预期收益率之间的线性关系。因此，检验 CAPM 正确与否，关键是看市场组合是否有效。Black，Jensen and Scholes（BJS，1972），Fama and Macbeth（FM，1973）已间接地验证了 CAPM，他们主要检验：证券市场线的截距是否等于无风险利率；所有资产的预期收益率与 β 系数是否呈线性相关；证券市场线的斜率是否等于（r_m-r_f）等。在 CAPM 检验中，他们通常采用两步回归法：

第一步，进行时间序列回归，估计证券特征线。他们将每只证券实际收益率的时间序列数据与市场投资组合收益率的时间序列数据进行回归，可以得到证券特征线。证券特征线的斜率是证券 β 系数的估计值。

第二步，进行横截面回归，将证券的平均收益率与第一步估计的 β 系数进行回归。第二步得到的估计线称为证券市场线。在此基础上，确定证券市场线的特征是否与 CAPM 预言的证券市场线一致。

[例 2-1] 现采用一个简单的例子进行 CAPM 检验。表 2-3 列示了沪市 6 只股票以及上证综指 2006—2010 年各月收益率等有关数据。

表 2-3　沪市 6 只股票和上证综指各月收益率数据（2006—2010 年）

	A	B	C	D	E	F	G	H
1	日期	浦发银行	华能国际	宝钢股份	海信电器	同仁堂	万华化学	上证综指
2	2006-1-3	5.10%	-6.20%	2.73%	-7.74%	6.27%	8.67%	-6.08%
3	2006-2-1	4.85%	5.36%	3.06%	7.40%	0.88%	10.71%	9.15%
4	2006-3-1	-11.15%	-1.87%	-2.85%	-23.41%	1.46%	14.32%	-10.04%
5	2006-4-1	1.35%	2.04%	-15.14%	2.39%	3.87%	-12.68%	-1.89%
6	2006-5-2	-2.88%	-18.40%	-10.11%	-1.51%	-13.62%	-36.68%	-8.87%
7	2006-6-1	13.22%	6.26%	10.35%	14.19%	6.71%	6.09%	1.89%
8	2006-7-1	8.63%	-6.06%	3.07%	5.69%	-14.34%	-5.99%	0.19%
⋮	⋮	⋮	⋮	⋮	⋮	⋮	⋮	⋮
57	2010-8-3	-42.04%	-23.71%	-40.49%	-14.94%	-9.67%	-17.37%	-24.61%
58	2010-9-1	9.63%	-1.60%	0.64%	20.54%	5.67%	15.39%	4.10%
59	2010-10-9	10.09%	8.68%	5.73%	23.59%	12.76%	14.00%	7.50%
60	2010-11-2	1.29%	4.46%	17.75%	27.99%	8.20%	16.32%	6.45%
61	2010-12-1	0.18%	1.15%	7.53%	2.39%	2.40%	2.66%	1.25%
62	月平均收益率	1.97%	0.46%	1.00%	2.32%	0.07%	1.14%	1.56%
63	截距	0.0052	-0.0102	-0.0098	0.0117	-0.0097	-0.0017	0
64	斜率（β）	0.93230	0.94643	1.26385	0.74059	0.66524	0.83522	1.0000
65	R^{2*}	0.48933	0.51796	0.73957	0.33150	0.33828	0.27998	1.0000

资料来源：根据 http：//finance.yahoo.com/提供的股票价格数据计算（为简化，中间部分数据未列示）。

在表2-3中，第2行至第61行是这6只股票5年（60个月）各月的收益率，其计算公式如下：

$$r_t=\ln\left(\frac{P_t+D_t}{P_{t-1}}\right) \tag{2.9}$$

式中：r_t 表示第t期的股票投资收益率；P_t 和 P_{t-1} 分别表示第t期和第t-1期的股票价格；第t期支付的股利为 D_t。

在表2-3中第62行至第65行是根据Excel函数计算的，其输入公式分别为：

截距：INTERCEPT（known_ y s，known_ x s）

斜率：SLOPE（known_ y s，known_ x s）

R^2：RSQ（known_ y s，known_ x s）

其中：Known_ y s为因变量的观察值或数据集合；Known_ x s为自变量的观察值或数据集合。在本例中，"known_ y s"代表某一特定股票的月收益率，如宝钢股份的月收益率等；"known_ x s"代表上证指数的月收益率。以宝钢股份为例，各项输入方式为：

月平均收益率：=AVERAGE（D2：D61）

截距：=INTERCEPT（D2：D61，H3：H62）

斜率：=SLOPE（D2：D61，H3：H62）

R^2：=RSQ（D2：D61，H3：H62）

为了检验，同时计算了上证综指（表中最后一列）的α，β，R^2，结果，$\alpha_{上证}=0$，$\beta_{上证}=1$，$R^2=1$。

图2-12描述了由宝钢股份与上证综指月收益率构成的证券特征线，特征线的斜率为宝钢股份的β系数等于1.2639，截距为-0.0098，拟合优度 R^2 为73.39%。这一结果表明，在2006—2010年间，宝钢股份的风险大于市场风险，且宝钢股份73.39%的风险来自市场风险（如利率、通货膨胀等），26.61%的风险来自公司特有风险，后一种风险为可分散风险，在CAPM中是不能得到补偿的。其他各只股票的证券特征线（第一次回归）方法相同。

CAPM假设每项资产的平均收益率与β系数呈线性相关，假设历史数据可以提供一个未来收益分布的准确描述。第二次回归是根据表2-3中每只股票的月平均收益率和β系数，用β系数回归平均月收益率（根据Excel函数）① 可以得到如下结果：

$$E(r_j)=\gamma_0+\gamma_1\beta_j=0.02103-0.0094\beta_j$$

$$R^2=0.0539$$

根据CAPM模型，γ_0 应该与该时段的无风险利率相对应。假设在2006—2010

① 根据表2-3中第62行和第64行的数据，打开Excel电子表格，在"工具"菜单下选择"数据分析"，在"分析工具"项下选择"回归"项，在Y值输入区域输入与"月均收益率"（表2-3数第62行）的相关数据，在X值输入区域输入与"β系数"（表2-3第64行）的相关数据，然后选择"确定"，即可输出回归方程的截距、斜率、R^2 以及t检验值等结果。

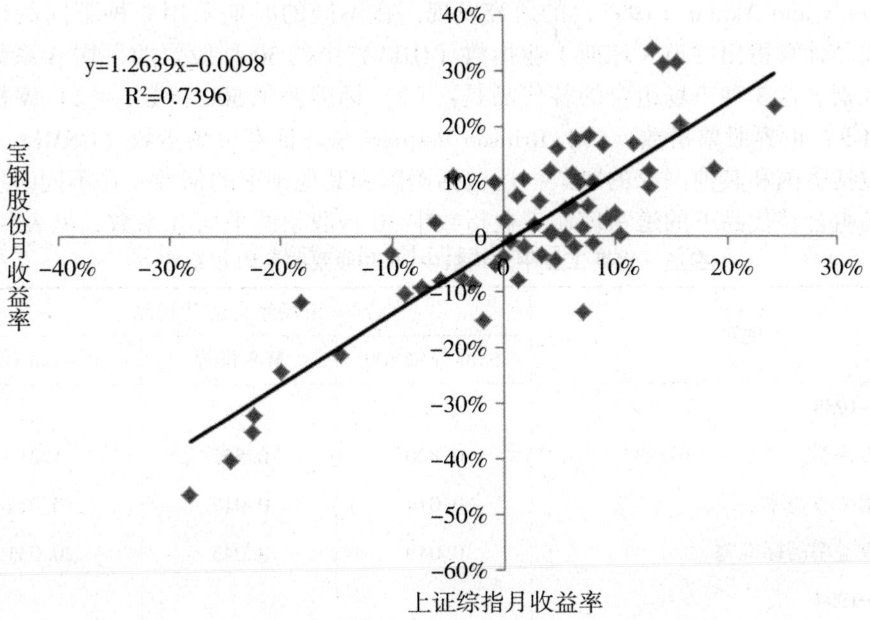

图 2-12　证券特征线（2006—2010 年）

年间的月无风险利率为 0.29%（国债利率按连续利息计算），回归截距为 2.103%，是同期无风险利率的 7.2 倍。

γ_1 对应的是（$r_m - r_f$），上证综指在这一期间的平均月收益率为 1.56%，平均无风险利率为 0.29%，因此，γ_1 应当大约为 0.0127%×（1.56%−0.29%），但检验的结果为−0.0094。

上述结果表明 CAPM 没有通过检验①。或者说，这一结果不能证明预期收益与投资组合的 β 系数是线性相关的。导致这一结果的原因：第一，也许 CAPM 本身就不成立。例如，资产收益和它们的 β 系数之间不存在一个简单关系，也许投资者对资产没有相同的预期资产收益、方差和协方差。第二，CAPM 对投资组合成立，但对单一资产不成立。第三，也许采用的资产组合不够大。因为 CAPM 是针对所有风险资产的。但在本例中只选择了这些资产的很小的子集（上证综指）进行检验。第四，也许“市场投资组合”不是有效的。

Roll（1977）认为检验 CAPM 的唯一方式是要分析市场组合的替代品是否是均值—方差有效的（在马可维茨的有效边界上）。如果市场投资组合在有效边界上，那么，预期收益与 β 系数的线性关系，证券市场线的截距等于无风险利率，以及证券市场线的斜率等于（$r_m - r_f$）等情形自动成立。因此，可通过检验市场投资组合是否在有效边界上来检测资本资产定价模型的正确性。

① t-统计量（截距）=1.79124，t-统计量（斜率）=−0.6752，t-统计量均表明它们在统计上并非显著地不为零。

Reilly and Akhtar（1995）的研究发现，在不同的时期采用3种不同的市场组合替代品计算得出的道·琼斯工业指数（DJIA）中的30种股票的平均β系数有很大的区别。这3种市场组合的替代品是：（1）标准普尔500指数；（2）摩根士丹利（M-S）世界股票指数；（3）Brinson Partners全球证券市场指数（GSMI）。GSMI不仅包括美国和其他国家的股票，还包括美国和其他国家的债券。在不同时期、不同市场组合替代品下的道·琼斯工业指数中30种股票的平均β系数，见表2-4。

表2-4　**在道·琼斯工业平均指数中30种股票的平均β系数**

时期	市场组合的替代品		
	标准普尔500	M-S世界	Brinson GSMI
1983—1988			
平均β系数	0.820	0.565	1.215
平均指数收益率	0.014	0.017	0.014
指数收益率的标准差	0.049	0.043	0.031
1989—1994			
平均β系数	0.991	0.581	1.264
平均指数收益率	0.010	0.004	0.008
指数收益率的标准差	0.036	0.043	0.026
1983—1994			
平均β系数	0.880	0.606	1.223
平均指数收益率	0.012	0.011	0.011
指数收益率的标准差	0.043	0.043	0.029

资料来源：REILLY and RASHID A. AKHTAR. The benchmark error problem with global capital markets［J］. The Journal of Portfolio Management，1995，22（1）：33-52.

在表2-4的3个替代市场组合中，由于市场组合替代品含有的成分不同，其风险分散程度也不同，其中Brinson GSMI（世界股票加上债券）属于高度分散的投资组合，其资产组合收益率的标准差低于标准普尔500（美国股票）和M-S世界(美国股票加上其他国家股票)。从各种组合的β系数看，Brinson GSMI的β系数高于其他两种资产组合，这表明Brinson GSMI的系统风险更高，如果用Brinson GSMI指数代替标准普尔500指数时，β系数会增加在27%～48%之间。从各种组合的代表性看，Brinson GSMI指数代表的资产组合比标准普尔或M-S世界更接近“真实”的组合。

不同时期、不同的市场组合替代品所决定的SML之间也存在差异。表2-5中包括3个时期、3种指数，以及日本（日经）、德国（FAZ）和英国（FT AllShare）市场序列的平均无风险利率、市场组合收益率和SML斜率。显然，选择不同时期或不同指数对 SML 的计算影响很大。

表 2-5　　市场组合替代品证券市场线的数据

市场组合替代品	1983—1988			1989—1994			1983—1994		
	r_m	r_f	r_m-r_f	r_m	r_f	r_m-r_f	r_m	r_f	r_m-r_f
标准普尔	18.20	8.31	9.89	13.07	5.71	7.36	15.61	7.01	8.60
日经	26.05	5.35	20.70	-3.62	4.7	-8.32	10.3	5.02	5.28
FAZ	16.36	5.01	11.35	7.97	7.83	0.14	12.09	6.42	5.67
FT AllShare	18.01	10	8.01	10.09	10.07	0.02	13.99	10.03	3.96
M-S 世界	22.64	8.31	14.33	5.18	5.71	-0.53	13.6	7.01	6.59
Brinson GSMI	18.53	8.31	10.22	10.18	5.71	4.47	14.28	7.01	7.27

资料来源：REILLY and RASHID. The benchmark error problem with global capital markets [J]. The Journal of Portfolio Management, 1995, 22 (1): 33-52.

最后，将表 2-4 和表 2-5 联系起来，判断不同的 β 系数和估计的 SML 对资产预期（必要）收益率的影响。表 2-6 列示了在特定的一段时期内，不同市场组合替代品的预期收益率。当市场组合替代品为 Brinson GSMI 时预期收益率较高，因为其 β 系数比较高。如果以预期收益率作为估价基准，那么，选择不同的市场组合替代品对估价结果的影响很大。

表 2-6　　DJIA 中股票的平均预期收益率（根据不同的 β 系数）

时期	平均预期收益率		
	标准普尔 500	M-S 世界	Brinson GSMI
1983—1988	16.42	16.41	20.73
1989—1994	13.00	5.40	11.36

资料来源：REILLY, RASHID. The benchmark error problem with global capital markets [J]. The Journal of Portfolio Management, 1995, 22 (1): 33-52.

上述分析表明，使用 CAPM 必须十分谨慎。不同时期、不同市场组合的替代品都会直接影响预期收益率的大小，从而影响资产估价。实际上，检验 CAPM 的唯一方式就是判断真实的市场组合是否有效，但不幸的是，因为市场证券组合包括了所有的资产（可交易的和不可交易的资产，即人力资本、货币、债券、股票、期权、土地等），所以人们无法对其进行观察。

2.2.5　资本资产定价多因素模型

CAPM 建立在严格的假设条件基础上，这些假设条件不仅使实证检验变得困难，而且与现实差距太大，造成其对实际价格运动的解释力度不够。因此，在资本资产定价模型之后，许多学者进行了大量的研究。其中，影响最深的研究成果是套利定价模型和三因素模型。

1）套利定价模型

Ross（1976）首次提出了“无套利均衡”的概念以及由此发展而来的套利定价理论（arbitrage pricing theory，APT）改变了这种状况，开创了资产定价理论发展的新局面。套利定价理论用套利概念定义均衡，不需要市场组合的存在性，而且所需要的假设比 CAPM 更少、更合理。APT 的基本假设：

（1）资本市场必须是完全竞争和无摩擦的。

（2）投资者对每个证券的预期收益率的求解过程有着相同的预期。

（3）每个证券的预期收益率可通过 K 因素模型来描述：

$$r_j = E(r_j) + b_{j1}\delta_1 + b_{j2}\delta_2 + \cdots + b_{jk}\delta_k + \varepsilon_j \quad (j=1, 2, \cdots, N) \tag{2.10}$$

其中：r_j 为一定时期资产 j 的随机收益率；$E(r_j)$ 代表资产 j 的预期收益率；b_{jk} 为资产 j 的收益率相对于第 k 个因子的敏感程度；δ_k 为对所有资产收益率均有影响，且均值为零的 k 个因子；ε_j 为对资产 j 的收益率影响的随机扰动项，且均值为零。

（4）影响资产收益率的共同因素（$\delta_1 \sim \delta_k$）反映了资产所面临的全部系统风险，各个扰动项（ε_j）之间是不相关的。这意味着随着投资组合内资产数量的增加，其中的扰动项将最终消失。

（5）系统因素的个数（k）要远远小于资产的个数（N）。

在市场均衡下，全部证券组合可以从现有的资产集中选出，并满足以下条件：（1）不增加额外的投入资金；（2）不增加任何风险。这种证券组合称为套利证券组合（arbitrage portfolios）。为了形成套利证券组合，通常的做法就是卖空一些证券，然后用获得的资金买入其他证券。如果能够满足套利定价的 5 个假设条件，则公式（2.10）可转换为预期收益率：

$$E(r_j) = \lambda_0 + \lambda_1\beta_{j1} + \lambda_2\beta_{j2} + \cdots + \lambda_k\beta_{jk} \tag{2.11}$$

其中：λ_0 为资产的系统风险为零时的收益率（$\lambda_0 = r_f$）；λ_k 为第 k 个因素的风险溢价，$\lambda_k = r_k - r_f$ β_{jk} 为资产 j 的收益率相对于第 k 个因素的敏感程度。

CAPM 与 APT 的主要区别在于：CAPM 确定的共有风险是市场投资组合的随机收益；而 APT 假设有 k 种因素影响风险资产的收益，当两种风险资产的收益受到某些因素的共同影响时，这两种风险资产收益之间就存在相关性。如果出现价格失衡，按照风险与收益均衡的规律，投资者会自动调整资产组合进行套利，直到市场恢复均衡。如果风险资产收益只受一个共同因素（如市场收益率）影响时，APT 的数学表达式便可以改写为：

$$E(r_j) = r_f + \lambda_1\beta_{j1} = r_f + \beta_{j1}(r_m - r_f) \tag{2.12}$$

由此可见，套利定价理论可以被认为是一种广义的资本资产定价模型，它为投资者提供了一种替代性的方法，来理解市场中的风险与收益率之间的均衡关系。

APT 认为资产收益率是由 k 个共同因素决定的，但对于这些共同因素是什么、有多少因素、如何选取合适的共同因素这一系列实际应用中的关键问题，APT 本身并未给予解答。

2）资产定价三因素模型

Fama 和 French（1992）研究了美国股市 1962—1989 年间股票收益与市场β系数、规模、财务杠杆、账面市值比、收益价格比、现金流价格比、历史销售增长、历史长期收益及历史短期收益等因素之间的关系。他们发现市场β系数、财务杠杆及市盈率对股票收益的解释力较弱，而规模及账面市值比两个因素的联合基本可以对股票收益进行解释。

Fama 和 French（1996）通过对美国股市 1963—1993 年间的数据进行实证检验，提出了著名的三因素模型。他们认为股票收益可以由市场风险溢价（$r_m - r_f$）、公司规模因素溢价（SMB），以及账面市场价值比溢价（HML）三因素来解释，即：

$$r_{j,t} - r_{f,t} = \alpha_j + \beta_{MKT,j}(r_{m,t} - r_f) + \beta_{SMB,j}(SMB_{j,t}) + \beta_{HML_{j,t}}(HML_{j,t}) + \varepsilon_{j,t} \quad (2.13)$$

其中：$r_{j,t}$与 $r_{m,t}$分别是证券 j 和市场投资组合在 t 期的收益，r_f 是无风险收益率；SMB_t 是小股票组合和大股票组合的收益率之差；HML_t 是高面值/市值比和低面值/市值比的股票组合收益率之间的差额；$\varepsilon_{j,t}$是扰动项。

随后他们验证了在包括美国在内的 12 个世界主要证券市场上价值型股票（high book-to market equity）的收益率要高于成长型股票（low book-to market equity）的收益率，在 16 个主要证券市场上有 11 个市场上的小公司股票的收益率高于大公司，就 1975—1995 年的样本数据而言，二者的年均差额达到 7.6%（1996），从而证明公司规模和账面市场价值比两个因素对股票横截面收益率的显著性很高。

2.3 M-M 资本结构模型

2.3.1 资本结构理论基本假设

1958 年，Modigliani F. & Miller M. H.（以下简称 M-M）共同发表的“资本成本、公司融资和投资理论”，提出了著名的 M-M 理论，不仅被公认为是现代公司资本结构理论的基石，也成为后续资本结构理论研究的逻辑起点。M-M 理论研究的核心内容是资本结构与公司价值、资本结构与资本成本的关系。

为方便讨论，通常假设：（1）无摩擦市场（frictionless）。市场无交易费用、无公司所得税和个人所得税。投资者可以自由地进入或退出交易，市场对卖空行为没有任何约束。(2）公司和个人都能以同一无风险利率自由地借入资金，即所有投资者的负债是没有风险的。(3）公司的经营风险是可以衡量的，经营风险相同的公司处于同一风险等级（公司经营风险的高低由息税前利润 EBIT 的标准差来衡量)。(4）所有的市场参与者对未来的预期是一致的。市场参与者可以无偿的获得有关资产价值的相关信息，他们对每项资产收益的均值、方差估计相同，并能够理性地运用这些信息确定资产的价值。(5) 公司预期的息税前利润为一常数，即预期 EBIT 在未来任何一年都相等。(6) 公司的增长率为零，且全部收入均以现金股利形式发放。(7) 公司只有长期负债和普通股两项长期资本，公司的资产总额不变，资本结构变化可通过发行债券回购股票或相反方式得以实现。

2.3.2 M-M 基本模型

M-M 理论应用套利机制①证明公司资本结构和公司价值、资本成本、投资决策之间的关系，据此提出了 3 个命题。

命题 I 总价值命题：公司价值只与公司资产预期收益和所对应的资本成本有关，而与资本结构无关。或者说只要息税前利润相等，处于同一经营风险等级的负债公司价值与无负债公司价值相等。

根据财务估价理论，任何资产的价值等于该项资产创造的未来现金流量的现值，根据假设 (5) 和假设 (6)，公司价值可按下列方式计算：

$$V_U = V_L = EBIT / r_w \tag{2.14}$$

其中：$V_U = \dfrac{EBIT}{r_{sU}}$，$V_L = \dfrac{EBIT-I}{r_{sL}} + \dfrac{I}{r_b}$

式中，V_U 表示无负债公司价值；V_L 表示负债公司价值；r_W 表示加权平均资本成本；r_{sU} 表示无负债公司股本成本或无负债公司股东要求的收益率；r_{sL} 表示负债公司股本成本或负债公司股东要求的收益率；r_b 表示债务资本成本。

公式 (2.14) 表明：(1) 公司价值不受资本结构的影响；(2) 负债公司的加权平均资本成本等于同一风险等级无负债公司的股本成本；(3) r_{sU} 和 r_W 的高低视公司的经营风险而定。

M-M 是采用套利交易证明这一命题的。他们认为如果两家公司除了融资方式 (有无负债外) 和市场价值不同外，其他条件均相同，投资者将出售被高估的公司股票，购买被低估的公司股票，这个过程将会一直持续到两家公司市场价值完全相同为止。

假设无负债公司价值等于它的股权价值，即 $V_U = S_U$，负债公司价值等于它的股权价值加上债务价值，即 $V_L = S_L + B_L$。现在分两种情形说明投资者的套利过程。

如果 $V_L > V_U$，且 $V_U = S_U$，持有 L 公司股票份额为 α 的投资者，可以采取下列方式进行套利活动：(1) 卖出 L 公司股票 (αS_L)；(2) 按无风险利率借入 (αB_L)；(3) 购买无负债公司股票 (αV_U)。投资者套利后的现金净流量为：

$$\alpha S_L + \alpha B_L - \alpha V_U = \alpha (S_L + B_L) - \alpha V_U = \alpha (V_L - V_U)$$

如果 $V_L < V_U$，且 $V_U = S_U$，持有 U 公司股票份额为 α 的投资者，可以采取下列方式进行套利活动：(1) 买入 L 公司股票 αS_L；(2) 以无风险利率贷出 αB_L；

① 套利就是指在一个市场上（无风险的、即时的）以低价购买一种货物，然后在另外一个市场上以较高的价格将其转卖出去的过程。套利可以获得收益，并且保证在完善市场内同一价格定律（相同货物在两个不同市场上出售的价格之差不能超过其交易费用）得以维持。

（3）出售U公司股票αV_U。采取套利活动后投资者的现金净流量为：

$$-\alpha S_L-\alpha B_L+\alpha V_U=-\alpha（S_L+B_L）+\alpha V_U=\alpha（V_U-V_L）$$

［例2-2］假设U公司与L公司的经营风险相同（$\sigma_U=\sigma_L$），每年的现金流量（永续年金）从时间1开始产生，有关资料见表2-7。

表2-7 U公司与L公司相关数据

项目	U公司	L公司
负债（万元）（B）	0	6 000
负债资本成本（r_b）	0	8%
股权资本成本（r_S）	10%	10%
息税前利润（万元）（EBIT）	1 200	1 200
股票市场价值（万元）（S）	12 000	7 200
债务市场价值（万元）（B）	0	6 000
公司价值（万元）（V）	12 000	13 200
加权平均资本成本（r_w）	10%	9.09%

表2-7表明，在套利活动前，负债公司L的市场价值（13 200万元）大于无负债公司U的市场价值（12 000万元）。M-M认为这种情形不会太久，因为任何一个理性的投资者都会通过套利活动，在不增加风险的情况下增加投资收入。

假设某投资者持有L公司的股票比例为20%，其市场价值为1 440万元（7 200×20%）。这位投资者可以采取下列方式进行套利交易：（1）出售所持有的负债公司股票，价值为1 440万元；（2）以无风险利率（8%）借入1 200万元（L公司负债总额的20%，即6 000×20%）；（3）购买20%的无负债公司股票，支付现金2 400万元（12 000×20%）。采取上述套利交易后，投资者的现金净流量为：

$$\alpha（V_L-V_U）=20\%×（13\ 200-12\ 000）=240（万元）$$

投资者可以将套利获得的240万元投资于利率等于8%的无风险债券上，每年的利息收入为19.2万元（240×8%）。通过计算有无套利活动的收益也可以得到这一数额。

如果无套利活动，投资者持有L公司股票（20%），一年后的收益为144万元（7 200×20%×10%）。

如果投资者采用套利活动，一年后的收益包括3部分：（1）持有U公司股票收益240万元（12 000×20%×10%）；（2）支付套利时借入资金的利息-96万元（1 200×8%）；（3）套利活动产生的现金净流量一年的利息收入19.2万元（240×8%）；三部分收益合计为163.2万元。

上述结果表明，套利活动使投资净收益增加了19.2万元（163.2-144），但并没有增加投资者的风险。M-M认为这种套利行为必然会发生，出售L公司股票会使其股票价格下跌，而购买 U 公司股票会使股票价格上升，直到两个公司的市场价值完全相等。

命题Ⅰ实际上是价值可加性原理的应用，在资本结构问题上，价值可加性原理可表述为：公司价值是由公司未来现金流量的现值决定的，无论如何划分该项现金流量，都不影响该现金流量的价值。例如，现金流量（A+B）的现值就等于现金流量 A 的现值与现金流量 B 的现值之和。在其他条件一定的情况下，无负债公司的现金流量完全归股东所有，公司价值等于其股票的市场价值（S），即 $V_U=S_U$；而举债为 B_L 的公司，其现金流量 CF_L 分为两项：一项是进入债权人手中的利息（$I=r_bB_L$）；另一项是进入股东手中的股利，即息税前利润（EBIT）扣除利息后的剩余部分（$EBIT-r_bB_L$），公司价值等于股票价值与债券价值之和，即 $V_L=S_L+B_L$。如果两个公司规模相同并能产生相同的现金流量，负债经营所影响的只是现金流量的流向，而不是现金流量的总额。也就是说，不论这笔现金流量在股东和债权人之间如何分配，总是存在着一个恒定的投资价值，即公司现金流量的分配方式并不影响公司的价值。或者说，公司价值不会因为这些现金流量的所有权是“负债”还是“股权”的形式而增减，公司的价值只与投资以及经营活动有关，而与资本结构无关。

命题Ⅱ风险补偿命题：负债公司的股权资本成本等于无负债公司的股权资本成本加上风险溢价，风险溢价的多少取决于杠杆比率（B/S）的大小。

在无税条件下，负债公司的股本成本 r_{sL}：

$$r_{sL}=\frac{EBIT-r_bB}{S} \tag{2.15}$$

根据命题Ⅰ，$V=S+B=EBIT/r_{sU}$，则 $EBIT=r_{sU}(S+B)$，将 EBIT 代入（2.15）式后，可以得到负债公司股本成本与无负债公司股本成本 r_{sU} 之间的关系：

$$r_{sL}=r_{sU}+(r_{sU}-r_b)(B/S) \tag{2.16}$$

其中：$r_{sU}=r_W=EBIT/S_U$

公式（2.16）表明，负债公司的股权资本成本与杠杆比率（B/S）呈线性相关，即股本成本随着杠杆比率的提高而增加。将命题Ⅰ和命题Ⅱ结合起来可以发现，低成本举债的利益正好被股本成本的上升所抵消。因此，在无赋税条件下，公司的资本结构不会影响公司的价值和资本成本。

同理，也可以证明负债公司的加权平均资本成本等于无负债公司的股本成本：

$$\begin{aligned} r_w &= r_b(B/V)+r_{sL}(S/V) \\ &= r_b(B/V)+[r_{sU}+(r_{sU}-r_b)(B/S)](S/V) \\ &= r_{sU} \end{aligned}$$

命题Ⅲ投资收益率命题：如果公司的目标是股东财富最大化，那么，当且仅当投资预期收益率（IRR）大于公司加权平均资本成本时，投资项目才是可行的。

命题Ⅲ的含义实际上是要求公司的投资项目能够为股东创造增量价值，因此投资项目的增量支出（ΔI）应小于项目给公司带来的增量价值（ΔV），即：

公司实施新项目的基本条件是：$\Delta V/\Delta I \geq 1$

根据命题Ⅰ，$V = EBIT/r_{sU}$，则$\Delta V = \Delta EBIT/r_{sU}$，由此可以得到实施新项目的必要条件是：

$$\frac{\Delta EBIT/r_{sU}}{\Delta I} \geq 1 \qquad \Delta EBIT/\Delta I \geq r_{sU}$$

由于假设 EBIT 是一个常数，且具有永续年金的特征，如果不考虑所得税，则：

$$\Delta EBIT/\Delta I = IRR$$

根据上述分析结果可以得到 M-M 投资收益率命题：

$$IRR \geq r_w = r_{sU} \tag{2.17}$$

M-M 理论被西方经济学界称之为一次“革命性变革”和“公司资本结构理论的奠基石”。Stulz，René M.（2000）认为 M-M 理论对财务理论的贡献不是“资本结构无关论”，而是在于他们将无套利证明引入财务理论的分析、论证过程，并使其成为财务学的基本分析方法。越来越多的学者认为，不了解无套利分析方法，便不可能从根本上了解现代财务理论。

2.3.3　M-M 修正模型

Modigliani，F. and M. H. Miller（1963）放松了“不存在公司所得税”的假设，提出了含税条件下的 M-M 模型。与 M-M 基本模型相同，M-M 修正模型也包括3个命题。

命题Ⅰ总价值命题：在考虑公司所得税的情况下，由于利息可以抵税，从而增加公司的税后现金流量，公司价值会随着负债比率的提高而增加，即负债公司价值等于相同风险等级的无负债公司价值加上税负节约的价值。

假设无负债公司 U 和负债公司 L，两者除资本结构外其他一切都相同。由于公司的 EBIT 仅受经营风险的影响，与负债无关，如果公司的增长率为零，那么公司 U、公司 L 的投资者每年可得到的现金净流量为：

$$CF_U = EBIT\ (1-\tau)$$

$$\begin{aligned} CF_L &= (EBIT - r_b B)(1-\tau) + r_b B \\ &= EBIT\ (1-\tau) + \tau r_b B \\ &= CF_U + \tau r_b B \end{aligned}$$

式中：τ 表示所得税税率。上式中的第一项与无负债公司投资者现金流量相同，第二项为利息抵税额。当引入公司所得税后，公司价值可按下式计算：

$$V_U = S_U = \frac{EBIT\ (1-\tau)}{r_{sU}}$$

$$V_L = \frac{EBIT\ (1-\tau)}{r_{sU}} + \frac{\tau r_b B}{r_b} = \frac{EBIT\ (1-\tau)}{r_{sU}} + \tau B$$

上式表明，负债公司价值包括两部分，并分别采用不同的资本成本。M-M 理论认为，由于公司 L 和公司 U 的经营风险相同，因此，这部分由经营活动产生的税后现金流量的资本成本应为 r_{sU}；由于利息抵税是由负债引起的，所以由此产生的税后现金流量应按 r_b 进行折现。将两部分组合起来，可以得到含所得税时的公司价值模型：

$$V_L = V_U + \tau B \tag{2.18}$$

公式（2.18）中的"τB"为税收节约的现值，在考虑公司所得税以后，公司价值是债务水平的线性增函数，负债越高，公司价值越大。当负债达到100%时，公司价值可以达到最大。

命题Ⅱ风险补偿命题：在考虑公司所得税的情况下，如果公司负债经营且须缴纳所得税，其股本成本就等于无负债公司的股本成本加上一笔风险溢价，风险溢价的大小与杠杆比率和所得税税率的高低有关。

当考虑公司所得税时，负债公司的股本成本为：

$$r_{sL} = \frac{(EBIT - r_b B)(1-\tau)}{S} = \frac{EBIT(1-\tau) - r_b B(1-\tau)}{S}$$

根据命题Ⅰ的结论有：

$$V_L = \frac{EBIT(1-\tau)}{r_{sU}} + \tau B$$

$$V_L r_{sU} = EBIT(1-\tau) + r_{sU}\tau B$$

$$EBIT(1-\tau) = r_{sU}(V_L - \tau B)$$

将上式代入 r_{sL} 的公式可以得到：

$$r_{sL} = \frac{r_{sU}(V_L - \tau B) - r_b B(1-\tau)}{S} = \frac{r_{sU}V_L - r_{sU}\tau B - r_b B + \tau r_b B}{S}$$

将 $V=S+B$ 代入上式可以得到风险补偿命题：

$$r_{sL} = \frac{r_{sU}(S+B) - r_{sU}\tau B - r_b B + \tau r_b B}{S}$$

$$= r_{sU} + (r_{sU} - r_b)(1-\tau)(B/S) \tag{2.19}$$

$$r_{sU} = EBIT(1-\tau)/S_U \tag{2.20}$$

公式（2.20）中的（$1-\tau$）小于1，因此，考虑公司所得税后，虽然股本成本会随着负债比率的提高而上升，但其上升的速度低于无税时上升的速度。根据上述结果还可以证明负债公司的加权平均资本成本：

$$r_w = r_b(B/V)(1-\tau) + r_{sL}(S/V)$$

$$= r_b(B/V)(1-\tau) + [r_{sU} + (r_{sU} - r_b)(1-\tau)(B/S)](S/V)$$

将 $S=V-B$ 代入上式，可以得到加权平均资本成本：

$$r_w = r_{sU}[1-\tau(B/V)] \tag{2.21}$$

将命题Ⅰ和命题Ⅱ结合起来，可以发现公司负债越多，加权平均资本成本越低，公司价值越高。

命题Ⅲ投资收益率命题：在考虑所得税的情况下，公司实施新项目的基本条件是：$\Delta V/\Delta I \geqslant 1$。

根据命题Ⅰ，投资项目的增量价值计算方式如下：

$$\Delta V = \frac{\Delta EBIT(1-\tau)}{r_{sU}} + \tau\Delta B$$

根据项目决策理论，公司实施新项目的必要条件是：

$$\Delta V/\Delta I=\frac{\Delta EBIT\ (1-\tau)\ /r_{sU}+\tau\Delta B}{\Delta I}\geqslant 1$$

$$\frac{\Delta EBIT\ (1-\tau)\ /r_{sU}+\tau\Delta B}{\Delta I}\geqslant 1$$

$$\Delta EBIT\ (1-\tau)\ /\Delta I\geqslant r_{sU}\ [1-\tau\ (\Delta B/\Delta I)]$$

假设EBIT为一常数，且具有永续年金的特征，则上式左边等于投资项目的预期收益率IRR。如果所有的投资项目都是根据公司长期目标资本结构进行融资，则上式右边的（ΔB/ΔI）应等于（B/V），上式右边就是加权平均资本成本，因此，可以得到投资收益率命题：

$$IRR\geqslant r_w \tag{2.22}$$

需要说明的是，M-M理论假设公司所有项目都具有相同的经营风险。在1958年，系统风险的概念还没有被引入到资本成本的理论中，这意味着公司的加权平均资本成本不是系统风险的函数。当然，这种假设必须得到修正。如果项目风险大于公司风险，则项目的资本成本还需要经过风险调整。

M-M修正模型虽然弥补了税收对公司价值的影响，但得出的结论与现实仍然具有较大的差距。首先，公司不可能一直盈利，所以平均的未来税率可能会低于法定的税率；其次，负债不是永恒和固定的，未来税收节约的大小和期间也是不确定的，根据税收节约大小调整资本结构将会存在很大的风险；最后，如果考虑个人所得税，那么负债产生的税盾利益将会被个人所得税所抵消。

2.3.4　米勒税收理论

1977年，Miller M. H提出了一个将公司所得税和个人所得税都包括在内的模型，估计负债对公司价值的影响。假设τ_c，τ_S，τ_b分别代表公司所得税税率、个人股票所得税税率和债券所得税税率，股票收益包括股利收益和资本利得，当股利收益与资本利得的所得税税率不同时，τ_S指两种税率的加权平均税率；所有债券收入都表现为利息，对利息是按投资者最高税率课税。

在无负债公司中，预期税后现金流量为：EBIT（$1-\tau_c$）（$1-\tau_S$），以无负债股权资本成本作为折现率，可以得到无负债公司价值：

$$V_U=\frac{EBIT\ (1-\tau_c)\ (1-\tau_s)}{r_{sU}} \tag{2.23}$$

对于混合融资（负债和股权融资）的公司来说，公司每年产生的现金流量可分解为两部分：属于股东的现金流量和属于债权人的现金流量，即：

$$\begin{aligned}CF_L&=(EBIT-I)\ (1-\tau_c)\ (1-\tau_s)\ +I\ (1-\tau_b)\\&=EBIT\ (1-\tau_c)\ (1-\tau_s)\ -I\ (1-\tau_c)\ (1-\tau_s)\ +I\ (1-\tau_b)\end{aligned}$$

上式右边第一项是归属于公司股东的现金流量，其预期值可以用负债公司的股权资本成本折现；第二项与第三项是没有风险的，可以用无风险利率折现，假设无风险利率等于债务资本成本，则负债公司的价值可按下式计算：

$$V_L=\frac{EBIT\ (1-\tau_c)\ (1-\tau_s)}{r_{sU}}-\frac{I\ (1-\tau_c)\ (1-\tau_s)}{r_b}+\frac{I\ (1-\tau_b)}{r_b}$$

整理上式可以得到：

$$V_L=V_U+\left[1-\frac{(1-\tau_c)\ (1-\tau_s)}{(1-\tau_b)}\right]B \tag{2.24}$$

公式（2.24）中右边第二项代表了利息抵税的现值；如果$\tau_c=\tau_S=\tau_b=0$，即不考虑公司所得税和个人所得税，那么括号内的项目将为零，这与 M–M 无公司税模型相同；如果$\tau_S=\tau_b=0$，即不考虑个人所得税，那么括号内的项目等于τ_c，这与 M–M含公司所得税模型相同；如果$\tau_S=\tau_b$，即股票和债券收益的个人所得税相等，那么括号内项目等于τ_c，即与 M–M 含公司所得税模型相同；如果$(1-\tau_c)(1-\tau_S)=(1-\tau_b)$，那么括号内的项目等于零，这意味着税负节约也为零，也就是说，公司负债减税的好处正好被个人所得税所抵消。因此，资本结构对公司价值或资本成本无任何影响，此时又回到了 M–M 无公司所得税模型。

从某种意义上说，M–M 的结论很像厂商在完全竞争市场上追求最大利润的模型，尽管这个模型不完全真实，但它为分析研究有关问题提供了一个有用的起点和框架。虽然 M–M 定理不能解决实际财务问题，但它为推动资本结构理论的发展奠定了坚实的理论基础。

2.3.5 M–M 理论与 CAPM 的结合

Hamada R S.（1969），Rubinstein M E.（1973）两位学者将 M–M 含公司所得税模型与资本资产定价模型相结合，得到负债公司的股本成本。在 M–M 模型中，假设公司所有项目的经营风险是相同的（因为在 1958 年系统风险的概念还未得到发展）；假设公司债务是无风险的，即公司债务价格对利息率变化不敏感，并且它没有违约风险，或者违约风险被完全分散了（债务系数$\beta_b=0$）。在 CAPM 模型中，无负债公司的股权资本成本取决于公司经营活动的系统风险（β_U），但是在实务中，无负债公司的贝塔系数（β_U）不能直接观察到。相对来说，负债公司的贝塔系数（β_L）较容易计算。如果两种 β 系数存在可定义的相关联系，那么就会通过β_L得到β_U。为此，先将 M–M 与 CAPM 关于负债公司股权资本成本的定义等同起来，则：

$$r_f+\beta_L\ (r_m-r_f)=r_{sU}+(r_{sU}-r_b)\ (1-\tau)\ (B/S)$$

假设 $r_b=r_f$，且 $r_{sU}=r_f+\beta_U\ (r_m-r_f)$，代入上式整理后可以得到负债公司的贝塔系数（$\beta_L$）和无负债公司的贝塔系数（$\beta_U$）之间的相互关系：

$$\beta_L=\beta_U\ [1+(1-\tau)\ (B/S)] \tag{2.25}$$

重新改写上述推导结论可以得到：

$$\begin{aligned} r_{sL}&=r_f+(r_m-r_f)\ \beta_U\ [1+(1-\tau)\ (B/S)] \\ &=r_f+\beta_U\ (r_m-r_f)+\beta_U\ (r_m-r_f)\ (1-\tau)\ (B/S) \end{aligned} \tag{2.26}$$

式中：$\beta_U\ (r_m-r_f)$ 表示经营风险溢价；$\beta_U\ (r_m-r_f)\ (1-\tau)\ (B/S)$ 表示财务风险溢价。

［例 2–3］假设 XYZ 公司当前的负债比率（债务总额/资产总额）为 20%，公

司的 CFO 认为只要公司的负债比率不超过 35%，公司一直可以按 6% 的优惠利率（同时假设为无风险利率）借款。公司的所得税税率为 25%。估计下一年市场预期收益率为 15%，公司股权资本的系统风险估计为 0.7。

当负债比率为 20% 时，公司的股权资本成本和加权平均资本成本计算如下：

$$r_{sL} = E(r_j) = r_f + \beta_L [E(r_m) - r_f]$$
$$= 6\% + 0.7 \times (15\% - 6\%) = 12.30\%$$
$$r_w = r_b (B/V)(1-\tau) + r_{sL} (S/V)$$
$$= 6\% \times 20\% \times (1-25\%) + 12.3\% \times 80\%$$
$$= 10.74\%$$

如果公司的负债比率提高到 35%，随着财务风险的提高，股东要求的收益率也会随之提高。为了计算新的加权平均资本成本，首先根据公式（2.25）计算无负债公司的贝塔系数，然后按新的资本结构调整负债公司的贝塔系数。在资本结构变化前，负债公司的贝塔系数为 0.7，则无负债公司的贝塔系数计算如下：

$$\beta_U = \frac{\beta_L}{1+(1-\tau)(B/V)} = \frac{0.7}{1+(1-25\%)\times(20\%/80\%)} = 0.5895$$

如果负债比率提高到 35%，则负债公司的贝塔系数计算如下：

$$\beta_L = 0.5895 \times [1+(1-25\%)\times(0.35/0.65)] \approx 0.8275$$

当负债比率由 20% 上升到 35% 时，负债公司的贝塔系数由 0.7 上或到 0.8275，同时，负债公司的股权资本成本按不同模型计算如下：

（1）根据 CAPM 理论：

$$r_{sL} = 6\% + 0.8275 \times (15\% - 6\%) = 13.45\%$$

（2）根据 M-M 理论，首先，根据公式（2.21）计算无负债股权资本成本：

$$r_{sU} = \frac{r_w}{1-\tau (B/V)} = \frac{10.74}{1-0.25\times 20\%} \approx 11.31\%$$

其次，根据公式（2.19）计算负债公司股权资本成本：

$$r_{sL} = r_{sU} + (r_{sU} - r_b)(1-\tau)(B/S)$$
$$= 11.31\% + (11.31\% - 6\%)(1-25\%)(0.35/0.65)$$
$$= 13.45\%$$

（3）根据 M-M 和 CAPM 组合模型：

$$r_{sL} = 6\% + 0.5895 \times (15\% - 6\%) + 0.5895 \times (15\% - 6\%)(1-0.25)(0.35/0.65)$$
$$= 6\% + 5.31\% + 2.14\% = 13.45\%$$

上述计算结果表明，当公司负债比率从 20% 上升到 35% 时，负债公司的股权资本成本从 12.3% 上升到 13.45%，其中无风险收益率为 6%，经营风险溢价为 5.31%，财务风险溢价为 2.14%。

2.3.6 M-M 理论检验

M-M 在 1958 发表的论文中引用了 F. B. Allen 对于 1947 年到 1948 年中的 43 家大型电子工业事业的证券收益和财务结构之间关系的分析和 Robert Smith 采用 1953

年对42家石油数据做出的研究。他们对资本成本和资本结构进行了回归分析，结果证明电子行业和石油行业的资本成本和资本结构的相关系数都接近于零，且在统计上不显著。他们对普通股收益和资本结构进行了回归分析，结论证明电子行业和石油行业普通股收益和资本结构的相关系数都为正，且在统计上显著。以上两个实证检验在一定程度上很好地吻合了M-M模型。但M-M理论是建立在完善市场的假设下，因此，M-M理论很难从现实中获得直接的证明。

在现实中，资本结构变化经常与新投资决策同时发生，所以很难将融资对公司价值的影响，以及投资决策对公司价值的影响分开。那么，实践中的CFO在资本结构中主要考虑哪些因素？Graham J. R，Harvey C. R（2002）调查了美国392位公司的财务经理，了解他们如何进行资本预算和融资决策。在资本结构决策中，请CFO对决定公司债务比率的最重要的变量进行排序，调查结果如图2-13所示。调查结果表明，大约44.9%的CFO认为举债的节税效应是融资决策的重要因素，这些CFO所在的公司一般是大型、高杠杆、低风险、规范化、支付股利的制造业企业，或者说，应缴所得税高的公司可能由于降低税负的考虑而采取债务融资，但是只有4.5%的公司表示个人所得税是重要或非常重要影响债务政策的因素。

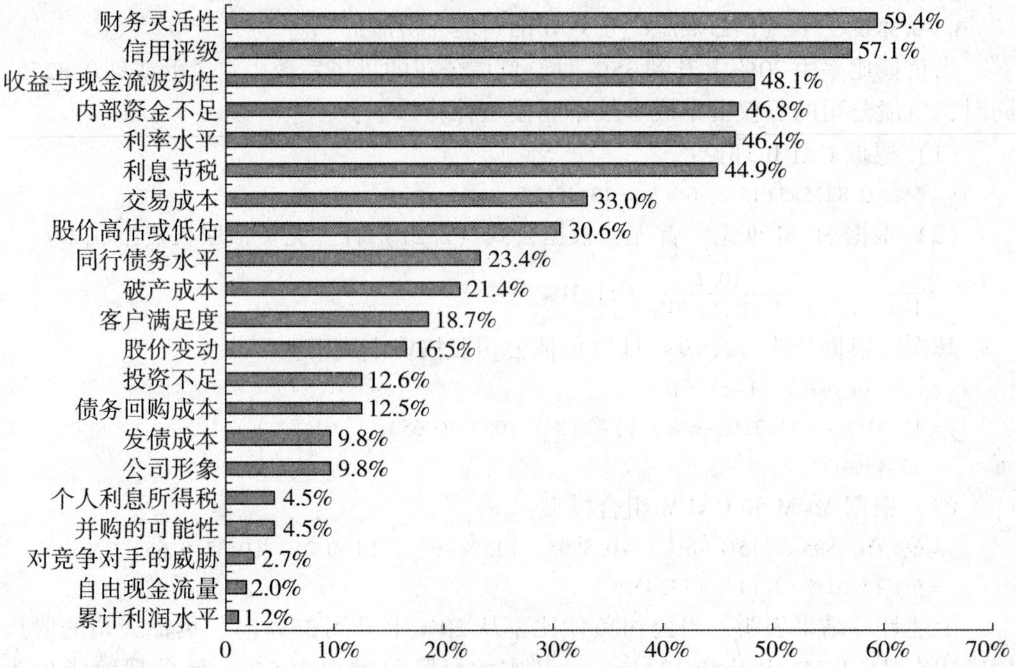

图2-13　CFO认为债务政策的决定因素

关于破产成本对债务政策的影响，受访者中仅有21.4%的CFO认为潜在的财务危机成本是重要的或非常重要的因素。但是，实际上有59.4%和57.1%的CFO认为财务灵活性和信用评级是影响债务政策的重要或非常重要的因素。这一点表明，避免财务危机是公司债务政策决策时最重要的因素。为保持财务的灵活性，大部分公司保留了没有使用的举债能力，拥有“投资级”债券（占样本50%以上）的公司，信用评级是债务政策一个非常重要的决定性因素。最后，48.1%的CFO认为收入稳定性是制定债务政策时的一个重要或非常重要的考虑因素。

Graham J. R，Harvey C. R（2002）也向CFO调查了有关他们公司是否存在一个最优的或者“目标性”的负债比率。在受访者中大约19%的CFO所在的公司不设制目标资本结构或债务比率区间；大约37%的CFO所在的公司设置较灵活的目标资本结构；34%的CFO所在的公司设置稍严格的目标资本结构；仅有10%的CFO所在的公司设置严格的目标资本结构。

2.4 期权定价模型

2.4.1 二项式模型与公司估价

二项式模型（the binomial model）的基本原理是把期权的有效期分为很多很小的时间间隔，并假设在每一个时间间隔内标的资产（V_0）价格只有上升或下降两种可能。图2-14描述了公司价值的二项式模型的一般表现形式。在图中，每一个数值称为一个结点，每一条通往各结点的线称为路径。“u”和“d”分别代表了标的资产上升或下降为原来数值的倍数，“u”和“d”的上角标表示上升或下降的次数。例如，当时间为t=0时，资产价格为V_0；当时间为t=1时，资产价格要么上涨到uV_0，要么下降到dV_0；当时间为t=2时，资产价格就有3种可能：u^2V_0、udV_0（等于V_0）和d^2V_0，依此类推。需要说明的是，在较大的时间间隔内，这种二值运动的假设是不符合实际的，但是当时间间隔非常小，且在每个瞬间，资产价格的变动只有两个方向时，其假设是可以接受的。因此，二项式模型实际上是用大量离散的小幅度二值运动来模拟连续的资产价格运动。

在图2-14中，假设标的资产为公司资产价值，那么，在一个多期的市场中，公司资产价值的分布是离散型的。在图中，当前公司资产价值为V_0，在t=1时，公司资产价值以p的概率上升到uV_0，或者以（1-p）的概率下降到dV_0。在这里，u>1，d=1/u<1，因此在t=1时，公司资产价值的关系可描述为：$uV_0>V_0>dV_0$。从图2-14中可以看出，n个时期产生n+1个资产价值。例如，当t=2时，期末产生3种不同的资产价值，t=3时，期末产生4种不同的资产价值。

从图2-14中还可以看出，期末资产价值的变化主要与参数u、d，以及概率q有关。假设在很短的时间Δt内资产的预期收益率为uΔt，在Δt内收益的方差为$\sigma^2\Delta t$，必须确定参数u，d和p。根据Cox，Ross and Rubinstein（1979）的二项式模型，这3个参数的确定方法如下：

$$u=e^{\sigma\sqrt{\Delta t}} \tag{2.27}$$

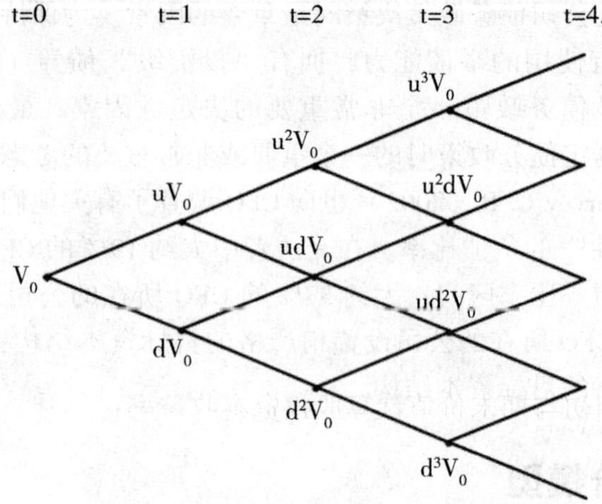

图 2-14 公司价值的二项式模型

$$d=1/u=e^{-\sigma\sqrt{\Delta t}} \tag{2.28}$$

$$p=\frac{e^{r_f\Delta t}-d}{u-d} \tag{2.29}$$

公式（2.29）称为风险中性概率（risk-neutral probability），其中 r_f 表示无风险利率。

［例 2-4］假设 XYZ 公司当前的价值 V=100 万元，公司资产预期收益的标准差 $\sigma=20\%$，无风险利率 $r_f=7\%$，如果 $\Delta t=1$ 年，则：

$$u=e^{\sigma\sqrt{\Delta t}}=e^{0.2\times\sqrt{1}}\approx 1.2214$$

$$d=1/u=1/1.2214\approx 0.8187$$

$$p=\frac{e^{r_f\Delta t}-d}{u-d}=\frac{e^{0.07\times 1}-0.8187}{1.2214-0.8187}\approx 63.02\%$$

当 $\Delta t=1$ 时，预期公司资产价值为 122.14 万元（$V_1^u=uV=1.2214\times 100$），或为 81.87 万元（$V_1^d=dV=0.8187\times 100$），则一年后公司资产预期价值为：

$$E(V_{\Delta t=1})=122.14\times 63.02\%+81.87\times(1-63.02\%)\approx 107.25\text{（万元）}$$

一年后资产预期收益率为：

$$r_A=107.25/100-1=7.25\%$$

如果公司没有负债，则公司资产的预期价值就等于股权的预期价值。对于负债公司来说，需要分别计算债务预期价值和股权预期价值。假设公司在时间为 T 时支付给债权人的资金为 K，现根据债务是否违约分两种情况进行说明：

1）无违约风险时的资产估价

根据财务理论，如果 $K<V_T^d$，则公司不存在违约风险。在 T=1 时，债务现值（B）可按无风险利率进行折现，即：

$$B=\frac{K}{(1+r_f)},\ K<V_T^d \tag{2.30}$$

负债公司的股权现值（S）等于负债公司价值减去债务现值，即：

$$S\equiv V-B \tag{2.31}$$

现仍以 XYZ 公司为例，假设 K=50 万元，则 $K=50<V_1^d=81.87$，公司债务无违约风险。假设 $r_f=7\%$，公司的债务现值计算如下：

$$B=\frac{K}{(1+r_f)}=\frac{50}{(1+7\%)^T}=46.73\text{（万元）}$$

据此可以得出负债公司的股权现值为 53.27 万元（S=V−B=100−46.73）。

根据二项式原理，当公司资产价值上升或下跌时股权价值计算如下：

$$S_1^u=V_1^u-K=122.14-50=72.14\text{（万元）}$$

$$S_1^d=V_1^d-K=81.87-50=31.87\text{（万元）}$$

根据股权资本期初与期末价值计算股权资本收益率：

$$\begin{aligned}r_s&=p\left(\frac{S_T^u-S}{S}\right)+(1-p)\left(\frac{S_T^d-S}{S}\right)\\&=63.02\%\left(\frac{72.14-53.27}{53.27}\right)+(1-63.02\%)\left(\frac{31.87-53.27}{53.27}\right)\\&\approx7.47\%\end{aligned}$$

负债公司资产收益率可按下式计算：

$$\begin{aligned}r_A&=r_b(B/V)+r_s(S/V)=7\%\times(46.73/100)+7.47\%\times(53.27/100)\\&=7.25\%\end{aligned}$$

上述计算结果即可作为公司的资产收益率，也可作为负债公司的加权平均资本成本。这与 M-M 无公司税理论相同，即如果公司可以以无风险利率借入资金，负债公司的加权平均资本成本等于无负债公司的股权资本成本。

2）存在违约风险时的资产估价

当债务到期时，如果 $V_T^u>K>V_T^d$，那么公司存在违约风险。在 $V_T^u>K$ 的情况下，当债务到期时，债权人可以收回债务面值 K，此时股东可以得到公司价值的剩余部分，即 $S_T^u=V_T^u-K$；在 $K>V_T^d$ 的情况下，公司违约，债权人只能得到 $B_T^u=V_T^d<K$，股东则一无所获（$S_T^d=0$）。

如果公司存在违约风险，我们可以通过构建一个无风险套利组合：购入公司资产，卖出 δ 份额的负债公司股权资本。其中 δ 为无风险套利保值比率，债务到期时，无风险投资组合的价值见表 2-8。

表 2-8 无风险投资组合到期价值

投资组合	初始投资	到期价值	
		$V_T^u>K$	V_T^d
买入 1 份公司资产	−V	V_T^u	V_T^d
卖出 δ 份股权资本	δS	$-\delta S_T^u$	$-\delta S_T^d$
合计	δS−V	$V_T^u-\delta S_T^u$	$V_T^d-\delta S_T^d$

表 2-8 中列示了到期日的投资组合价值，如果不存在风险，则投资组合的价

值应相等，即：

$V_T^u-\delta S_T^u=V_T^d-\delta S_T^d$

求解上式，可以得到无风险套利比率：

$$\delta=\frac{V_T^u-V_T^d}{S_T^u-S_T^d} \tag{2.32}$$

按套利比率构建投资组合后，无论未来一年的资产价值上升还是下跌，该组合的价值都应该相等。由于该组合为无风险组合，因此，可以用无风险利率对投资组合价值折现求其现值。在无风险套利机会下，该组合价值的现值应等于构造该组合的成本，即：

$$V-\delta S=\frac{V_T^u-\delta S_T^u}{(1+r_f)^T}=\frac{V_T^d-\delta S_T^d}{(1+r_f)^T}$$

将（2.32）式代入上式可以得到：

$$S=V\frac{1}{\delta}-\left(V_T^u\frac{1}{\delta}-S_T^u\right)/(1+r_f)^T \tag{2.33}$$

将 $S_T^u=V_T^u-K$ 代入上式，可以得到：

$$S=V\frac{1}{\delta}-\left[K+V_T^u\left(\frac{1}{\delta}-1\right)\right]/(1+r_f)^T \tag{2.34}$$

假设 XYZ 公司的零息债到期值为 90 万元，由于 $K=90>V_1^d=81.87$，存在违约风险。首先确定套利保值比率 δ：

$$\delta=\frac{V_T^u-V_T^d}{S_T^u-S_T^d}=\frac{122.14-81.87}{(122.14-90)-0}=1.253$$

根据公式（2.34）计算负债公司股权价值：

$$S=100\times\frac{1}{1.253}-\left[90+122.14\times\left(\frac{1}{1.253}-1\right)\right]/(1+7\%)^1$$

$$\approx 18.74\text{（万元）}$$

根据上述结果，可以计算债务价值为 81.26 万元（$B=V-S=100-18.74$），注意，这一价值低于无违约风险时债务到期价值的现值 84.11 万元［$K/(1+r_f)=90/1.07$］，这是因为一年后如果资产价值下跌，支付给债权人的资金是 81.26 万元，而不是 90 万元。

综合上述分析，可以发现二项式估价模型可用于证明 M-M 无公司税理论。假设公司无负债经营，在 $t=0$ 时公司资产的市场价值就等于无负债公司的股权市场价值，即 $V_U=S_U$。当 $t=T$ 时，公司资产价值等于 $V_T^u=uV$ 或者等于 $V_T^d=dV$。

如果公司发行无风险零息债券，债券到期时（$t=T$），公司支付的债券本金 $K<V_T^d$。公司通过发行债券回购股票，负债公司的股权价值等于 $S_T^u=V_T^u-K$，或者 $S_T^d=V_T^d-K$。由于债务无违约风险，可采用无风险利率进行折现，在 $t=T$ 时，债务价值为 $B=K/(1+r_f)^T$。根据 M-M 命题Ⅰ，负债公司股权价值等于 $S_L=V_U$，其中 V_U 为无债公司股权价值。

2.4.2　期权价值与买—卖权平价关系

期权或称选择权，是指买卖双方达成的一种可转让的标准化合约。它给予期权持有人（期权购买者）具有在规定期限内的任何时间或期满日按双方事先约定的价格买入或卖出一定数量标的资产的权利。期权立约人（期权出售者）则负有按事先约定价格卖出或买入一定数量标的资产的义务。

事先约定的价格是指期权的行权价格（exercise price），或称敲定价格（strike price）、执行价格，即期权买方据以向期权出售者买入或卖出一定数量的某种标的资产的价格。这一价格是在期权合约买卖时确定的，在期权有效期内，无论标的资产的市场价格上涨或下跌到什么水平，只要期权购买者要求执行该期权，期权出售者就必须以约定的价格履行义务，因此，也可将其称为固定价格。

按期权所赋予的权利不同，期权可分为买权（call option）和卖权（put option）。前者又称看涨期权，是指期权购买者可以按行权价格在到期前或到期日买入一定数量标的资产的权利；后者又称看跌期权，是指期权购买者可以在到期前或到期日按行权价格卖出一定数量标的资产的权利。

按期权行使的时间不同，期权可分为欧式期权（European option）和美式期权（American option）。美式期权在期权的有效期内的任何营业日均可行使权利，而欧式期权则只有在到期日才能履约。因此，对欧式期权的定价要比美式期权的定价简单得多。

在一个标准的期权合约中，期权价值（即期权费或权利金）是唯一的变量，也是最难确定的。期权价值由内含价值和时间价值构成。内含价值（intrinsic value）是指期权本身所具有的价值，也是履行期权合约时所能获得的收益。它反映了期权行权价格与标的资产价格之间的变动关系。

看涨期权（买权）内含价值 $=\max[S_T-K,\ 0]$

看跌期权（卖权）内含价值 $=\max[K-S_T,\ 0]$

式中：S_T 表示标的资产价格；K 表示行权价格。

在所有的情况下，期权卖方会要求一笔高于内含价值的期权费，高出的部分称作期权的时间价值，它反映了期权合约有效时间与潜在风险、收益之间的相互关系。一般来说，期权合约的剩余有效时间越长，时间价值也就越大。这是因为，对于期权买方而言，期权合约的有效时间越长，标的资产市场价格变动的可能性就越大，因而其获利的潜力就越大，买方就愿意支付比内含价值更多的权利金来购买这项权利。对于期权卖方而言，期权合约的有效期越长，他承担无条件履约义务的时间就越长。由于买方都是在有利于自己不利于卖方的时候才会行使期权，因此卖方承担的风险较大，他出售合约所要求的权利金就会较大。伴随着合约有效剩余时间的缩短，买卖双方获利机会在减少，承担的风险也在减少，时间价值也将逐渐减少。一旦期满未曾实施，该期权也就完全丧失了时间价值。

买权、卖权和其他金融工具可组成更为复杂的期权合约，在这里只介绍买—卖权平价关系。欧式看涨期权、看跌期权（标的资产、执行价格以及到期时间相同）存在如下平价关系：

$$S+p=c+Ke^{-r_fT} \tag{2.35}$$

式中：S 表示标的资产的现行价格（股票不发放红利）；p 表示看跌期权价值或卖权价值；c 表示看涨期权价值或买权价值；K 表示债券面值（行权价格）；Ke^{-r_fT}表示债券面值的现值（按连续复利计算）；T 表示到期日。

公式（2.35）的含义是，投资者购买一份欧式股票卖权（p）并持有一股股票（S），他所获得的收益与一份欧式股票买权（c）和持有一张到期值为 K 的无风险债券的收益相同。因此，两项投资组合的价值为 max（S_T，K）。不同投资组合到期价值见表 2-9。

表 2-9　**不同投资组合到期价值**

投资组合	$S_T>K$	$S_T<K$
投资组合 1		
持有股票（S）	S_T	S_T
欧式买入卖权（p）	0	$K-S_T$
投资组合到期价值	S_T	$S_T+K-S_T=K$
投资组合 2		
欧式股票买入买权（c）	S_T-K	0
持有无风险债券（Ke^{-r_fT}）	K	K
投资组合到期价值	$S_T-K+K=S_T$	K

根据买—卖权平价关系，也可以确定公司的股票和债券价值。假设公司的资本总额由股权资本（普通股）和负债资本（零息债券）两部分组成。公司的债券面值为 B，期限为 T 年，则债券到期时，所发行的股票价值 S_T 与当时公司的资产价值 V_T 有关：

$$S_T=\max\left[V_T-B,\ 0\right] \tag{2.36}$$

公司的股票可以解释为以公司资产为标的资产、以债券面值为行权价、以债券期限为权利期间的一种欧式买入买权，此时买权的真正标的资产是公司资产，而不是公司股票，通过以股价为中介，买权（股票价值）主要与公司资产价值及债券面值有关。如果将公式（2.35）中的 S 用 V 替代，c 用 S 替代，则公司资产、股票（买权）、债券、卖权之间的关系，可按下式表示：

$$V+p=S+K/(1+r_f)^T \tag{2.37}$$

根据买权定价理论，当债券到期时，股票持有人（股东）具有两种选择：偿还债券或宣告破产。如果 $V_T>B$，则股东偿还债务执行他们持有的看涨期权，股权价值等于公司价值减去债券价值（S=V-B）。如果 $V_T<B$，则股东就放弃执行期权而对债务违约。按股东承担有限责任的观点，债权人将接受小于债券面值的公司资产，此时买权一文不值（S=0）。因此，在到期日，股权价值可以表示如下：

$$S=V-B=V-[K/(1+r_f)^T-p] \tag{2.38}$$

上式也可以转换为：

$$V=S+B=S+[K/(1+r_f)^T-p] \tag{2.39}$$

公式（2.39）表明，负债公司的价值可分解为两部分：其中股权部分 S 是一个看涨期权，风险性债务部分等于零息债券的现值 Ke^{-r_fT} 减去欧式看跌期权的价值 p。当债券到期时，债券价值（B）可按下式计算：

$$B=V-\{V-[K/(1+r_f)^T-p]\}=K/(1+r_f)^T-p \tag{2.40}$$

从债权人的角度看，持有人有两项权益：（1）他们拥有债券的索偿权；（2）他们是公司资产卖权的出售者（相对而言，股东持有一份以公司债券为行权价的卖权，或公司资产卖权的购买者）。当债券到期时，如果 $V_T>B$，则股东放弃行权。此时，债权人仅按债券面值 K 收到偿还额，这种卖权不具有任何价值（p=0）。如果 $V_T<B$，则股东行使卖权，债权人必须以债券面值将公司资产买回，债权人将得到小于债券面值的公司资产，即 $B<Ke^{-r_fT}$。这相当于债权人在获得债券面值的同时，由于卖权被执行，他们损失了债券面值 K 与公司价值 V_T 之间的差额（$K-V_T$）。图 2-15中的折线显示了公司债权人的损益。

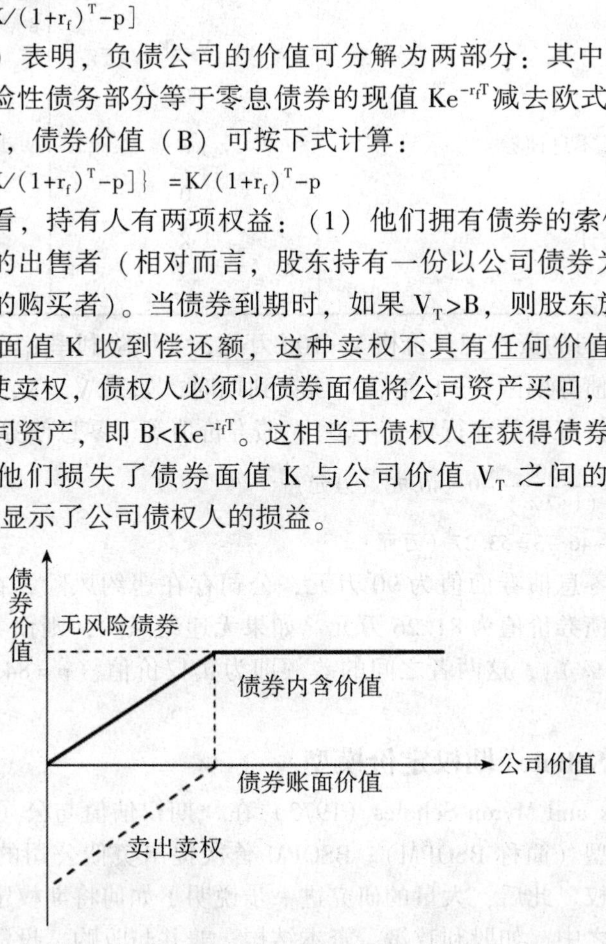

图 2-15　债券价值

图 2-15 表明，对某有限责任公司进行资本贷放，相当于进行了一项风险投资。为了避免风险，债权人会在购买了一张以无风险利率（无违约风险）折现的公司债券的同时，还出售给公司股东一个以债券面值为行权价格的卖出期权，以便将风险债券调整为无风险债券。因此，公式（2.40）可以描述为：债权人愿意为在将来取得债券面值而现在支付的金额等于预期债券现值减去公司资产的卖权价值。

公司的债务到期时，公司价值等于股权价值加上风险性债务价值，并在股东和债权人之间进行分配，见表 2-10。

表 2-10　**到期日公司价值分配情况**

项目	到期日	
	$V_T>K$	$V_T<K$
股东价值：		
看涨期权 S	V_T-K	0
债权人价值：		
无风险债券（零息债券）	K	K
看跌期权 p	0	$-(K-V_T)$
债权人价值合计	K	V_T
证券持有者价值：	V_T	V_T

假设 XYZ 公司的资产现行价格 V=100 万元，无风险利率 $r_f=7\%$，零息债券面值 K=50 万元，债券期限 T=1 年。当债券到期时，如果 $V_T>K$，则公司无违约风险。此时，卖权持有者放弃行权（p=0），债券价值等于零息债券面值的现值。

$$B=\frac{K}{(1+r_f)^T}-p=\frac{50}{(1+7\%)^1}-0\approx 46.73\ （万元）$$

股票价值=100-46.73=53.27（万元）

如果公司的零息债券面值为 90 万元，公司存在违约风险，在［例 2-4］中，存在违约风险时债券价值为 81.26 万元。如果无违约风险，则债券的价值为 84.11 万元［90/（1+7%）］，这两者之间的差额即为卖权价值（p=84.11-81.26=2.85（万元））。

2.4.3 Black-Scholes 期权定价模型

Fischer Black and Myron Scholes（1973）在“期权估值与公司债务”一文中推出了期权估值模型（简称 BSOPM）。BSOPM 首次提出负债公司的股权实际上是公司价值的看涨期权。此后，大量的研究进一步说明了如何将期权定价理论运用于解决公司财务问题之中，如股利政策、资本结构、兼并与收购、投资决策、可转换债券、认股权证等。

1）BSOPM 基本假设

（1）期权标的资产为一项风险资产，当前时刻的市场价格为 S。S 遵循几何布朗运动，这意味着股票价格在短时期内的变动（即收益）来源于两个方面：一是单位时间内已知的一个收益率变化，可以看成一个总体的变化趋势；二是随机波动项，可以看成随机波动使得股票价格变动偏离总体趋势的部分。

（2）在期权有效期内，标的资产不支付股利和利息，即不存在影响收益的任何外部因素。综合假设 1 和假设 2 意味着标的资产价格的变动是连续的而均匀的，不存在突然的跳跃。

（3）没有交易费和税收，不考虑保证金的问题，即不存在影响收益的任何外部因素。综合假设2和假设3意味着投资者的收益仅来源于价格的变动，而没有其他的影响因素。

（4）该标的资产可以自由地买卖，即允许卖空，且所有证券都是完全可分的。

（5）在期权的有效期内，无风险利率为常数，投资者可以此利率无限制地进行借贷。

（6）期权为欧式看涨期权，且执行价格为K，当前时刻为t，到期时刻为T。

（7）市场中不存在无风险套利机会。

（8）标的资产价格的波动率已知且恒定，这一假设是期权定价模型的关键条件。

2）BSOPM影响因素

BSOPM是通过无套利[①]原则推导出来的。BSOPM认为任何期权都可以由标的股票和短期无风险资产构成的资产组合所复制。因此，复制此资产组合的成本实际上就是期权价格。他们构造了一个由标的资产一定数量的多头和期权的一定数量的空头组成的证券组合。要求这个组合的收益是确定的、不依赖于股票的价格并且无风险的。由于无风险资产的收益率为r_f，所以根据无套利原则就可以计算出这个组合的价值，从而推导出期权定价公式。

$$c=SN(d_1)-Ke^{-r_fT}N(d_2) \tag{2.41}$$

其中：
$$d_1=\frac{\ln(S/K)+(r_f+\sigma^2/2)T}{\sigma\sqrt{T}} \tag{2.42}$$

$$d_2=d_1-\sigma\sqrt{T} \tag{2.43}$$

c表示买权价值（看涨期权）；S表示标的资产的现行市场价格；K表示行权价格；r_f表示无风险利率（按连续复利计算）；σ表示标的资产的收益标准差；T表示期权距到期日的时间；N（x）表示标准正态分布的累积概率分布函数（即某一服从正态分布的变量小于x的概率），根据标准正态分布函数特性，可知：$N(-x)=1-N(x)$。

从BSOPM经济含义看，$N(d_1)$等于保值比率Δ，反映了当标的资产变动一个很小的单位时，期权价格的变化量，即：$\Delta=N(d_1)=\partial c/\partial S$。事实上，$N(d_1)$复制交易策略中股票的数量，$SN(d_1)$就是股票的市场价值，或者，$SN(d_1)=e^{-r_fT}S_TN(d_1)$是$S_T$的风险中性期望值的现值。$N(d_2)$实际上是在风险中性世界中$S_T$大于K的概率，或者说是欧式买权被执行的概率，$Ke^{-r_fT}N(d_2)$是K的风险

① 无套利分析方法用市场中其他金融资产的头寸复制该“头寸”的收益，然后在市场均衡的条件下求出复制证券组合的价格，并由此测算出该项头寸在市场均衡时的价格。如果价格过高或者过低，都可能出现套利机会。在一个完善的资本市场中，人们的套利活动必然引起资产价格趋于合理，并最终使套利机会消失。

中性期望值的现值。因此，看涨期权价值等于标的资产价格期望现值减去行权价格现值。

根据 BSOPM 基本公式，看涨期权价值主要由 5 个因素决定，即标的资产价值 S，期权执行价格 K，标的资产收益的瞬时标准差 σ，期权的到期期限 T，以及无风险利率 r_f。各个因素对期权价值的影响总结见表 2-11。

表 2-11　**期权价值影响因素**

影响因素	欧式看涨	美式看涨	欧式看跌	美式看跌
标的资产现行价格 S	+	+	−	−
执行价格 K	−	−	+	+
到期日 T	+	+	?	+
无风险利率 r_f	+	+	−	−
标的资产收益率标准差 σ	+	+	+	+

表 2-11 中描述了不同因素对买卖权价格的影响方向。在欧式看跌期权中，合约剩余有效期（T）的影响不确定。由于期权具有时间价值，且与合约剩余有效期长短呈正向变动关系，因此，在一般情况下，买权价值和卖权价值均与 T 呈正向变动关系。但对于欧式期权来说，由于欧式期权只能在到期日履约，因而也可能在买方履约愿望较强时，出现 T 越短、期权价值越高，T 越长、期权价值越低的情况。

在这 5 个因素中，最重要的因素是标的资产收益率的瞬时标准差。根据期权定价理论，期权价值来源于标的资产价格的不确定性和时间性。标的资产价格不确定性越大，或标准差越大，期权越有价。以股票期权为例，标准差越大，股票价格超过执行价格的概率就越大，从而使看涨期权的持有者获利。图 2-16 描述了 A、B 两种假定的股票价格分布。两种分布具有相同的均值，但 B 股票的分布离散程度大，即 B 股票价格分布的方差较大。看涨期权是一种或有权益（contingent claim），期权持有者仅当股票价格超过执行价格时才能获利。如果两种期权的执行价格相同，方差较大的股票期权获利的累计概率高于方差较小的股票期权。这一点也表明了期权价值与标的资产价值之间存在的重要差异。如果我们持有某项资产，获得的收益将取决于该项资产收益的全部概率分布。对于一个风险厌恶者来说，通常不会接受方差大的项目，因为方差较大就意味着要获得更高的风险溢价。而当我们持有看涨期权时，仅从收益分布的尾部获得收益。期权的或有权益特性使得人们追求较大的方差。

3）BSOPM 与股票债券估价

公司股票在债券到期时的价值收益曲线与欧式看涨期权十分相似。如果公司价值服从几何布朗运动（方差为σ^2），且无风险利率为 r_f，那么，可通过对 BSOPM 进行一定的变量替换，即用公司资产价值和公司资产收益率的标准差分别替换模型中的股票价格和股票收益的标准差；用公司债券账面价值和公司债券期限分别替换

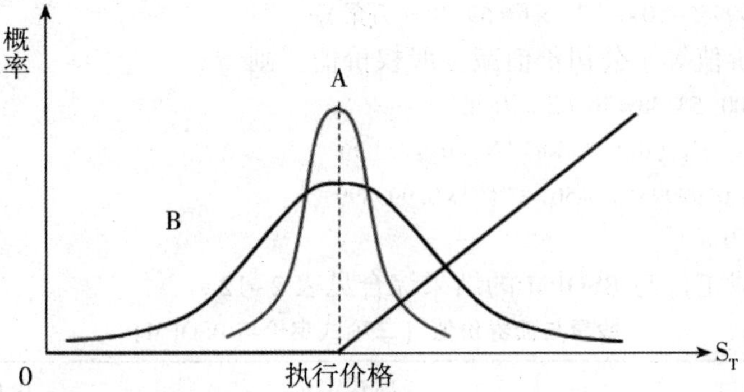

图2-16 假定的股票价格分布

行权价格和到期日。

$$S=VN(d_1)-Ke^{-r_fT}N(d_2) \tag{2.44}$$

$$B=V-S=V[1-N(d_1)]+Ke^{-r_fT}N(d_2) \tag{2.45}$$

$$d_1=\frac{\ln(V/K)+(r_f+\sigma^2/2)T}{\sigma\sqrt{T}}$$

其中：$d_2=d_1-\sigma\sqrt{T}$

注意公式（2.41）中的S代表标的资产价值，公式（2.44）中的S代表公司价值的买权价值（股票价值）；V表示公司价值或标的资产价值；K表示债券账面价值或期权执行价格；B表示债券市场价值；r_f 表示无风险利率；σ表示公司资产收益率标准差；T表示公司债券期限。

假设XYZ公司价值V=100万元，无风险利率 $r_f=7\%$，公司零息债券面值K=50万元，到期期限T=1年，公司资产收益率标准差σ=20%，根据BSOPM，先计算 d_1 和 d_2：

$$d_1=\frac{\ln(V/K)+(r_f+\sigma^2/2)T}{\sigma\sqrt{T}}$$

$$=\frac{\ln(100/50)+(7\%+0.2^2/2)\times1}{0.2\times\sqrt{1}}=3.916$$

$$d_2=d_1-\sigma\sqrt{T}=3.916-0.2\times\sqrt{1}=3.716$$

然后，根据正态分布曲线面积表①可得到：

$N(d_1)=0.5+0.499955=0.999955$

$N(d_2)=0.5+0.499899=0.999899$

最后，计算股票价值（买权价值）：

$S=VN(d_1)-Ke^{-r_fT}N(d_2)$

---

① N（d）是根据标准正态分布的累积概率分布函数表查表计算得出。表中给出的是正态分布对称轴一侧的面积，如果d>0，查表所得概率应加上0.5；如果d<0，查表所得概率应从0.5中减除。本例中期权定价模型的各种参数及其买权价值是采用EXCLE函数计算的，详细的计算方法可参阅：刘淑莲．公司理财［M］．北京：北京大学出版社，2012.

$=100\times0.999955-50\times e^{-0.07\times1}\times1\approx53.38$（万元）

由于债务价值等于公司价值减去股权价值，则

债券价值$=100-53.38=46.62$（万元）

$B=V-S=V[1-N(d_1)]+Ke^{-r_fT}N(d_2)$

或，$=100\times(1-0.999955)+50\times e^{-0.07\times1}\times0.999899$

≈46.62（万元）

现将二项式定价与 BSOPM 的结果综合见表 2-12。

表 2-12　　**股票与债券价值（二项式定价与 BSOPM）**

项目	二项式定价	BSOPM
K=50（万元）		
股票价值（万元）	53.27	53.38
债券价值（万元）	46.73	46.62
K=90（万元）		
股票价值（万元）	18.74	18.00
债券价值（万元）	81.26	82.00

采用期权模型估计股权价值的一个隐含意义在于，股权资本总是具有价值，即使在公司价值远远低于债券面值时，只要债券没有到期，股权资本仍然具有价值。原因在于标的资产价值在期权剩余期限内仍具有时间价值，或在债券到期前资产价值仍有可能超过债券的面值。

假设在上例中，XYZ 公司的价值下跌到 45 万元，低于到期债券价值 50 万元，在其他因素不变的条件下，根据 BSOPM 买权模型，采用 EXCEL 期权定价函数计算的 XYZ 公司股本价值和债券价值分别为 2.9 万元和 42.1 万元。

4）BSOPM 与资本结构

由于公司股票相当于公司资产的看涨期权，公司资产或投资项目的风险越大，股票价值就越大，债券价值就越小。因此，负债公司的股东通常比无负债公司的股东更愿意从事高风险投资。

［例 2-5］假设某一无负债公司准备通过发行债券、回购股票的方式改变公司的资本结构。目前该公司的价值（股权价值）为 1 400 万元，计划发行面值为 500 万元，期限为 6 年的零息债券。该公司的资产收益率标准差为 0.2，无风险利率为 8%。

在本例中，V = 1 400 万元，K = 500 万元，$\sigma=0.2$，$r_f=8\%$，根据 BSOPM，$N(d_1)=0.99996$，$N(d_2)=0.99772$，根据公式（2.44）、公式（2.45）可以得到股票债券价值：

$S=1\ 400\times0.9996-500\times e^{-0.08\times6}\times0.9977\approx1\ 091$（万元）

$B=1\ 400-1\ 091=309$（万元）

如果市场是有效的，公司可以按309万元折价发行面值为500万元的债券，并用所得款项回购公司股票。假设在上例中，公司发行债券的面值为1 000万元，根据BSOPM可以得到：股票价值为790万元，债券价值为610万元。将上述结果综合于表2-13。

表2-13 **债券价值** 单位：万元

债券到期值（面值）	债券现值（市场价值）	负债比率（债券现值/资产总额）	每元债券价值（债券现值/面值）
500	309	22.07%	0.618
1 000	610	43.57%	0.61

从表2-13可以看出，随着负债比率的提高，每元债券价值由0.618元降低到0.61元。这是因为公司的负债越多，风险越大，债权人要求的收益率就会越高，从而降低了债券价值。

假设在上例中，公司预计发行面值为1 000万元零息债券，公司资产收益率标准差由0.2变为0.4，其他因素保持不变。公司经营风险增加对股票、债券价值的影响可计算如下：

根据BSOPM，$N(d_1)=0.9071$，$N(d_2)=0.6343$，则：

$S=1\,400\times0.9071-1\,000\times e^{-0.08\times6}\times0.6343\approx877$（万元）

$B=1\,400-877=523$（万元）

在其他因素一定的情况下，经营风险由0.2上升到0.4，公司的股票价值由790万元（1 400-610）上升到877万元。这表明当标的资产价值风险加大时，期权变得更有价值。与此相对应的是，负债价值由610万元降到523万元。这意味着债券持有人承担了更大的风险，而股东却可能占有最大的潜在利益，这也是股东愿意从事高风险投资的主要原因。有关股东与债权人之间的利益冲突将在第3章进行分析。

2.4.4 BSOPM与标准差

Galai and Masulis（1976）将BSOPM和CAPM相结合，提出了债券收益标准差（σ_B）、股票收益标准差（σ_S）与公司资产收益标准差（σ_V）之间的关系，有关计算公式如下：

$$\sigma_B=[1-N(d_1)](V/B)\sigma_V \tag{2.46}$$

$$\sigma_S=N(d_1)(V/S)\sigma_V \tag{2.47}$$

$$\sigma_V=\sigma_B(B/V)+\sigma_S(S/V) \tag{2.48}$$

仍以［例2-4］中XYZ公司为例，假设公司价值V=100万元，公司零息债券面值K=50万元，无风险利率$r_f=7\%$，公司资产收益率的标准差$\sigma_V=0.2$，债券到期期限T=1，根据BSOPM，公司的负债价值B=46.62万元，股票价值S=53.38万元。据此计算σ_B、σ_S、σ_V如下：

$\sigma_B=[1-N(d_1)](V/B)\sigma_V$

$= (1-0.999955) \times (100/46.62) \times 0.2 = 0.00001931$

$\sigma_S = N(d_1)(V/S)\sigma_V$

$= 0.999955 \times (100/53.38) \times 0.2 = 0.37465530$

$\sigma_V = \sigma_B(B/V) + \sigma_S(S/V)$

$= 0.00001931 \times (46.62/100) + 0.37465530 \times (53.38/100) = 0.2$

如果XYZ公司的零息债券面值为90万元，其他条件不变，根据BSOPM，债务价值为82万元，股票价值为18万元。首先，根据BSOPM计算出 $N(d_1) = 0.9768026$，然后根据公式（2.46）、公式（2.47）、公式（2.48）计算：

$\sigma_B = [1-N(d_1)](V/B)\sigma_V$

$= (1-0.9768026) \times (100/82) \times 0.2 = 0.005658$

$\sigma_S = N(d_1)(V/S)\sigma_V$

$= 0.9768026 \times (100/18) \times 0.2 = 1.085336$

$\sigma_V = \sigma_B(B/V) + \sigma_S(S/V)$

$= 0.005658 \times (82/100) + 1.085336 \times (18/100) = 0.2$

上述计算表明，当公司负债规模从50万元上升到90万元时，债券收益率标准差增加了0.56%，而股票收益率标准增加了71.08%。由于负债比率高，公司资产收益标准（20%）保持不变。

2.4.5 CAPM和BSOPM组合与收益率

CAPM、M-M以及BSOPM作为诺贝尔经济学的获奖理论，都是运用严格的数理逻辑，通过建立经济模型来描述各种要素的因果关系，说明在均衡状态下的资产价格。虽然这些理论的研究视角不同，但都可以用以估计资产收益率或资本成本。如果说CAPM是建立在均衡条件下的定价模型，那么M-M、BSOPM是建立在套利机制下的定价模型。

1）根据CAPM估计资产收益率

假设无风险利率 $r_f = 7\%$，市场投资组合收益率 $r_m = 12\%$，公司资产贝塔系数 $\beta_A = 0.6$。根据公式（2.4），在市场均衡条件下，XYZ公司的资产收益率 r_A 计算如下：

$r_A = 7\% + 0.6 \times (12\% - 7\%) = 10\%$

假设XYZ公司的资产价值V=100万元，一年后公司的资产预期价值为110万元，假设以公司资产收益率 r_A 作为折现率，一年后预期价值的现值为：

$$V = \frac{V_1}{(1+r_A)^T} = \frac{110}{(1+10\%)^1} = 100\ (\text{万元})$$

2）确定债券和股票贝塔系数

根据BSOPM基本假设，Galai and Masulis（1976）将CAPM和BSOPM相结合，提出了公司股票贝塔系数 β_S、债券贝塔系数 β_B 如下：

$$\beta_S = N(d_1)(V/S)\beta_A \quad (2.49)$$

$$\beta_B = N(-d_1)(V/B)\beta_A = [1-N(d_1)](V/B)\beta_A \quad (2.50)$$

假设XYZ公司的有关数据如下：公司的零息债券面值K=50万元，期限T=1年，公司的资产收益率$r_A=10\%$，无风险利率$r_f=7\%$，根据BSOPM计算：$N(d_1)=0.999955$，股票价值S=53.38万元，债券价值B=46.62万元。根据上述数据，XYZ公司股票和债券贝塔系数计算如下：

$$\beta_A=0.000058\times 46.62/100+1.123955\times 53.38/100\approx 0.6$$

$$\beta_S=N(d_1)(V/S)\beta_A$$

$$=0.999955\times(100/53.38)\times 0.6\approx 1.123966$$

$$\beta_B=[1-N(d_1)](V/B)\beta_A$$

$$=(1-0.999955)\times(100/46.62)\times 0.6\approx 0.000058$$

3）CAPM-BSOPM计算债券、股票收益率

将股票和债券的贝塔系数分别代入CAPM，计算股本债券投资收益率如下：

$$r_S=7\%+1.123966\times(12\%-7\%)\approx 12.62\%$$

$$r_B=7\%+0.000058\times(12\%-7\%)\approx 7\%$$

$$r_A=7\%\times 46.62/100+12.62\%\times 53.38/100\approx 10\%$$

为反映CAPM和BSOPM之间的内在关系，可以将CAPM（公式2.4）中第j种资产改为公司资产，整理后可以得到β_A：

$$\beta_A=(r_A-r_f)/(r_m-r_f) \tag{2.51}$$

为确定股票收益率，可以将公式（2.49）代入公式（2.4），可以得到：

$$r_S=r_f+\beta_S(r_m-r_f)$$

$$=r_f+N(d_1)\frac{V}{S}\frac{r_A-r_f}{r_m-r_f}(r_m-r_f)$$

$$=r_f+N(d_1)(r_A-r_f)(V/S) \tag{2.52}$$

为确定债券收益率，可将公式（2.50）代入公式（2.4），可以得到：

$$r_B=r_f+\beta_B(r_m-r_f)$$

$$=r_f+N(-d_1)\frac{V}{B}\frac{r_A-r_f}{r_m-r_f}(r_m-r_f)$$

$$=r_f+[1-N(d_1)](r_A-r_f)(V/B) \tag{2.53}$$

根据公式（2.52）和公式（2.53）计算公司股票和债券收益率：

$$r_S=7\%+0.999955\times(100/53.38)\times(10\%-7\%)\approx 12.62\%$$

$$r_B=r_f+[1-N(d_1)](V/B)(r_A-r_f)$$

$$=7\%+(1-0.999955)\times(100\div 46.62)\times(10\%-7\%)\approx 7\%$$

$$r_A=r_B(B/V)+r_S(S/V)$$

$$=7\%\times(46.62/100)+12.62\%\times(53.38/100)\approx 10\%$$

上述计算结果表明，不论采取何种方式，公司资产收益率都为10%。或者说，在完善市场假设下，CAPM与CAPM-BSOPM的计算结果相同。尽管CAPM以投资组合理论为基础，BSOPM以套利机制为基础。

BSOPM在期权交易中被广泛使用，主要用于期权定价、构造交易策略、对冲风险、资产定价等。在BSOPM之后，Merton（1976）进行了一些重要的扩展，主

要表现在3个方面：（1）支付已知红利的股票期权定价公式；（2）随机利率期权定价模型；（3）股票价格服从跳跃扩散过程的期权定价模型。正是由于Merton（1976）在期权定价理论中所作的贡献，所以有代表性的期权定价模型也被称为B-S-M模型。

BSOPM提出后，许多经济学家对这一模型进行了大量的实证检验，但检验的结果并不完全支持这一模型。特别是BSOPM几何布朗运动的假设已经被越来越多的实证检验所质疑。为了建立更加符合现实的期权定价模型，需要对风险中性定价理论、股票价格所遵循的随机过程、偏微分方程以及如何应用期权进行更加细致深入的研究和检验。

本章介绍的CAPM、M-M、BSOPM都是在完善市场假设条件下成立的。事实上，现实中的资本市场并非完美，那么，如何理解理想资本市场假设下的各种定价模型？对这一问题的解释可以用伽利略的自由落体定律做一个有效的类比。伽利略证明没有摩擦时自由下落的物体的下降速度相同，与物体重量无关，这一结论完全颠覆了人们的传统看法。如果你要检验这一定律，将很可能发现它并不严格成立。原因是，除非在真空中，否则空气摩擦相对更能减缓某些物体下落的速度。与此相似，当我们在运用各种定价模型时，还必须关注"空气摩擦"等现实市场对资产定价的影响。

本章小结

1. 在完善的资本市场条件下，任何投资决策都可以分为两个依次连续并且彼此分开的过程：第一步，进行最佳投资方案选择，直到投资边际收益率等于资本市场利率。在这个均衡点上，经济行为人的财富（当前消费与未来消费的组合）达到最大化。第二步，决定跨期消费路径，或者说通过不同的借贷行为选择最佳消费模式，直到消费时间偏好比率等于资本市场利率。在这个平衡点上，经济行为人获得最大的满足。每一个经济行为人都将做出自己的最佳消费决策。

2. 根据两项资金分离原则，任何一个投资者的最优投资组合都可以表示为无风险资产和风险资产的线性组合，只是他们在无风险投资和切点投资组合上有所不同。如果每位投资者都持有切点的投资组合，那么这一组合一定是股票市场上实际可以观察到的投资组合，每股的投资组合权重是股票市场价值的一部分，该组合即为市场组合。

3. CAPM描述了第j种资产所要求的收益率等于无风险收益率加上风险溢价。如果市场风险溢价为$\pi = [E(r_m) - r_f]$，那么第j种资产的风险溢价等于$\beta \times \pi$，其中β系数是风险资产j和市场组合M之间的协方差再除以市场组合的方差。

4. CAPM预示所有的投资者都持有市场组合，而且只要市场组合在有效边界上，就可以得到β系数与预期收益率之间的线性关系。检验CAPM正确与否，关键是看市场组合是否有效。

5. M-M 命题Ⅱ表明负债公司的股权资本成本与杠杆比率呈线性相关，将命题Ⅰ和命题Ⅱ结合起来可以发现，低成本举债的利益正好被股本成本的上升所抵消。因此，在无赋税的条件下，公司资本结构不会影响公司价值和资本成本。

6. 在考虑公司所得税的情况下，如果公司负债经营且须缴纳所得税，那么其股本成本就等于无负债公司的股本成本加上一笔风险溢价，风险溢价的大小与杠杆比率和所得税税率高低有关。

7. 将 M-M 含公司所得税模型与 CAPM 相结合，可以得到负债公司的股本成本由 3 部分构成：即无风险利率、经营风险溢价、财务风险溢价。据此可以确定负债公司的贝塔系数和和无负债公司的贝塔系数。

8. 从 BSOPM 的经济含义看，$N(d_1)$ 等于保值比率 Δ，反映了当标的资产变动一个很小的单位时，期权价格的变化量。$SN(d_1)$ 就是股票的市场价值，或者 $SN(d_1)=e^{-r_fT}S_TN(d_1)$ 是 S_T 的风险中性期望值的现值。$N(d_2)$ 实际上是在风险中性世界中 S_T 大于 K 的概率，或者说是欧式买权被执行的概率。因此，$Ke^{-r_fT}N(d_2)$是 K 的风险中性期望值的现值。因此，看涨期权价值等于标的资产价格期望现值减去行权价格现值。

9. 公司股票在债券到期时的价值收益曲线与欧式看涨期权十分相似。如果公司价值服从几何布朗运动（方差为σ^2），且无利率为 r_f，那么，可通过对 BSOPM 进行一定的变量替换，即用公司资产价值和公司资产收益率的标准差分别替换模型中的股票价格和股票收益的标准差；用公司债券账面价值和公司债券偿还期分别替换行权价格和到期日。

10. CAPM、M&M 以及 BSOPM 作为诺贝尔经济学的获奖理论，都是运用严格的数理逻辑，通过建立经济模型来描述各种要素的因果关系，说明均衡状态下的资产价格。虽然这些理论的研究视角不同，但都可以用于估计资产收益率或资本成本。如果说 CAPM 是建立在均衡条件下的定价模型，那么 M-M、BSOPM 是建立在套利机制下的定价模型。

讨论题

1. 根据费雪分离理论，公司的投资决策独立于其个人的消费倾向。这一理论隐含的假设条件是什么？这一定理对公司财务决策有什么意义？

2. Fama（1976）随机选择了 50 只在纽约证券交易所上市的证券，用 1963 年 7 月—1968 年 6 月的月数据计算出它们的标准差。再从中随机抽取一只证券，该证券收益率的标准差为 11%。然后，将这只证券与另一只随机取出的证券按照相同的权重形成两种证券的组合。此时，标准差降为 7.2% 左右。之后，越来越多的证券逐步随机地添加到证券组合之中，直到 50 种证券全部被包括在内。实验结果表明，当随机选择 10～15 只证券之后，几乎所有的可分散风险均被分散。另外，证券组合的标准差很快就趋于一个极限值，这一数值大致等于所有证券的平均协方差。请根据投资组合理论说明这一结论的实践意义。

3. Miller M. H. 在获得诺贝尔经济学奖之后，采用类比的方法向前来采访他的记者阐述了 M-M 总价值命题。他说："在完全竞争的市场中，一家公司就像一只盛着全脂奶的大桶。农夫可以卖出全脂奶，或者从全脂奶中分离出奶油，其价格高于全脂奶（可类比为公司卖出低收益、高定价的债务性证券）。当然，农夫留下的可能是低脂的脱脂奶，售价低于全脂奶（类比于负债公司股权性证券）。假设不存在分离成本（当然也不存在政府乳品供给计划），奶油加脱脂奶的价值之和与全脂奶相同。或者说，农夫从高价奶油所获得的好处，将会被销售低价的脱脂奶的损失所抵消。不论是整桶出售全脂奶，还是分离奶油和脱脂奶，农夫拥有的价值总量不变。"请结合这一例子，解释以下两个问题：（1）在有效资本市场上，一个公司的价值主要取决于资产的能力，而与公司的融资方式无关；（2）资本成本的高低取决于资金的运用而不是的资金的来源。你是否同意上述观点，为什么？

4. 英特尔公司是专业生产芯片的厂商，该公司在纳斯达克市场上市，交易代码为：INTC。假设该公司的 β 系数为 1.5，美国股市的市场组合收益率为 8%，当前美国的国债利率为 3%。假设英特尔公司正考虑在华投资一座新的芯片厂。该工厂的总投资为 25 亿美元，预期在建成后的 3 年内，每年可以获得净现金流量 10 亿美元，英特尔公司是否应该在华投资？英特尔公司在华芯片厂项目的预期收益率（IRR）为多少？假设摩根大通曼哈顿银行向英特尔公司提出：愿意向该公司在华芯片厂项目提供年利率为 5% 的优惠贷款，英特尔公司是否应该改变决策？①

5. 令人无不感到惊讶的是，Fischer Black 和 Myron Scholes 事后回忆说，他们俩首创的那项改变世界的重大发现，其灵感竟然来自于赌场。他们假设有一个疯狂的亿万富豪赌客，提出用 1 亿美元来和赌场老板进行一场赌博。双方约定，通过简单的游戏来决定胜负。投掷 3 次骰子，如果 3 次投掷的结果均为"小"，那么赌场老板就必须赔付亿万富豪 8 亿美元，而如果在 3 次投掷中，只要有一次出现了"大"的结果，赌客就将其 1 亿美元的赌注输给赌场老板。我们都知道在 3 次投掷的过程中，结果全都是"小"的概率为：（1/2）×（1/2）×（1/2）= 1/8，因此赌客提出的 1∶8 的赔付条件是公平的。因为他只有 1/8 的机会赢得 8 亿美元的赌注，而赌场老板有 7/8 的机会赢得 1 亿美元的赌注。现在的问题是：如果该赌场的总资产仅有 100 万美元，那么赌场老板是否应该接受这个亿万富翁的挑战？赌场老板应该以什么样的代价邀请其他赌客来对冲他和亿万富豪的赌博风险，使之有权平安地进入下一轮的投掷。②

① 周洛华．资产定价学［M］．上海：上海财经大学出版社，2004.：63-65.
② 同上。

案例分析

检验证券市场线

请以上海证券交易所的证券为样本，进行证券市场线检验。其具体方法如下：

（1）登录雅虎财经网站（http：//finance. yahoo. com），搜集上海证券交易所10只股票的价格信息。

①在股票主页的左边，输入你要评估的股票代码，例如“600000”，点击“Get Quotes”后，就可以看到与“Shanghai Pudong Development Bank Co.，Ltd.（600000. SS）”相关的信息，然后点击“Historical Prices”（历史价格）。

②输入起始日期和截止日期，选择最近5年61个月的数据（计算60个月的收益率，需要61个月的价格数据）。确定估计的期间以及间隔期距（日、周、月等），选择“monthly”（按月），点击“Get Prices”（获取价格）后，滚动到页面底部，点击“Download to Spreadsheet”（下载至电子数据表）。如果询问是打开还是保存文档的对话框，点击“open”（打开）。

③复制整个电子数据表，打开Excel，将Web数据粘贴到Excel表中。保留日期和调整后的收盘价列（第一列和最后一列），其他数据全部删除。

④保持Excel文档打开，返回到雅虎财经主页，点击返回键。如果再出现询问是否保存数据的对话框，点击“否”。

⑤返回到价格页面，输入下一只股票的代码，再次点击“Get Price”。不改变日期或间隔期距，确保你将下载的所有股票信息都在相同的日期。再次点击“Download to Spreadsheet”，然后打开文档，复制最后一列“调整后的收盘价”，将其粘贴到已打开的Excel文档中，并且把“调整后收盘价”名称更改为相应的股票代码。确保股票每月的起始价格和截止价格分别与第一只股票的相应价格处在同一行上。

⑥对剩下的8只股票重复上述步骤，依次相邻粘贴每只股票的收盘价格，再次确保与每只股票相应的日期的股价都位于同一行上。

（2）以上证综合指数作为市场投资组合。登陆雅虎财经网站（http：//finance. yahoo. com），获取上证指数收益率，即在页面左上方输入上证综合指数代码“000001”，点击“Get Quotes”和“Historical Prices”，输入起始日期和截止日期（与10只股票价格相同的日期），选择“monthly”，从而获得上证综合指数5年内的每月价格。下载这些调整后的收盘价格，添加到Excel表中。

（3）采用Excel函数，分别计算每只股票和上证综指的月收益率、60个月的月平均收益率、β值、α值和R^2值。这可以看做第一次回归。

（4）用股票各自的β值，对股票的平均收益作回归（第二次回归），根据结果分析是否通过检验：证券市场线的截距是否等于无风险利率；所有资产的预期收益率与β系数是否呈线性关系；证券市场线的斜率是否等于（r_m-r_f）等。

(5) 检验结论是否符合 CAPM 假设，如果答案是否定的，如何解释检验结果？

延伸阅读文献

[1] 李悦，熊德华，张峥，等．中国上市公司如何制定投资决策［J］．世界经济，2009 (2)：66-76.

[2] 刘淑莲．公司理财［M］．北京：北京大学出版社，2013.

[3] 托马斯，弗雷德，库尔迪普．金融理论与公司政策［M］．柳水明，温婷，田正炜，译．上海：上海财经大学出版社，2007.

[4] JOSEPH, FRANK, PHILIP. Advanced Corporate Finance: Polices and Strategies［M］．影印版．北京：中国人民大学出版社，2004.

[5] BLACK, JENSEN, SCHOLES M. The capital asset pricing model: Some empirical tests［J］. Studies in the theory of capital markets. 1972 (81): 79-121.

[6] BLACK, FISCHER, MYRON. The pricing of options and corporate liabilities［J］. The Journal of Political Economy. 1973: 637-54.

[7] COX JOHN, STEPHEN A ROSS, MARK RUBINSTEIN. Option pricing: A simplified approach［J］. Journal of Financial Economics, 1979, 7 (3): 229-63.

[8] GALAI, DAN and RONALD W MASULIS. The option pricing model and the risk factor of stock［J］. Journal of Financial Economics, 1976, 3 (1): 53-81.

[9] GRAHAM JOHN, CAMPBELL HARVEY. The theory and practice of corporate finance: evidence from the field［J］. Journal of Financial Economics, 2001, 2 (3): 187-243.

[10] GRAHAM JOHN, CAMPBELL HARVEY. How do cfos make capital budgeting and capital structure decisions?［J］. Journal of Applied Corporate Finance, 2002, 15 (1): 8-23.

[11] HAMADA, ROBERT S. Portfolio analysis, market equilibrium and corporation finance［J］. The Journal of Finance, 1979, 24 (1): 13-31.

[12] FAMA, EUGENE F, KENNETH R FRENCH. The cross-section of expected stock returns［J］. The Journal of Finance, 1992, 47 (2): 427-65.

[13] FAMA, EUGENE F and KENNETH R FRENCH. Multifactor explanations of asset pricing anomalies［J］. The Journal of Finance, 1996, 51 (1): 55-84.

[14] FAMA, J D MACBETH. Risk, Returnand Equilibrium: Empirical Tests［J］. The Journal of Political Economy, 1973, 81 (3): 607-36.

[15] LINTNER. The valuation of risk assets and the selection of risky investments in stock portfolios and capital budgets［J］. The Review of Economics and Statistics, 1965, 47 (1): 13-37.

[16] MARKOWITZ H. Portfolio selection［J］. The Journal of Finance, 1952, 7

(1)：77-91.

[17] MERTON, ROBERT C. Theory of rational option pricing [J]. The Bell Journal of Economics and Management Science, 1973, 4 (1): 141-83.

[18] MILLER, MERTON H. Debt and Taxes [J]. The Journal of Finance, 1977, 32 (2): 261-75.

[19] MODIGLIANI, M H MILLER. The Cost of Capital, Corporation Finance and the Theory of Investment [J]. The American Economic Review, 1958, 48 (3): 261-97.

[20] MODIGLIANI, MILLER. Corporate income taxes and the cost of capital: A correction [J]. The American Economic Review, 1963, 53 (3): 433-43.

[21] MOSSIN. Equilibrium in a Capital Asset Market [J]. Econometrica, 1966, 34 (4): 768-83.

[22] REILLY, FRANK K, AKHTAR. The benchmark error problem with global capital markets [J]. The Journal of Portfolio Management, 1995, 22 (1): 33-52.

[23] ROLL, RRCHARD. A critique of the asset pricing theory's tests Part I: On past and potential testability of the theory [J]. Journal of Financial Economics, 1977, 4 (2): 129-76.

[24] ROSS. The arbitrage theory of capital asset pricing [J]. Journal of Economic Theory, 1976, 13 (3): 341-60.

[25] RUBINSTEIN, MARK E. A Mean-Variance Synthesis of Corporate Financial Theory [J]. The Journal of Finance, 1973, 28 (1): 167-81.

[26] SHARPE W F. Capital Asset Prices: A Theory of Market Equilibrium under Conditions of Risk [J]. The Journal of Finance, 1964, 19 (3): 425-42.

[27] FISHER, L. The Theory of Interest [M]. New York: Macmillan, 1930.

附录

资本资产定价模型简化推导

资本资产定价模型是建立在的基本假设条件下的，根据假设（2）、假设（3），如果投资者可以自由地以无风险利率借入或贷出资金，如果所有的投资者对全部资产的收益率分布的估计是相同的，这时，他们将会面临相同的有效集，他们均会持有由无风险资产和市场组合 M 所构成的组合。

在 CML 的简易示意图中，描述了有效投资组合的预期收益率与风险之间的线性关系。CML 的截距是无风险利率，斜率为 $[E(r_m)-r_f]/\sigma(r_m)$，则 CML 的方程为：

$$E(r_p)=r_f+\frac{E(r_m)-r_f}{\sigma(r_m)}\sigma(r_p)$$

如果市场达到均衡状态，切点 M 是全部可交易资产的市场组合，其中每一种资产的比例都等于各自的价值权重。在市场组合中，第 j 种资产的均衡比例可用下式表示：

$$w_j=\frac{\text{第 j 种资产的市场价值}}{\text{全部资产的市场价值}}$$

如果某项投资组合是由风险资产 j 和市场组合 M 构成，设 w_j 为投资于风险资产 j 的比例，w_m 为投资于市场投资组合的比例，$w_j+w_m=1$，那么，这一投资组合的预期收益率和标准差为：

$$\begin{aligned}E(r_p)&=w_jE(r_j)+w_mE(r_m)\\&=w_jE(r_j)+(1-w_j)E(r_m)\end{aligned}$$

$$\sigma(r_p)=[w_j^2\sigma_j^2+(1-w_j)^2\sigma_m^2+2w_j(1-w_j)\sigma_{jm}]^{1/2}$$

式中：$E(r_p)$ 表示投资组合的预期收益率；$E(r_j)$ 表示第 j 种风险资产的预期收益率；$E(r_m)$ 表示市场组合的预期收益率；$\sigma(r_p)$ 表示投资组合预期收益率的标准差；$\sigma(r_m)=\sigma_m$ 表示市场组合预期收益率的标准差；σ_j 表示第 j 种资产预期收益率的标准差；σ_{jm} 表示第 j 种风险资产和市场组合预期收益率的协方差。

所有这样的投资组合都位于曲线 jMj’上（如附图 2-1 所示）。为考察投资比例 w_j 的变化对组合收益和风险的影响，通过对上式 $E(r_p)$ 和 $\sigma(r_p)$ 求偏导可得：

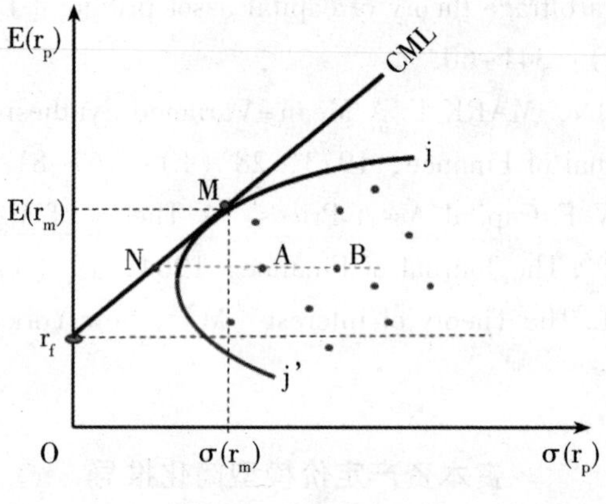

附图 2-1 资本市场线

$$\frac{\partial E(r_p)}{\partial w_j}=E(r_j)-E(r_m)$$

$$\frac{\partial\sigma(r_p)}{\partial w_j}=\frac{w_j\sigma_j^2-\sigma_m^2+w_j\sigma_m^2+\sigma_{jm}-2w_j\sigma_{jm}}{[w_j^2\sigma_j^2+(1-w_j)^2\sigma_m^2+2w_j(1-w_j)\sigma_{jm}]^{1/2}}$$

如果市场处于均衡状态，市场组合已按市价权数 w_j 对风险资产 j 进行了投资，因此在上述方程中的 w_j 表示对风险资产 j 的超额需求。当市场趋于均衡时，对任何资产的超额需求都为零。以 $w_j=0$ 代入上式，可以得到：

$$\frac{\partial\sigma(r_p)}{\partial w_j}=\frac{\sigma_{jm}-\sigma_m^2}{\sigma_m}$$

这样，就可以得到曲线 jMj’的斜率：

$$\frac{\partial E(r_p)}{\partial\sigma(r_p)}=\frac{\partial E(r_p)/\partial w_j}{\partial\sigma(r_p)/\partial w_j}$$

因此，$\frac{\partial E(r_p)}{\partial\sigma(r_p)}=\frac{E(r_j)-E(r_m)}{(\sigma_{jm}-\sigma_m^2)/\sigma_m}$

在附图 2-1 中，jMj’曲线在 M 点的斜率与 CML 直线上在点 M 的斜率应相等，即：

$$\frac{E(r_m)-r_f}{\sigma_m}=\frac{E(r_j)-E(r_m)}{(\sigma_{jm}-\sigma_m^2)/\sigma_m}$$

整理上式可得资本资产定价模型为：

$$E(r_j)=r_f+[E(r_m)-r_f]\frac{\sigma_{jm}}{\sigma_m^2}$$

根据 β 系数的定义，上式可写 CAPM 的标准形式，即：

$$E(R_j)=R_f+\beta_j[E(R_m)-R_f]$$

第3章 信息不对称与代理冲突

学习目标

◇ 熟悉信息不对称、信号效应对公司财务策略的影响

◇ 理解股东–管理者、股东–债权人之间代理冲突原因及其表现形式

◇ 了解现金流权与控制权分离对大股东与小股东利益冲突的影响

◇ 掌握公司财务与公司治理的内在逻辑关系以及公司治理机制框架

◇ 熟悉公司内部治理机制和外部治理机制的基本内容

20世纪70年代，金融界最具创造性的理论当数布莱克和斯科尔斯（Black and Scholes，1973）的期权定价模型，以及莫顿（Merton，1973）对该定价模型的发展和深化。同一时期另一个引人注目的发展就是从信息不对称视角研究金融市场结构、市场运行效率。此后，信息不对称理论成为主流经济研究中一个极其活跃的领域。美国3位经济学家乔治·阿克尔洛夫（George Akerlof）、迈可尔·斯彭斯（Michael Spence）、约瑟夫·斯蒂格利茨（Joseph Stiglitz），因其在信息不对称市场分析方面所作出的开创性研究而获得2001年度诺贝尔经济学奖。

信息不对称是指在市场经济活动中，市场参与人员对有关信息的了解是有差异的。例如，售车者比购车者更了解车子的质量；保单持有人比保险公司更知道自己发生事故的风险；借款人比贷款人更了解自己的偿债能力；CEO和董事会比股东更清楚公司的盈利前景和财务状况等。在信息不对称条件下市场交易双方之间的关系在经济学中称为委托代理关系，其中占有信息优势的一方称为代理人，而处于信息劣势的一方称为委托人，委托代理关系本质上是存在信息差别的市场参与者之间的一种社会契约形式。在交易双方信息不对称的条件下，代理人为了自身利益，就有可能凭借自身的信息优势，隐匿相关信息，选择对委托人不利的行为，从而发生

逆向选择（adverse selection）和道德风险（moral hazard）两种问题。逆向选择是指在信息不对称的情况下，信息优势方的行为人可能会故意隐藏信息，以求在交易中获取最大的收益，而信息劣势方则可能受损。或者说拥有信息优势的一方，在交易中总是趋向于做出尽可能地有利于自己而不利于别人的选择。道德风险是指在双方信息不对称的情况下，人们享有自己行为的收益，而将成本转嫁给别人，从而造成他人损失的可能性。道德风险的存在不仅使得处于信息劣势的一方受到损失，而且会破坏原有的市场均衡，导致资源配置的低效率。从公司财务的角度，解决逆向选择和道德风险的方法之一就是代理人通过向委托人传递有关投资、融资、股利政策等信号，降低信息不对称引起的代理冲突。

如果说第2章描述了在完善市场条件下的金融理论及其在公司财务中的应用，那么，第3章则放松了对称信息的假设，简要介绍在信息不对称条件下财务信号传递作用，公司各利益主体（如股东与管理者、股东与债权人，大股东与小股东）之间的代理冲突，分析公司财务与公司治理的内在逻辑，降低代理冲突采取的内部治理机制和外部治理机制。

3.1 信息不对称

3.1.1 信息不对称基本思想

传统经济学基本假设前提中，重要的一条就是“经济人”拥有完全信息。实际上人们早就知道，在现实生活中市场主体不可能占有完全的市场信息。信息不对称必定导致信息的拥有方为牟取自身更大的利益使另一方的利益受到损害。为减少或避免这种道德风险和逆向选择行为的发生，或者降低信息搜寻的成本提高社会资源的配置效率，经济学家为此提出了许多理论和模型。2001 年度的诺贝尔经济学奖得主正是在信息具有价值这一基础上，分别从商品交易、劳动力和金融市场 3 个不同领域研究了这个课题，将信息不对称理论广泛应用于各个领域，并得到了实践的验证，从而揭示了当代信息经济的核心。

Akerlof（1970）发表了《柠檬市场：产品质量的不确定性与市场机制》一文，分析了信息不对称对商品交易产生的影响。柠檬市场（the market for lemons）也称次品市场，在这一市场中，产品的卖方对产品的质量拥有比买方更多的信息。由于交易一方并不知道商品的真正价值，只能通过市场上的平均价格来判断平均质量。假设市场中有 100 辆二手车，质量高低各占 50%，高质量的车在市场中的价值是 30 万元，低质量的车在市场中的价值是 10 万元。二手车市场的特点是卖方（经销商或原车主）知道自己的车是好车或坏车，但买方在买卖交易时无法分辨。虽然买方无法确知车辆质量的高低，但知道市场上高质量、低质量车的概率各为 50%。因此，买方最高只愿出价 20 万元（$10\times1/2+30\times1/2$）买车。但是，在这一价位上，车主决不会出售高质量的车，惜售的结果使高质量的车逐渐退出市场。当部分高质量的车退出市场时，情况变得更糟。如果在市场中高质量、低质量车的比例由1∶1降到1∶3，买者此时只愿花15万元（10×3/4+30×1/4）买车，车市中的成交价降低（由20万元降至15万元）迫使更多的高质量车的车主退出买卖。最后，在车市中只剩下低质量的车在交易。买卖双方有一方信息不完全，因而形成了一种市场的无效率性（高质量的车全部退出市场）。Akerlof（1970）解释了在旧车交易中，卖者显然比买者对车辆拥有更多的信息，由于这种信息不对称，买车的人难以完全信任卖车人提供的信息，因而试图通过低价来弥补其信息上的损失。由于买者出价过低，卖者又不愿提供好的产品，从而导致次货泛滥，其最终的结果是旧车市场的萎缩。

M. Spence（1973）在“就业市场信号”一文中，考察了就业市场的信息问题。他的创新之处在于：研究在信息不对称的情况下，信息不完全的一方会采取某些行为以克服信息不对称带来的困惑。对于雇主来说，面对大量的应聘者，他不可能在短时间内了解他们的全部信息，只能根据应聘者提供的信息，如学历、经历、是否做过实习等有限的信息来选择人员。正是由于劳动力市场上雇主和雇员之间的信息不对称，雇主必须靠一种市场信号（比如学历要大学本科）来进行识别。在M. Spence看来，教育本身并不提高一个人的能力，它纯粹是为了表明自己的能力高而向雇主发出的“信号”，以便雇主区别不同能力的人。或者说，这种“信号”可以帮助信息不对称带来的困惑。实际上，根据受教育程度这一“信号”选出的应聘者，其能力并不一定都强，有的甚至不能胜任工作，这就是由于信息不对称造成的。M. Spence的理论贡献在于：说明在市场中具有信息优势的个体为了避免与逆向选择相关的一些问题发生，如何能够将其信息“信号”可信地传递给在信息上具有劣势的个体。信号要求经济主体采取观察得到且具有代价的措施以使其他经济主体相信他们的能力，或更为一般地，相信他们产品的价值或质量。他举例说，对于用人单位而言，应聘者如果具有越难获得的学历就越具可信度，比如说拥有哈佛文凭的应聘者的才能，就比一般学校的文凭更有可信度。名牌商品向消费者传达的一个准确无误的信号是：它是一种高质量的商品，应该比一般商品更贵也更值钱。

Joseph Stiglitz在信息不对称理论研究上的最大贡献主要体现在对保险市场、信贷市场等所作的研究。他的模型和分析方法已经演绎成信息经济学乃至领域更宽泛的微观经济学和宏观经济学的规范方法。Rothschild，Michael and Joseph Stiglitz（1976）在分析保险市场时说明，在保险公司不知道有关各个客户风险状况的保险市场上，信息问题会被如何处理的。这一研究通过考察不知情的经济主体在信息不对称市场上会采取什么样的行动，充实了Akerlof和M. Spence所进行的分析。他们认为保险公司（不知情方）通过被称之为“筛选”的方式能够给予其客户（知情方）有效的激励以使其“披露”有关自身的风险状况信息。在均衡筛选中，保险公司通过提供“较高的未保险额与较低的保费组合”这类可选合约菜单来区分保单持有人的不同风险类别。此外，Joseph Stiglitzand Andrew Weiss（1981）分析了在信贷市场上由于信息不对称而引起的逆向选择和道德风险。他们认为银行降低坏账损失的最优策略是对贷款进行配给而不是提高贷款利率。

信息不对称对财务决策的影响主要体现在投资与融资活动中。Myers and Majluf (1984) 考察了不对称信息对公司的投资活动及融资方式的影响。他们认为在不对称信息下，管理者比投资者更为了解公司收益和投资的真实情况。外部人只能根据内部人所传递的信号来重新评价他们的投资决策。

假设公司为项目投资寻找新的融资方式，由于管理者比潜在的投资者更为知道投资项目的实际价值，如果项目的净现值为正数，则说明项目具有较好的获利能力。这时，代表老股东利益的管理者不愿意发行新股以免把新项目的投资收益转让给新股东；另一方面，投资者在知道管理者这种行为模式后，自然会把发行新股当成一种坏消息，他们会重新确定对新股的出价。因此，股权融资一般存在着比较严重的逆向选择问题，这种现象会导致两种结果：一方面，即使公司拥有良好的投资机会，管理层也不愿意通过发行股票进行融资，如果公司的内部资金不足，就会导致公司因融资约束而放弃投资；另一方面，投资者在购买股票时会要求一个较高的风险溢价，以弥补可能遭受的损失。因此，逆向选择问题将导致股权融资成本远高于内部融资成本。

同样，在一个信息不完备的债务市场中，由于项目的风险水平不可观测，债权人无法区分债务人的好坏，因此会设定一个相对较高的利率水平来弥补这种风险。随着利率的提高，品质较好的公司将被挤出市场，这会提高贷款的违约概率，降低贷款人的预期利润。最终的结果是，贷款人会设定一个促使贷款需求明显高于供给的利率水平，从而限制了公司在债务市场上的融资能力。相对股权融资资金而言，以商业银行为主要代表的债权人，通常具有较高的专业技术水平，有能力向公司要求更多的融资信息，从而减少信息不对称的程度。这样，在债务融资中的逆向选择问题相对较小。按照额外风险必须有额外收益作为补偿的原则，投资者有权对融资者要求逆向选择的风险溢价，因此，对股权投资要求的收益率会高于债权投资的收益率。这样，公司在股权市场融资的成本会高于债权市场的融资成本。不对称信息使公司选择的融资顺序为先内部融资，然后是外部债务融资，并且是从低风险债券到高风险债券，包括可转换债券和其他准股票（如备兑股权证等），最后才是外部股票融资。

3.1.2 信息不对称与财务信号传递

为了减少逆向选择和道德风险对市场的副作用，可以通过大量获取或释放市场信号来平衡交易双方的信息不对称。假设同时存在高质量公司和低质量公司，高质量公司的经理希望向市场发出信号，揭示该公司的优势，如公司的投资水平、发行债券的数量、宣告股利支付等。只要低质量公司不能模仿高质量公司的行为，则高质量公司就完全可以把自己和低质量公司区分开来。这种分离的前提是低质量公司从模仿中得到的收益低于发布错误信号所带来的成本。有效的信号传递可以在一定程度上克服由于信息不对称产生的逆向选择问题。此外，由信息不对称引起的各种代理冲突可以通过内部与外部治理机制解决，以确保交易双方的利益均衡，避免由于信息不对称带来的逆向选择和道德风险问题。

将 Spence（1973）的信号传递模型运用到公司财务中，主要表现为公司通过投资、融资、股利发放等财务活动向市场传递信号。

1）以项目融资方式传递项目质量的信号

Pyle，David and Hayne Leland（1977）认为在信息不对称的情况下，为了使项目融资能够顺利进行，借贷双方可通过某种信号来传递信息。假设一个企业家计划进行项目投资，自己出资比例为 α，剩余资金向其他投资者筹集。该项目的未来价值为 $\mu+\varepsilon$，其中 μ 是项目预期价值，ε 为随机变量。该企业家拥有关于项目的内幕信息，如项目的质量、项目的内在价值等，但没有一个可信的方法向其他投资者传递这一信息，投资者只知道关于 μ 的概率分布。虽然投资者不能得到项目的确切信息，但可以对企业家发出的信号做出反应，这一信号就是企业家自己在该项目投资中所持有的比例 α，外部投资者认为 μ 是 α 的一个函数。掌握了内部信息的企业家对项目进行投资，本身就向外部投资者传递了一个信号，即项目包含着“好消息”，也就是说，企业家进行投资的意愿本身就可以作为一个投资项目质量好的信号。通常，市场上的投资者认为项目质量是企业家的持有投资比例的函数，企业家拥有比例越高，预示着投资项目的价值越高。

信息不对称对投资的影响也表现在项目的融资方式选择上。假设 XYZ 公司流通在外的普通股为 10 000 股，股票市场价值为 20 万元，即每股市价 20 元，但公司的经理比股东掌握着更多、更准确的有关公司前途的信息，认为公司现有资产的实际价值为 25 万元，此时，股东与经营者存在着信息不对称性。再假设该公司需要融资 10 万元新建一项目，预计其净现值为 5 000 元（项目的净现值增加股东价值）。因为投资者对这个项目没有预期到，所以 5 000 元的净现值还没有计入公司 10 万元的股票市价。公司是否应接受新项目？现分以下几种情况加以说明：

第一，发行股票时信息是对称的，即所有的投资者对现存资产的情况与经营者拥有同样的信息，股票市价应为每股 25 元。因此，公司应发行 4 000 股（100 000/25）新股为项目进行融资。接受该项目投资会使股价升到每股 25.36 元，并使新老股东同时受益。

$$\text{新股价}=\frac{\text{原股票实际价值}+\text{新增资金}+\text{项目净现值}}{\text{原股数}+\text{新股数}}$$

$$=\frac{250\ 000+100\ 000+5\ 000}{10\ 000+4\ 000}=25.36\ (\text{元/股})$$

第二，发行股票时信息是不对称的，即投资者并不了解公司的实际情况，而公司的经理出于某种原因（如为了保持公司的竞争能力或证券监督委员会不允许公司在股票发行前向外透露风声以推销股票）不能告诉投资者股票的实际价值，这时股价仍为20元，公司不得不发行5 000股（100 000/20）新股以融资10万元。如果接受新项目，就会产生新的股票价格，那么当不对称信息的情况得以改变后，公司的股票价格为：

$$新股价=\frac{250\ 000+100\ 000+5\ 000}{10\ 000+5\ 000}=23.67\ （元/股）$$

在这种情况下，公司不可能通过发行新股的融资实施该项目。因为当信息不对称情况改变后，股价会上升到每股25元，而按每股20元发行股票后的每股市价为23.67元，则公司的老股东每股损失了1.33元，新股东每股得益3.67元。

第三，如果股东认为公司价值为20万元，而公司的经理认为外部投资者对公司增长前景的估计过于乐观，公司股票的市场价值仅为18万元。这可能是公司为执行政府有关污染控制的法规，需投入巨额资金购买没有任何收益的污染处理设备，或公司需要投入巨额资金进行新产品的研究开发。这一切都会减少公司的边际利润和现金流量，严重时会导致公司股价的大幅下跌，再想筹措公司生存所必需的资金将会十分困难。在这种情况下，若经理决定以每股20元发行新股10 000股，筹措资金20万元，并用这些资金支撑本年度的资本预算或偿还债务，这样从表面上看，股票价格仍为每股20元，但其实际价值则为每股19元。

$$新股价（实际价值）=\frac{180\ 000+200\ 000}{10\ 000+10\ 000}=19\ （元/股）$$

如果公司经理的预测得以证实，公司的股东就会遭受损失，但公司发行新股会减少损失，这是因为新股东将承担部分风险。

如果公司举债100 000元为项目融资，那么信息不对称状况可以得到改变，新的股价为：

$$新股价=\frac{250\ 000+5\ 000}{10\ 000}=25.5\ （元/股）$$

如果举债融资，新项目的剩余价值都应归入老股东。如果债券有抵押担保且有保护性条款，那么信息不对称对负债价值没有影响，因此一些经济学家把负债融资称为“安全”融资。

2）以负债水平传递公司质量的信号

Ross（1977）在保留M-M定理绝大部分假设的情况下，放松了完全信息假设，研究了公司在信息不对称的情况下如何以资本结构的变动为信号向市场传递有关公司价值的信息，以此来影响投资者的决策。Ross认为公司可以把资产负债率作为把内部信息传递给市场的信号工具，资产负债率是一个积极信号，公司经营状况越好其资产负债率越高。这是因为公司收益分配是按照索取权的优先顺序排列的，如果公司的市场价值提高，管理者会由此受益；如果公司破产，管理者就会受到惩罚。由于在任何债务水平上，低质量公司都拥有更高的边际预期破产成本，所以低质量公司的管理者不会仿效高质量公司进行过多的债务融资。

假设某公司拥有一项新的投资计划，项目成功后公司价值预计增长30%。由于商业秘密或证券法等原因无法向投资者说明项目的具体细节，外部投资者只能根据他们传递的信息进行投资决策。管理层如何向市场传递有关公司前景的“好消息”？解决这一问题的策略之一就是使公司承担未来大量的债务偿付义务。如果公司管理层传递的信息是正确的，那么公司未来就能够偿付债务；如果公司管理层发布虚假信息，夸大未来增长前景，最终将导致公司无法偿付债务，一旦公司破产，最先遭受损失的就是公司的管理层，他们有可能失掉工作。因此，投资者认为除非公司管理层确信公司未来有较大的成长机会，否则不会举债经营。投资者将财务杠杆水平的增加视为管理层信心的一个可靠信号，可以凭借公司债务融资比率来判断公司预期市场价值的高低或公司质量的高低，从而确定自己的投资组合。

假设某项目的初始投资额为200 000元，根据项目的风险水平，债务融资利率为10%。在其他因素一定的情况下，只有项目的预期收益率大于10%，公司股东兼管理者才会进行投资。假设有两家公司，A公司投资该项目的预期收益率为16%，B公司投资该项目的预期收益率为10%。如果不考虑其他因素，A公司的债务水平越高，股东投资的预期收益率也就越高。例如：如果项目投资100%采用股权投资，则预期股权投资收益率（ROE）为16%；如果项目投资50%来自股权融资，50%来自债务融资，则ROE为22%，即：

$$\begin{aligned} ROE &= ROA + (ROA - r)(B/S) \\ &= 16\% + (16\% - 10\%) \times (50\%/50\%) = 22\% \end{aligned}$$

如果项目投资的25%来自股权融资，75%来自债务融资，则预期ROE为34%。这表明A公司项目投资的负债水平越高，预期的ROE就会越高。根据项目的风险水平，B公司不会仿效A公司举债进行项目投资。为了使债务融资机制成为正确的信号传递，Ross对破产公司的管理者加上了惩罚约束，从而使公司债务融资比率变成可靠的信息。这一理论的主要经验结果是，破产概率与公司质量负相关，与负债水平正相关，公司的市场价值和债务比例正相关。

此外，公司债务期限也可以起到信号传递作用。Flannery（1986）认为，当公司具有关于其前景的私有信息时，其所有的证券将被错误定价。相对于短期债务，长期债务对公司价值变动更敏感，也就是说，长期债务被错误定价的程度大于短期债务。如果债务市场不能辨别公司质量的优劣，价值低估（高质量）的公司就会选择定价偏离程度较小的短期债务，而价值高估（低质量）的公司就会选择定价偏离程度较高的长期债务。理性投资者在对风险性债务估价时将意识到这种现象，并根据公司债务期限结构来判断公司质量的高低。信号传递假说认为，高质量公司偏好选择短期债务向市场传递其质量类型的信号。因此，公司质量应与债务期限负相关。

3）以股利作为公司未来发展的信号

Miller和Modigliani（1961）首次表明，公司股利的变更可能会将管理者关于公司前景的内部信息传递给外部人。信号传递理论认为股利是管理当局向外界传递其掌握的内部信息的一种手段，如果他们预计公司的发展前景良好，未来业绩有大幅度增长时，就会通过增加股利的方式将这一信息及时告诉股东以及潜在投资者；如果预计到公司的发展前景不太好，未来盈利将呈持续性不理想时，他们往往维持甚至降低现有的股利水平，这等于向股东和潜在投资者发出了利空的信号。外部投资者通常会根据公司的股利政策所传递出的信号进行证券估价，以确定股票的投资策略。Aharony and Swary（1980）以1963—1976年间的149家公司的资料进行股利宣告与盈利宣告时间关系的研究，其结果发现，市场对股利宣告的反应比盈余的宣告反应显著，他们认为股利和盈余数字对管理层而言，是可以用来传递公司未来发展信息的重要工具。

与股利增发传递积极信号相反，股利增发也会向市场传递负面信号。一些公司的经理认为“支付股利就等于向股东承认公司没有更好的事情可做”，向市场传递公司未来的投资机会较少，从而引起股价下跌。

3.2 代理冲突

3.2.1 股东-管理者代理冲突

所有权和控制权分离是现代企业发展中的一个普遍现象。早在20世纪30年代，Berle和Means（1932）在对美国200家大公司的调查中发现，现代大型企业的管理权正从私人资产所有者转移到具有专门管理技能的管理者手中。两权分离的结果导致了企业权利配置移位，企业的所有者不再拥有企业的经营权，而成为一个纯粹的“食利者”阶层；掌握企业管理权的经理们则实施对企业的控制。在委托代理关系中，管理者作为企业资源的使用者利用自己的人力资本为资源的提供者（股东或所有者）创造价值，并将企业视为获取报酬、实现自我价值的源泉。但是，由于股东（委托人）与管理者（代理人）的目标函数不一致，加之双方信息不对称，管理者有可能利用其私有信息和实际的经营决策权，做出有利于自身利益、损害股东利益的经营决策，从而产生利益冲突。

Jensen和Smith（1985）指出，股东与管理者之间的冲突主要表现在直接侵蚀股东财富和间接侵蚀股东财富两个方面，前者如高薪与在职消费；后者表现为由管理者帝国建造引起的过度投资，由管理者的风险态度和任期观念引起的投资不足等投资行为对股东财富的影响。

1）直接侵蚀公司财富——高薪与在职消费

Jensen和Mecking（1976）首次对股东和管理者直接侵蚀股东财富进行了理论上的描述。他们认为只要管理者拥有的公司股份少于100%，他就有可能在两种行为上做出权衡：第一，提高公司价值，从而相应地提升自己股票的价值，例如投资一些产生正现金流的项目，降低运营成本；第二，获取非货币收益，如在职消费、过度津贴、偷懒行为、甚至利用特殊人力资本通过投资一些低效率的项目来保持自己在公司的地位。当管理者选择前一种行为的边际收益等于放弃后一种行为的边际（机会）成本时，他的效用可以达到最大化。但是，市场上理性的投资者预期到这一点，会自动降低对公司的价值评估，降低的价值即为代理成本。

高管薪酬是股东-管理者代理冲突最直观的表现形式。由于股东对公司价值具有剩余索取权，因此高管的薪酬越高，股东得到的相对越少。Jensen 和 Murphy（1990）的研究发现美国上市公司经理薪酬与公司业绩之间的关联度是非常低的，即使在公司业绩很差时，经理也可能通过给自己增加薪水来侵占财富。根据搜狐证券，2013 年中国上市公司高管年薪总额前 10 名的分布如图 3-1 所示。

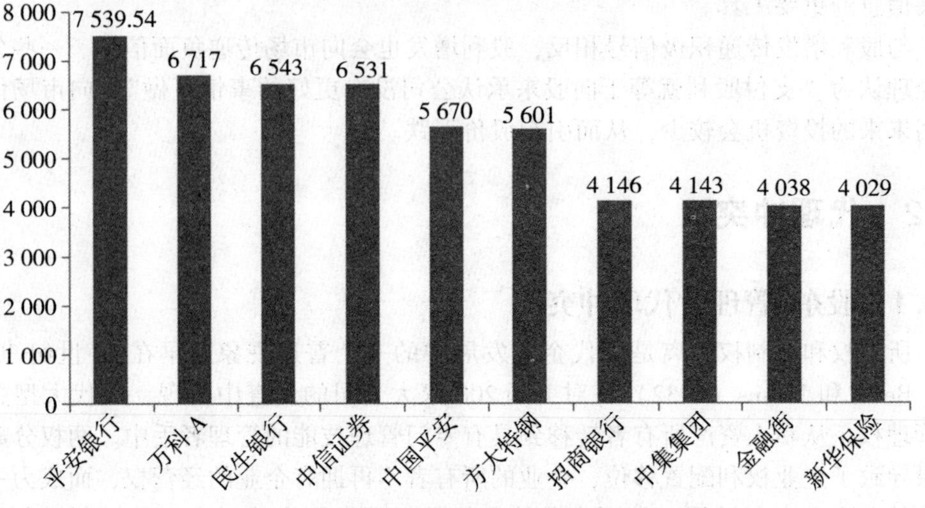

图 3-1　2013 年中国上市公司高管年薪总额前 10 名（万元）

资料来源：http：//stock. sohu. com/s2014/caijin142/？pvid = 6aa0c692c0b968f8.

在图 3-1 中，2013 年高管年薪前 10 名的上市公司，金融、地产业公司占 80%。从近年的情况分析，2008 年上市公司高管平均薪酬为 52. 83 万元，相当于全国城镇居民人均可支配收入（1. 58 万元）的 33 倍；2012 年上市公司高管平均薪酬为 63. 61 万元，相当于全国城镇居民人均可支配收入（2. 56 万元）的 25 倍。也就是说，在 2008—2012 年间，上市公司高管平均薪酬上升了 20%。从高管薪酬与公司业绩之间的关系分析，2008 年爆发的金融危机使大部分公司的业绩出现下滑，反映公司业绩的一系列指标（如净资产收益率、总资产收益率等）大幅下跌，但由于工资的刚性，大部分高管的薪酬并没有随公司业绩的下降而下降。

Jackson 等（2008）研究发现高管薪酬存在黏性特征，即高管薪酬在公司业绩上升时的边际增加量大于业绩下降时的边际减少量。许多研究发现上市公司 CEO 在公司业绩增长时获得了额外的奖金，业绩下降时却没有丝毫的惩罚。这表明委托代理可能带来经理偷懒、投资过度或不足、无效率并购等导致股东财富损失的行为的同时，还会导致非正常的薪酬制度。此外，管理者拥有对公司重要经济资源配置的决策权。在自身效用最大化的驱使下，他们有动机扩大自己的“在职消费”，把公司的生产性资源转化为非生产性资源以牟取私利，如豪华的装修、气派的商业旅行、购买高档奢侈品等。这些都直接侵蚀了股东的财富。

张维迎（2005）① 认为企业家（一般是指持有股份的管理者）不仅可以从公司的经营中获得货币性收益，还会从控制公司这一过程中获得一些非货币形态的私人好处，如名誉、地位、在职消费等，与货币性收益不同，这些好处通常称为控制权收益。例如，企业家自己管理企业带来的货币性收益为 100 万元，有人出价 150 万元收购这家企业，企业家也可能会拒绝出售这家企业，其原因在于企业家除了这 100 万元的货币性收入外，企业控制权收益可能会超过 50 万元。由于控制权给企业家带来的控制权收益可能与企业家的货币性收益不一致，货币性收益大的项目带给企业家的控制权收益不一定大，而控制权收益大的项目所产生的货币性收益也不一定就大。由于控制权收益只能为企业家在控制中享有，没有办法在投资者之间分配，这就注定了企业家的利益与外部股东利益之间会产生矛盾，企业家希望选择带来控制权收益大的项目，而外部股东则希望选择货币性收益大的项目。

假设公司有 A、B 两个待选项目，各项目的货币性收益、控制权收益见表3-1。不论出现哪种情况，项目 A 的总收益都大于项目 B。

表 3-1　　**不同情况下项目 A、B 的收益分布**　　单位：万元

收益	情况Ⅰ		情况Ⅱ	
	项目 A	项目 B	项目 A	项目 B
货币性收益	80	50	50	10
控制权收益	15	24	0	20
总收益	95	74	50	30

在情况Ⅰ时，项目 A 的货币性收益是 80 万元，控制权收益是 15 万元，总收益是 95 万元；项目 B 的货币性收益是 50 万元，控制权收益是 24 万元，总收益为 74 万元。站在股东或投资者的角度，项目 A 优于项目 B，因为投资者更关心货币性收益。站在企业家的角度，选择项目 A 或项目 B，取决于他持有的股权比例。图 3-2 描述了不同持股比例下企业家的总收益（货币性收益加控制权收益）。

从图 3-2 可以看出，当企业家持股比例在 30% 时，不论选择项目 A，还是选择项目 B，企业家的总收益是无差别的，均为 39 万元。只不过选择项目 A 时，企业家的总收益是由货币性收益 24 万元（80×30%）和控制权收益 15 万元组成；选择项目 B 时，企业家的收益是由货币性收益 15 万元（50×30%）和控制权收益 24 万元组成。从图中可以看出，如果企业家持有的股权比例大于 30%，那么，选择项目 A 的总收益大于项目 B 的总收益，这时企业家与外部投资者或股东的利益相

① 张维迎．产权、激励与公司治理［M］．北京：经济科学出版社，2005：149，根据书中案例加以改编。

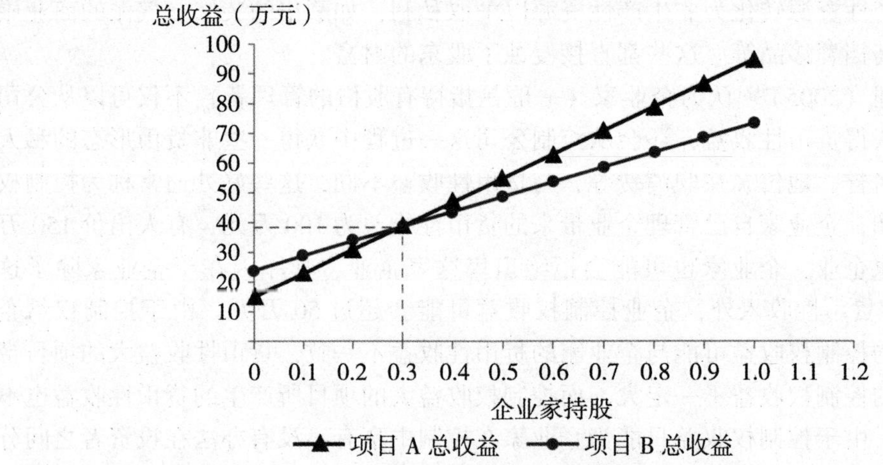

图 3-2 不同持股比例下企业家的总收益（情况Ⅰ）

一致。

现考虑一种极端的情况，在情况Ⅱ中（表 3-1），公司面临两种处境：项目 A 指企业处于清算状态，破产后企业可以得到 50 万元现金，但企业家将被解聘，因此控制权收益为 0；项目 B 指公司处于正常经营状态，公司货币性收益为 10 万元，企业家控制权收益为 20 万元。在这种情况下，如何选择项目？从总收益的角度分析，投资者或股东会选择项目 A；但站在企业家的角度，即使他的持股比例大于 30%，企业家的利益与投资者的利益也未必一致。图 3-3 描述了不同持股比例下企业家的总收益。

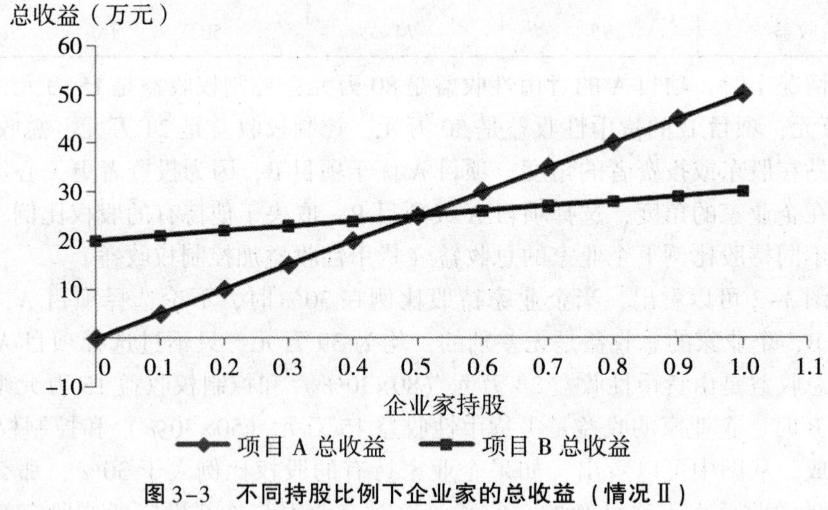

图 3-3 不同持股比例下企业家的总收益（情况Ⅱ）

在图 3-3 中，如果企业家的持股比例为 20%，选择项目 A，他可以得到 10 万元的总收益；选择项目 B，他可以得到 20 万元的总收益，因此，企业家会选择项目 B；除非企业家的持股比例超过 50%，企业家将选择项目 A，与投资者的决策相一致。

从上述分析可知，当企业家持股比例达到一定程度后，他们的利益与公司利益趋于高度一致时，此时随着企业家持股比例的提高，侵蚀效应会减少，利益协同效应会增强。

2）间接侵蚀公司财富——非效率投资

股东-管理者代理冲突对股东财富的间接影响主要集中在投资行为上，如管理者由于帝国建造（empire builder）产生的过度投资行为，由于风险态度和任期观念产生的投资不足行为，其结果都可能损害股东利益。

第一，偏好帝国建造。管理者偏好个人帝国的建造，因为他们所追求的地位、权力、薪酬和特权、升迁等均与公司的规模成正比。这样，管理者就有动机去扩大公司规模，而不管规模扩大是否符合股东财富最大化原则。例如，管理者可以通过过度的内部扩张、降低或停止发放现金股利、并购等一味为扩大规模而扩大规模。这种规模扩大可能与股东利益最大化相矛盾。1984 年，著名投资家 Buffet 在他的“Berkshire Hathaway”年报中指出：“许多持续在股东权益和总投资方面都取得骄人成绩的大公司都曾经将留存收益用于经济上毫无效益、甚至带来灾难性影响的投资项目，但是这些公司的核心业务连年增长掩盖了他们在资本配置上的失误（通常与高估的并购活动有关）……在这种情况下，如果将留存收益部分用于发展公司的核心业务，剩余部分用于发放股利或回购股票的话，股东将会获益更大。”

以并购为例，收购公司的管理者热衷于并购活动，通过扩大规模增加货币性收益和控制权收益，即使这一并购活动并未给公司带来收益。对于目标公司的管理者来说，如果目标公司被成功收购，高层管理者就有可能失去职位和潜在的各种经济利益，为了保护自身利益，他们会采取各种措施阻止并购，即使并购能够为并购双方带来更高的价值，这一种现象被称为管理层壁垒假说。

第二，管理者风险规避态度。对公司的投资者来说，由于他们持有证券组合从而分散了大部分公司特有风险，因此，外部投资者更关心市场风险。对于管理者来说，由于他们的财富大部分用于特定公司的人力资本投资，其风险是不可分散的。如果公司经营不善、破产会使管理者失去工作，因此，公司的管理者比股东更加厌恶风险。所以，在进行投资决策时，管理者会更倾向于相对安全的计划，从而在一定程度上失去增加公司价值的机会。例如，管理者可能做出有助于公司多元化经营的投资决策，但这却未必符合股东的最大利益。

第三，管理者的任期观念。相对于公司无限存续期而言，管理者在位期限是有限的，这一冲突可能导致管理者投资水平低于最优水平，即投资不足。由于管理者的权利仅限于他的任期，从自身利益最大化的角度考虑，管理者会更倾向于关注短期利益，从而导致“短期行为”。例如，研究与开发等从长期来看可以给公司带来可观的收益，增加公司价值，但如果这种效益在管理者预见的任期内无法实现，管理者就会降低研发支出、减少对机器设备维修的投入、减少对品牌忠诚度和职工培训等无形资产等方面的投入，从而将资金用于对公司价值贡献较小，但在短期内易于实现的支出，造成公司价值的潜在损失。理性的投资者认识到管理者面临逃避责任、分散化投资和投资不足的动机，他们会预测这些决策所产生的巨大影响并将其纳入股票价值。这样，公司因这些决策所遭受的损失等于外部股权融资的代理成本，从而提高公司股权融资成本。

3.2.2 股东–债权人代理冲突

根据期权理论，股东与债权人代理冲突产生的原因在于他们的利益分配与风险分担不均衡。一般来说，债权人对公司资产具有优先但固定的索偿权，股东对公司债务承担有限责任，对公司剩余资产具有“无限的索偿权”。“有限责任”给予股东将公司资产交给债权人而不必偿付全部债务的权利，“无限索偿权”给予股东获得潜在收益的最大好处。或者说，有限责任使股东对极端不利事态（如破产）的损失享有最低保证，对极端有利事态所获得的收益没有最高限制。图 3–4 中（a）和（b）分别表明有限责任公司和无限责任公司的股票价值和公司价值状况。

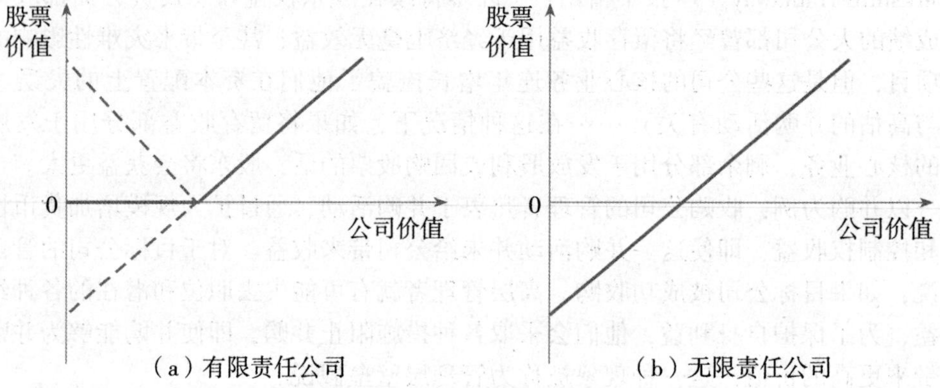

图 3–4　有限责任公司和无限责任公司的股票价值

在有限责任公司中，股票价值是图（a）中的折线（实线）部分，当公司正常经营时，股票价值大于零，只有当公司到期不能偿还债务宣告破产时，股票价值降低为零，但不会小于零。相反，在无限责任公司情况下，偿债责任不只限于公司价值，当公司资不抵债时，股票持有人还要承担以家庭财产偿还债务的责任。因此，其股票价值在公司正常经营时大于零，当公司到期不能偿还债务宣告破产时小于零。与无限责任公司的股票相比，有限责任的股票实际上多了一个卖权，在图 3–4（a）中，股票持有人持有一份以公司债券面值（假设为零息债券）为行权价的卖权。在债券到期时，如果公司价值小于债券面值，股东行使期权，将公司资产出售给债券持有人。此时，仅是公司资产与债券的交换，并没有发生任何现金流动，交易结束后股票持有人一无所有。如果公司价值大于债券面值，股票持有人则放弃期权，按债券价值偿还债务后，股票持有人仍是公司资产的所有者。股票持有人持有的卖权价值便是公司的有限责任相对于无限责任的价值。

这种损益不对等分配使股东具有强烈的动机去从事那些尽管成功机会甚微，但一旦成功即获利颇丰的投资活动。如果投资成功，股东将受益可观；如果投资失败，债权人将承担大部分损失。其结果是财富从债权人手中转移给了股东，而投资产生的风险则转移给了债权人。如果债权人在贷出资金时正确预期到这一点时，便会通过提高贷款利率予以补偿，从而使债务融资成本高于内部融资成本。

在现代公司制下，股东与债权人之间的代理关系又表现为管理者与债权人之间的关系。由于管理者受雇于股东，其经营管理的目标是股东财富最大化。因此，当股东与债权人的利益发生冲突时，管理者通常选择有利于增进股东财富、侵占债权人利益的各种行为。股东与债权人的代理冲突主要来源于4个方面：债权侵蚀、高风险投资、支付股利抽逃资本、投资不足等。其结果使财富从债权人手中转移给股东。

［例3-1］假设XYZ公司当前的市场价值 $V_0=100$ 亿元，预期第5年年末（$T=5$ 年），公司资产价值上升时为200亿元（$V_5^u=200$，$p=0.7$），下降时为50亿元（$V_5^d=50$，$p=1-0.7$），公司价值预期值为155亿元（$200\times0.7+50\times0.3$），公司资产预期收益率 $r_A=9.16\%$（$(155/100)^{1/5}-1$）。

公司发行零息债券，面值 $K=50$ 亿元，期限 $T=5$ 年，无风险利率 $r_f=7\%$。由于5年后公司价值 $V_5^d=50$ 亿元 $=K$，因此，公司债券不存在风险。据此，可以计算出公司债券和股票的价值，即：

$$B=\frac{K}{(1+r_f)^5}=\frac{50}{(1+7\%)^5}=35.65\ (亿元)$$

$$S=V_0-B=100-35.65=64.35\ (亿元)$$

现以［例3-1］的数据为基础，根据第2章二项式定价模型分析股东-管理者侵占债权人的各种方式。

1）发行新债、支付股利

如果一个公司选择发行与现存债券优先等级相同或更高的新债券，则旧债券持有者的权利被稀释，引起旧债券的价值降低。假设公司拟发行零息债券，面值 $K=40$ 亿元，期限 $T=5$ 年，为研究方便，假设新债与旧债的债权等级相同；公司发行新债的资金全部用于支付现金股利。此时，公司流通在外的零息债券的面值为90亿元，期限为5年，由于5年后公司价值下跌时，$V_5^d=50$ 亿元，低于到期偿付的债券面值（$K=90$ 亿元），因此，公司债券存在违约风险。

公司发行新债的资金全部用于股利支付，公司的资产价值保持不变，即公司价值 $V_0=100$ 亿元。根据二项式定价模型，当债券到期时，公司价值：$V_5^u=200$ 亿元，或 $V_5^d=50$ 亿元，股权价值：$S_5^u=200-90=110$ 亿元，或 $S_5^d=0$。根据第2章的公式（2.32）和公式（2.33）计算套利比率（δ）、股票价值（S）和债券价值（B）：

$$\delta=\frac{V_T^u-V_T^d}{S_T^u-S_T^d}=\frac{200-50}{110-0}=1.3636$$

$$S = V\frac{1}{\delta} - \left(V_T^u \frac{1}{\delta} - S_T^u\right) / (1+r_f)^T$$

$$= 100 \times \frac{1}{1.3636} - \left(200 \times \frac{1}{1.3636} - 110\right) / (1+7\%)^5 = 47.19 \text{（亿元）}$$

$$B = 100 - 47.19 = 52.81 \text{（亿元）}$$

假设新旧债券的债权优先等级相同，那么发行新债后，原有的未到期的旧债券市场价值等于 29.34 亿元（52.81×5/9），比发债前的价值降价了 6.31 亿元（35.65－29.34）；发债后的股东财富等于股权市场价值加上现金股利，其中现金股利等于新债价值 23.47 亿元（52.81－29.34），即发行新债支付股利后，股东财富为 70.66 亿元（47.19＋23.47），比发债前股东财富增加了 6.31 亿元（70.66－64.35），这恰好是旧债券持有人丧失的部分。

2）资产替代、提高经营风险

根据期权定价模型，股权价值可以看成公司资产价值的看涨期权，公司资产风险越大，股权价值就越大。因此，股东可以通过改变公司经营策略或投资策略来增加风险，以期获得更大的收益。假设 XYZ 公司的资产负债情况保持不变，公司通过改变经营策略提高风险，如用高风险项目替代低风险项目。公司提高风险的有关数据如下：公司当前价值 $V_0=100$ 亿元，预期第 5 年年末（T=5 年）的公司价值：$V_5^u=300$ 亿元，p=0.7 或 $V_5^d=33.33$ 亿元，p=1－0.7，公司的预期价值为 220 亿元（300×0.7+33.33×0.3），投资者要求的收益率为 17.08%（$(220\div100)^{1/5}-1$）。这表明风险加大后，投资者要求的收益率从 9.16% 增加到 17.08%。

由于 5 年后公司价值下跌，$V_5^d=33.33$ 亿元，低于债券面值（K=50 亿元，T=5 年），因此，公司存在违约风险。根据公司价值的变化，股权价值为 250 亿元（$S_5^u=300-50$），或为 0（$S_5^d=0$），根据公式（2.32）和公式（2.33）计算套利比率、公司债券和股票的价值如下：

$$\delta = \frac{V_T^u - V_T^d}{S_T^u - S_T^d} = \frac{300-33.33}{250-0} = 1.0667$$

$$S = V\frac{1}{\delta} - \left(V_T^u \frac{1}{\delta} - S_T^u\right) / (1+r_f)^T$$

$$= 100 \times \frac{1}{1.0667} - \left(300 \times \frac{1}{1.0667} - 250\right) / (1+7\%)^5 = 71.47 \text{（亿元）}$$

$$B = 100 - 71.47 = 28.53 \text{（亿元）}$$

公司提高经营风险后，股权价值增加了 7.12 亿元（71.47－64.35）；债券价值下跌了 7.12 亿元（28.53－35.65），即提高风险后，公司价值从债权人转移给股东。

3）闲置现金支付股利

假设公司利用闲置现金 25 亿元派发股利，支付股利后，公司价值降为 75 亿元（100－25），如果公司不支付股利，闲置的现金至少可以获得无风险收益。因此，5 年后公司的价值为 164.94 亿元（$V_5^u=200-25\times(1+7\%)^5$），或为 14.94 亿元（$V_5^d=$

50−25×(1+7%)^5)；发放股利后，股票价值为114.94亿元（S_5^u=164.95−50），或为0（S_5^d=0），据此，公司的债券和股票价值计算如下：

$$\delta=\frac{V_T^u-V_T^d}{S_T^u-S_T^d}=\frac{164.94-14.94}{114.94-0}=1.3050$$

$$S=V\frac{1}{\delta}-\left(V_T^u\frac{1}{\delta}-S_T^u\right)/(1+r_f)^T$$

$$=75\times\frac{1}{1.3050}-\left(164.94\times\frac{1}{1.3050}-114.94\right)/(1+7\%)^5=49.31\text{（亿元）}$$

B=75−49.31=25.69（亿元）

公司派发现金股利政策使财富从债权人转移给了股东，即股东财富增加了9.96亿元（49.31−64.35+25），恰好等于债权人财富减少的部分9.96亿元（25.69−35.65）。

4）出售资产、支付现金股利

假设公司出售资产获得25亿元现金，并全部作为现金股利支付给股东。在其他条件一定的情况下，公司价值减值为75亿元。5年后公司资产价值为150亿元（V_5^u=200×0.75），或为37.5亿元（V_5^d=50×0.75）。股票价值为100亿元（S_5^u=150−50）或0（S_5^d=0）。根据二项式定价模型计算股票、债券价值如下：

$$\delta=\frac{V_T^u-V_T^d}{S_T^u-S_T^d}=\frac{150-37.50}{100-0}=1.125$$

$$S=V\frac{1}{\delta}-\left(V_T^u\frac{1}{\delta}-S_T^u\right)/(1+r_f)^T$$

$$=75\times\frac{1}{1.125}-\left(150\times\frac{1}{1.125}-100\right)/(1+7\%)^5=42.90\text{（亿元）}$$

B=75−42.90=32.10（亿元）

公司利用出售资产获得的现金支付股利后，股东财富增加了3.55亿元（42.90−64.35+25），债权人财富下降了3.55亿元（32.10−35.65）。

股东−管理者采取上述4种方式使财富从债权人转移给股东，见表3-2。

表3-2　**股东侵占债权人利益4种方式汇总**　单位：亿元

项目	初始数据	发行新债支付股利	提高经营风险	闲置现金支付股利	出售资产支付股利
资产	100.00	100.00	100.00	75.00	75.00
初始债券	35.65	29.34	28.53	25.69	32.10
发行新债		23.47			
股东权益	64.35	47.19	71.47	49.31	42.90
债权人财富变动		−6.31	−7.12	−9.96	−3.55
股东财富变动		6.31	7.12	9.96	3.55

对于债务人的各种侵占行为，理性的债权人一般是通过降低债券投资的支付价

格或提高资本贷放的利率，以反映他们对股东行为的重新评估。不仅如此，他们还会在债务契约中增加各种限制性条款进行监督，这些条款包括限制生产或投资条款、限制股利支付条款、限制融资条款和约束条款等。

5）投资不足

与过度投资不同，债权人对投资收益具有优先请求权这一特征使公司可能会放弃那些虽然净现值为正但却不足以支付债务本息的投资项目。Myers（1977）等将这种行为称为“债务悬置效应”（debt overhang effect）。这种情况之所以会发生，是因为公司价值的任何增长都必须由股东和债权人分享。如果股东进行项目投资的结果仅仅改善了债权人的利益，他们就有可能会放弃一些有利可图、但自己却得不到相应收益的投资机会。债务悬置效应引起的这种现象又称为“投资不足”（under investment），而且，公司的负债率越高，公司越倾向于投资不足。

［例3-2］假设ABC公司价值评估的有关数据如下：公司当前市场价值 $V_0=100$ 亿元，零息债券面值 $K=99$ 亿元，期限 $T=5$ 年；5年后公司价值 $V_5^u=150$ 亿元，$p=0.8$；或 $V_5^d=66.67$ 亿元，$p=1-0.8$。股票市场价值 $S_5^u=150-99=51$ 亿元或 $V_5^d=0$，无风险利率 $r_f=5\%$。根据二项式定价模型计算债券与股票价值如下：

$$\delta=\frac{V_T^u-V_T^d}{S_T^u-S_T^d}=\frac{150-66.67}{51-0}=1.6339$$

$$S=V_0\frac{1}{\delta}-\left(V_T^u\frac{1}{\delta}-S_T^u\right)/(1+r_f)^T$$

$$=100\times\frac{1}{1.6339}-\left(150\times\frac{1}{1.6339}-51\right)/(1+5\%)^5=29.23\text{（亿元）}$$

$$B=100-29.23=70.77\text{（亿元）}$$

假设公司目前拥有闲置现金25亿元，公司可以进行无风险投资，或者向股东派发现金股利，或者投资于NPV大于零的项目。现采用二项式模型计算不同的方案对股东、债权人财富的影响。

（1）公司将闲置资金进行无风险投资，5年后的价值为31.91亿元（$25\times(1+5\%)^5$）。从现值的角度分析，无风险投资并未增加公司价值。

（2）公司将闲置资金向股东派发股利，股东财富由股利和股票市场价值两部分组成。支付股利后，公司价值 $V=75$ 亿元。5年后公司价值为118.09亿元（$V_5^u=150-25\times(1+5\%)^5$），或为34.76亿元（$V_5^d=66.67-25\times(1+5\%)^5$），股票市场价值为19.09亿元（$S_5^u=118.09-99$），或为零（$S_5^d=0$）。根据公式（2.32）、公式（2.33）可以得到债券价值为64.06亿元，股权价值为10.94亿元，股东财富为35.94亿元（10.94+25）。公司派发现金股利，其结果是股东财富增加了6.71亿元（35.94-29.23），债权人财富减少了6.71亿元（64.06-70.77）。

（3）公司将闲置资金投资于净现值大于零的项目。项目的初始投资额为25亿元，期限5年，该项目无风险，到期时项目价值为40亿元，即 $P_5^u=P_5^d=40$，投资项目的现值为31.34亿元（$40\div(1+5\%)^5$），净现值为6.34亿元（31.34-25）。

项目投资后，公司价值（现值）将增至106.34亿元，5年后公司价值预期值为158.09亿元（$V_5^u=118.09+40$），或为74.76亿元（$V_5^d=34.76+40$）。股票市场价值为59.09亿元（$S_5^u=158.09-99$），或为零（$S_5^d=0$）。根据公式（2.32）、公式（2.33）可以得到债券价值为72.47亿元，股权价值为33.87亿元。公司投资于NPV大于零的项目后，债权人财富增加了1.7亿元（72.47−70.77），股东财富增加4.64亿元（33.87−29.23）。债权人和股东财富增加的部分刚好等于项目的净现值6.34亿元（1.7+4.64）。

在上述3种方案中，项目投资收益优于无风险投资，选择项目投资可以增加股东财富；项目投资与现金股利相比，选择项目投资，股东财富为33.87亿元；选择现金股利，股东财富为35.94亿元。从股东财富最大化的角度，管理者可能会选择股利，放弃NPV大于零的项目，结果是不仅改变公司的资本结构，而且丧失了6.34亿元的净现值。

此外，对于NPV大于零的项目，公司也可以通过追加股权融资进行项目投资。根据ABC公司的基本数据，$V_0=100$，$K=99$，$T=5$，$V_5^u=150$，$p=0.8$；或$V_5^d=66.67$，$p=1-0.8$，$r_f=5\%$，$B=70.77$，$S=29.23$。如果公司选择项目投资，股东需要自行追加投资25亿元，项目的现值为31.34亿元。项目投资5年后，公司价值增至131.34亿元（100+31.34），公司价值预期值为190亿元（$V_5^u=150+40$），或106.67亿元（$V_5^d=66.67+40$）。由于$V_5^d>K$，公司债券无违约风险，则债券价值为77.57亿元（$99\div(1+5\%)^5$），股权价值为53.77亿元（131.34−77.57）。股东自行追加投资25亿元进行项目投资后，股权价值增加了24.54亿元（53.77−29.23），比初始投资低了0.46亿元（25−24.54）。如果管理者的目标是股东财富最大化，管理者就应放弃NPV大于零的项目。其原因在于采用股权融资进行项目投资后，使债权人财富增加了6.8亿元（77.57−70.77），恰好等于项目的净现值和股东财富损失额（6.34+0.46），这表明股东追加投资后，财富从股东转移给了债权人。在这种情况下，即使项目的净现值大于零，代表股东利益的管理者也会放弃这一项目。

股东与债权人代理问题引起的投资不足行为对股东、债权人财富的影响见表3-3。

表3-3　**投资不足行为对股东、债权人财富的影响**　单位：亿元

	初始数据	支付股利	投资项目	股权融资
资产	100.00	75.00	106.34	131.34
零息债券	70.77	64.06	72.47	77.57
股东权益	29.23	35.94	33.87	53.77
债权人财富变动		−6.71	1.70	6.80
股东财富变动		6.71	4.64	−0.46

3.2.3 大股东-小股东代理冲突

代理冲突的研究大致可以划分为两个阶段：第一阶段是以 Berle 和 Means（1932）的研究为起点，着重研究股权分散公司存在的第一类代理冲突，即由于公司所有权与管理权分离而导致的代理冲突；第二阶段以 La Porta 等（1999）为分界点，着重研究股权相对集中公司存在的第二类代理问题，即大股东与中小股东之间的代理冲突。根据代理理论，股权集中可以减轻股东与管理者的代理冲突和代理成本，但是，当股权集中度超过一定限度，或当大股东持有的股权比例及其所采取的控制手段能有效控制公司时，代理问题的性质将由股东与管理者之间的代理问题，转变为控股股东与小股东之间的代理问题。股权越集中，大股东或控股股东对公司的控制力就越强，越可能利用其控制权谋取私人收益，增加第二类代理冲突。

1）股权结构：所有权视角

股权结构是指公司不同类型股东所持股份的比例关系。按股权集中度不同，可将股权结构分为集中型、分散型两大类。在集中型股权结构中，公司由一个控股股东和无数小股东组成。在分散型股权结构中，公司由大量的小股东组成，公司没有大股东，所有权与经营权完全分离。现有的研究表明，分散型股权结构通常出现在市场导向型的英、美等国家。现有的研究发现集中型股权结构通常出现在德、日等银行导向型的国家。图 3-5 列示英美德日四国大的非金融公司股权集中度状况（前五大股东持股比例），图 3-6 列示了美日德三国上市公司的股权集中度状况（第一大股东持股分布），图 3-7 描述了中国上市公司第一至第十大股东在 2003—2012 年间持股比例平均值。

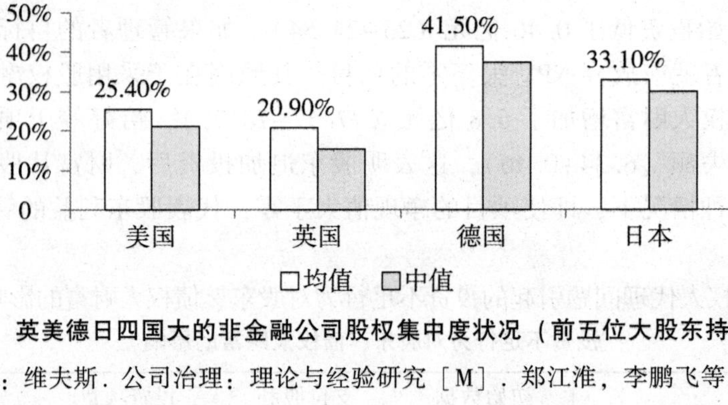

图 3-5　英美德日四国大的非金融公司股权集中度状况（前五位大股东持股比例）

资料来源：维夫斯．公司治理：理论与经验研究［M］．郑江淮，李鹏飞等，译．北京：中国人民大学出版社，2006：45.

在图 3-5 中，美国的数据是以 1980 年的 457 家非金融公司为样本；英国的数据是以 1970 年的 85 家制造业公司为样本；德国的数据是以 1990 年的 41 家非金融公司为样本；日本的数据是以 1984 年的 143 家采矿和制造业公司为样本。图 3-5 表明前五位大股东的平均持股比例按高低顺序排列，最高的国家为德国（41.50%），日本次之（33.10%），然后是美国（25.40%），英国最低

（20.90%）。

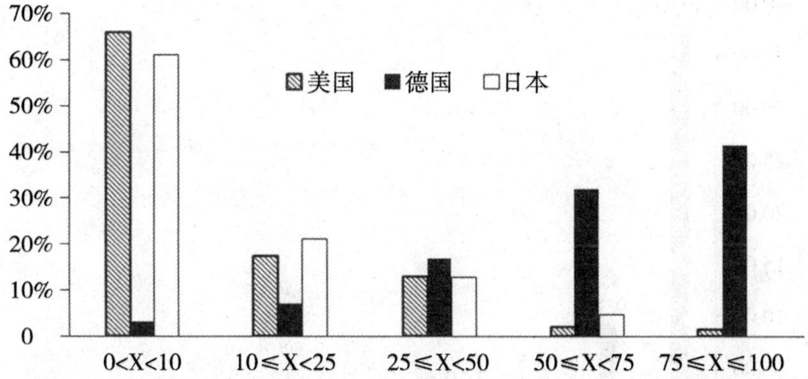

图3-6 美德日三国上市公司的股权集中度状况（第一大股东持股分布）

资料来源：HELMUT. Capital markets and corporate governance in Japan［M］. Germany and the United States：Routledge，1998：124.

在图3-6中，美国是根据1994年的数据计算的，基于所有的美国公司，包括组成标准普尔500等成分股的上市公司；德国是根据1994年的数据计算的，基于在AGs和KgaAs上市的550家最大型公司；日本是根据1995年的数据计算的，基于所有的1321家在东京、大阪和名古屋交易所上市的公司。图3-6表明，66%的美国上市公司第一大股东持股比例在10%以下，第一大股东持股比例在50%以上的公司仅占3.6%；德国上市公司的情形则恰好相反，73.2%的上市公司第一大股东持股比例在50%以上，持股比例在10%以下的公司仅占3.2%。

图3-7列示了中国上市公司第一大股东至第十大股东在2003—2012年间持股比例平均值情况，从图中可以看出，中国上市公司属于集中型结构，2003—2012年间，第一大股东持股比例平均值38.01%，第二至第十大股东持股比例平均值之和为20.60%。由于第一大股东平均持股比例远远高于第二至第十大股东持股比例，这表明中国上市公司发生控制权转移所要求的股权比例较高。为获得控制权，必须收购现有大股东或其他股东较多的股份，需要付出较大的代价。

股权结构产生差异的原因很多，从企业融资视角出发，以英美国家公司为代表，融资主要由外部投资者提供，这些外部投资者一般持股份额较少，致使公司股权结构高度分散。以日德国家公司为代表，由主银行向企业提供融资，成为日德公司的大股东，呈现公司股权相对集中的特征。日德公司的法人相互持股非常普遍，公司之间通过垂直持股、环状持股等相互持股方式，加强了关联企业之间的联系，使企业之间相互依存、相互渗透、相互制约，在一定程度上结成了“命运共同体”。中国上市公司大多是由国企改制而成的，国有股权“一股独大”形成了高度集中的股权结构。

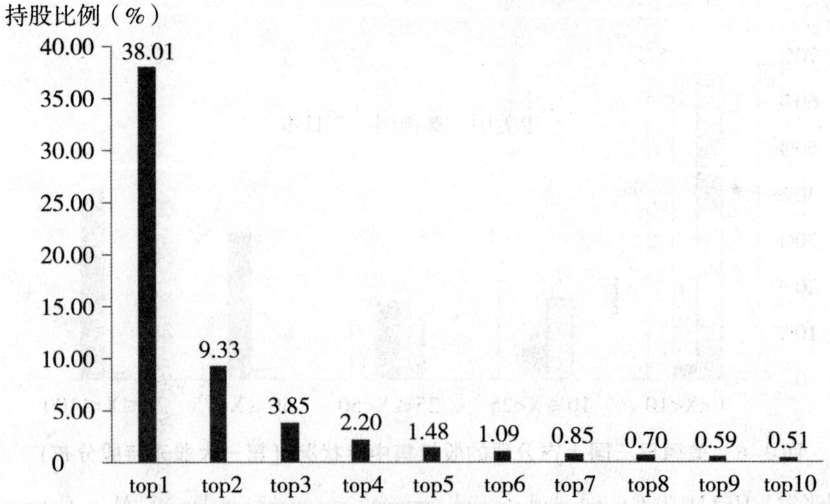

图 3-7　中国上市第一至第十大股东持股比例平均值（2003—2012 年）

资料来源：根据 CSMAR 中国上市公司股东研究数据库计算。

2）股权结构：投票权视角

从所有权视角研究股权结构，反映了股东对公司收益权或分红权的大小，其目的在于考察公司是否存在大股东。从投票权视角研究股权结构，反映了股东控制权的大小，其目的在于考察公司是否存在终极股东或控股股东。判断是否成为公司控股股东，并非完全以其所持有股份是否达到某一比例为绝对标准，而是依据其实际拥有的投票权而论。所有权并不等于控制权，其原因在于：第一，并不是所有的股份都拥有投票权，例如，无表决权股份就无法为其所有者带来任何控制权；第二，由于并不一定要通过第一层级才能行使控制权，通过金字塔持股[①]等方式可以获得一定比例的投票权。假设某一控股股东直接拥有 A 公司 50% 的股份，A 公司直接拥有 B 公司 50% 的股份，那么控股股东仅以 25% 的股份份额（所有权）就控制了 B 公司。

La Porta 等（1999）首次在世界范围内研究了股权结构问题，通过基于终极控制权的分析，发现除美国和英国之外普遍存在股权集中现象，且多数公司的控制权为家族或国家所有。La Porta 等（1999）计算了在 27 个国家或地区中前 20 家最大公司的控制权变量，若以 20% 的投票权标准定义控制权，有 36.5% 的公司为分散型股权，30.0% 被家族控制，18.3% 被国家或地区控制，剩余的则属于其他类型，如图 3-8 所示。沿所有权的链条追溯出谁拥有上市公司最大的投票权，发现英国 20 家公司、日本 20 家公司中的 18 家，美国 20 家公司中的 16 家都符合股权分散公

① 金字塔持股结构是指公司实际控制人通过间接持股形成了一个金字塔式的控制链从而实现对该公司的控制。在这种方式中，公司控制权人控制第一层公司，第一层公司再控制第二层公司，以此类推，通过多个层次的公司控制链条取得对目标公司的最终控制权。金字塔结构是一种形象的说法，就是多层级、多链条的集团控制结构。

司的描述。除美英日三国的上市公司股权分散程度较高外，在那些拥有终极控制股东的公司中，最主要的控股股东是家族、国家和地区。其中有17个国家和地区是以家族为主要的控制形态（家族投票权在20%或20%以上）。在东亚的4个国家中，日本与韩国显示出有较高的股权分散比率（日本为90%，韩国为55%），中国香港则大多由家族控制（70%），而新加坡则有45%是被政府所控制的。

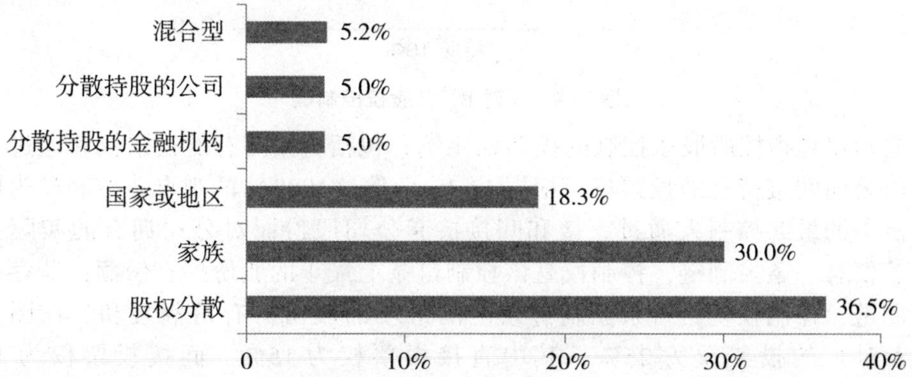

图3-8 世界大型公开上市公司的控制权均值（20%界限）

资料来源：根据 PORTA，RAFAEL，FLOTENCIO. Corporate Ownership Around the World [J]. Journal of Finance，1999，54（2）：471-517数据整理。

Claessens等（2000）和Faccio等（2002）分别研究了东亚和西欧市场上市公司股权结构，也发现在美国以外的其他国家普遍存在股权集中现象，大股东控制现象也是非常普遍的。与大多数国家一样，中国上市公司也属于集中型结构，在图3-7中第一大股东持股比例平均为38.01%，前两大股东持股比例平均为47.34%，前三大股东平均持股比例51.19%。与其他国家不同，中国上市公司的终极控制人大多是政府或国有股东。赖建清，吴世农（2004）[①] 通过考察2002年沪深股市的1 182家上市公司发现，国有股东仍然直接或间接控制了约77.13%的上市公司，平均控制的表决权（投票权）是47.57%，国有股东几乎处于绝对控股地位；非国有股东直接或间接控制了22.87%的上市公司，平均控制的表决权是33.27%，处于相对控股地位。

3）现金流权与控制权度量

根据La Porta等（1999）的定义，现金流权是股东依据股权份额享有的收益分配权和剩余索取权。若股权控制链条仅有一条控制链，则现金流权等于该控制链条上的各层股份持有份额的乘积；若股权控制链存在多条控制链，则现金流权就等于每个控制链条上的各层股份持有份额的乘积之和。假设A对B的持股比例为50%，B对C的持股比例为10%，A对C的直接持股比例为15%，如图3-9所示。此时，A对C的现金流权为20%（15%+50%×10%）。

---

① 赖建清，吴世农．我国上市公司股权控制人现状研究［D］．公司财务研讨会论文集，2004.

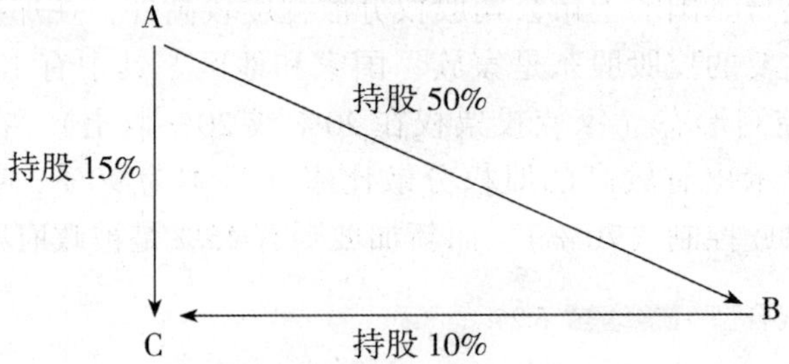

图 3-9　A 对 B、C 股权控制链

控制权是指控股股东控制的投票权比例，包括直接持有的投票权和通过一连串控股公司间接持有的投票权。根据 La Porta 等（1999）的观点，控制权为股权控制链条的最终控制人通过直接和间接持有公司股份而对公司拥有的实际控制权，若仅有一条控制链，控制权是该控制链条上最小的股份持有份额；若存在多条控制链，控制权就是每条控制链条上的最小的股份持有份额之和。在图 3-9 中，A 对 C 的投票权为 25%，其中直接投票权为 15%，间接投票权为 10%（min（50%，10%））。

按照一股一票原则，控制权与现金流权应一一对应。但终极控股股东借助金字塔持股，以少量现金流权获取了更大的控制权，背离了一股一票原则。从理论上讲，只要层级足够大，终极控股股东为了能够控制处于底端的上市公司，在上市公司所拥有的终极现金流权比例可以降至足够小，而控制权与现金流权分离度也就越大。在研究中，一般采用现金流权与控制权之比衡量二者的分离度。这一比率越接近 1，分离程度越低；越远离 1，分离程度越大。上例表明，A 对 C 持有 20% 的所有权或现金流权，但对 C 却拥有 25% 的控制权或投票权，现金流权与投票权分离程度为 80%（0.20/0.25）。

现以格力电器和无锡小天鹅两家上市公司为例说明现金流权、控制权及两权分离确定方法。根据珠海格力电器股份有限公司（000651）2012 年年度报告的股权结构图（如图 3-10 所示），向上层层追溯，可以发现公司的终极控股股东是珠海市国有资产监督管理委员会，根据 La Porta 等（1999）和 Claessen 等（2000）的计算方法，珠海市国有资产监督管理委员会拥有上市公司的 18.82%（18.22%×100%+1.15%×100%×51.94%×100%）的现金流量权，拥有上市公司 19.37%（18.22%+1.15%）的投票权或控制权，两权分离度为 0.97，表明该公司基本上符合“一股一票”的原则。从股权结构看，政府是该公司的终极控股股东，但由于“所有者缺位”，其实际控制人一般由下一层级所有。在图 3-10 中，虽然珠海格力电器股份有限公司的终极控股股东可追溯到珠海市国有资产监督管理委员会，但公司的实际控股股东为珠海格力集团有限公司。

根据无锡小天鹅股份有限公司（小天鹅 A000418、小天鹅 B200418）2014 年年度报告股权结构图（如图 3-11 所示），向上层层追溯，可以发现公司的终极控制

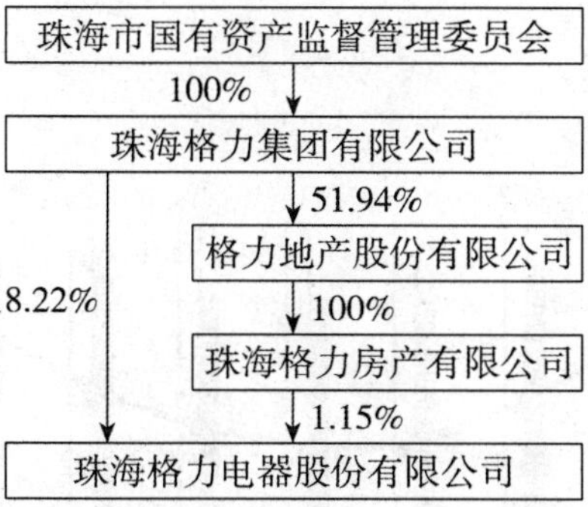

图3-10 珠海格力电器股份有限公司股权结构图（2012年）

人是何亨键，根据La Porta等（1999）和Claessen等（2000）的计算方法，何亨键作为实际控制人拥有上市公司的13.45%（4.88%×100%×100%×35.49%×94.55%+35.20%×35.49%×94.55%）的现金流量权，拥有上市公司40.08%（4.88%+35.20%）的投票权或控制权，两权分离度为0.34。

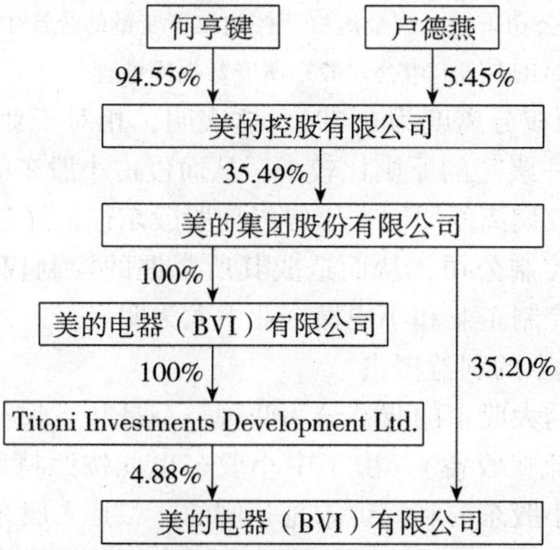

图3-11 无锡小天鹅股份有限公司股权结构图（2014年）

图3-12描述了中国上市公司现金流权、控制权分布情况。中国上市公司2003—2012年间的现金流权和控制权的平均值分别为33.29%和39.32%，从各年的分布状况看，这两类指标基本稳定。两权分离度为0.85，这表明中国上市公司"一股一权"原则整体上偏差不大。

Faccio，Mara等（2001）根据1992—1996年的会计数据，剔除了负现金流、负收益及超过销售额、现金流或收益的股利等不可信数据的影响，对来自英、法、德、印度尼西亚、意大利、马来西亚、菲律宾、新加坡、韩国、西班牙、泰国、中国香港及台港等国家和地区的公司进行了研究。以20%的投票权标准定义控制权，研究发现：欧洲的控股股东在其公司中拥有的现金流权为34.6%，控制权比例为37.75%，两权分离度为0.917；亚洲的控股股东在其公司中拥有现金流权为15.7%，

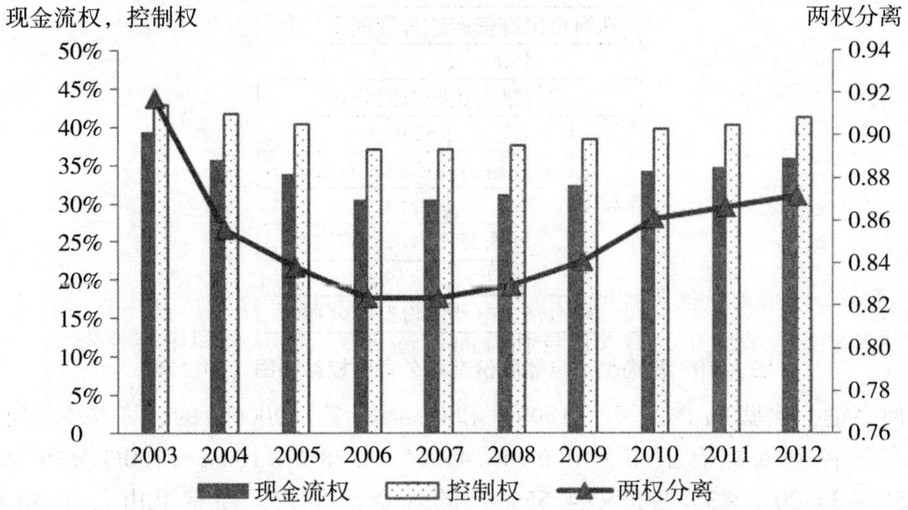

图 3-12　2003—2012 年中国上市公司现金流权与控制权分布情况

注：无实际控制人的公司未纳入现金流权、控制权等变量的统计中。

资料来源：根据 CSMAR 中国上市公司股东研究数据库整理。

控制权为 19.77%，两权分离度为 0.794。这表明，相对于亚洲，欧洲上市公司的控股股东偏离“一股一票”的原则比较小，从而侵占小股东的动机比较小。

控制权与现金流权偏离的原因在于终极控股股东往往通过金字塔结构、交叉持股与互为董事等方式控制公司，从而造成其所掌握的控制权超过所拥有的现金流权，这种分离在家族控制企业和小规模企业中尤为明显。

4）大股东对小股东的利益侵占

拥有绝对控制权的大股东的收益分为两种：一是共享收益，是指按其持股比例所享有的收益（现金流权收益），由于中小股东也能按照持股比例分享这一收益，因此，共享收益对大小股东的利润诉求是相同的；二是大股东私人收益，是指实际控制人因行使控制权而获得的收益，如自我交易、对公司机会的利用、利用内部消息进行交易等方式所获得的收益，以及过度报酬和在职消费等（Grossman，1988）。控制权私人收益仅由控制权股东独享，并非按股权比例在所有股东中分配。控制权私人收益分为货币性收益和非货币性收益，前者是指控股股东通过剥夺的方式转移资产而获得的收益，后者是指控股股东在经营过程中通过过度消费、享受闲暇所获得的收益（Shleifer 等，1986）。

在股权集中度较高的情况下，不同的收益权对公司的价值产生不同的效应，为获得更多的现金流权共享收益，控股股东有动机对管理者进行监督，抑制股东与管理者的利益冲突，提高公司价值，也就是说现金流权对公司价值具有激励效应；另一方面，控股股东为了获取私人利益，可能利用控制权侵占小股东的利益，从而使控制权具有侵占效应。在公司价值一定的情况下，控制权私人收益大意味着股东可分配的现金流减少，从而导致小股东应得的利益受到侵害。

控股股东是否存在侵占小股东利益的动机与上市公司的股权集中度有关，当上市公司的股权集中度较高或者较为分散的时候，大股东的利益侵占动机较弱；当大股东所持股权比例能够实质性地控制上市公司并且其现金流权比例较低时，大股东才存在进行利益侵占的动机。控股股东侵占小股东利益的动机与现金流权与控制权的偏离程度有关。当控股股东对公司的控制权远远大于其现金流权时，特别是控股股东通过金字塔结构获得更多的投票权时，就有可能采取各种方式侵占小股东的利益。Johnson（2000）认为控股股东的利益侵占行为通常有经营方式和财务方式两类。前者是指控股股东为追求自身利益而通过自我交易从公司中转移资源，例如：通过关联交易将公司的财产和利润转移出去；向公司高管（控股股东在其控股的公司中往往同时担任经理）支付较高的薪水；为控股股东（或经理）拥有较高现金收益权的公司提供贷款担保、侵占公司的发展机会。财务侵占方式是指通过股利政策向大股东输送利益，或者通过股票发行来稀释其他股东权益、冻结少数股权、内部交易、渐进式收购行为以及其他不利于中小投资者的各种财务交易行为等。现主要从以下3个方面进行分析：

（1）利用关联交易向母公司或其控股子公司转移利润。许多上市公司与控股股东存在行业上的依存关系，利用这种关系，控股股东向上市公司高价出售原材料，从上市公司低价购买产品，掠夺公司利润。据中国证券网报道，ST国嘉（600646）的大股东通过关联交易、往来款以及担保贷款等方法从上市公司套走的现金超过了5亿元，导致ST国嘉在2003年度出现了连续3年亏损而退市。

在2000年的《财富》世界500强中排名第16位的安然公司，于2001年12月2日公司宣布破产，成为美国历史上最大的破产案。2001年11月30日，安然的股价跌至0.26美元，市值由峰值时的800亿美元跌至2亿美元。安然公司在发展过程中，通过资本重组建立起复杂的公司体系，其各类子公司、合伙公司的数量多达3 000个，从而形成了错综复杂的关联业务链条。利用纵向和横向持股编织“金字塔”式多层控股链，来实现以最少的资金控制大量公司的目的。安然的关联交易方式主要表现为4种：第一，大量使用股票提供担保进行融资；第二，以出卖资产的收入作为业务收入，虚构利润，而出卖资产多在关联企业中进行，价格明显高于市场正常价格；第三，不断制造新的业务模式概念，使投资者相信公司已进入高增长、高利润的领域（如宽带通信等）；第四，很多交易是在关联企业中进行“对倒”，通过“对倒”来创造交易量，创造利润。复杂的关联交易在造就了安然“辉煌”的同时，也埋下了其崩溃的隐患。由于安然与关联企业签订了许多复杂的担保合同，这些合同常含有关于公司信用评级或资产价值如何与安然股价联动的条款。这些合同及条款各异，但实际上相关性很高，一旦某项条款触发，其他合同及条款就会发生连锁反应。安然破产的导火索是公司的一家网络子公司“安然在线”的担保出了问题，由此牵出了安然公司的巨额债务问题，在此连锁反应下，安然这个庞然大物轰然倒塌。

（2）利用上市公司的名义担保或融资，非法占用上市公司的巨额资金。中国证监会于2005年9月23日对托普软件的处罚决定书[①]载明，截至2004年6月30日，托普软件为17家关联方公司（不含合并报表的子公司）的101笔银行借款提供担保，总金额214 568万元。由于关联方公司未按时归还银行借款，托普软件巨额的担保由或有负债逐渐成为了沉重的实际债务负担。托普软件于2004年年报披露，因贷款方起诉，这些担保中法院已判决由公司承担连带责任的有148 372万元，公司在2004年年末已根据法院判决累计预计担保损失90 042万元。此外，截至2004年12月31日，托普软件公司的控股股东及其他关联方占用托普软件公司的资金余额为74 758万元，占用了托普软件控股但未纳入合并报表范围的成都托普教育公司下属学院的资金18 752万元。2004年度托普软件为关联方占用资金计提坏账准备35 254万元。从长期来看，托普软件公司因担保而承担连带还款责任而最终导致公司巨额亏损，资不抵债，股价暴跌，小股东损失惨重，并于2007年退市。[②]

（3）通过股利政策获取控制权收益。股利政策直接反映了大股东与中小股东的利益分配问题。近年的研究表明，现金股利可能是大股东转移资金的工具。宜宾五粮液股份有限公司（000858）上市当年实施的股利政策是每10股派现12.5元，结果使上市公司大股东（宜宾市国有资产管理局）一次性获得3亿元（1.25元×2.4亿股）的现金，上市公司大股东作为发起人，投入的净资产价值为3.9亿元（按1997年公司每净资产1.63元计算），大股东的投资收益率为76.92%。宜宾五粮液股份有限公司的首次现金股利，使大股东成功、合法地回笼了资金。对中小股东来说，1998年每股派现1.25元，按股票上市发行价14.77元计算，中小股东的投资收益率仅为8.46%。

1999年4月1日，云天化集团有限责任公司（600096）公布协议回购计划，计划协议回购云天化集团有限责任公司所持的国有法人股20 000万股，协议回购价格为2.01元（根据1998年年末每股净资产确定）。回购完成后，云天化集团有限责任公司持有的股份由56 818.18万股减至36 818.18万股，回购比例为35.2%。回购后，云天化集团有限责任公司的持股比例由82.4%降至72.84%，社会公众股比例由17.6%上升为27.16%。2000年10月回购时，回购价格为每股2.83元，上市公司向集团公司支付回购款5.66亿元，这一数额略低于上市公司募集的资金（6.07亿元）。这次股份回购的结果，大股东将云天化自1997年上市至2000年的所有未分配利润（5.58亿元）全部纳入集团公司的口袋里。从上面的分析可以看出，大股东的收益可分为两部分：第一部分是公司上市前后每股净资产的变化。当

① 中国证监会行政处罚决定书（证监罚字［2005］30号），见中国证监会网站 www.csrc.gov.cn。
② 张光荣，曾勇．大股东的支撑行为与隧道行为［J］．管理世界，2006（8）：126-137.

公司上市时，中小股东按股票市场的发行价格认购，国企改制后的大股东认购价值低于市场价值，由此使每股净资产由公司上市前的每股1.01元上升到每股1.9元，每股增加了0.89元，上市后大股东的投资收益率为88%；第二部分是股票回购带来的收益，按每股2.83元计算，相对于上市后的每股净资产（1.9元），大股东的投资收益为49%。如果加上1997—1999年云天化的大比例分红所得，收益率将更高。

关于控股股东侵占小股东利益而获得的控制权私人收益的大小是很难度量的。目前的研究中一般采用间接方法度量控制权私人收益。其中最常用的间接方法是以大宗股权转让溢价水平来确定控制权私人收益。Barclay and Holderness（1989）分析了美国大宗股权转让定价，认为股权能够给大股东提供其他股东不能得到的私利，因而大宗股权的收购方就愿意为期望得到的利益支付较高的价格。他们认为这种股权转让溢价反映了大股东从控制权中得到的能够独享的私利。Dyck and Aingale（2004）对1990—2000年39个国家的412项股权交易溢价情况进行了研究，发现大宗股票交易价格比公告后的股票价格平均高出14%，其中最低的为日本（-4%），最高的为巴西（65%），他们以股权转让溢价水平为依据所得出的部分结果如图3-13所示，为比较，图中也列示了中国的情况。

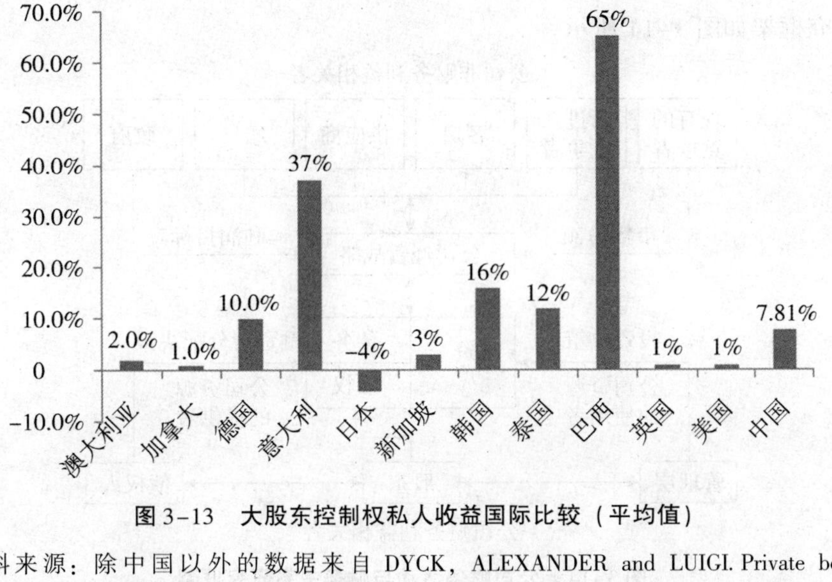

图3-13 大股东控制权私人收益国际比较（平均值）

资料来源：除中国以外的数据来自DYCK，ALEXANDER and LUIGI. Private benefits of control：An international comparison［J］. The Journal of Finance，2004，59（2）：537-600的有关数据整理。中国的数据来自：高谦. 资本结构与公司控制权安排研究［M］. 北京：中国金融出版社，2009：198.

图3-13的数据为大宗股权转让溢价水平，除中国以外的数据是以大宗股权转让价格减去该项交易宣布2天后的交易后除以该交易价格，再乘以转让股份。中国的数据是用大宗非流通股股份转让价格减去每股净资产后除以每股净资产，再乘以

转让总股数的比例。从图 3-13 可以看出，与发展中国家相比，发达国家的大宗股权转让溢价水平普遍较低，即控制权私人收益较低，而亚洲等一些资本市场不发达的国家，其控制权转让溢价水平明显要高得多。

尽管现金流权与控制权两权分离可能引起大股东与小股东的利益冲突，但也有可能对暂时陷入财务困境的子公司实施支持行为以避免其破产，这会使得小股东获益。因此，两权分离对小股东利益的影响，既存在由于控制权产生的负的“侵占效应”，也存在由于现金流权产生的正的“激励效应”。

3.3 公司财务与公司治理

3.3.1 财务活动与财务关系

公司财务是指财务活动与财务关系的统一。财务活动是指公司资源的取得与使用，即通过投资活动与融资活动为投资者创造价值；财务关系是指在财务活动中形成的各种委托代理关系。在公司制下，参与财务活动形成的各种关系人主要包括：（1）公司与非财务利益相关者（供应商、客户、政府等）之间的关系；（2）公司与财务利益相关者（股东、债权人、管理者）之间的关系。公司财务活动与财务关系研究框架如图 3-14 所示。

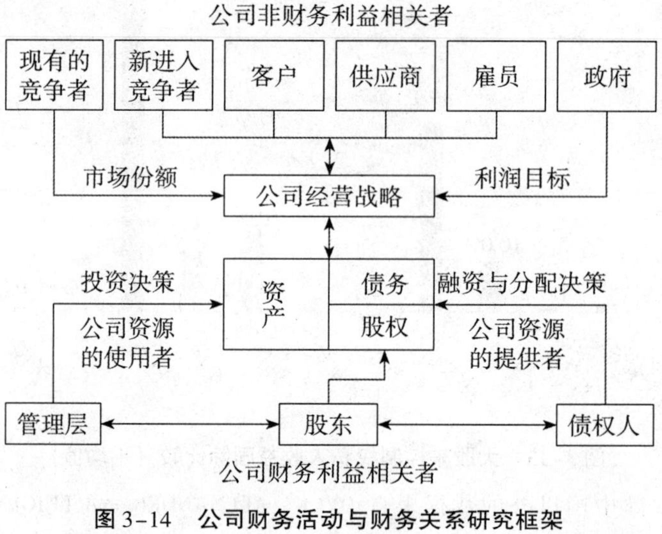

图 3-14　公司财务活动与财务关系研究框架

在图 3-14 中，与公司战略相关的公司市场份额、利润目标等反映了公司财务活动的经营成果，公司收入在与供应商、雇员、政府、债权人、股东之间的利益分配关系可以通过利润表加以描述。

图 3-14 中的下半部分类似一张简化的资产负债表，反映了公司资源提供者和资源使用者之间的关系，资产方反映了公司对各种资源的使用权，权益方反映了公

司对各种资源提供者的责任或义务，对应这些责任或义务的是这些资源提供者对公司收益的索取权。一般来说，债权人对公司收益具有固定索取权或法定索取权，在公司持续经营的情况下，债权人只是一个“默默无闻”的商业伙伴，没有投票权。只有在公司清算时，债权人才可能参与管理。与债权人的固定索取权不同的是，股东对公司收益的索取权是一种剩余索取权。在公司持续经营的前提下，这种索取收益的权利仅限于公司的利润；在公司清算时，这种索取权位于其他关系人的索取权（工资、利息、税收等）之后。与剩余索取权相对应，股东成为公司风险的主要承担者，因此，股东拥有公司的控制权和管理权，以确保公司在投资、融资活动中增加公司价值和剩余索取权价值。公司资源的使用者主要是指管理者，他们作为股东的代理人，在董事会的领导下从事公司的经营活动和投融资活动。他们对公司收益的索取权通常由契约规定，这是一种状态依存“或有索取权”，也就是说，这种索取权对收益享有的权利依存于未来某时刻（约定或未约定）的契约标准等。

3.3.2　公司财务与公司治理的内在逻辑

公司治理（corporate governance）是以现代公司为主要对象，以权衡公司财务关系、维护公司多方面利害相关者的利益为核心，以监督和激励为手段，以提高公司价值为目标的一种制度安排。这些制度决定：（1）如何配置和行使控制权；（2）如何监督和评价董事会、经理层和员工；（3）如何设计和实施激励机制。[①]

从历史的角度来看，公司治理研究框架的边界从狭义向广义不断扩展。李维安（2011）认为狭义的公司治理是指股东对管理者的一种激励与监督制衡机制，即通过一种制度安排，合理配置股东与管理者之间的权力与责任关系，公司治理的目标是保证股东利益最大化。广义的公司治理不局限于股东对管理者的制衡，而且涉及广泛的利害关系者，包括股东、债权人、供应商、客户、雇员、政府、社区等与公司有利害关系的集团。公司治理是通过一套包括正式或非正式的、内部或外部机制来协调公司与所有利害关系者之间的利益关系，以保证公司决策科学化，从而最终维护各方面的利益。

Gillan，S. L.（2006）将 Shleifer and Vishny（1997）界定的公司治理框架定义为内部公司治理，并以此向外部治理拓展。图 3-15 描述了 Gillan，S. L.（2006）对于公司治理边界的扩展路径：公司内部治理（股东、董事及经理层）—外部治理（资本市场、控制权市场、要素市场）—法律、规则治理。

虽然图 3-15 是 Gillan，Stuart L.（2006）描述的公司治理的研究内容，但也用于解释公司财务的研究内容，在图 3-15 和图 3-14 中都包括一个简易的“资产负债表”，如果图 3-15 既可以解释公司治理的研究框架，也可用以诠释公司财务的研究内容，那么公司财务与公司治理一定存在某种内在的逻辑联系，即由财务活动引起的财务关系为公司治理提供了生成机制，是公司治理研究的基础和依据，而公

① 青木昌彦．转轨经济中的公司治理结构［M］．钱颖一，译．北京：中国经济出版社，1995.

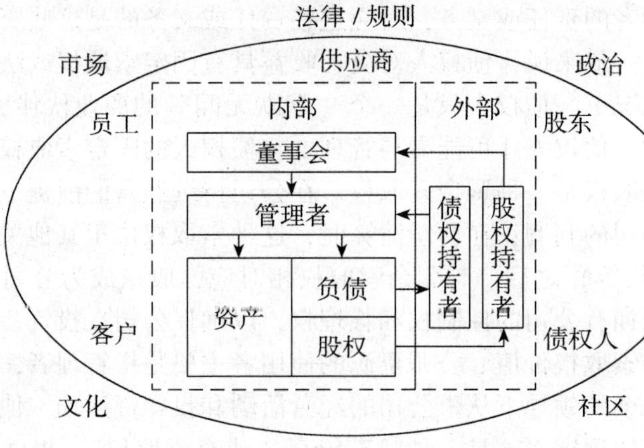

图 3-15　公司治理研究框架

司治理则是协调各种财务关系（或委托代理关系）、提高财务决策效率的制度保障。从财务活动—财务关系（委托代理关系）—公司治理的内在关系，使这两者在理论研究与实践操作中既相互交融、相互补充，又相互独立。不论是研究公司治理效应，还是研究公司财务的投融资效应，最终都回归到是否能提高公司的经营效率，为投资者创造增长价值，如图 3-16 所示。从图 3-16 中可以看出，财务活动引起的财务关系（委托代理关系）是公司财务和公司治理研究的逻辑起点。从治理的角度出发，公司财务研究属于融资导向型研究，公司治理研究属于规则导向型研究。两者的理论基础都是委托代理理论和信息不对称理论，两者的治理目标都是提高公司资源配置效率，为公司资源的提供者提供报酬。

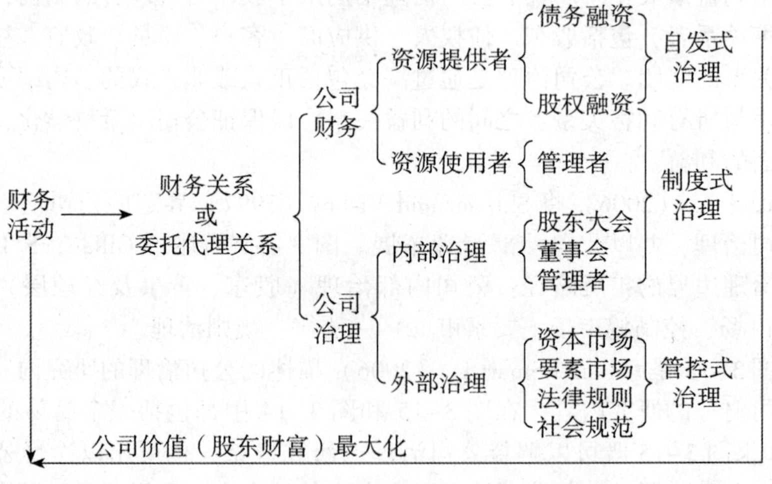

图 3-16　公司财务与公司治理的逻辑关系

3.3.3　公司治理机制框架

根据 Fan, J. P., K. C. Wei and X. Xu（2011），Gillan, S. L.（2006）的观点，

将公司财务和公司治理结合进来，其研究的内容分为公司、市场、法规3个层面，每个层面主要关注的问题或研究的内容列示在图3–17的右侧部分。

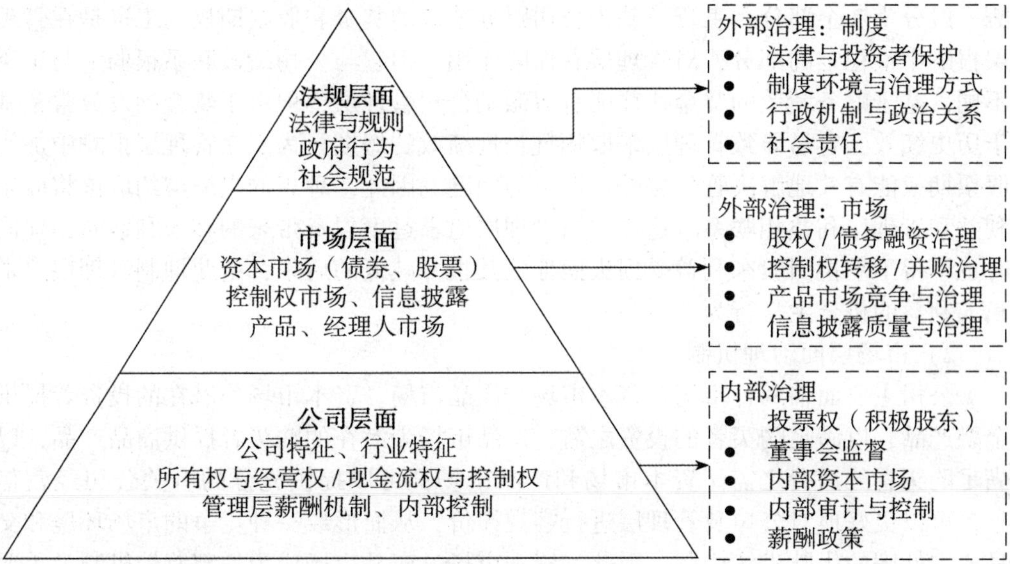

图3–17　公司治理框架

1）公司层面治理机制

公司层面治理机制一般属于内部治理机制，通常是通过聘选、激励和监督3个方面实现的。聘选要解决的问题是委托人如何选择代理人；激励要解决的问题是代理人是否努力工作，涉及委托人需要采取哪些收益分配激励手段，以使代理人最大程度实现委托人的目标；监督要解决的问题是代理人为谁工作（也包括是否努力工作），强调委托人对代理人行为进行考核和制约，以防止代理人不努力或其行为偏离委托人的利益。公司内部治理的目的主要在于降低股东与管理者之间的矛盾与冲突。

（1）董事会、大股东与机构投资者。在公司制中，董事会是公司内部决策控制系统的中枢。其作用主要表现在3个方面：控制、服务和资源依赖（Johnson等，1996）。根据代理理论：控制是指董事会通用选聘、评价、解雇等方面对管理者的机会主义行为进行监督，使管理者的行为与股东利益相一致；服务是指董事们为首席执行官给出专家意见和战略性建议；资源依赖是指董事会利用关键资源（如融资）和信息（如竞争者和行业信息）创造持续竞争力。大股东和机构投资者可能被看成是公司代理问题的潜在控制者，随着持股份额的增加，他们有很强的动机去关心公司业绩和管理层行为，这就潜在地避免了因所有权分散带来的搭便车问题。公司层面的控制机制既可以是股东大会和董事会对管理层的行政监督，也可以是具有超然独立性的内部审计部门对管理层的审计监督，或者是由股东大会聘请的外部审计师对管理层的外部审计监督。

（2）管理层薪酬激励机制。解决无效管理的治理机制的措施之一就是设计有效的管理层报酬计划，以此激发代理人为实现委托人的利益而努力工作。管理层报酬一般分为3个部分：工资、基于公司财务绩效的奖金和股票期权。工资是在管理层报酬中最稳定的部分，对管理层有保险作用，但它与公司绩效联系很弱。与工资不同，基于财务绩效的奖金往往能有效激励公司管理层，但由于奖金的发放常常基于历史绩效，容易导致管理层采取牺牲长远绩效的短期行为。在管理层报酬中加入股票期权能有效地解决管理层的短期行为问题。因此，理想的报酬契约应该将股东利益和管理层利益相联系，这样，当管理层追求过度投资带来的私人利益时，他同时也不得不承担因股东利益受损失而导致其报酬减低的后果，由此抑制管理层追求私人利益的机会主义行为。

2）市场层面治理机制

公司主要面临两种市场：资本市场和产品市场。资本市场为潜在的投资者提供金融产品，以满足购买者的投资之需；产品市场为潜在的购买者提供商品产品，以满足购买者的消费之需。资本市场和产品市场都可以提供充分的有关公司经营信息，可以更好地对公司及管理层进行客观评价，从而形成一种竞争的市场环境和交易成本低廉的优胜劣汰机制。因此，资本市场、产品市场成为外部监控机制最重要的组成部分。此外，控制权市场、经理人市场也是外部治理机制的重要组成部分。

（1）资本市场融资治理。Willianmson（1988）认为债券和股权不应被简单地看成“融资工具”，而应看成“不同的治理结构”。按照这一观点，不同的融资方式和资本结构是公司治理的基础和依据，而公司治理则是公司的融资方式、资本结构的体现和反映。不论债务融资还是股权融资，都可以看做是公司与资源提供者签订的一份融资契约，借以规定双方的权利与义务。债务融资通过给予债权人固定的收益获得资金，为防止债务人违约，在融资契约中通常确定各种限制性条款和保护性条款。这些条款的治理作用是一种内生性或自发式的，即通过债务契约形成、契约执行、契约违约3个阶段进行治理，特别是对契约设计、债务结构、债务成本、融资约束、非效率投资、破产重组等的治理效应显著。相对而言，股权融资契约通过释放控制权以获得资金，通过融资工具的内在特征激励和监督管理层按照股东的利益行事。股权融资治理关注的重点是股权结构、董事会效率、自愿信息披露等的治理效应。如果说与债务融资相联系的治理结构更加市场化，而与股权融资相联系的治理结构更具有强制性、制度性。

（2）控制权市场治理。控制权市场又接管市场，主要是通过收集股权或投票代理权来取得对公司的控制，达到接管或更换不良管理层来实现公司发展战略布局的目的。虽然控制权市场对管理层具有一定的约束作用，但在现实中控制权市场还存在很多限制，现任管理层为了阻挠收购成功以保住工作，通常会采取多种反收购措施来影响收购的顺利实施。例如，在20世纪80年代，一些成为恶意收购对象的公司的管理层通常以比收购方出价更高的价格回购本公司股票，从而迫使恶意收购者放弃手中的股票，这样就能使公司免于被收购。这种被称为“绿票讹诈”（green mails）的行为对股票价格带来消极的影响，却保护了管理者的职位。另外一种反收购常用的方法是“停职金制度”（golden parachutes），或称“金降落伞”制度，是指在雇佣合同中按照公司控制权变动条款，对失去工作的管理层进行补偿的规定。一般来说，当员工被迫离职时（不是由于自身的工作原因）可得到一大笔离职金，它能够促使管理层接受公司的控制权变动，从而减少管理层与股东之间因此产生的利益冲突，以及管理层为抵制这种变动造成的交易成本。最后一种反收购方法称作“毒丸策略”（position pills），或称作“股权摊薄反收购措施”，其方法是目标公司向普通股股东发行优先股，一旦公司被收购，股东持有的优先股就可以转换为一定数额的收购方股票。在最常见的形式中，一旦未经认可的一方收购了目标公司的一大笔股份（一般是10%至20%的股份）时，毒丸计划就会启动，导致新股充斥市场。一旦毒丸计划被触发，其他所有的股东都有机会以低价买进新股。这样就大大地稀释了收购方的股权，继而使收购变得代价高昂，从而达到抵制收购的目的。

（3）产品市场与经理人市场治理。与控制权市场相同，经理人市场的存在，增加了管理者因并购或其他原因而被替换的机会和可能，迫于自身价值和职业声誉的压力，管理者必须恪守职责，努力工作，从而部分地纠正了股东与经营者利益目标之间的偏差。一个有效率的经理人市场主要通过信息传导机制和信誉机制对管理层产生激励和威胁，对管理层的评价最终体现在产品市场的绩效上。从这个意义上，公司在产品市场上的表现构成了检验管理层才能的关键标准和路径。此外，激烈的产品市场竞争程度会降低管理层懈怠，有助于限制低效率的行为。这是因为管理层收入通常是公司绩效的增函数，为了获得自身的财富增长，管理层也会努力工作，提高经营绩效，这与股东和利益趋于一致。

3）制度层面治理机制

不同的法律环境会产生不同的融资方式与治理方式，不同的政治制度、政治关系影响着公司的经营效率和治理效率。Williamson（2000）曾对制度（包括正规制度和非正规制度）、治理结构与经济效果（资源配置与就业）的关系进行了图解，指出三者之间的递进内生关系，即制度决定治理结构，进而决定经济效果。一般来说，影响公司治理效率的制度体系可以分为法律机制和行政机制两个方面。

就法律机制而言，法律提供了约束和规范公司管理者行为的强制性外部公司治理机制，对在公司治理中的各主体和客体的都具有最高权威和强制性约束。La Porta 等（1998）的研究发现在实施普通法系的国家里，公司治理水平通常都比较高，小股东也得到了很好的保护；而实施大陆法系的国家通常对小股东的保护比较薄弱，公司治理水平也比较低。此外，不同国家的股权价值、资本成本和外部融资程度的不同均可通过该国的法律起源来解释。

就行政机制而言，行政机制具有执法的主动性和强制性的特征，证券管理委员会及其派出机构、财政部、国资委、保监会等，都是在公司治理中的关键性力量。这些部委在完善公司治理结构、信息披露、中小股东保护等方面发挥着重要的作用，并通过其立法和执法双重职能发现在公司治理中的法律不完善，进而制定行政法规或通过立法建议来弥补法律的不完备。

与西方发达国家市场不同，新兴市场的一个显著特点就是政府在各种社会资源的配置中仍然发挥着重要作用。政府通过税收、信贷、产业导向、行业管制、采购合同、兼并收购、IPO、海外上市、债务融资便利性、财务危机公司的政府救助等影响着企业的经营活动。政府与企业的关系历来有“掠夺之手”和“帮助之手”的争议（Shleifer and Vishny，1998）。政府干预和市场机制的不完善是我国上市公司最为基本的制度环境。因此，在考虑公司治理机制时必须十分注重政府行为对公司治理效率的影响。

本章小结

1. 信息不对称是指市场交易或者签订契约的一方比另一方拥有更多信息的状况，并由此导致信息拥有方为谋取自身更大的利益而使另一方的利益受到损害。

2. 在信息不对称下，管理者（内部人）比投资者（外部人）更为了解公司收益和投资的真实情况。外部人只能根据内部人所传递的信号来重新评价他们的投资决策。公司的融资结构、股利政策等都是内部人传递信号的手段。

3. 股权融资一般存在着比较严重的逆向选择问题，投资者在购买股票时会要求一个较高的风险溢价，以弥补可能遭受的损失。因此，逆向选择问题将导致股权融资成本远高于内部融资成本。

4. 资产负债率是一个积极信号，公司的经营状况越好其资产负债率越高。这是因由于在任何债务水平上，低质量公司都拥有更高的边际预期破产成本，所以低质量公司的管理者不会仿效高质量公司进行过多的债务融资。

5. 股东与管理者之间的冲突主要表现在直接侵蚀股东财富和间接侵蚀股东财富两个方面，前者表现为高薪与在职消费；后者表现为由于管理者帝国建造引起的过度投资，由于管理者的风险态度和任期观念引起的投资不足等投资行为对股东财富的影响。

6. 股东与债权人的代理冲突主要来源于 4 个方面：债权侵蚀、高风险投资、支付股利抽逃资本、投资不足等。其结果使财富从债权人手中转移给股东。

7. 现金流权是股东依据股权份额享有的收益分配权和剩余索取权。若股权控制链条仅有一条控制链，现金流权等于该控制链条上的各层股份持有份额的乘积；若股权控制链存在多条控制链，现金流权就等于每个控制链条上的各层股份持有份额的乘积之和。

8. 控制权为股权控制链条的最终控制人通过直接和间接持有公司股份而对公司拥有的实际控制权。若仅有一条控制链，控制权是该控制链条上最小的股份持有份额；若存在多条控制链，控制权就是每条控制链条上的最小的股份持有份额之和。

9. 狭义的公司治理是指股东对管理者的一种激励与监督制衡机制，即通过一种制度安排，合理配置股东与管理者之间的权力与责任关系，公司治理的目标是保证股东利益最大化。广义的公司治理不局限于股东对管理者的制衡，而且涉及广泛的利害关系者，包括股东、债权人、供应商、客户、雇员、政府、社区等与公司有利害关系的集团。

10. 将公司财务和公司治理结合进来，其研究的内容分为公司、市场、法规3个层面，每个层面主要是内部治理机制和外部治理机制。

讨论题

1. ABC公司当前的股票价格为80元，投资者预测未来的股票价格可能为100元/股、80元/股、60元/股，各种情况出现的概率相等。假设公司的CEO宣布将按市场价格的90%出售他所持有的大部分股票，如果投资者认为CEO知道股票的真实价值，那么当他试图出售股票的消息宣布时，股票的价格将如何变化？CEO能够以每股80元的股价出售吗？为什么？

2. Ross认为公司债务融资可以向市场传递一个利好信号，即公司有足够的盈利能力偿还债务，公司债务融资越多，公司价值越大。请说明债务信号理论成立的前提条件是什么？如果债务融资具有利好的信号作用，那么，在银行借款或发行债券两种融资方式中，哪一种方式可以更好向市场传递有关债务人的信用状况和发展前景的私人信息，发挥有效的信号传递作用？相对来说，哪一种融资方式能减少市场的错误定价？

3. 2012年12月5日，用友软件公告称，公司拟以不超过11.18元/股的价格回购本公司股份，回购总金额不超过2亿元，预计将回购的股份约为1 788.91万股，约占公司总股本1.83%。回购后，控股股东用友科技的持股比例将从29.31%上升至29.86%。你认为这一公告信息对用友软件的股票价格有什么影响？请结合相关理论分析股票回购的信号作用。

4. 2006年3月21日，万科在中国主板市场首家推出股权激励计划，大约有160名万科的员工将获得股权激励，万科董事长王石与其管理团队由此拥有“股东与职业经理人”的双重身份。作为第一家正式出台对管理层激励计划的上市公司，万科这一做法为解决股东与管理者之间的代理冲突有何普遍意义？你认为股权激励对防止经理的短期行为，引导其长期行为具有什么作用？

5. 安然事件连同美国“9·11”事件、世界通信公司会计造假案和安达信解体，被美国证监会前主席哈维·皮特称为美国金融证券市场上遭遇的“四大危机”，可见安然事件对美国经济的影响之大。在中国，蓝田事件、银广夏事件、万福生科，……，一系列上市公司的财务丑闻迫使监管部门加大了对资本市场的监督力度。请根据公司治理理论说明如何发挥内部与外部监管机制使企业走向长治久安?

案例分析

谁该为猴王集团的破产买单①

2001 年 2 月 27 日，宜昌市中级人民法院裁定猴王集团公司破产。至此，负债高达 23.96 亿元，涉案标的 14 亿元在身的猴王集团公司实施破产还债。2 月 28 日，猴王 A 发布董事会公告，公司原第一大股东猴王集团已宣告破产，公司的巨额债务面临严重的坏账风险。

根据猴王集团公司 2000 年的资产负债表，截止到 2000 年 11 月底，资产 24.26 亿元，负债 22.45 亿元，净资产 1.81 亿元，但是到 12 月底，资产骤减至 3.71 亿元，负债增至 23.96 亿元。一个月内资产缩水近 21 亿元。这一戏剧性的变化成为债权人关注的焦点。对此，猴王集团破产清算小组的有关人士解释，这一变化主要是宜昌市审计局调账的结果。资产“缩水”的主要原因来自 5 个方面：审计调账、经营期间亏损、资产分离、抵债、被其他企业兼并。清算小组强调在猴王集团公司破产之前“分离”出去的 11 家企业，其负债均大于资产。不过，在“猴王集团 2000 年资产负债表”的备注说明中却发现：（1）2000 年 8 月，猴王股份与集团公司三分开（人员、资产、财务），资产较上月减少 8.7 亿元；（2）2000 年 9 月，猴王白龙动力、宜昌丰腾房地产公司与集团公司三分开，资产较上月减少 1.4 亿元；（3）2000 年 10 月，宜昌耐特龙公司与集团公司三分开，资产较上月减少 8.8 亿元；（4）2000 年 12 月，审计调账及宜昌市钢琴厂脱离经营关系，资产较上月减少 2 亿元。上述企业的“分离”累计从集团公司带走近 21 亿元资产，与 12 月资产大幅缩水的数字基本吻合。清算小组有关人士表示，由于上述资产分离活动都是在 12 月进行的集中调账，因此造成 12 月的资产大幅减少。但与这位人士强调的“分离出去的企业负债均大于资产”显然矛盾的是，这些“分离”的企业在带走近 21 亿元资产的同时，集团公司的负债却分毫未减，反而由“分离”前的 22.45 亿元增加至 23.96 亿元。

市场人士分析，猴王股份公司成为猴王集团公司破产最大的牺牲品。1993 年，猴王焊接股份公司从猴王集团中“剥离”出去，改组为猴王股份公司，猴王集团公司成为猴王股份公司的第一大股东。但此次资产重组实际上只是一种形式上的“剥离”，猴王集团和猴王股份公司从未在人员、资产和财务上实施实际意义上的剥离，这也就为后来的猴王集团破产以及猴王股份公司演变为“空壳”公司埋下了祸根。自 1994 年以来，猴王股份公司借给猴王集团的长期借款高达 8.91 亿元，

---

① 资料来源：根据提开猴王集团破产案惊人内幕［N］．中国经营报，2007-10-17；“谁该为猴王集团破产买单”，http://www.doc88.com/p-302888696330.html 整理。

到破产前未还款数额为5.9亿元；自1998年4月以来，猴王股份公司为猴王集团及其下属企业提供信用担保金额为45 862.4万元，由于猴王集团宣告破产，有近3亿元的担保金额血本无归。这两项数额累计达近9亿元。而根据猴王股份2000年度中期报告的数据，猴王股份公司的总资产总共才93 408万元。也就是说，随着猴王集团的破产，猴王股份公司已变成一家空壳公司，净资产几乎为零。

2000年8月，猴王集团就开始秘密着手一系列的破产准备工作。在长达半年多的时间里，猴王股份公司的广大中小股东并不知晓内情，因为公司从未发布过正式消息披露此事。而在此期间，财政部批准猴王集团所持有的全部猴王A国家股7 234.9924万股无偿变更为宜昌市夷陵国有资产经营公司持有。其用意在于避免因猴王集团破产而带来的国有资产流失，可广大中小股东的资产在白白流失却无人保护。

猴王集团破产，猴王股份公司变成空壳公司，根本原因在于公司治理机制失效。猴王股份公司自上市以来一直处在母公司猴王集团的完全控制之下。从本质上讲，无论是猴王股份公司的董事会、还是经营管理层，都只是猴王集团的一个“橡皮图章”，公司的经营决策权以及激励、监督权都掌握在集团公司手中。两者在人员、资产以及财务上的千丝万缕的联系为猴王集团恶意控制猴王股份公司创造了条件。上市公司与控股股东这种天然的“母子”关系，使“母子”之间的相互担保、筹资、关联交易十分普遍，上市公司因为此类担保引起的诉讼同样已是一种普遍现象，其结果不是拖欠款项导致资产恶化，就是因无力还款而被拍卖股权，最终成为经济担保的牺牲品，从而严重损害了猴王股份公司的广大中小股东的利益。

根据上述资料，讨论下列问题：

（1）宣告破产时，集团公司的资产为3.7亿元，除不能纳入破产分配的医院、学校、职工住房等社会福利性设施，剩下为数不多的资产大多已作为债务担保物，这些财产同样不属于破产财产。此外，集团公司还有232起经济纠纷，14亿元涉案标的在身。这是否意味着23.96亿元的债权将化为乌有？请根据猴王集团破产事件，说明破产对债权人财富的影响。

（2）在猴王股份公司名义上的控股股东宜昌市夷陵国有资产经营公司收回国有股份前，为什么不事先协调解决猴王集团的债务，或由上市公司申请冻结原大股东股权以保障上市公司的利益？你认为猴王集团破产是否是在大股东预先知情甚至是直接参与下的一种内幕交易的结果？猴王集团破产对猴王股份的中小股东有什么影响？

（3）猴王集团破产，猴王股份公司变成空壳公司，其根据原因在于公司治理机制失效，请说明上市公司应如何处理股东与债权人、大股东与小股东之间的代理冲突？如何防止集团公司对上市公司的恶意控制，如何明晰上市公司产权、完善公司治理结构、规范信息披露，建立中小股东利益保护机制？

延伸阅读文献

［1］李维安，牛建波，等．CEO 公司治理［M］．北京：北京大学出版社，2011.

［2］托马斯，温斯顿，萨斯特里．金融理论与公司政策［M］．柳水明，温婷，田正炜，译．上海：上海财经大学出版社，2007.

［3］JOSEPH P，FRANK，PHILIP. Advanced Corporate Finance：Polices and Strategies［M］．影印版．北京：中国人民大学出版社，2004.

［4］AHARONY J，SWARY I. Quarterly dividend and earnings announcements and stockholders' returns：An empirical analysis［J］. The Journal of Finance，1980，35（1）：1-12.

［5］AKERLOF，GEORGE A. The market for lemons quality uncertainty and the market mechanism［J］. The Quarterly Journal of Economics，1970，84（3）：488-500.

［6］BARCLAY，MICHAEL J and CLIFFORD G. Private benefits from control of public corporations［J］. Journal of Financial Economics，1989，25（2）：371-95.

［7］BERLE，ADOLFA and GARDINER. The modern corporation and private property［M］. New York：Macmillan Publishing Co. 1932.

［8］CLAESSENS，DJANKOV and LHP LANG. The separation of ownership and control in East Asian Corporations［J］. Journal of Financial Economics，2000，58（1）：81-112.

［9］GILLAN，STUART L. Recent Developments in Corporate Governance：An Overview［J］. Journal of Corporate Finance，2006，12（3）：381-402.

［10］GROSSMAN，SANFORD J and OLIVER DHART. One share-one vote and the market for corporate control［J］. Journal of Financial Economics，1988（20）：175-202.

［11］FACCIO，MARA and LARRY HP LANG. The ultimate ownership of Western European corporations［J］. Journal of Financial Economics，2002，65（3）：365-95.

［12］FACCIO，MARA，LARRY HP LANG. Dividends and expropriation［J］. American Economic Review，2001，91（1）：54-78.

［13］FAN，JOSEPH PH，K. C. WEI. Corporate finance and governance in emerging markets：A selective review and an agenda for future research［J］. Journal of Corporate Finance，2011，17（2）：207-14.

［14］FLANNERY，MARK J. Asymmetric information and risky debt maturity choice［J］. The Journal of Finance，1986，41（1）：19-37.

［15］JACKSON，SCOTT B，THOMAS J LOPZ. Accounting fundamentals and CEO bonus compensation［J］. Journal of Accounting and Public Policy，2008，27（5）：

374-93.

[16] JENSEN, MICHAELC and KEVIN J. Performance Pay and Top-Management Incentives [J] . Journal of Political Economy, 1990, 98 (2): 225-64.

[17] JENSEN, MICHAEL Cand WILLIAMH. Theory of the firm: Managerial behavior, agency costs and ownership structure [J] . Journal of Financial Economics, 1976, 3 (4): 305-60.

[18] JENSEN, MICHAEL C and CLIFFORD. Stockholder, managerand creditor interests: applications of agency theory [J] . Theory of the Firm, 1985, 1 (1): 93-113.

[19] JOHNSON, SIMON, PETER BOONE. Corporate governance in the Asian financial crisis [J] . Journal of Financial Economics, 2000, 58 (1): 141-86.

[20] JOHNSON, JONATHAN L, CATHERINE. Boards of directors: A review and research agenda [J] . Journal of Management, 1996, 22 (3): 409-38.

[21] PORTA, RAFAEL and ANDREI. Corporate Ownership Around the World [J] . Journal of Finance, 1999, 54 (2): 471-517.

[22] MILLER, M H and F MODIGLIANI. Dividend policy, growthand the valuation of shares [J] . Journal of Business, 1961, 34 (4): 411-33.

[23] MYERS, N S, MAJLUF. Corporate financing and investment decisions when firms have informationthat investors do not have [J] . Journal of Financial Economics, 1984 (13): 187-221.

[24] MYERS, S C. Determinants of corporate borrowing [J] . Journal of Financial Economics, 1977, 5 (2): 147-175.

[25] SPENCE. Job market signaling [J] . The Quarterly Journal of Economics, 1973, 87: 355-374.

[26] PYLE, DAVID and HAYNE LELAND. Information asymmetries, financial structureand financial intermediation [J] . Journal of Finance, 1977, 32 (2): 371-87.

[27] ROSS, S A. The determination of financial structure: the incentive-signalling approach [J] . Bell Journal of Economics, 1977, 8 (1): 23-40.

[28] ROTHSCHILD, MICHAEL, JOSEPH STIGLITZ. Equilibrium in competitive insurance markets [J] . The Quarterly Journal of Economics, 1976, 90: 629-650.

[29] SHLEIFER, ANDREI, ROBERT. Large shareholders and corporate control [J] . The Journal of Political Economy, 1986, 94 (3): 461.

[30] SHLEIFER, ANDREI and ROBERT. A Survey of Corporate Governance [J] . The Journal of Finance, 1977, 52 (2): 737-83.

[31] STIGLITZ, JOSEPH E and ANDREW WEISS. Credit rationing in markets

with imperfect information [J]. The American Economic Review, 1981: 393-410.

[32] WILLIAMSON, OLIVER E. Corporate finance and corporate governance [J]. The Journal of Finance, 1988, 43 (3): 567-91.

[33] WILLIAMSON, OLIVER E. The new institutional economics: taking stock, looking ahead [J]. Journal of Economic Literature, 2000, 38 (3): 595-613.

第4章 资本市场融资策略

学习目标

◇ 掌握企业生命周期理论对融资方式的影响
◇ 了解公开发行股票（IPO）、股权再融资的资格与条件
◇ 了解我国上市公司 IPO、股权再融资的发行费用状况
◇ 掌握公司资信等级对债券融资的影响
◇ 掌握债券发行过程中的定价与分销

从企业经营看，现金流决定企业的生存，利润事关企业的发展，资金是企业的血液。中国企业家习惯从银行贷款融资，并不熟悉、热衷从资本市场获得发展资金，对私募股权投资、风险投资、债券融资、夹层融资、并购等融资渠道和方式缺少实战经验。在现代经济生活中，资本市场不仅提供了企业筹集资本的场所，也是实现社会资源配置的工具，并起到完善公司治理结构的作用。然而，在资本市场融资并不可能是一帆风顺的。

2006 年 7 月 30 日，中国国际航空公司（以下简称国航）发布招股说明书，预计发行 27 亿股 A 股，其中战略配售 3.5 亿股，其余部分的 50% 在网下配售，50% 在网上发行。然而，国航网下配售却遭遇“闷棍”，仅有 36 家机构投资者向公司递交了申购表，其中有效的只有 27 张，申购总量 4.695 亿股，与原计划网下配售的 11.75 亿股相比，缩水率超过 60%。由于网下配售情况糟糕，在网上发行的前一天，国航突然临阵“瘦身”，将发行规模缩减为 16.39 亿股，这在国内证券市场尚属首例。相比原方案，除战略投资者配售总量保持不变外，国航网下配售总量减少 7.055 亿股，网上发行量减少 3.555 亿股。发行数量缩水率达到近 40%。募集资金较原计划减少 25 亿多元。

国航是“新老划断”后发行的第三只大盘股。在公布中行发行消息后，大盘暴跌 90 点；大秦铁路发行前，大盘暴跌 85 点；国航发行前，市场再度深跌近 50

点。市场信心一再受挫，牛市踪影荡然无存。为确保国航网上发行的顺畅，其大股东中航集团承诺，股票上市后至2006年12月31日，如果国航二级市场价格低于发行价，中航集团将增持不超过6亿股，直到股价恢复到发行价格为止。在发行新股的同时做出如此承诺在国内史无前例，这显示出发行人对股票上市后的表现缺乏信心①。

此次国航的新股承销团可谓豪华阵容，中金公司、中信证券和银河证券都是证券市场举足轻重的角色，但这单买卖做得如此尴尬，已被业界引为笑谈。在这次国航A股被迫“瘦身”事件中，从发行人到承销机构，从机构投资者到个人投资者，没有一个赢家。

第4章简要介绍企业不同生命周期的融资方式，说明IPO、股权再融资的发行条件、新股发行的定价方法及定价过程；分析IPO和股权再融资的发行过程和发行费用；讨论债券的信用评级与债券选择、债券的发行程序，便于读者掌握债券发行过程中的定价与分销问题。

4.1 企业生命周期与融资方式

4.1.1 企业生命周期的财务特征

对企业生命周期的研究始于20世纪50年代，繁荣于70—80年代，在90年代末出现了新的高潮。企业生命周期理论是在承认企业具有生命属性的前提下进行的仿生研究。它将企业作为一个整体来考察其成长、发展的经历，寻求其规律性，强调了企业发展的阶段性和作为整体（法人）的生命有限性，致力于研究在该过程中各个阶段的特征与问题。企业生命周期理论通常将企业分成4个发展阶段：初创期、成长期、成熟期和衰退期。企业在不同阶段的财务特征各不相同，见表4-1。

1）初创期的融资方式

这是企业形成后的最初阶段，一般而言，由所有者权益来提供资金，也可能包括银行借款。当该企业试图去吸引顾客并且站稳脚跟时，会因为融资需求而受到约束。

2）成长期的融资方式

一旦企业成功地吸引了顾客并且在市场上占有一席之地，它将准备扩张，此时其融资需求会增加。因为该企业在此阶段不可能从其内部产生高额的现金流以满足其投资需求，企业的所有者一般会寻求私有权益或者风险资本来满足这种融资需求。

一些处于该阶段的企业也会转变为上市公司，通过发行普通股股票来满足其资金需求，如中小企业板和创业板的上市公司。在转变为上市公司的过程中，企业的

① 改编资料来源于搜狐财经，网址为http：//business. sohu. com/20071101/n253000269. shtml。

表 4-1　企业各生命周期财务特征

	初创期	成长期	成熟期	衰退期
理财目标	销售额最大化	利润最大化	企业价值最大化	现金净流量最大化
战略重点	吸引风险投资者	提高资金运用效率	维持当前的利润率	寻找新的利润增长点
企业规模	小	逐步变大	大	逐步缩小
市场占有率	低	逐步上升	高	逐步降低
未来成长预期	非常高	高	中等	负增长
经营风险	非常高	高	中等	低
资本来源	留存收益/风险投资	负债与权益资本	负债与留存收益	负债，谨慎筹资
资产负债率	低	高	低	高
现金净流量	负	平衡略有上升	保持大量现金流	平衡略有下降
财务风险	非常低	高	中等	较高
股价	未知	增长	稳定	下滑
股价波动幅度	高度易变	易变	稳定	易变
市盈率	非常高	高	中等	低
每股净利	没有	低	高	下滑
股利政策	剩余股利政策	低现金股利 零现金股利	固定股利政策 固定股利支付率政策	剩余股利政策 不支付股利
股利支付率	零	一般	高	较高

资料来源：陈芳. 基于企业生命周期的融资战略选择［J］. 中国管理信息化，2011（07）：20-22.

融资选择也增加了。虽然企业的收入高速增长，但是盈利增长很可能滞后于收入增长并且出现内部现金流滞后于投资需求。一般来说，处于该阶段的上市公司会发行更多的权益资本，可能以普通股、权证以及其他股票期权的形式发行。如果它们使用的是负债，很可能会使用可转换债券来筹集资金。

3）成熟期的融资方式

随着企业的成长性逐渐趋于平稳，企业一般会出现两个现象：第一，盈利和现金流会持续快速增长，这些反映了过去的投资；第二，对新项目进行投资的需求会减小。其结果就是一部分资金需求可以由内部融资满足，并且使用的外部融资方式会发生变化。这些企业更可能采用银行借款或者公司债券的负债方式来满足它们的投资需求。

4）衰退期的融资方式

企业生命周期的最后一个阶段是衰退期。处于该阶段的企业会发现，随着它们业务的成熟以及新的竞争对手的超越，其收入与盈利都开始下滑。现有的投资还可能持续产生现金流量，尽管产生现金流量的速度在下降，而公司已经没有什么新的投资需求。因此，内部融资很可能超过再投资的需求。企业不大可能发行新的股票或者债券，而更可能收回现有的负债或者回购股票。从某种意义上说，企业正在自我清算。

并非所有企业都经过这 4 个阶段，也并非所有的企业都会做出相同的决策。第一，很多企业没有经过初创期。每年企业家们成立了数万家企业，其中，很多企业都不能幸存下来。即使是那些得以幸存的企业通常一直都是小企业而没有扩张的潜力。第二，并非所有成功的私有企业都会转变为上市公司。这些企业一直保持私有并且努力做到筹集足够的资金以保证企业长期健康增长。第三，有些企业即使在高成长期也不需要进行外部融资，因为利用内部资金来为这种增长融资已经完全足够了。也有高成长性的企业发行债券，也有低成长性的企业发行股票。简而言之，生命周期理论框架不能解释所有企业的融资决策，但有助于我们解释为什么不同企业的选择不同以及是什么使企业偏离了一般的融资决策。

4.1.2 企业生命周期对融资方式选择的影响：经验研究

可以用企业金融成长理论从长期和动态角度较好地解释企业生命周期对融资方式选择的影响。20 世纪 70 年代，韦斯顿和布里格姆（Weston 和 Brigham，1970，1978）根据企业不同成长阶段融资来源的变化提出了企业金融生命周期假说，把生命周期划分为初期、成熟期和衰退期 3 个阶段。但早期的金融生命周期模型主要是根据企业的资本结构、销售额和利润等显性特征来说明企业在不同发展阶段的金融资源获得性问题，较少考虑企业信息等隐性特征的影响。后来，Berger 和 Udell（1998）将企业生命周期与融资相结合，形成了修正的金融成长周期理论，指出小的年轻的信息不透明的企业多依赖于初始内部融资、贸易信贷或天使融资；当企业逐步发展则可以获得间接融资（权益资金来自于风险投资，债务资金来自于银行、金融公司等）；最后如果企业持续增长，则有机会通过公共权益和债务市场进行融资。King sley，C. W.（2000）以计算机及外设产业公司为样本检验了生命周期和企业融资结构的关系。研究表明，最优投资回报率和融资结构之间的关系随企业所处生命周期阶段的不同而不同，企业生命周期在企业融资结构决策过程中起到了非常重要的作用。

我国学者罗丹阳和宋建江（2004）通过调查研究我国私营企业的成长与融资结构选择，指出在私营企业成长的不同阶段对融资方式有不同的要求。张捷和王霄（2002）在金融成长周期理论模型的基础上，通过对中美两国中小企业融资结构的比较，验证了金融成长周期规律对中国的中小企业的适用性。曹裕等（2009）以筛选得到的 354 家我国上市公司 2002—2007 年的数据为样本，借鉴产业经济学增长率产业分类法将上市公司大致界定处于成长期、成熟期或衰退期，从企业自身特征的角度研究了处于不同生命周期阶段的企业融资结构特征、差异性和导致差异的原因。研究表明，处于不同生命周期阶段的上市公司融资结构具有显著差异。其中长期负债率在成长期相对较高，短期负债率在成熟期相对于成长期与衰退期较高，但与成长期的差别较小。赵旭（2012）运用管理熵理论对中国上市公司的生命周期阶段进行了科学划分与界定，对 1 030 家处于不同发展阶段的上市公司的融资结构进行了实证分析。研究结果表明，绝大部分上市公司处于成长期，其成长期负债比率高于成熟期，反映上市公司融资规律在部分时期符合金融成长周期理论；融资结构在民营和非民营公司之间并没有本质差异，即所有制歧视对企业融资结构的影响并不显著；成长阶段融资结构有一定的行业差异，相对垄断的行业如采掘业、电力、交通运输业等似乎偏向于股权融资，而充分竞争的行业如建筑房地产业、制造业、信息技术业等行业的上市公司倾向于债务融资，这可能与我国证券市场的特有制度安排有关。

4.2 首次公开发行股票（IPO）

4.2.1 股票发行上市的资格与条件

1）主板上市的资格与条件

A 股发行主体应是依法设立且合法存续的股份有限公司；经国务院批准，有限责任公司在依法变更为股份有限公司时，可以公开发行股票。财务上的具体要求有：发行前 3 年的累计净利润超过 3 000 万元；发行前 3 年的累计净经营性现金流超过 5 000 万元或累计营业收入超过 3 亿元；无形资产与净资产比例不超过 20%；发行前不少于 3 000 万股；上市股份公司的股本总额不低于 5 000 万元；公众持股比例不低于 25%；如果发行时股份总数超过 4 亿股，公众持股比例不得低于 10%；过去 3 年的财务报告中无虚假记载。

2）中小企业板上市的资格与条件

中小企业板上市的基本条件与主板市场完全一致，中小企业板块是深交所主板市场的一个组成部分，按照“两个不变”和“四个独立”的要求，该板块在主板市场法律法规和发行上市标准的框架内，实行包括“运行独立、监察独立、代码独立、指数独立”的相对独立管理。

中小企业板块主要安排在主板市场拟发行上市企业中具有较好的成长性和较高的科技含量的、流通股本规模相对较小的公司，其持续经营时间应当在 3 年以上（有限责任公司按原账面净资产值折股整体变更为股份有限公司的，持续经营时间可以从有限责任公司成立之日起计算）。发行人在最近 3 年内的主营业务以及董事、高级管理人员没有发生重大变化，实际控制人没有发生变更。在财务会计方面要求发行人的资产质量良好，资产负债结构合理，盈利能力较强，现金流量正常。

具体各项财务指标应达到以下要求：最近 3 个会计年度的净利润均为正数且累计超过人民币 3 000 万元；最近 3 个会计年度的经营活动产生的现金流量净额累计超过人民币 5 000 万元。或者最近 3 个会计年度的营业收入累计超过人民币 3 亿元；发行前股本总额不少于人民币 3 000 万元；最近一期期末的无形资产（扣除土地使用权、水面养殖权和采矿权等后）占净资产的比例不高于 20%；最近一期期末不存在未弥补亏损。

3）创业板上市的资格与条件

创业板市场与主板市场不同，现阶段其主要目的是为高科技领域中运作良好、发展前景广阔、成长性较强的新兴中小型公司提供融资场所。由于中小型高科技企业普遍经营规模偏小，营运时间较短，市场前景不确定，造成其盈利能力不稳定，存在一定的市场风险，银行不敢为其贷款，而中国主板市场因为进入门槛过高也将它们拒于门外，这样就特别需要一个有别于主板市场的创业板市场为它们提供融资渠道。考虑到新兴高科技公司业务前景的不确定性，在构建中国创业板市场时，要设法降低市场的进入门槛。具体发行条件如下：申请股票上市的公司股本总额应不少于 3 000 万元；最近一期期末的净资产不少于 2 000 万元，发行后股本不少于 3 000万元；最近两年连续盈利，最近两年的净利润累计不少于 1 000 万元，且持续增长；最近一年盈利，且净利润不少于 500 万元，最近一年的营业收入不少于 5 000万元，最近两年的营业收入增长率均不低于 30%。发行人应具有一定的持续经营记录，具体要求发行人应当是依法设立且持续经营 3 年以上的股份有限公司，有限责任公司按原账面净资产值折股整体变更为股份有限公司的，其持续经营时间可以从有限责任公司成立之日起计算。

4.2.2 首次公开发行股票的审核流程

按照依法行政、公开透明、集体决策、分工制衡的要求，首次公开发行股票的审核工作流程分为材料受理分发、见面会、问核、反馈会、预先披露、初审会、发审会、封卷、会后事项审核、核准发行等主要环节，分别由不同处室负责，相互配合、相互制约，具体流程如图 4-1 所示。

1）材料受理分发环节

中国证监会受理部门工作人员根据《中国证券监督管理委员会行政许可实施程序规定》（证监会令第 66 号）和《首次公开发行股票并上市管理办法》（证监会令第 32 号）等规则的要求，依法受理首发申请文件，并按程序转给发行监管部。发行监管部综合处收到申请文件后将其分发审核一处、审核二处，同时送国家发改委征求意见。

2）见面会环节

见面会旨在建立发行人与发行监管部的初步沟通机制。会上由发行人简要介绍企业的基本情况，发行监管部部门负责人介绍发行审核的程序、标准、理念及纪律要求等。见面会按照申请文件的受理顺序安排，一般安排在星期一，由综合处通知

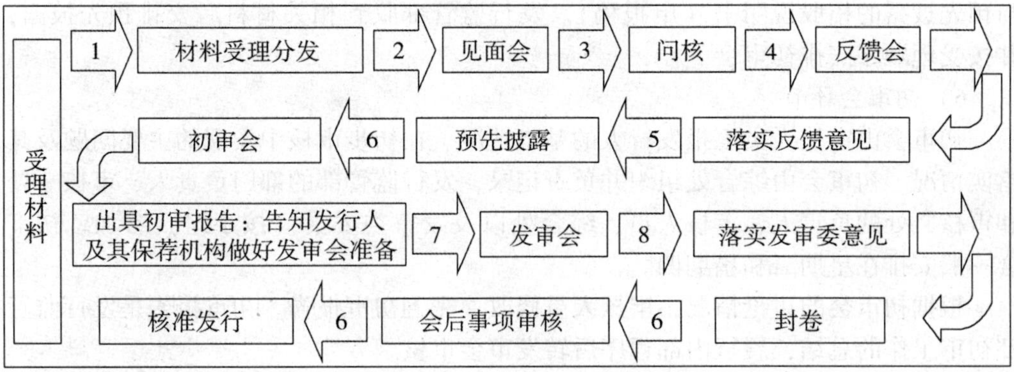

图 4-1　首次发行股票流程图

相关发行人及其保荐机构。见面会参会人员包括发行人代表、发行监管部部门负责人、综合处、审核一处和审核二处的负责人等。

3）问核环节

问核机制旨在督促、提醒保荐机构及其保荐代表人做好尽职调查工作，安排在反馈会前后进行，参加人员包括问核项目的审核一处和审核二处的审核人员、两名签字保荐代表人和保荐机构的相关负责人。

4）反馈会环节

审核一处、审核二处的审核人员审阅发行人申请文件后，从非财务和财务两个角度撰写审核报告，提交反馈会讨论。反馈会主要讨论在初步审核中关注的主要问题，确定需要发行人补充披露、解释说明以及中介机构进一步核查落实的问题。

反馈会按照申请文件的受理顺序安排，一般安排在星期三，由综合处组织并负责记录，参会人员有审核一处、审核二处审核人员和处室负责人等。反馈会后将形成书面意见，履行内部程序后反馈给保荐机构。反馈意见发出前不安排发行人及其中介机构与审核人员沟通（问核程序除外）。

保荐机构在收到反馈意见后，组织发行人及相关中介机构按照要求落实并进行回复。综合处收到反馈意见回复材料进行登记后转审核一处、审核二处。审核人员按要求对申请文件以及回复材料进行审核。

发行人及其中介机构在收到反馈意见后，在准备回复材料的过程中如有疑问可与审核人员进行沟通，如有必要也可与处室负责人、部门负责人进行沟通。

在审核过程中如发生或发现应予披露的事项，发行人及其中介机构应及时报告发行监管部并补充、修改相关材料。初审工作结束后，将形成初审报告（初稿）并提交初审会讨论。

5）预先披露环节

反馈意见落实完毕、国家发改委意见等相关政府部门意见齐备、财务资料未过有效期的将安排预先披露。具备条件的项目由综合处通知保荐机构报送发审会材料与预先披露的招股说明书（申报稿）。发行监管部收到相关材料后安排预先披露，并按受理顺序安排初审会。

6）初审会环节

初审会由审核人员汇报发行人的基本情况、在初步审核中发现的主要问题及其落实情况。初审会由综合处组织并负责记录，发行监管部的部门负责人、审核一处和审核二处的负责人、审核人员、综合处以及发审委委员（按小组）参加。初审会一般安排在星期二和星期四。

根据初审会的讨论情况，审核人员修改、完善初审报告。初审报告是发行监管部初审工作的总结，履行内部程序后转发审会审核。

初审会讨论决定提交发审会审核的，发行监管部在初审会结束后出具初审报告，并书面告知保荐机构需要进一步说明的事项以及做好上发审会的准备工作。初审会讨论后认为发行人尚有需要进一步落实的重大问题、暂不提交发审会审核的，将再次发出书面反馈意见。

7）发审会环节

发审委制度是在发行审核过程中的专家决策机制。目前发审委委员共 25 人，分 3 个组，发审委处按工作量安排各组发审委委员参加初审会和发审会，并建立了相应的回避制度、承诺制度。发审委通过召开发审会进行审核工作。发审会以投票方式对首发申请进行表决，提出审核意见。每次会议由 7 名委员参会，独立进行表决，同意票数以达到 5 票为通过。发审委委员投票表决采用记名投票方式，会前有工作底稿，会上有录音。

发审会由发审委工作处组织，按时间顺序安排，发行人代表、项目签字保荐代表人、发审委委员、审核一处与审核二处的审核人员、发审委工作处人员参加。

发审会召开 5 天前由中国证监会发布会议公告，公布发审会审核的发行人名单、会议时间、参会发审会的委员名单等。发审会先由委员发表审核意见，发行人聆询时间为 45 分钟，聆询结束后由委员投票表决。发审会认为发行人有需要进一步落实的问题时，将形成书面审核意见，履行内部程序后发给保荐机构。

8）封卷环节

发行人的首发申请通过发审会审核后，需要进行封卷工作，即将申请文件的原件重新归类后存档备查。封卷工作在落实发审委意见后进行。如没有发审委意见需要落实，则在通过发审会审核后即进行封卷。

9）会后事项审核环节

会后事项是指发行人在首发申请通过发审会审核后、招股说明书刊登前发生的可能影响本次发行及对投资者作出投资决策有重大影响的应予披露的事项。存在会后事项的，发行人及其中介机构应按规定向综合处提交相关说明。须履行会后事项程序的，综合处接收相关材料后转审核一处、审核二处。审核人员应按要求及时提出处理意见。按照会后事项的相关规定需要重新提交发审会审核的需要履行内部工作程序。如申请文件没有封卷，则会后事项与封卷可同时进行。

10）核准发行环节

封卷并履行内部程序后，将进行核准批文的下发工作。

4.2.3　首次公开发行股票的询价机制

为了保护投资者的合法权益，加强市场约束，完善股票发行价格形成机制，证监会要求首次公开发行股票实行询价制度，即首次公开发行股票的公司及其保荐机构应通过向询价对象询价的方式确定股票发行价格。询价对象是指符合证监会规定条件的证券投资基金管理公司、证券公司、信托投资公司、财务公司、保险机构投资者和合格境外机构投资者（QFII），以及其他经中国证监会认可的机构投资者。

发行股票申请经中国证监会核准后，发行人应公告招股意向书，开始进行推介和询价。询价分为初步询价和累计投标询价两个阶段。发行人及其保荐机构应通过初步询价确定发行价格区间，通过累计投标询价确定发行价格。招股意向书除了不含发行价格、融资金额以外，其内容与格式应与招股说明书一致，并与招股说明书具有同等的法律效力。发行人及其保荐机构应对招股意向书的真实性、准确性及完整性承担相应的法律责任。

发行人及其保荐机构应向不少于 20 家询价对象进行初步询价，并根据询价对象的报价结果确定发行价格区间及相应的市盈率区间。询价对象应在综合研究发行人的内在投资价值和市场状况的基础上独立报价，并将报价依据和报价结果同时提交给保荐机构。初步询价和报价均应以书面形式进行。公开发行股数在 4 亿股（含 4 亿股）以上的，参与初步询价的询价对象应不少于 50 家。

发行价格区间确定后，发行人及其保荐机构应在发行价格区间内向询价对象进行累计投标询价，并应根据累计投标询价的结果确定发行价格。符合规定的所有询价对象均可参与累计投标询价。发行价格区间、发行价格及相应的发行市盈率确定后，发行人及其保荐机构应将其分别报中国证监会备案并公告，发行价格确定依据应同时备案及公告。

发行人及其保荐机构应向参与累计投标询价的询价对象配售股票：公开发行数量在 4 亿股以下的，配售数量应不超过本次发行总量的 20%；公开发行数量在 4 亿股以上（含 4 亿股）的，配售数量应不超过本次发行总量的 50%。经中国证监会同意，发行人及其保荐机构可以根据市场情况对上述比例进行调整。

累计投标询价完成后，当发行价格以上的有效申购总量大于拟向询价对象配售的股份数量时，发行人及其保荐机构应对发行价格以上的全部有效申购进行同比例配售。配售比例为拟向询价对象配售的股份数量除以发行价格以上的有效申购总量。有效申购的标准应在发行公告中明确规定。保荐机构应对询价对象的资格进行核查和确认，对不符合本通知及其他相关规定的投资者，不得配售股票。

累计投标询价及配售完成后，发行人及其保荐机构应刊登配售结果公告。配售结果公告至少应包括以下内容：

（1）累计投标询价情况，包括：所有询价对象在不同价位的有效申购数量，不同价位以上的累计有效申购数量及其对应的超额认购倍数、申购总量和冻结资金总额；

（2）发行价格以上的有效申购获得配售的比例及超额认购倍数；

（3）获得配售的询价对象名单、获配数量和退款金额。

累计投标询价完成后，发行人及其保荐机构应将其余的股票以相同价格按照发行公告规定的原则和程序向社会公众投资者公开发行。

询价对象应承诺将参与累计投标询价获配的股票锁定 3 个月以上，锁定期自向社会公众投资者公开发行的股票上市之日起计算。

4.2.4 首次公开发行股票的费用

自2006 年以来，我国公司 IPO 制度由核准制升级为保荐制，IPO 的发行费用构成也随之发生变化。发行费用的具体构成包括：

1）承销费用

股票承销费用又称发行手续费，是指发行公司委托证券承销机构发行股票时支付给后者的佣金，通常在股票发行费用中所占的比重最大。承销费用一般按企业募集资金总额的一定百分比计算，从承销商在投资者付给企业的股款中扣除。

决定和影响股票承销费的主要因素包括：①发行总量。股票发行量的大小决定了承销机构的业务量与承销费的高低，发行量越大，承销费用越高。②发行总金额。一般来说，承销费用与股票筹资额成正比，股票筹资额越大，收取的承销费用越多。③发行公司的信誉。发行公司的信誉越好，发行股票的销路越好，收取的承销费用较低。④发行股票的种类。不同种类股票的特点及其风险互不相同，从而收取的承销费用也不一样。⑤承销方式。承销商的承销方式包括包销和代销。承销商在不同的承销方式下承担的责任和风险有所不同，因此发行人支付给承销商的承销费也不尽相同，通常以包销方式承销时的承销费用要高于以代销方式承销时的承销费用。⑥发行方式。例如，网下发行的承销费用一般略高于网上定价发行的承销费用。

2）保荐费用

公开发行股票依法采取承销方式的，应当聘请具有保荐资格的机构担任保荐人。保荐费用为发行公司委托保荐机构推荐股票发行上市所支付的费用。

3）其他中介机构费用

在股票发行过程中必然会涉及评估、财务和复杂的法律问题，因此，企业自股票发行准备阶段起就必须聘请具有证券从业资格的资产评估机构、会计师事务所以及律师事务所参与发行工作。此类中介机构的费用也是在股票发行过程中必须支付的费用，其收费标准基本上按企业规模的大小以及工作的难易程度来确定。

4）印刷费用

企业必须为发行申报材料、招股说明书、上市公告书等文件的印刷付出印刷费用，这笔费用将依印刷频率、数量和质量而定。

5）宣传广告费

在发行股票时，为了使股票能顺利发售出去，实现预定的筹资目标，发行公司往往会做一些广告、宣传工作，这无疑需要支出一定的费用。

6）审计费用

公开发行股票的公司必须向社会公众披露经过审计的财务报告，以及会计师事务所出具的审计报告，以合理保证财务报告的真实性、完整性和客观性。因此，需要对提供审计服务的会计师事务所支付审计费用。

7）其他费用

除上述费用外，发行人在股票发行过程中可能还需支付一些其他费用，如采用网上定价发行方式的公司需支付上网发行费用。

表 4-2 是我国上市公司 2003—2012 年间主板、中小企业板和创业板 IPO 融资费用的状况。从表 4-2 可以看出，自 2006 年及以后 IPO 的公司要承担保荐费用。从费用构成看，保荐费用构成了发行费用的主要部分，由图 4-2 可见：2009 年之前，主板的保荐费用比重明显高于中小企业板；2009 年以后，主板、中小企业板和创业板的保荐费用比重基本相当。从主板、中小企业板和创业板 3 个板块的 IPO 费用比较可以看出，主板的发行费用率低于中小企业板，中小企业板的发行费用率低于创业板。主板的保荐费率低于中小企业板，中小企业板的保荐费率低于创业板，而且，无论是发行费用还是保荐费用随着时间的推移呈现了上涨趋势，其中创业板的费用上涨趋势最快。

表 4-2　　　　**2003—2012 年间各市场板块 IPO 融资费用状况**

年份	主板			中小企业板			创业板		
	上市公司数量	发行费用率	保荐费用率	上市公司数量	发行费用率	保荐费用率	上市公司数量	发行费用率	保荐费用率
2003	65	3.33%	0	0	0	0	0	0	0
2004	60	4.61%	0	38	5.84%	0	0	0	0
2005	3	2.93%	0	12	6.79%	0	0	0	0
2006	21	2.33%	1.98%	60	5.95%	4.25%	0	0	0
2007	38	1.66%	1.49%	96	5.42%	3.98%	0	0	0
2008	8	1.92%	1.59%	71	5.57%	3.94%	0	0	0
2009	12	2.37%	1.82%	54	5.24%	3.90%	36	6.12%	4.56%
2010	30	2.11%	1.68%	200	5.50%	4.38%	111	5.96%	4.90%
2011	42	3.58%	3.11%	111	6.14%	5.21%	123	7.80%	6.62%
2012	26	4.73%	3.66%	52	7.22%	5.87%	72	8.56%	6.92%
均值	27	2.97%	3.72%	78	5.96%	6.87%	89	7.16%	7.95%

资料来源：根据 wind 金融数据库整理得出。

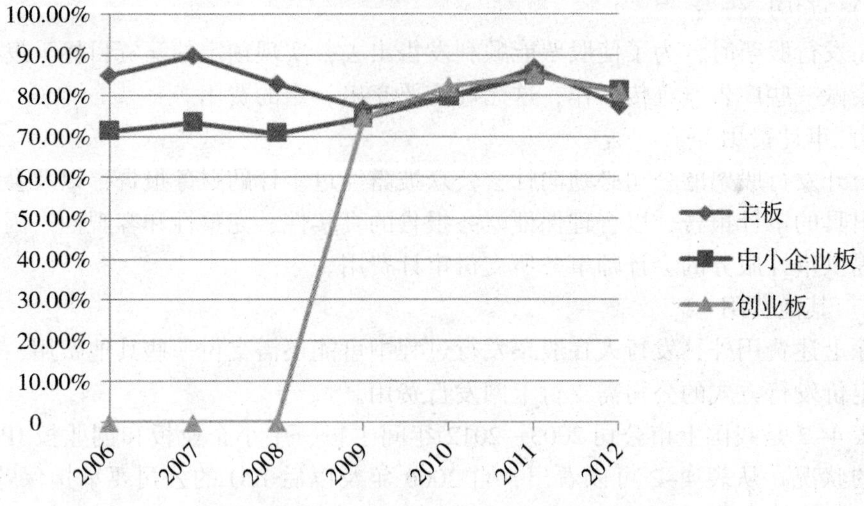

图 4-2　IPO 保荐费用占发行费用的比重

资料来源：根据 wind 金融数据库整理得出。

4.2.5　我国上市公司 IPO 超募融资的经验研究

IPO 超募现象，是指上市公司在首次公开募股过程中募集的资金超过投资项目计划实际所需的资金。根据信息不对称理论，产生超募现象的原因是投资者对本次发行前景掌握有利信息，从而大量认购导致的（Rock，1986）。Rock 还构建了一个超募与 IPO 抑价关系模型，Koh 和 Walter（1989）、Yong 等（2001），Sohail 和 Nasr（2007）分别利用新加坡市场、吉隆坡证券交易所、卡拉奇证券交易所的公司数据，检验了 Rocks（1986）的模型，均发现超募水平对 IPO 抑价存在显著正向影响。就其具体环境而言，资本市场的成熟程度是导致超募的根本原因。在我国资本市场发展尚不健全的环境下，发行询价体制是导致超募问题的实质（毛瑞炜，2010）。承销商的声誉和投资者的投资热情也能影响超募程度。王霞等（2011）发现，承销商的声誉越好，其承销的企业资金超募就越严重。衣龙新（2012）发现一级市场的机构投资者的热情与二级市场的公众投资者的情绪及券商在利益驱动下的“推手”作用，是造成创业板上市公司严重超募的主要动因。从公司自身来说，管理者声誉、公司年龄也能显著影响超募的水平（Shelly 和 Balwinder，2008）。从宏观经济环境看，宏观经济形势向好、产业结构升级、宽松的货币政策以及股票市场追“新”传统将是导致超高募集资金的环境因素（蒋欣、李全，2010）。

超募是一种低效率的经济行为，会导致资金使用效率大幅下降并易导致公司管理层“滥用自由现金流”，而且会损害中小股东的利益并降低社会资源的配置效率（王峰娟等，2010）。不仅如此，冯晓、崔毅（2010）认为创业板超募资金使用不当会损毁公司财富，巨额超募资金引发的盲目投资会增加经营风险，社会财富分配不合理会造成企业家人才流失；方军雄和方芳（2011）发现 IPO 融资超募容易导致上市公司的过度投资和高管薪酬的过度发放。龚靓、张志宏（2013）认为创业板上市公司超募资金提供的充裕现金流为管理者迎合投资者的非理性情绪投资提供了条件。因此，可以通过优化新股发行体制、规范参与询价的机构投资者的责任、改革我国企业的资本金制度、加强对保荐机构的监管、尽快推出直接退市制度、积极引导上市公司科学制订超募资金使用计划等措施以缓解超募现象（申军静，2010；王峰娟等，2010）。

4.3 股权再融资行为（SEO）

4.3.1 股权再融资的资格与条件

《上市公司证券发行管理办法》就上市公司通过配股、增发、发行可转换公司债券的发行条件做了两个层面的规定：一般规定和特殊规定。一般规定适用于所有股权再融资方式，其具体要求包括5个方面：第一，上市公司组织机构健全、运行良好；第二，上市公司的盈利能力具有可持续性；第三，上市公司的财务状况良好；第四，上市公司36个月内的财务会计文件无虚假记载，且不存在重大违法行为；第五，上市公司募集资金的数额和使用应当符合政策规定。各个股权再融资方式除了要满足一般规定外，还要满足各自的特殊规定。

1）配股的条件

上市公司向原有股东配股，除了满足一般规定外，还要符合下列规定：第一，拟配售股份的数量不超过本次配售股份前股本总额的30%；第二，控股股东应当在股东大会召开前公开承诺认配股份的数量；第三，采用证券法规定的代销方式发行；第四，控股股东不履行认配股份的承诺，或者代销期限届满，原股东认购股票的数量未达到拟配售数量70%的，发行人应当按照发行价并加算银行同期存款利息返还已经认购的股东。

2）增发的条件

增发分为向不特定对象公开发行股票以及向特定对象非公开发行股票两种形式。向不特定对象公开增发股票的上市公司除了要满足一般规定，还要符合下列规定：第一，3个会计年度的加权平均净资产收益率平均不低于6%。扣除非经常性损益后的净利润与扣除前的净利润相比，以低者作为加权平均净资产收益率的计算依据；第二，除金融类企业外，最近一期期末不存在持有金额较大的交易性金融资产和可供出售的金融资产、借予他人款项、委托理财等财务性投资的情形；第三，发行价格应不低于在公告招股意向书前20个交易日公司股票的均价或前一个交易日的均价。

向特定对象非公开发行股票的发行对象不超过10名，应当符合下列规定：第一，发行价格不低于定价基准日前20个交易日公司股票均价的90%；第二，本次发行的股份自发行结束之日起，20个月内不得转让；控股股东、实际控制人及其控制的企业认购的股份，36 个月内不得转让。

3）发行可转换债券的条件

公开发行可转换公司债券的公司，除应当符合一般规定外，还应当符合下列规定：第一，3 个会计年度的加权平均净资产收益率平均不低于 6%；第二，本次发行后累计公司债券余额不超过最近 1 期期末净资产额的 40%；第三，3 个会计年度实现的年均可分配利润不少于公司债券 1 年的利息；第四，可转换公司债券的期限最短为 1 年，最长为 6 年；第五，可转换公司债券的每张面值为 100 元；第六，可转换公司债券的利率由发行公司与主承销商协商确定，但必须符合国家的有关规定；第七，公开发行的可转换公司债券，应当委托具有资格的资信评级机构进行信用评级和跟踪评级，资信评级机构每年至少公告一次跟踪评级报告；第八，公开发行可转换公司债券，应当提供担保，但最近 1 期期末经审计的净资产不低于人民币 15 亿元的公司除外；第九，可转换公司债券自发行结束之日起 6 个月后方可转换为公司股票，转股期限由公司根据可转换公司债券的存续期限及公司的财务状况确定；第十，转股价格应不低于募集说明书公告日前 20 个交易日该公司股票交易均价和前一交易日的均价。

4.3.2 股权再融资的程序

1）增发新股的程序

（1）先由董事会作出决议

董事会就上市公司申请发行证券作出的决议应当包括下列事项：①本次增发股票的发行的方案；②本次募集资金使用的可行性报告；③前次募集资金使用的报告；④其他必须明确的事项。

（2）提请股东大会批准

股东大会就发行股票作出的决定至少应当包括下列事项：本次发行证券的种类和数量；发行方式、发行对象及向原股东配售的安排；定价方式或价格区间；募集资金的用途；决议的有效期；对董事会办理本次发行具体事宜的授权；其他必须明确的事项。股东大会就发行事项作出决议，必须经出席会议的股东所持表决权的 2/3 以上通过。向本公司特定的股东及其关联人发行股票的，股东大会就发行方案进行表决时，关联股东应当回避。上市公司就增发股票事项召开股东大会，应当提供网络或者其他方式为股东参加股东大会提供便利。

（3）由保荐人保荐，并向中国证监会申报

保荐人应当按照中国证监会的有关规定编制并报送发行申请文件。

（4）中国证监会依照有关程序审核，并决定核准或不核准增发股票的申请

中国证监会审核发行证券申请的程序为：在收到申请文件后的 5 个工作日内决定是否予以受理；在受理后，对申请文件进行初审；由发行审核委员会审核申请文件；作出核准或者不予核准的决定。

（5）上市公司发行股票

自中国证监会核准发行之日起，上市公司应在6个月内发行股票；超过6个月未发行的，核准文件失效，须重新经中国证监会核准后方可发行。证券发行申请未获核准的上市公司，自中国证监会作出不予核准的决定之日起6个月后，可再次提出证券发行申请。上市公司发行证券前发生重大事项的，应暂缓发行，并及时报告中国证监会。该事项对本次发行条件构成重大影响的，发行证券的申请应重新经过中国证监会核准。

（6）承销发行股票

上市公司发行股票，应当由证券公司承销，承销的有关规定参照前述首次发行股票并上市部分所述内容；非公开发行股票，发行对象均属于原前10名股东的，可以由上市公司自行销售。

2）配股的程序

上市公司原股东享有配股优先权，可自由选择是否参与配股。若选择参与配股，则必须在上市公司发布的配股公告中的配股缴款期内参加配股，若过期不操作，即为放弃配股权利，不能补缴配股款参与配股。

一般的配股缴款起止日为5个交易日，具体以上市公司公告为准。

配股缴款之后，根据上市公司公告会有一个具体的除权日以除权方式来平衡股东的该股份资产总额以保证总股本的稳定。

（1）沪市的配股程序

在配股缴款期结束后的第1个交易日晚上收市清算后才会将客户资金账户中冻结的配股资金进行划转扣减，具体流程见表4-3。

（2）深市的配股程序

在深圳证券交易所内，配股缴款期内某天一旦执行了配股立即在当天晚上收市清算后将客户资金账户中冻结的配股资金进行划转扣减。其余流程与上证交易所基本一致。

3）发行可转换公司债券的程序

（1）董事会决议并公告

上市公司申请发行可转换债券，应当在发行议案经董事会表决通过后，在两个工作日内报告证券交易所，公告召开股东大会的通知。

（2）股东大会批准

申请发行可转换债券，应由发行人的股东大会作出决议。

（3）申报文件编制

主承销商、注册会计师和律师等有关中介机构认真履行各自的义务和职责，按照中国证监会的有关规定制作申请文件，为发行人发行可转换债券提供服务，并承担相应的法律责任。

表 4-3 **沪市配股流程**

日期	业务流程	备注
T-3 日以前	主承销商向本所上市公司部报送有关材料，并进行配股说明书及附件上网操作	报送的资料包括：中国证监会核准批文；发行人提供的信息披露申请表；配股实施流转表；上市公司配股情况表；配股说明书及附件的电子文件；配股说明书及附件与电子文件一致的证明文件
T-2 日	信息披露	配股说明书见报；配股说明书及附件上网
T-1 日	进行网上路演	发行公司如果认为需要进行网上路演，那么需要在次日进行
T 日	股权登记日	正常交易
T+1 日	除权日及缴款起始日	刊登配股提示性公告
T+1 至 T+5 日	缴款期间	《配股说明书》刊登后，配股缴款首日须刊登配股提示性公告，在缴款期内上市公司须就配股事项至少再做 3 次提示性公告
T+6 日	网下验资	确定原股东的认配比例；如发行成功，则中国登记结算上海分公司进行网上清算
T+7 日	刊登配股发行结果公告	股票恢复正常交易，如发行成功，当日为除权基准日；如发行失败，当日为申购资金退款日

（4）主承销商推荐和保荐机构保荐

上市公司发行可转换公司债券，应当由主承销商负责向中国证监会推荐，出具推荐意见，并负责报送发行申请文件；由保荐机构和保荐代表人出具保荐文件。

（5）提交可转换债券的发行申请文件

公司债券发行申请人应提出发行申请，即可转换债券的发行人按照《公开发行证券的公司信息披露内容与格式准则第 12 号——上市公司发行可转换公司债券申请文件》的要求向中国证监会提交发行申请文件。

（6）受理申请文件

中国证监会收到申请文件后，在 5 个工作日内作出是否受理的决定。

（7）初审

中国证监会受理申请文件后，对发行人申请文件的合法性进行初审，并在 30 日内将初审意见函告发行人及其主承销商、保荐机构。

（8）发行审核委员会审核

中国证监会对按初审意见补充完善的申请文件进一步审核，并在受理申请文件后 60 日内，将初审报告和申请文件提交“发审委”审核。“发审委”以投票方式对发行申请进行表决，并提出审核意见。

（9）核准发行

中国证监会依据“发审委”的审核意见，对发行人的发行申请作出核准或不予核准的决定。予以核准的，中国证监会出具核准公开发行的文件；不予核准的，中国证监会出具书面意见，说明不予核准的理由。中国证监会自受理申请文件之日起到作出决定的期限为3个月。

（10）复议

发行申请未被核准的公司，自接到中国证监会的书面决定之日起60日内，可提出复议申请。中国证监会收到复议申请后60日内，对复议申请作出决定。

（11）公告募集说明书并公开发行可转换债券

发行申请被核准的可转换债券的发行人必须在发行日的前2~5个交易日公布可转换债券募集说明书。

4.3.3　股权再融资的发行费用

由增发、配股、可转换公司债券的发行程序可知，它们的发行费用主要包括承销费用、保荐费用、资产评估费用、土地评估费用、律师费用、审计验资费用、环保核查费用、发行手续费用、推介宣传费用。从表4-4可以看出，增发发行费用率最低的年份是2005年，仅为0.86%，最高的年份为2003年，高达3.36%，均值为1.98%。配股发行费用率最低的年份为2010年，仅为0.67%，最高年份为2003年，高达4.48%，均值为2.12%；可转换公司债券的发行费用率最低年份也为2010年，仅为0.73%，最高年份为2006年，高达3.14%，均值为1.71%。从均值看，配股的发行费用是最高的，可转换公司债券的发行费用最低。从图4-3可以看出，配股和可转换公司债券的发行费用呈现了下降趋势。增发的发行费用至2005年达到最低点后，呈现了些许平稳上升的趋势。理论上，随着时间的推移，我国资本市场一级市场发行制度越来越市场化，发行程序越来越简化，从而使得发行费用不断降低，以降低市场摩擦。

4.3.4　我国上市公司股权再融资方式选择的影响因素：经验研究

增发、配股和可转换债券融资有其各自的优缺点，从而影响上市公司对股权再融资方式的选择。Eckbo和Masulis（1992）从发行成本考虑，认为应该首先选择承销配股，然后选择非承销配股，不赞成选择增发方式；Eckbo和Masulis（1992）从逆向选择的角度研究发现，规模较小且持股集中的上市公司常常采用配股方式，比如，加拿大、大部分欧洲国家和亚洲国家；Cronqvist和Nilsson（2002）从控制权的角度研究发现，家族企业有保护控制权的强烈动机，这些公司在进行股权再融资时，为了不稀释其控制权，不愿意选择承销配股或增发方式；Smith（1977）从监管成本的角度研究，认为公司管理者采用增发方式可以从承销商处获得私人收益，而配股方式却不能；Hansen和Pinkerton（1982）从比较成本的角度研究，认为如果原有股东不希望行使他们的配股权利，而公司管理者硬要采用配股发行方式，

表 4-4　　股权再融资发行费用

年份	增发		配股		可转换债券	
	公司数	发行费用率	公司数	发行费用率	公司数	发行费用率
2003	14	3.36%	24	4.48%	16	2.34%
2004	12	2.46%	23	3.52%	12	2.05%
2005	3	0.86%	0	—	0	—
2006	39	1.67%	3	4.02%	7	3.14%
2007	140	1.32%	7	0.72%	10	2.60%
2008	85	2.00%	8	2.15%	5	1.87%
2009	85	2.18%	10	1.92%	6	0.86%
2010	128	1.73%	21	0.67%	11	0.73%
2011	129	2.10%	12	1.21%	18	0.91%
2012	101	1.87%	8	1.44%	6	1.69%
2013	204	2.21%	12	1.07%	16	0.86%
均值	85	1.98%	12	2.12%	10	1.71%

资料来源：根据 wind 金融数据库整理得出。

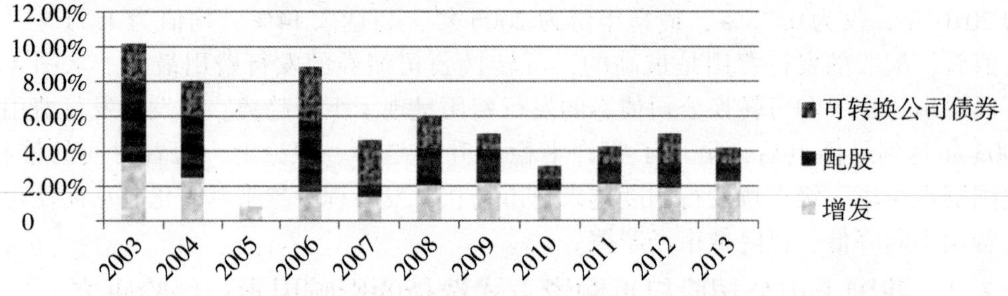

图 4-3　股权再融资发行费用构成

资料来源：根据 wind 金融数据库整理得出。

那么其成本将高于增发，公司管理者之所以采用增发方式，是因为他们了解到原有股东不希望行使他们的配股权利；Booth 和 Chua（1996）从流通成本的角度进行研究，认为配股的间接交易成本高于增发；Brennan 和 Franks（1997）从公司治理的角度进行研究，认为配股不会改变公司的股本结构，故其监管作用不会发生变化，而增发尤其当把新股增发给机构投资者后，会造成原股本结构的变化，其治理结构也将产生相应的变化，这些新股东就可能会起到监管作用，从而使对上市公司的监管作用发生变化；Booth 和 Smith（1986）从承销商公证的角度研究，认为承销商在增发过程中所承担的责任远比配股大，承销商需要帮助上市公司以合理的市场价格将新股发售给新投资者，否则承销商自己将承受巨大的市场风险。对于外部投资者来说，承销商担负起把关责任，使处于信息不利地位的外部投资者得到相应的补偿，以减小代理成本。Eckbo 和 Masulis（1992）认为方式选择的关键是现有股东愿不愿意参与配股，而与承销商公证无关。他们认为低价值公司将选择增发，中等价值的公司选择承销配股，而高价值公司则会选择非承销配股，他们利用实证证明了该结论；而 Slovin 等（2000）的结论正好与 Eckbo 和 Masulis（1992）相反，认为高价值的公司将选择增发，通过承销商公证来传递其是高价值公司的信号，而低价值公司只能选择配股。Wu 和 Wang（2002）在 Myers 和 Majluf（1984）的框架基础上，忽略了公司现有资产价值和新投资项目预期净现值存在的信息不对称，而以公司管理者将在实施新项目时获得的私人收益作为不对称的信息，来研究配股和增发方式的选择。得出的分离均衡模型认为，高公司将选择配股方式，而低公司将选择增发方式。管征等（2008）在 Wu 和 Wang（2002）模型的基础上得出中国市场的修正模型，理论分析的结果表明，在中国增发方式是上市公司管理者的首选方式，但从外部流通股股东和提高市场效率来说，应该提倡采用配股方式，实证检验结果支持理论分析的结论。

4.4 发行债券融资

4.4.1　公司资信等级与债券融资

从20世纪初期开始，债券被指定了反映其违约概率的质量等级，即进行债券评级。债券评级是指由专门的信用评级机构，对拟发行债券单位的债券质量作出的等级评价。根据中国人民银行的有关规定，凡是向社会公开发行债券的公司，都必须由中国人民银行及其授权的分行指定的资信评定机构或公证机构进行信誉评定。债券评级的目的是确认债券发行主体的信誉等级，从而向社会公众揭示所发行债券的质量，作为投资者投资决策的参考依据。

目前，国际上3个主要的评信机构分别是穆迪投资服务公司（Moody's）、标准普尔公司（S&P）和菲奇投资服务公司。按照国际惯例，债券信用等级一般分为三等九级，具体分为 AAA、AA、A；BBB、BB、B；CCC、CC、C 三个等次九个级别。按照债券等级排列，依次反映了债券违约风险的大小。3A 和双 A 债券是非常安全的，单 A 和 3B 债券也足够安全被称为投资等级债券。双 B 以及更低级别的债券是投机性债券或垃圾债券，这些债券的违约风险较高。

债券评级是基于定性和定量因素结合而得到的结果，其中主要受以下因素的影响：

（1）偿债能力比率。该比率包括资产负债率、产权比率以及利息保障倍数等。偿债能力越强，评级越高。

（2）抵押条款。如果债券有抵押保障，而且抵押物的价值大于债务价值，则债券的评级会上升。

(3) 附属条款。如果债券附属于其他债券，那么要比没有附属的债券评级低一等。

(4) 担保条款。如果实力较弱公司的债券由一家实力强的公司（通常是发行公司的母公司或关联方）担保，则债券的评级会上升。

(5) 偿债基金。如果债券有偿债基金来保证系统性的偿付，则债券的评级会上升。

(6) 到期时间。在其他条件不变的情况下，到期时间较短的债券风险小于到期时间较长的债券，因此，一般地，短期债券比长期债券的评级高。

(7) 稳定性。如果发行公司的销售收入和利润趋于稳定，则债券的评级会上升。

(8) 政府管制。政府管制能够降低债券发行人的违约风险，比如公用事业类和电信类公司等受政府管制比较多。如果证券发行人受政府管制，则债券的评级会上升。

(9) 跨国经营。如果当地政治环境比较差，则公司的收入、资产和利润中来自跨国经营的比例越高，风险的分散效应越好。因此，跨国经营能够分散风险，债券的评级会上升。

(10) 劳工动荡。如果公司存在潜在的劳工问题，使得公司佣工不稳定，则会导致债券的评级降低。

(11) 会计政策。如果公司采用相对保守的会计政策，其报告的利润比不使用保守政策得到的数据“质量高”。因此，保守的会计政策能够使债券的评级上升。

公司债券评级的变化会影响其借入长期资本的能力以及这些资本的成本。债券评级机构会定期重新评估流通在外的债券，偶尔会因为发行者条件的变化调高或调低债券的等级。

我国的信用评级行业发展至今也仅有二十余年。第一家评级机构是中国人民银行吉林省分行于1987年成立的，随后其他省市的人民银行也相继成立了自己的评级机构。当时这些人民银行下属的评级机构仅对当地的企业债券进行评级，一方面在全国范围缺乏公信力，另一方面也不具有独立性。20世纪90年代初期我国的评级行业开始了市场化改革。人民银行逐渐取缔下属评级机构，或者将其剥离并推向市场。同时国家也批准了独立评级机构的成立。但是由于债券市场尚不成熟，评级机构几乎没有生存空间，评级行业的发展几乎处于停滞状态。20世纪90年代末期，伴随着债券市场的发展我国的评级行业也进入了规范化的发展阶段。1997年中国人民银行认可了9家可从事在全国范围内企业债券评级业务的公司，还规定企业债券发行前必须经这些机构进行信用评级。2000年之后企业债市场的迅猛发展极大地推动了评级业的发展，几家大的评级机构逐渐拥有了较先进的评级技术和较高的信誉度，并且积极地寻求同国外权威评级机构的合作。

当前我国的信用评级行业基本处于垄断竞争的局面，几家具有一定规模的评级机构占据着绝大部分市场，主要包括中诚信国际信用评级有限责任公司、大公国际资信评估有限公司、联合资信评估有限公司、上海新世纪资信评估投资服务有限公司、上海远东资信评估有限公司、鹏元资信评估有限公司。其业务主要包括证券评级、企业评级、其他金融产品评级等，特别是在债券评级业务市场中，超过90%的市场份额被中诚信、大公国际和联合资信这3家公司所占有①。

4.4.2　债券发行条件与审批程序

1）债券的发行条件

《中华人民共和国证券法》第十六条规定，公开发行公司债券应当符合下列条件：(1) 股份有限公司的净资产不低于人民币3 000万元，有限责任公司的净资产不低于人民币6 000万元；(2) 累计债券余额不超过公司净资产的40%；(3) 最近3年平均可分配利润足以支付公司债券一年的利息；(4) 筹集的资金投向符合国家产业政策；(5) 债券的利率不超过国务院限定的利率水平；(6) 公开发行公司债券筹集的资金，必须用于核准的用途，不得用于弥补亏损和非生产性支出。

凡有下列情形的，不得再次发行公司债券：一是前一次发行的公司债券尚未募足的；二是对已发行的公司债券或者其债务有违约或者延迟支付本息的事实，且仍处于继续状态的。

2）债券发行的审批程序

由于我国企业债券的发行总量须纳入国家信贷计划，发行审核程序也就随信贷计划而设定。《中华人民共和国公司法》第一百六十四条规定："公司债券的发行规模由国务院确定。国务院证券管理部门审批公司债券的发行，不得超过国务院确定的规模。"因此，企业发行债券时需要经过配额审核与资格审核两个环节。

(1) 配额审核程序

申请公司债的发行配额审核要经过下列环节：①发行人在发行债券前，须向其行业主管部门提出申请，只有在行业主管部门正式批准并且推荐的前提下，才能申请发行债券；②该企业主管部门向省、自治区、直辖市或计划单列市的中国人民银行分行、计委申报发行配额；③省、自治区、直辖市或计划单列市的中国人民银行分行、计委共同编制当地全国企业债券年度发行计划，并报中国人民银行总行和国家计委审核；④中国人民银行总行、国家计委综合各地申报的发行计划，共同编制全国企业债券年度发行计划，并报国务院批准；⑤全国企业债券年度发行计划被批准之后，由中国人民银行总行、国家计委联合将发行配额分给各省、自治区、直辖市和计划单列市；⑥各省、自治区、直辖市和计划单列市的中国人民银行分行与计委共同将发行配额分给企业或主管部门，企业获得发行配额，需得到中国人民银行各省、自治区、直辖市和计划单列市分行发放的"发行企业债券申请表"；⑦发行

---

① 摘自文献：何平，金梦．信用评级在中国债券市场的影响力［J］．金融研究，2010（4）：18-19.

债券所筹的资金如果用于固定资产的投资，还必须被列入我国的“固定资产投资规模”之中。

(2) 资格审核程序

《中华人民共和国公司法》规定，公司在得到债券发行的配额之后，应向有权审核发行申请的国务院证券管理部门报送相关的申请文件。中央企业发行企业债券，由中国人民银行会同国家计委审批；地方企业发行企业债券，则由中国人民银行省、自治区、直辖市、计划单列市分行会同同级计划管理部门审批。

证券管理部门在对发行申请进行审核时，主要考虑3个方面的问题，即发行人的资格、发行条件、禁止发行事由。在对这3几个方面进行审查之后，做出批准发行或不予批准的决定，并且就不批准发行的理由向企业做出说明。

4.4.3 债券发行过程中的定价与分销

从债券发行人委托承销商发行债券，到债券成功发行并在二级市场上流通交易。在此过程中，发行人、投资人、承销商之间的相互磋商和协调，使债务风险与债券利率尽可能平衡，并保证债券的顺利发行，成为最为关键的环节，而这一环节就是所谓的债券市场发行过程中的定价与分销。

由于从债券一级市场发行到二级市场交易存在一段时间，尽管市场管理机构尽可能将时间缩短，但终究因为债券的规模巨大，并且具有持有和交易的两重投资价值，所以不可能实现从发行直接到交易的“无缝链接”。正是因为一、二级市场存在距离，而宏观经济和市场利率等因素在各种事件的影响下，会对一、二级市场的债券利率产生不同影响，从而使一、二级市场出现价差，于是就会出现一、二级市场的买卖套利机会。

应当承认，即使在完全市场化的条件下，一、二级市场差价依然会存在，而行政管制和不合理的定价发行机制将会使这一差价放大，甚至被人为操纵成为违法的牟利手段。所以，如何使债券发行定价更为合理，分销过程更为透明，使一、二级市场的价格更加接近，成为债券市场健全完善发行机制的重要着力点。

债券发行定价与分销一般有两种方式：一是招标发行；另一种是簿记建档发行。

1) 招标发行

招标发行是在债券发行过程中市场化程度最高的一种发行方式。其基本原理是发行人将拟发行债券的信息公告投资者，然后由投资者发出标书提出自己希望认购的债券数量和价格。最后发行人根据投标人的出价情况，决定债券发行价格以及投标人的中标数量。换句话说，招标发行按照投资者与发行人之间的协调和博弈后确定债券价格。

招标发行可以有多种形式，但一般为数量招标和价格招标两种。数量招标是债券发行人确定债券价格后，投资人按照自身对这一价格的认可程度投标提出认购数量。在数量招标过程中，债券发行价格确定，投资人在定价上的发言权相对较少，但这与发行人单方定价有本质区别。因为投资人一旦不认可该价格，就不会认购或者只认购较少的数量，从而影响其他投资者，导致债券发行出现困难。并且，发行人下一次报价或其他类似债券发行报价时，都会考虑上一次的情况。

价格招标是发行人确定发行规模后，由投资人提出在某一债券价格水平下的认购数量，从而将预计发行规模完成时的价格作为发行价格的一种定价方法。价格招标发行方式，蕴含了投资人与发行人、投资人与投资人之间的博弈过程，基本能够反映整个市场的水平，但同样也存在投资人串谋或者投资人胁迫发行人的可能。

债券价格竞标有 3 种方式，分别为"荷兰式"、"美国式"和"混合式"。

(1) 荷兰式招标

"荷兰式"招标，又称统一价位招标或单一价位招标。具体做法为竞标结束后，发行系统将各承销商有效投标价位按一定顺序进行排序（利率、利差招标由低到高排序，价格招标由高到低排序），并将投标数额累加，直至满足预定发行额为止。此时的价位点便称为边际价位点，中标的承销商都以此价格或利率中标。

(2) 美国式招标

"美国式"招标，具体做法为投标结束后，发行系统将各承销商有效投标价位按一定顺序进行排序（利率、利差招标由低到高排序，价格招标由高到低排序），直至募满预定发行额为止，在此价位以内的所有有效投标均以各承销商的各自出价中标。所有中标价位、中标量加权平均后的价格为该期债券的票面价格或票面利率。

(3) 混合式招标

市场当中纯粹的"荷兰式"或"美国式"并不多见，往往都是将这些招标方式混合使用，组合成为新的"混合式"招标。具体做法为投标结束后，发行系统将各承销商的有效投标价位按一定顺序进行排序（利率、利差招标由低到高排序，价格招标由高到低排序），直至募满预定发行额为止。所有中标价位、中标量加权平均后的水平为该期债券的票面价格或票面利率，价格高于（利率低于）这一水平，以承销商的投标价为准；价格低于（利率高于）这一水平，以平均水平为准。

2) 簿记建档发行

簿记建档发行是另一种债券发行方式。其基本原理是簿记管理人（一般由承销商承担）记录投资者认购价格和数量意向，在考虑市场利率水平和资金充裕程度的基础上分析拟发行债券的定价区间，最终根据在发行期内（簿记建档期间）实际的投标情况确定债券发行价格和分销。

簿记建档是主承销商与债券投资者通过不断了解债券发行价格可能范围并逐步缩小价格区间，然后根据投资人投标（下单）时报价与发行人一起商讨最终确定价格。在簿记建档发行过程中，确定合理的发行价格水平，是整个发行过程的一个重要组成部分，也是决定发行成功与否的一个重要因素。

簿记定价发行的基本步骤是：第一步，主承销商在对投资者询价的基础上确定投资者报单的利率区间；第二步，主承销商公告该利率区间并邀请投资者在规定时间内报单；第三步，主承销商整理全部订单；第四步，主承销商与发行人一起商定超额认购倍数和相应的债券利率；第五步，以确定的利率和簿记情况按比例配售和公开零售。

在具体操作过程中，有些债券主承销商在向发行审批机关报送发行申请材料时，还会将利率作为一项需要说明乃至需要审批的内容进行报告。

3）招标发行和簿记建档发行的区别

通过招标方式来确定债券的发行价格，是市场化程度最高的一种定价方式。无论是从这种定价方式所体现的理念来看还是所采取的程序来看，都排除了人为因素，完全按照事先设定的招标规则科学地进行。从定价机制来看，它体现的是交易双方公平的竞价。在这里价格优先是它始终坚持的原则。对于发行人来说，谁出高价（低利率）就卖给谁；对于投标来，谁卖低价（高利率）就买谁的。

由于招标发行是通过发行系统进行的，这个系统是一个完全中立的物理系统。在发行过程中，这个系统按照设定的规则运行，对谁的报价都按同样的原则处理，不存在任何偏袒。但需要注意的是，在招标发行过程中，投资者拥有更大的定价话语权，对处于弱势地位的发行人而言，将无法控制自身发行债券的财务成本；对处于培育发展壮大的债券市场而言，也不利于为更多类型企业提供服务。

而就簿记建档发行来说，发行人、承销商、投资者共同参与其中，定价分销时同样考虑债券供需情况、资金充裕程度以及当时的利率水平，也是一种市场化的发行机制。同时，为了保证在簿记过程中定价和配售的公平性和公正性，其程序和操作过程还常常由律师见证或公证。但是，由于在簿记建档发行机制中与发行人直接相关的主承销商，在债券发行和分销过程中发挥了重要作用，而主承销商行为决策更具有个性，这就使得簿记建档发行方式在“自由”程度上略逊于招标发行方式。

不过，在我国现阶段债券市场发行过程中，招标发行和簿记建档发行作为高度市场化的发行手段，均具有广泛的作用空间。一般而言，国债、金融债券、大型企业发行的企业债券，多数采用招标发行定价办法；短期融资券、中期票据、公司债券以及发行规模不大的企业类债券，更多采用簿记建档方式定价。这是因为招标发行和簿记建档发行具有3方面区别：

(1) 簿记建档发行较招标发行对债券价值水平的判断更充分

招标发行要求投资人在规定的时间内（一般是2、3小时）完成投标报价，他们只能根据各自对市场以及对这只债券价值的判断，报出投标价格和投标数量，这既需要投资人事先充分准备，也需要发行人和债券本身具有较大市场影响力。

簿记建档发行则因事先需要各方多次沟通，且簿记建档的周期较投标更长，因此可以允许投资人对发行人和债券进行详尽的价值分析。因此国债、金融债等信用等级较高的债券，由于市场影响力和认可度较高，所以多用招标发行方式；而企业债券、公司债券等信用等级和市场认可度相对较低的债券，往往更适用簿记建档发行方式。

（2）簿记建档发行对承销团要求较高，发行成功的概率更高

招标发行和簿记建档发行都可以建立承销团，但两者的承销团需要承担的责任并不相同。招标发行时，承销团成员一般没有包销责任，是否参与投标完全取决于承销团成员对债券的预期收益。

簿记建档发行时，承销团成员需要承担一定的承购包销责任，同时也会获得相应收益。因而承销团成员在发行过程中，不仅关注本期债券的承销收益，还会基于长期收益履行承购包销的责任。因此，簿记建档发行的承销团，资金实力要较招标发行的承销团更为雄厚。

从发行成功的角度看，簿记建档发行方式的成功概率会比招标发行更大些。由于发行是否成功直接关系到定价能否成功，因此，采用簿记建档发行方式，对于那些市场认可度不够或者影响力不足的发行人而言，更易成功发行。

（3）招标发行对投资人的数量和质量要求更高

招标发行要求在债券发行过程中有足够多的投标者参与，否则投标者的报价离散度很高，很难形成合理的价格。要使投标者足够多，发行债券的数量就必须足够大，而簿记建档发行定价则无此类要求。

4.4.4　信用评级对债券市场的影响：经验证据

债券作为企业债务融资的重要途径之一，在金融市场中扮演着重要的角色。信用风险是制约债券市场发展、影响企业融资的主要风险。因此，信用评级在债券市场中起到了至关重要的作用，主要体现在以下 3 个方面：

（1）信用评级与违约概率。信用评级对企业未来信用表现能够起到预测作用，即是否评级越低的企业越容易违约。Jerome S. Fons 和 Andrew E. Kimban（1991）研究了评级高低和实际违约率的关系，发现不论是标准普尔的评级还是穆迪的评级，随着评级的下降违约率会显著地升高。

（2）信用评级与债券收益率。信用评级能够向市场传递关于债券质量的信号，Manfred Steiner 和 Volker G. Heinke（2001）研究了标准普尔和穆迪公司的“列入评级观察名单”公告对于德国债券价格的影响，结果显示负面的评级公告会在公告当日及后几日带来明显的异常收益率，但是正面的评级公告却不会引发明显的价格波动；Jun Peng（2002）研究了标普基础评级对于有保险的市政债券的影响，发现基础评级的公布可以将利率降低约 4 个基点。

（3）信用评级与债券融资成本。信用评级对债券市场的影响力可以由评级对债券发行成本的影响反映出来。由于债券发行人与投资者之间存在着信息不对称，所以评级机构做出的信用评级为投资者提供了额外的风险信息。如果债券投资者确实将信用评级作为投资的依据之一，即评级对债券市场有充分的影响力的话，则信用评级越高的债券应该越受到投资者的青睐，因而应具有越小的发行成本。何平，金梦（2010）利用 2007—2009 年间发行的企业债数据，建立“真实利息成本

(TIC)”回归模型，检验信用评级在一级市场中对债券发行成本的影响，发现债券评级和主体评级分别能够影响债券的发行成本，但债券评级对发行成本的影响力大于主体评级。

信用评级能够降低债券的信用风险，但很多学者认为债券的信用风险会受到宏观经济不确定性的影响。Altman（1983）首先发现表征宏观经济的一组变量的变化率，包括实际 GDP S&P 指数等，与公司债券的信用价差之间存在着负相关性，即在各个宏观经济指标显示经济状况较好的时期，企业债券的信用风险较低。Thomas C. Wilson（1998）加入了失业率 GDP 增长率、长期利率水平、汇率、政府支出和总储蓄率，研究了这些因素对债券违约可能性的影响。Wassim Dbouk 和 Lawrence Kryzanowski（2010）发现 GDP 的预期变化率和期限结构斜率的预期变化率都是投资组合的信用利差变化的主要影响因素，同时还发现违约风险、市场流动性和回报的波动率也会对投资组合的信用利差变化产生重要影响。由此可见，信用评级并不能完全消除由于宏观经济不确定而产生的信用风险。

本章小结

1. 企业生命周期理论通常将企业分成 4 个发展阶段：初创期、成长期、成熟期和衰退期。企业在不同阶段的财务特征各不相同，其选择的融资方式也不相同。

2. 首次公开发行股票的审核工作流程分为受理、见面会、问核、反馈会、预先披露、初审会、发审会、封卷、会后事项、核准发行等主要环节。

3. 首次公开发行股票的公司及其保荐机构应通过向询价对象询价的方式确定股票发行价格。询价对象是指符合证监会规定条件的证券投资基金管理公司、证券公司、信托投资公司、财务公司、保险机构投资者和合格境外机构投资者（QFII），以及其他经中国证监会认可的机构投资者。

4. 发行申请经中国证监会核准后，发行人应公告招股意向书，开始进行推介和询价。询价分为初步询价和累计投标询价两个阶段。发行人及其保荐机构应通过初步询价确定发行价格区间，通过累计投标询价确定发行价格。

5. 由增发、配股、可转换公司债券的发行程序可知，它们的发行费用主要包括承销费用、保荐费用、资产评估费用、土地评估费用、律师费用、审计验资费用、环保核查费用、发行手续费用、推介宣传费用。

6. 决定和影响股票承销费的主要因素包括：发行总量、发行总金额、发行公司的信誉、发行股票的种类、承销方式、发行方式。

7. 向特定对象非公开发行股票的发行对象不超过 10 名，应当符合下列规定：第一，发行价格不低于定价基准日前 20 个交易日公司股票均价的 90%；第二，本次发行的股份自发行结束之日起，20 个月内不得转让；控股股东、实际控制人及其控制的企业认购的股份，36 个月内不得转让。

8. 目前，国际上 3 个主要的评信机构分别是穆迪投资服务公司（Moody's）、标准普尔公司（S&P）和菲奇投资服务公司。按照国际惯例，债券信用等级一般分为三等九级，具体分为AAA、AA、A；BBB、BB、B；CCC、CC、C三个等次九个级别。按照债券等级排列，依次反映了债券违约风险的大小。

9. 债券评级是基于定性和定量因素结合而得到的结果，其中主要受以下因素影响：偿债能力比率、抵押条款、附属条款、担保条款、偿债基金、到期时间、稳定性、政府管制、跨国经营、劳工动荡、会计政策。

10. 招标发行是在债券发行过程中市场化程度最高的一种发行方式。其基本原理是发行人将拟发行债券的信息公告投资者，然后由投资者发出标书提出自己希望认购的债券数量和价格。最后发行人根据投标人的出价情况，决定债券发行价格以及投标人的中标数量。

讨论题

1. 江苏吴中（600200）于1994年在上海证券交易所上市，由于公司前身为普教系统校办企业，上市时被誉为"中国普教第一股"。该公司是一家高科技、成长型的上市公司。根据生命周期理论，通过查询江苏吴中的财务报告，以"资产负债率"作为资本结构的代理变量，分析江苏吴中的融资是否符合企业生命周期理论。

2. 2011年6月8日比亚迪股份有限公司发布了首次公开发行A股公告，请上网（如www. sina. com）查看该公告，解决如下问题：（1）了解比亚迪股份首次公开发行A股的程序；（2）了解比亚迪股份首次公开发行A股定价的过程，包括询价对象、询价程序等。（3）注意比亚迪股份首次公开发行A股的时间安排。

3. 2004年6月16日，腾讯QQ正式在中国香港挂牌上市，简称"腾讯控股"。其超额认购的首次公开募股（IPO）将带来总计14.4亿港元的净收入，拥有公司14.43%股权的马化腾个人的资产接近9亿港元。腾讯此次IPO的成功无疑是国内民营公司牵手境外资本的成功范例。上网查找相关资讯，简述腾讯上市前国际投资机构的几次重大注资及资本更迭情况，并做出简要分析。

4. 2006年9月30日，现代投资股份有限公司发行总额为10亿元的公司债券，简称"06现代投资债"，请上网查找该股相关发行信息：包括发行主体、发行价格、发行规模、债券期限、票面利率、偿还方式、债券形式；发行范围及对象主要有发行期限、发行首日、起息日、计算期限、担保主体、担保方式、评级机构、评级结果、主承销商，并查找此债券的评级报告，对报告的内容作简要总结。

5. 2013年中国债券市场累计出现了约170起债券和主体评级调降，远超过去多年历史的总和。随着信用债评级集中下调，一些降级债券的价格也出现大幅下跌，债券基金净值也全面受损。从2013年6月以来债券主体评级下调的公司先后有：华锐01（AA+至AA）、12中富01（AA至AA-）和12湘鄂债（AA至AA-），利用网络资源，查询这些债券主体评级下调对债券价格的影响。

案例分析

中国建筑IPO融资

2007年12月8日，由中国建筑工程总公司整体改制，设立了中国建筑股份有限公司（下面简称“中国建筑”），中国建筑承袭了中国建筑工程总公司的全部资产和公司文化。其中，中国建筑工程总公司在发行前持有中国建筑94%的股份，为控股股东和实际控制人。同时，中国建筑工程总公司还为中国海外发展（00688. HK）和中国建筑（03311. HK）的实际控制人。

中国建筑（601668）经上海证券交易所批准于2009年7月29日起A股上市交易，本次发行数量为120亿股，发行价格为4. 18元/股，实际募集资金501. 60亿元，此次发行成为2009年IPO重启以后A股市场最大的一单。本次发行采用网下向询价对象询价配售（以下简称“网下发行”）与网上资金申购（以下简称“网上发行”）发行相结合的方式进行，其中网下初始发行规模不超过48亿股，约占本次发行数量的40%；网上发行数量为本次发行总量减去网下最终发行量。中国建筑在路演询价过程中，根据网下和网上的配售情况，启动了双向回拨机制，最终使得网上发行和网下发行量均为6 000万股。本次发行募集资金主要用于重大工程承包的流动资金需求（占20. 99%）、房地产开发项目（占19. 75%）、购置机械设备（占17. 28%）、基础设施项目（占25. 68%）、钢结构加工基地项目（占1. 48%）、补充公司流动资金（占14. 81%）。

中国建筑本次发行定价沿着招股意向公告—预路演，初步询价—确定发行价格区间—网下发行，网上路演—网上发行—确定发行价格—启动回拨机制，摇签配号—摇号中签结果公告的路线开展工作。发行询价分为初步询价和累计投标询价。发行人及保荐人（主承销商）通过向询价对象和配售对象进行预路演和初步询价确定发行价格区间，在发行价格区间内通过向配售对象累计投标询价确定发行价格。

1）初步询价

初步询价期间，共有565家配售对象提交了初步询价有效报价。其中，提交了“入围报价”的配售对象有531家，对应的“入围数量”之和为16 963 280万股，为本次网下初始发行规模的35. 34倍。初步询价确定发行价格区间为3. 96～4. 18元/股（含上限和下限）。

2）累计投标询价

累计投标询价阶段分为网下配售发行和网上申购发行两种方式，根据在网上发行和网下发行中的签率来决定是否启用回拨机制，调整网下发行和网上发行规模。本次公开发行总量为不超过120亿股。其中，在回拨机制启动前，网下发行股份不超过48亿股，约占本次发行数量的40%；网上发行股份不超过72亿股，约占本次发行数量的60%。网下发行由本次发行的保荐人（主承销商）负责组织实施，配售对象通过上交所的申购平台进行申购；网上发行通过上交所的交易系统实施，投资者以价格区间上限申购缴款。

（1）网下发行

中国建筑此次网下发行的起始日为2009年7月21日，截止日为7月22日，初步询价提供了入围报价的174家询价对象管理的531家配售对象全部参与了网下申购，其中530家配售对象及时足额缴纳了申购款，冻结资金总额为9 694.31亿元，见表4-5。达到发行价格4.18元/股并满足《网下发行公告》要求的为524家配售对象，对应的有效申购总量为23 028 080万股，有效申购资金总额为9 625.74亿元。在回拨机制启动前，网下发行股份不超过480 000万股，则初步配售比例为2.08%，认购倍数为47.98（23 028 080/480 000）倍。在启动回拨机制后，网下最终配售数量为600 000万股，则网下最终获配比2.61%，认购倍数为38.38（23 028 080/600 000）。

表4-5 网下申购情况表

有效报价家数	网下申购配售对象家数	初步申购上限（万股）	最终配售数量（万股）	有效申购数量（万股）	有效申购资金（亿元）	冻结资金总额（亿元）	有效配售比例（%）	认购倍数
531	531	480 000	600 000	23 028 080	9 625.74	9 694.31	2.61	38.38

资料来源：根据wind资讯金融数据库数据整理。

（2）网上发行

本次网上申购日期为2009年7月22日，网上资金申购投资者须按照本次发行价格区间的上限（4.18元/股）进行申购。价格区间3.96～4.18元/股（含上限和下限）对应的市盈率区间及初步询价报价情况为：29.15～30.77倍和48.59～51.29倍（每股收益按照经会计师事务所审计的、遵照中国会计准则确定的扣除非经常性损益前后孰低的2008年度净利润除以本次发行前的总股数计算）。

网上发行的有效申购户数为4 470 871户，冻结资金8 875.71亿元，见表4-6。在回拨机制启动前，网上初始发行规模为720 000万股，有效申购股数为21 233 753.3万股，网上初步中签率为3.39%。在启动回拨机制后，网上发行600 000万股，占本次发行总规模的50%，网上最终中签率为2.83%。

表4-6 网上申购情况表

有效申购家数	初步申购上限（万股）	最终配售数量（万股）	有效申购数量（万股）	冻结资金总额（亿元）	网上中签率（%）	认购倍数
4 470 871	720 000	600 000	21 233 753.3	8 875.71	2.83	35.39

资料来源：根据wind资讯金融数据库数据整理。

（3）启动双向回拨机制

由于本次网上发行获得足额认购，且本次网下发行初步配售比例2.08%低于网上发行初步中签率3.39%，因此，发行人和保荐人（主承销商）决定启动回拨机制，将120 000万股（本次发行规模的10%）股票从网上回拨至网下，本次回拨后网下发行数量不超过本次发行数量的50%。在回拨机制实施后的发行结构如下：网下发行60亿股，占本次发行总规模的50%；网上发行60亿股，占本次发行总规模的50%。

根据上述资料，思考以下问题：

（1）中国建筑为什么要融资？其数额是如何确定的？融资结构如何？

（2）上网查询中国建筑的相关发行公告，简要说明中国建筑的IPO程序。

（3）简要说明中国建筑股票定价的具体程序。

（4）说明中国建筑启动回拨机制的原因。

延伸阅读文献

［1］曹裕，陈晓红，万光羽．基于企业生命周期的上市公司融资结构研究［J］．中国管理科学，2009（03）：150-158.

［2］陈芳．基于企业生命周期的融资战略选择［J］．中国管理信息化，2011（7）：20-22.

［3］方军雄，方芳．新股发行制度市场化改革与融资超募现象［J］．证券市场导报，2010（12）：39-45.

［4］罗丹阳，宋建江．私营企业成长与融资结构选择［J］．金融研究，2004（10）：120-127.

［5］李康，等．配股和增发的相关者利益分析和政策研究［J］．经济研究，2003（3）：79-87.

［6］管征，卞志村，范从来．增发还是配股？上市公司股权再融资方式选择研究［J］．管理世界，2008（1）：136-144.

［7］何佳，夏晖．有控制权利益的企业融资工具选择——可转换债券融资的理论思考［J］．经济研究，2005（4）：66-76.

［8］屈文洲，林振兴．中国上市公司可转债发行动因："后门权益"vs"代理成本"［J］．中国工业经济，2009（8）：141-151.

［9］王冬年，王瑜．可转换债券在公司连续融资中作用机理的研究［J］．会计研究，2007（2）：72-78.

［10］赵旭．基于生命周期理论的上市公司融资结构研究［J］．财经论丛，2012（3）：84-89.

［11］张捷，王霄．中小企业金融成长周期与融资结构变化［J］．世界经济，2002（9）：63-70.

［12］祝继高，张乔，汤谷良．可转换债券：融资工具还是制度安排——基于贝恩资本投资国美电器可转换债券的案例研究［J］．中国工业经济，2012（5）：122-134.

[13] BERGER A N, UDELL G F. The economics of small business finance: The roles of private equity and debt markets in the financial growth cycle [J] . Journal of Banking & Finance, 1998: 613-673.

[14] BOHREN O, ECKBO B, MICHALSEN D. Why Underwrite Rights Offerings? Some New Evidence [J] . Journal of Financial Economics, 1997, 46 (2): 223-261.

[15] BOOHT J, CHUA L. Ownership Dispersion, Costly Information and IPO Underpricing [J] . Journal of Financial Economics, 1996, 41 (2): 291-310.

[16] BOOTH J R, SMIHTRL, CAPITAL R. Underwriting and the Certification Hypothesis [J] . Journal of Financial Economics, 1986, 15 (Jan/Feb): 261-281.

[17] CHAO-CHI CHANG, SHENG-SYAN CHEN, YICHEN LIU. Why Firms Use Convertibles: A Further Test of the Sequential-financing Hypothesis [J] . Journal of Banking and Finance, 2004, 28 (5): 1163-1183.

[18] ECKBO B E, MASULIS R. Adverse Selection and The Rights Offer Paradox [J] . Journal of Financial Economics, 1992, 32 (3): 293-332.

[19] GREEN R C. Investment Incentives, Debt and Warrants [J] . Journal of Financial Economics, 1984, 13 (1): 115-136.

[20] HANSEN R S, PINKERTON J M. Direct Equity Financing: A Resolution of A Paradox [J] . Journal of Finance, 1982, 37 (3): 651-665.

[21] HEINKEL R, SCHWARTZ E S. Rights Versus Underwritten Offerings: An Asymmetric Information Approach [J] . Journal of Finance, 1986, 41 (1): 1-18.

[22] MANN S V, MOORE W T, RAMANLAL P. Timing of Convertible Debt Issues [J] . Journal of Business Research, 1999, 45 (1): 101-105.

[23] MAYERS D. Why Firms Issue Convertible Bonds: The Matching of Financial and Real Investment Options [J] . Journal of Financial Economics, 1998, 47 (1): 83-102.

[24] SLOVIN M B, SUSHKA M E, LAIK W L. Alternative Flotation Methods, Adverse Selection and Ownership Structure: Evidence from Seasoned Equity Issuance in the U. K. [J] . Journal of Financial Economics, 2000, 57 (2): 157-190.

[25] SMITH C. Alternative Methods for Raising Capital Rights Versus Underwritten Offerings [J] . Journal of Financial Economics, 1977, 5 (3): 273-307.

[26] STEIN J C. Convertible Bonds as Backdoor Equity Financing [J] . Journal of Financial Economics, 1992, 32 (1): 3-21.

[27] STULZE R M. Managerial Discretion and Optimal Financing Policies [J] . Journal of Financial Economics, 1990, 26 (1): 3-27.

附录

中国股票发行上市步骤及其核准程度

1. 设立股份有限公司

我国的法律法规规定发行股票的企业必须是股份有限公司，因此企业要想发行股票必须首先设立股份有限公司。

2. 聘请中介机构

主要是聘请有证券从业资格的会计师事务所、律师事务所和有主承销商资格的证券公司。会计师事务所负责出具审计报告，律师事务所负责出具法律意见书，证券公司负责对拟上市企业发行股票的辅导和推荐工作，辅导期为1年。辅导内容主要包括以下9个方面：

（1）股份有限公司设立及其历次演变的合法性、有效性。

（2）股份有限公司人事、财务、资产及供、产、销系统的独立完整性。

（3）对公司董事、监事、高级管理人员及持有5%以上（含5%）股份的股东（或其法人代表）进行《公司法》、《证券法》等有关法律法规的培训。

（4）建立健全股东大会、董事会、监事会等组织机构，并实现规范运行。

（5）依照股份公司的会计制度建立健全公司财务会计制度。

（6）建立健全公司的决策制度和内部控制制度，实现有效运作。

（7）建立健全符合上市公司要求的信息披露制度。

（8）规范股份公司和控股股东及其他关联方的关系。

（9）公司董事、监事、高级管理人员及持有5%以上（含5%）股份的股东持股变动情况是否合规。

辅导期满6个月应在当地省级日报上公告，如公司所在地不在省会城市，除在省级日报公告外，还需在公司所在市县日报上公告。

在辅导期间，主承销商应对拟发行股票的企业的董事、监事和高级管理人员进行《公司法》、《证券法》等法律法规的考试。

3. 向中国证监会派出机构报送材料

中国证监会派出机构负责辖区内拟上市企业辅导工作的监督管理。

辅导工作开始前10个工作日内，辅导机构应当向派出机构提交下列材料：

（1）辅导机构及辅导人员的资格证明文件（复印件）；

（2）辅导协议；

（3）辅导计划；

（4）拟发行公司的基本情况资料表；

（5）最近两年经审计的财务报告（资产负债表、利润表、现金流量表等）。

辅导期间，中国证监会派出机构可根据辅导报告发现的问题对辅导情况进行抽查。

4. 改制辅导调查

辅导机构对拟上市公司进行辅导的期限满1年后，经辅导机构申请，中国证监会派出机构对拟上市公司的改制、运行情况及辅导内容、辅导效果进行评估和调查，并出具调查报告。辅导有效期为3年，即在辅导期满后3年内，拟发行公司可以由主承销机构提出股票发行上市申请；超过3年，则须重新聘请辅导机构进行辅导。

5. 报送申请股票发行文件

拟上市公司和所聘请的证券中介机构，按照中国证监会制定的《公司公开发行股票申请文件标准格式》制作申请文件，由主承销商向中国证监会申报。中国证监会收到申请文件后在5个工作日内作出是否受理的决定。

6. 初审

中国证监会在受理申请文件后，中国证监会对发行人申请文件的合规性进行初审，并在30日内将初审意见函告发行人及其主承销商。

主承销商自收到初审意见之日起10日内将补充完善的申请文件报至中国证监会。

中国证监会在初审过程中，一方面征求省级人民政府或国务院有关部门的意见，另一方面将就发行人投资项目是否符合国家产业政策征求国家发展计划委员会和国家经济贸易委员会的意见，两委自收到文件后在15个工作日内，将有关意见函告中国证监会。

7. 发行审核委员会审核

中国证监会对按初审意见补充完善的申请文件进行进一步审核，并在受理申请文件后60日内，将初审报告和申请文件提交发行审核委员会审核。

发行审核委员会按照国务院批准的工作程序开展审核工作。委员会进行充分讨论后，以投票方式对股票的发行申请进行表决，提出审核意见。

8. 核准发行

依据发行审核委员会的审核意见，中国证监会对发行人的发行申请作出核准或不予核准的决定。予以核准的，出具核准公开发行的文件；不予核准的，出具书面意见，说明不予核准的理由。

9. 复议

发行申请未被核准的企业，自接到中国证监会书面决定之日起60日内，可提出复议申请。中国证监会在收到复议申请后60日内，对复议申请作出决定。

10. 发行股票

股票发行人在获得中国证监会核准其公开发行股票的文件以后，就可以按照核准的发行方案发行股票。

11. 上市交易

股份有限公司在发行股票后，申请其股票上市交易，必须报经国务院证券监督管理机构核准。国务院证券监督管理机构可以授权证券交易所依照法定条件和法定程序核准股票上市交易申请。股票上市交易申请经国务院证券监督管理机构核准后，其发行人应向证券交易所提供核准文件及有关文件。证券交易所自接到该股票发行人提交的文件之日起6个月内，安排该股票的上市交易。

第5章 公司战略与价值创造

学习目标

◇ 了解投资决策、竞争战略及其与价值创造的关系
◇ 掌握经济增加值和市场增加值的评价标准
◇ 熟悉财务战略矩阵的内容
◇ 掌握基于 EVA 和基于竞争战略的价值驱动因素
◇ 理解价值创造体系的内容

在 Coase（1937）提出企业的性质之后，Modigliani and Miller（1958）为企业价值提供了一个客观明确的度量标准，即企业价值等于以与之风险程度相适合的折现率对预期收益进行折现的价值。不同组织形式的企业也随之确定了一个共同经营目标——价值最大化或创造价值。至此，企业理论研究者们开始探究企业应当如何运作来增长企业价值。

受2008年全球性经济危机的影响，许多国际知名企业宣布裁员或濒临破产，可见如何实现可持续成长已成为企业界和学术界共同面临的一大难题。大量研究的趋同结论得出，企业可持续成长的关键在于创造价值。经济发展是经济结构、科技进步、经济效率、创新能力等内在特性的综合产物，就其根本而论是价值创造及其能力提升的过程。数量扩张只是经济发展的外在表现，而价值创造才是现代经济的本质特征。可以说，价值创造正在成为中国当前经济战略转型的基点。

价值创造研究的核心问题可以归结为价值创造的驱动因素与实现路径研究。价值创造研究从最初由片面强调财务资本的重要性到更加关注组织资本的作用，由注重价值管理发展到注重通过战略性的制度设计来保证可持续的价值创造。当企业为了获取战略收益进行资本投资决策时，应该将战略性思维与资本预算结合起来。在战略管理理论中，战略资源理论和核心能力理论解释了为什么在动态环境中企业应该投资于战略资源和核心竞争能力以在追求市场机会的时候取得独特的竞争优势。

价值创造不仅依靠企业独特的资源和核心竞争能力，还有赖于企业对动态环境的适应能力。在财务体系中的估值技术能够帮助企业在执行公司战略的时候及时进行资产的调整和再分配，增加协同效应，形成新的投资机会。

本章在分析投资决策、竞争战略与价值创造的关系的基础上，从股东权益的视角提出经济增加值和市场增加值的评价标准，利用财务战略矩阵将价值创造与现金余缺联系起来，并从 EVA 和竞争战略两个不同的角度进一步分解价值驱动因素，最后阐述了价值创造体系在价值管理中的作用。

5.1 投资决策、竞争战略与价值创造

5.1.1 投资决策与价值创造

公司财务的研究框架主要有两个：一是通过资源的流动和重组实现资源的优化配置和价值增值，即如何在商品市场上进行实物资产投资，为公司的未来创造价值；二是通过各种金融工具的创新和资本结构的调整实现资本的扩张和增值，即如何在金融市场上筹措投资所需要的资本，为投资者创造价值。在实务中，从价值创造的角度来看，公司的管理决策主要表现为投资决策、筹资决策和经营决策 3 种形式。图 5-1 揭示了股东价值创造和管理决策、价值动因的关系。

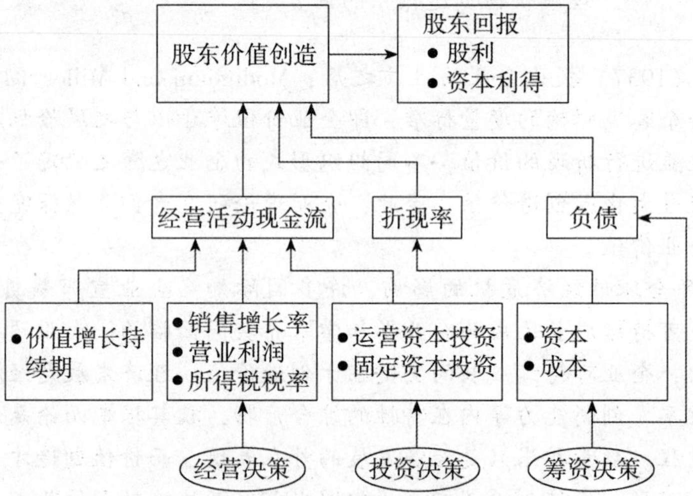

图 5-1 股东价值构架图

图 5-1 清晰描述了股东价值创造这一财务目标与基本的价值参数（价值动因）之间的关系。价值动因包含了销售增长率、营业利润、所得税税率、营运资本投资、固定资本投资、资本成本和价值增长持续期。例如产品组合、定价、推广、广告、分销以及客户服务等经营决策与销售增长率、营业利润和所得税税率相关。在投资决策中，例如增加存货水平、拓展生产能力等反映在营运资本投资和固定资本

投资上。资本成本不仅受到企业风险的影响，更受到管理层筹资决策的影响，比如管理层在融资过程中会选择什么样的债务和权益比例，以及选择什么样的融资工具。价值增长持续期则反映了管理层对于投资回报大于资本成本的年限的最好估计。

如图 5-1 所示，经营活动所产生的现金流量由投资决策、经营决策和价值增长持续期 3 个要素决定。折现率取决于对资本成本的估计。要注意，只有经营活动所产生的折现现金流量才会实现价值创造。股权价值是由公司价值减去债务价值所得。股东价值创造为股东获得股利或资本利得的回报奠定了基础性作用。

投资决策是评价和选择投资项目、优化资源配置的一种经济活动。投资项目决策的目的旨在评价或选择能够创造公司价值的投资项目，通常的做法是选择净现值大于零的项目。在投资决策中，公司可以根据自己的产品优势、技术优势、资本优势、成本优势等发现具有正的净现值的投资机会。当公司的投资收益率超过资本成本时，公司股东才能够自由地获得越来越多的公司经营产生的现金流，从而创造出股东价值。同时 MVA 的来源是公司的投资活动和经营活动，市场增加值主要是向市场或投资者展示这种价值的度量结果，仅当投资活动和经营活动所创造的价值大于资本成本时，才能为投资者创造增量价值。可以说，价值创造与价值评价是一种动因和结果的关系。

5.1.2　竞争战略与价值创造

在企业的经营要素中，拥有土地、物质资本、资源、区位、规模等生产要素资源的组织就拥有一定的基于资源的优势（resource-based advantage）、基于规模的优势（scale-based advantage）或基于区位的优势（location-based advantage）；拥有技术、专利和知识等资源的组织就拥有一定的基于知识的优势（knowledge-based advantage）和基于技术的优势（technology-based advantage）；拥有组织能力、品牌、商誉、市场网络、顾客关系和社会资本等资源的组织则形成了它的基于体系的优势（system-based advantage），这些基于体系优势的能力要素往往具有垄断性质，是在市场竞争中最致命的武器。

目前，最有代表性的三大竞争战略理论是产业结构理论、战略资源理论和核心能力理论。

产业结构理论认为，产业内部的竞争状态取决于 5 种基本竞争力量，即进入威胁、替代威胁、现有竞争对手之间的竞争、买方议价能力和供方议价能力。这 5 种竞争的共同作用力决定了竞争的强度和最终利润。如果把产业结构看成是一个稳定的常量，那么成功的企业肯定是那些在该产业中具有良好的相对位势的企业。竞争优势可以分成两类：低成本优势和差异化优势，每一家成功企业都具有一种或两种优势。

战略资源理论是以公司内部的专有资源为基础研究公司战略。这一理论认为，公司内部环境同外部环境相比，具有决定性的作用。企业内部的组织能力、资源和知识的积累是解释企业获得超额收益、保持竞争优势的关键。资源基础理论的核心思想是，企业竞争力的差异是由战略的差异，或者更进一步说是由企业的资源差异来解释的，这是一个从资源到战略，再到竞争力的因果关系。基于资源理论的战略有以下几个步骤：确定有价值的资源；决定在哪些市场中这些资源能获得最高的收益；投资和提升资源；最大限度地使用资源，最后形成核心能力。

核心能力理论是指一种强调以企业生产、经营行为和过程中的特有能力为出发点，制定并实施企业竞争战略的理论思想。使企业成为一个以能力为基础的竞争者，是能力学派的最终目的。能力学派主张，核心竞争力是企业可持续竞争优势与新事业发展的源泉，它们应成为公司的战略的焦点，要建立或捍卫一个企业的长期领导地位，就必须在核心能力、核心产品和最终产品3个层面上参与竞争，并成为胜利者。

事实上，公司竞争优势的形成可能归属于上述某一种战略，也可能是不同战略组合的结果。由于公司在资源、能力等方面的异质性，由于社会分工的需要，不同的公司会处于同一产业的不同链条上，企业凭借着独特而又难于模仿的市场定位和体系优势，创造出独特的战略产业要素（strategic industry factors），拥有先赋性的优越市场竞争地位，只要公司在这个链条上能够创造“与众不同”，获得相对于其他企业的竞争优势，就可以获得了超额利润（Amit and Schoemaker，1993），实现公司价值增值。理查德·达韦尼（D. Aveni，1994）还认为，在许多市场中，正在形成一种超竞争（hypercompetition）环境，竞争优势的持续时间正在不断缩短。在超竞争环境中，企业决不能满足、停留于原有的资源、能力和竞争优势，必须不断寻找、发展新的竞争优势源。

5.2 价值创造的评价标准

5.2.1 经济增加值

20世纪80年代后期，一些新的价值评价模型应运而生，如基于价值管理的经济增加值（economic value added，EVA）、市场增加值（market value added，MVA）等。从本质上说，EVA是剩余估价模型①的衍生品，主要用于评价公司价值的创造能力，衡量公司的经营业绩以及进行管理层激励。长期以来很多投资者认为公司的

① 剩余收益（residual income）作为一个经济概念，是指扣除股权资本成本后的公司净收益。美国学者奥尔森（Ohlson，1995）在其文章《权益估价中的收益、账面价值和股利》中对这个方法进行了系统的阐述，建立了公司权益价值与会计变量之间的关系，将股利折现模型（DDM）与净盈余关系（clear surplus relation，CSR）相合并，提出了著名的Ohlson Model，即：

$$V_s = BV_0 + \sum_{t=1}^{\infty} \frac{RI_t}{(1+r_s)^t} = BV_0 + \sum_{t=1}^{\infty} \frac{NI_t - r_s \times BV_{t-1}}{(1+r_s)^t} \tag{5.1}$$

其中：V_s 表示股票当前价值（t=0）；BV_0 表示普通股当期账面价值；BV_t 表示第t期的预期普通股账面价值；NI_t 表示第t期的净收益；r_s 表示股权的资本成本；$RI_t = NI_t -（r_s \times BV_t - 1）$，表示第t期的预期剩余收益。

每股收益和净资产收益率的增加意味着创造股东价值，然而实际情况是大量的公司存在运用权责发生制原则下的会计方法进行操纵利润。这引发了人们从会计方法、机会成本、货币时间价值3个方面去反思会计收益指标的缺陷，得出与公司内在价值相联系的经济利润指标才能反映公司股东价值创造的结论。当公司投入资本回报率超过资本成本时，公司股东才能够自由地获得越来越多公司经营产生的现金流，从而创造出股东价值。

1）经济增加值的基本含义

经济增加值在数量上等于税后净经营利润超过包括股权和债务的全部资本成本的价值，其计算公式为：

$$EVA = NOPAT - WACC \times IC \tag{5.2}$$

式中：NOPAT（net operating profit after taxes）为税后净经营利润（调整后）；WACC为公司的加权平均资本成本；IC为投入资本总额（调整后）。

EVA的公式也可以写为：

$$EVA = IC \times (ROIC - WACC) \tag{5.3}$$

式中：ROIC表示投资资本的回报率，即为NOPAT与IC的比值。

这两种公式计算的EVA结果是一样的。

（1）税后净经营利润等于税后净利润加上税后利息费用（如果税后净利润已扣除少数股东损益，则应加回），或者等于销售收入减去除利息费用以外的全部经营成本和费用（包括所得税费用）后的净值。从本质上说，它实际上是在不涉及资本结构的情况下公司经营所获得的税后收益，反映了公司资产的盈利能力。在此基础上，还需要对部分会计报表的有关项目进行调整，以纠正会计信息对真实业绩的扭曲。

（2）投入资本总额是指投资者投入公司资本的账面价值，包括债务资本和股权资本。其中，债务资本是指债权人提供的短期和长期贷款，不包括应付账款、应付票据、其他应付款等商业信用负债；股权资本主要由普通股、优先股以及少数股东权益构成。投入资本总额也可以理解为公司全部资产减去商业信用后的净值。计算投入资本总额时也需要对部分会计报表科目的处理方法进行调整，以便真实反映资本的投入额。在实务中既可以采用年初的资本总额，也可以采用年初与年末资本总额的平均值。

（3）资本成本是指公司债务资本和股权资本的加权平均数。与传统的评价指标不同，EVA是从股东的角度定义公司的利润，股东将资本投入到公司时，实际上就放弃了投资其他项目可能获得的收益，即机会成本。因此，只有当投入资本的收益率（ROIC）超过其资本成本（WACC）时，才会增加股东财富。传统的业绩评价指标在计算时只考虑了债务资本成本，没有考虑到企业的股权资本成本，导致资本成本计算不完全，无法准确衡量企业到底为股东创造了多少价值，而EVA是从股东的角度定义的利润指标，只有考虑了权益资本成本的经营业绩指标才能反映企业的真实盈利能力，这正是 EVA 指标最具特点和最重要的方面。

2）EVA 的会计调整

EVA 与会计利润的主要区别就在于它考虑的股权的资本成本，对经营利润和投入资本进行了一定的调整。EVA 商标的持有者 Stem & Stew 公司列出了多达 164 个调整项目，后来又发展到 200 多项。需要强调的是，在计算 EVA 时进行会计调整主要是为了更好地进行企业内部管理和价值评估，不是要改变企业的会计账务处理。

调整的数量越多，其计算结果就越精确，但同时也增加了计算的复杂性和难度。因此，在实务中必须结合成本效益原则，根据调整目的在精确性和复杂性之间做出权衡和选择，从而确定调整的限度。大多数企业集中在 5 ~ 10 项的调整，常见的调整项目和调整方法如下：

（1）利息支出。由于资本成本包括了债务部分的成本，因此在计算税后净经营利润时，发生的利息费用不应计入期间费用，否则会导致资本成本和费用的重复计算，须将税后财务费用加到税后净经营利润中去。

（2）研究开发费用。研究开发费用与其他有形资产投资一样，旨在提高公司未来的经营业绩，如果不予资本化会低估公司资本。企业会计准则规定研究费用需要费用化处理，但进入开发过程中的费用如果符合相关条件，就可以资本化。按 EVA 会计调整要求，应对所有研究与开发费用予以资本化，并在一定期间摊销。因此，应将研发费用资本化，在支出的当年，将全部的研发费用加回到经营利润和投入资本中，以后逐年摊销的研发费从 NOPAT 中扣除，而未摊销的余额部分仍然包括在投入资本总额中。这样处理的目的就在于防止低估企业价值，尤其是知识密集型的高新技术企业，并且鼓励企业的研发创新。

（3）商誉。商誉是公司的永久性资产，能为公司带来收益。会计准则规定，对企业合并形成的商誉不再进行摊销，每年至少进行一次减值测试，并结合相关资产组和资产组组合进行测试，计提减值准备。因此对商誉的调整就涉及对其减值准备的调整，其当期计提的减值准备增加税后净经营利润，累计计提的减值准备则调整投入资本。

（4）递延税项。根据会计准则计算的利润与按照税法计算的应纳税所得存在差异时，就会产生递延税项。当会计利润大于应纳税所得额时，形成“递延所得税负债”（反之，称为“递延所得税资产”），公司的纳税义务向后推延。只要公司持续发展并不断更新设备，递延税款实际上一直保持一个余额，相当于公司永久性占用的资本，和其他资本一样可用于生产经营。对递延税项的调整是为了使支出额与该年度的实际纳税相接近，具体调整方法是，将其贷方余额加回到投入资本总额中，若为借方余额，由于递延所得税资产并不是公司真正意义上的资产，应从资本总额中扣除；同时将当期递延税项贷方余额增加值加回到当期的 NOPAT 中，或将其借方余额的增加值从 NOPAT 中扣除。通过调整后计算出的 EVA 能够更准确地反映公司的经营业绩。

（5）资产减值准备。对于各种准备金，如坏账准备、存货跌价准备、长期投资减值准备、固定资产减值准备、无形资产减值准备等，出于稳健性原则，我国会计准则规定公司要为将来可能发生的损失预先提取准备金，准备金余额抵减对应的资产项目，余额的变化计入当期费用冲减利润。但这些准备金并不是公司当期资产的实际减少，准备金余额的变化也不是当期费用的现金支出。提取准备金的做法一方面低估了公司实际投入经营的资本总额，另一方面也低估了公司的利润，不利于反映公司的真实盈利能力；同时，公司管理人员还有可能利用这些准备金账户操纵账面利润。因此，计算 EVA 时应将准备金账户的余额加到资本总额之中，同时将准备金余额的当期变化加到税后净经营利润。

（6）经营性租赁。根据会计制度，将租赁付款作为租金费用处理，通过租赁得到的资产不用资本化。这种会计处理方法的结果低估了投入资本，高估了经营利润。由于在租赁付款中隐含了部分租赁利息成本，因此，EVA 方法认为不可取消的经营性租赁资产是“债务等同物”，不应将这种“债务”置于资产负债表外。调整利息支出的计算方法是将经营性租赁费用资本化后的价值乘以借款利率，然后将它的税后值加到经营利润中去。

调整后的税后净经营利润可按下式计算：

$$\text{调整后的 NOPAT}=\text{税后净利润}+\text{税后利息费用}+\text{少数股东损益}+\left(\text{递延税项贷方余额的增加}+\text{各种准备金余额的增加}\right)\times(1-\text{所得税税率})+\left(\text{本年发生的研发费用}-\text{本年研发费用摊销额}\right)\times(1-\text{所得税税率})+\text{经营租赁中隐含的税后利息费用}$$

调整后的投入资本总额可按下式计算：

$$\text{调整后的 IC}=\text{普通股权益}+\text{少数股东权益}+\text{递延税项贷方余额（借方余额为负值）}+\text{当年资本化的研发费用}+\text{经营性租赁}+\text{各种准备金贷方余额}+\text{短期借款}+\text{长期借款}+\text{长期借款中短期内到期的部分}$$

3）EVA 的计算案例

（1）资本成本数据。FM 公司股票当前的市场价格为 51.94 元，流通在外的普通股股数为 1 775 万股，股东权益为 18 523 万元；根据风险分析，该公司股票的 β 系数为 0.75，无风险利率为 4%，市场风险溢价为 5%，股权资本成本为 7.75%，税前负债成本为 5.52%，所得税税率为 25%。

（2）税后净经营利润的计算。税后净经营利润需要在税后净利润的基础上进行调整（见表 5-1）。

（3）调整后资本的计算。投入资本的调整需要在普通股和负债的基础上进行（见表 5-2）。

（4）EVA 的计算。现以表 5-1 和表 5-2 为基础预测各年的 EVA（见表 5-3）。

一种模型是否具有长久的生命力，不仅在于其理论上的严密性，更重要的是，其在实践中是否具有广泛的应用价值。目前，在美国的 500 强企业中，采用 EVA 业

表 5-1　　FM 公司税后净经营利润的计算（预测）　　单位：万元

项目	第 1 年	第 2 年	第 3 年	第 4 年	第 5 年	第 6 年
调整后的税后净经营利润：						
税后净利润	4 382	4 503	4 888	5 217	5 580	5 748
加：税后利息费用	80	73	82	91	90	92
研究开发费用调整项*	343	238	220	203	186	191
递延税项贷方余额增加	-25	36	83	56	90	44
调整后税后净经营利润	4 780	4 850	5 273	5 567	5 946	6 075

注：*为简化计算，此处研发费用调整不考虑摊销。

表 5-2　　FM 公司调整后资本的计算（预测）　　单位：万元

项目	第 1 年	第 2 年	第 3 年	第 4 年	第 5 年	第 6 年
普通股权益	19 656	20 267	21 210	22 208	23 653	24 363
加：递延税项贷方余额	1 191	1 227	1 310	1 366	1 456	1 500
资本化研发费用	457	317	293	270	248	255
加：短期借款	298	307	328	341	364	375
一年内到期的长期借款	361	361	631	631	413	425
长期借款	2 680	2 760	2 948	3 073	3 276	3 375
调整后的投入资本总额	24 643	25 239	26 720	27 889	29 410	30 293

表 5-3　　FM 公司各年经济增加值（预测）　　单位：万元

项目	第 1 年	第 2 年	第 3 年	第 4 年	第 5 年	第 6 年
调整后的投入资本总额	24 643	25 239	26 720	27 889	29 410	30 293
其中：						
负债	3 339	3 428	3 906	4 045	4 053	4 175
股东权益	21 304	21 811	22 814	23 844	25 357	26 118
负债/投入资本总额	13.55%	13.58%	14.62%	14.50%	13.78%	13.78%
股东权益/投入资本总额	86.45%	86.42%	85.38%	85.50%	86.22%	86.22%
股权资本成本	7.75%	7.75%	7.75%	7.75%	7.75%	7.75%
税后债务成本	4.14%	4.14%	4.14%	4.14%	4.14%	4.14%
加权平均资本成本①	7.26%	7.26%	7.22%	7.23%	7.25%	7.25%
经济增加值	2 991②	3 018	3 344	3 551	3 814	3 879
经济增加值现值（7.26%）	2 789	2 623	2 710	2 683	2 687	2 547

注：①此处加权资本成本以调整后的账面价值为权数。

②第一年的经济增加值为 2 991 万元=（4 780-7.26%×24 643）。

绩评价指标的公司约占一半。美国的电子零售商 Best Buy 宣布将 EVA 作为企业治理体系基础时，其股价当天迅速上涨了 10%。当然，在具体实施过程中，国内外企业都有成功的经验和失败的教训。其中，EVA 的计算不准确、不合理、不完善等问题，在很大程度上影响了 EVA 的推广和应用。

5.2.2　市场增加值

市场增加值（MVA）是评估股东财富的另外一种衡量工具，即将公司的市场价值与投入资本进行比较。MVA 就是市值与股东投入资本（净资产）的差值，换句话说，市场增加值是企业变现价值与原投入资本之间的差额。因为股东投入资本的目的是为了获得超出其投入资本的回报，如果公司的价值大于投入资本的总额，说明公司为股东创造了价值；如果公司的价值等于投入资本总额，说明公司只是刚好补偿了所有者的投入资本。如果市场价值低于投入资本则公司破坏了股东财富。MVA 是以预示公司成长性的股价为基础，对股票收益有较强的解释能力。MVA 的计算公式：

$$MVA_t = TV_t - TBV_t \tag{5.4}$$

其中：TV_t 表示 t 时点公司市场价值，即债务与股权市场的价值之和；TBV_t 表示 t 时点公司投入资本的账面价值①，它是根据 EVA 的概念进行调整的。

从 MVA 的计算公式来看，如果 MVA 大于零，说明公司资本的市场价值大于投资者投资于公司的资本数量，从而为投资者创造了价值；反之，则说明公司损害了投资者的价值。从某一特定时点来说，MVA 的大小反映了公司为投资者创造价值或损害价值的数量。

在理论上，公司的市场价值等于投入资本账面价值加上所有未来 EVA 的现值，也就是说 MVA 是市场对公司获取未来 EVA 能力的预期反映。EVA 越多，公司价值的增值就越多，为股东创造的财富就越多。

公司市场价值可写为：

$$MVA = IC_0 + \sum_{t=1}^{\infty} \frac{EVA_t}{(1 + WACC)^t} \tag{5.5}$$

重新调整公式（5.5），市场增加值 MVA 可按下式计算：

$$MVA_t = MV_t - IC_t = \sum_{t=1}^{\infty} \frac{EVA_{t+1}}{(1 + WACC)^t} \tag{5.6}$$

如果公司处于稳定增长阶段，增长率为 g，则公式（5.6）可简化为：

$$MVA = EVA_1 / (WACC - g) \tag{5.7}$$

根据公式（5.7），影响 MVA 的因素主要有 3 个：下一期 EVA 水平、资本成本和未来预期增长率。其中 EVA 反映了公司下一期经济增加值的高低，资本成本反

---

① TBV 实质上应该是股权投资者和债权投资者投入到企业的现金，但是由于在实务中投资到公司的现金很难准确估计。Stern Stewart 提出使用投入资本的账面价值来表示。从投资的角度分析，在 MVA 计算公式中的投入资本账面价值应当是公司过去和现在的所有项目的投入资本总额。

映了公司风险的大小，增长率则代表了公司未来发展空间的预期。

根据表 5-3 的数据，加权平均资本成本为 7.26%，假设从第 6 年开始，公司每年以 3% 的增长率持续增长，此时采用二阶段模型，FM 公司的市场增加值计算如下：

增长期 EVA 现值 = 2 788 + 2 623 + 2 701 + 2 676 + 2 684 = 13 472（万元）

公司市场增加值等于增长期 EVA 现值加上持续期 EVA 现值之和，即：

$$MVA = 13\ 472 + \frac{3\ 876}{7.26\% - 3\%} \times \frac{1}{(1 + 7.26\%)^5}$$

$$= 13\ 472 + 64\ 089 = 77\ 561 \text{（万元）}$$

在实务中，股权 MVA 等于公司发行在外的股份乘以股票的市场价格，减去普通股权益总额，即：

MVA = 发行在外的股份 × 股票价格 − 普通股权益总额　　(5.8)

根据 FM 公司的资料，该公司股票当前市场价格为 51.94 元，流通在外的普通股股数为 1 775 万股；假设该公司的股东权益为 18 523 万元，因此：

MVA = 51.94 × 1 775 − 18 523 = 92 193.5 − 18 523 = 73 670.5（万元）

2010 年国资委开始在中央企业全面推行经济增加值考核（EVA），开启了一个有别于传统注重规模和利润的“大考时代”。EVA 指标已经实质性纳入对央企负责人的年度经营业绩考核，并与央企负责人的薪酬和任命挂钩。在这个过程中，EVA 在央企所有考核指标中所占的权重不断提高，2012 年底提升至 50%，同时国资委还将它作为 A 级企业的晋级门槛，规定利润总额为负或经济增加值为负且没有改善的企业，考核结果原则上不得进入 A 级。国企改革的社会化、证券化、市场化路径，决定了上市央企为股东创造价值这项功能将越发重要。经济增加值考核强化了企业价值创造导向，引导央企更加注重资本使用效率，做大做强主业，注重风险防控。我们在引进 EVA 时应该注意到，央企在企业战略目标、经营方式、管控模式、市场地位、交易方式和员工状况等方面与国外企业有着巨大差异，因此央企实施 EVA，一定要结合企业实际，认真研究本企业的具体问题，不断完善本企业的业绩考核方案，正确认识 EVA 业绩考核。EVA 业绩考核不能被简单地认为是财务部门根据财务报表对其调整后计算出 EVA 指标用于对企业负责人的考核。EVA 指标应是一个短期财务绩效和长期可持续发展效应的综合衡量。EVA 不仅仅是核心考核指标，更是一种价值管理体系，在这种价值管理体系中，应关注 EVA 能否引导业务达成目标，通过 EVA 考核把经营业务、战略带动起来。

5.2.3 财务战略矩阵

财务战略矩阵是通过两维的参数综合分析公司价值增长程度的工具，纵坐标是投资资本回报率与其资本成本的差额，即资本收益率差幅（ROIC-WACC），横坐标是销售增长率与可持续增长率之间的差幅（$G_{销售}$ − SGR）。根据不同的资本收益率差幅和增长率差幅将财务战略矩阵分为四个象限，如图 5-2 所示。每一象限对应于资本收益率差幅与增长率差幅的不同组合，对应于不同的经营状态。①

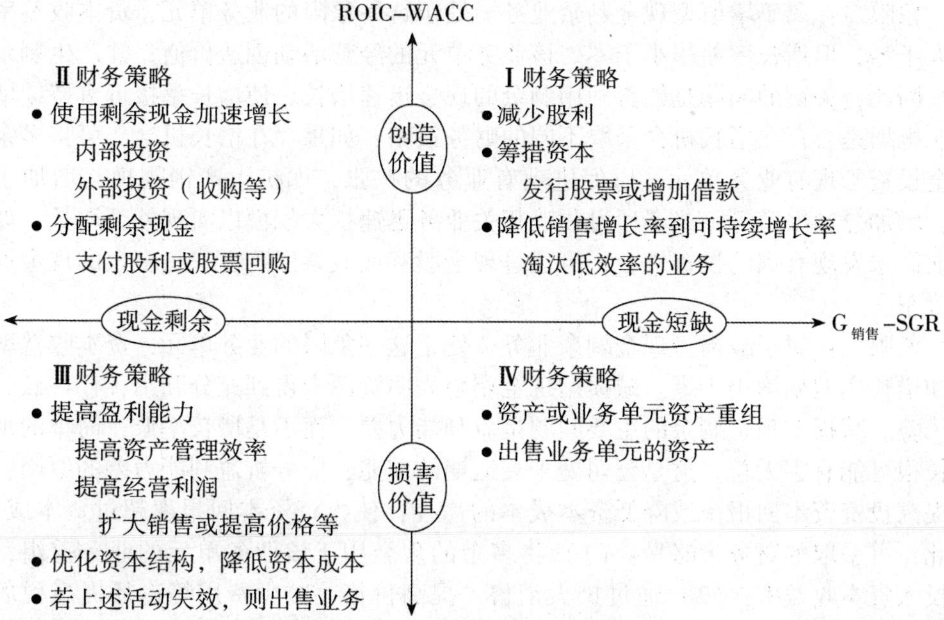

图5-2　财务战略矩阵

在图5-2中纵坐标表示资本收益率差幅，如果资本收益率差幅大于零，则表明该业务单元为公司创造价值；反之，则损害公司价值。横坐标表示增长率差幅，用于衡量公司某一特定业务单元为销售增长提供现金的能力。如果增长率差幅大于零，则表明业务单元现金短缺；反之，则表明该业务单元现金剩余。对于处于不同象限的部门或业务单元，应采用不同的财务策略。

象限一：属于增值型现金短缺业务。处于这一象限的业务单元，资本收益率差幅与增长率差幅大于零。该业务单元的经营活动创造价值，但自身经营产生的现金不足以支持销售增长，现金短缺。对此，可供选择的财务策略是：（1）筹措资金，满足销售增长的需要，包括增加借款比例及增发股份。（2）缩小经营规模，使公司的可持续增长率与销售增长率相平衡。这个战略可以使公司通过进入更加细分的市场，提高留存业务的价值创造能力。（3）提高可持续增长率，这也是解决长期性高速增长资金问题的手段之一。提高经营效率可以有效提高可持续增长率，具体包括：①降低成本。进行作业分析，重构作业链，消除无增值作业，提高增值作业的效率。②提高价格。改变价格形象，在维持利润的同时抑制销售增长，减少资金需要。③降低营运资金。重构价值链，减少资金占用。④剥离部分资产。将资产利润率较低的资产剥离出去，用节省出的资金支持核心业务增长。⑤改变供货渠道。

① 哈瓦维尼，维埃里．经理人员财务管理——创造价值的过程［M］．王全喜，译．北京：机械工业出版社，2006：301.

增加外购以减少自制，减少资产占用，提高资产周转率。

象限二：属于增值型现金剩余业务。处于这一象限的业务单元，资本收益率差幅大于零，但增长率差幅小于零。该业务单元的经营活动创造价值，并产生剩余现金。因此，关键的问题是能否利用剩余的现金迅速增长，使增长率接近可持续增长率。根据是否存在增长机会采取不同的财务策略：如果存在增长机会，可将多余的现金投资于现有业务单元，以促进现有业务的扩张，如扩大产销规模，增加生产线，增加分销渠道等，或者通过收购相关业务迅速扩大规模以实现外部增长；如果目前尚未发现有利的投资机会，可通过现金股利或股票回购方式将多余的现金返还给股东。

象限三：属于减损型现金剩余业务。处于这一象限的业务单元，资本收益率差幅和增长率差幅均小于零。减损型现金剩余表明资源未得到充分利用，存在被收购的风险。减损型现金剩余的主要问题是盈利能力差，而不是增长率低，简单的加速增长很可能有害无益。这是公司处于衰退期的前兆，应分析盈利能力差的原因，寻找提高投资资本回报率或降低资本成本的途径，使投资资本回报率超过资本成本。对此，可采取的财务策略是：（1）将多余的现金用于该业务单元的业务重组，提高投入资本收益率；（2）通过扩大销售、提高价格、减少费用等途径提高税后经营利润率；（3）通过有效营运资本管理（加速收款、减少存货）等方法提高资产周转率；（4）审查目前的资本结构政策，如果负债比率不当，可以适度调整，以降低资本成本；（5）将该业务单元的业务出售，并将多余的现金返还给股东。如果企业不能提高投资资本回报率或者降低资本成本，无法扭转价值减损的状态，就应当把企业出售。

象限四：属于减损型现金短缺业务。处于这一象限的业务单元，资本收益率差幅小于零，增长率差幅大于零。该业务单元由于增长缓慢遇到现金短缺问题，经营活动既不能创造价值，又不能支持其自身的发展。相关的战略选择是：（1）彻底重组。如果盈利能力低是本企业的独有问题，应仔细分析经营业绩，寻找价值减损和不能充分增长的内部原因，对业务进行彻底重组。但如果重组失败，股东将蒙受更大损失。（2）彻底退出。如果盈利能力低是整个行业的衰退引起的，企业无法对抗衰退市场的自然结局，应尽快出售以减少损失。即使是企业独有的问题，由于缺乏核心竞争力，无法扭转价值减损的局面，也需要选择出售。

5.3 价值创造的驱动因素

5.3.1 基于 EVA 的价值驱动因素

对于价值驱动因素中外许多学者都提出了颇有见地的观点。Thakor（2002，中译本）指出，价值驱动因素是影响或推动价值创造的一个决策变量。他通过星巴克等案例说明，价值的驱动因素是决定结果的要素，是价值创造的有效载体和具体方式。Copeland（1994）认为，价值的根本驱动要素就是投资资本回报率、企业预期增长率。这一论断虽然将价值的驱动因素只归结到两个财务指标上面，但由于这两个财务指标是两个基本的财务指标，它们事实上反映了企业从日常经营管理、投资到企业资本结构的许多问题。奈特（2002）则认为，价值影响要素是对经营活动和财务运行效果有重大影响的运行因子，这一定义不仅仅限于运行效果，还包括所有决策得以实施的动力机制，价值影响要素存在于企业的各个领域，包括产品开发、生产、营销以及人力资源的开发和利用等等。

1）价值驱动因素分析的思路

价值驱动因素是影响或推动价值创造的一个决策变量。根据财务估价理论，公司价值创造的源泉来源于存量资产创造的价值和公司未来增长机会创造的价值。现从EVA视角说明不同价值驱动因素对公司价值的影响。如果资产账面价值与投入资本相等，根据公式（5.5），公司的市场价值为投入资本与未来EVA的现值之和，其中未来EVA的现值来源于两个方面：存量资产创造的各期EVA现值和未来增量投资创造的各期EVA的现值。因此，公式（5.5）可改写为：

$$MV = IC_{存量资产} + \sum_{t=1}^{\infty} \frac{EVA_{t,\ 存量资产}}{(1 + WACC)^t} + \sum_{t=1}^{\infty} \frac{EVA_{t,\ 未来增量投资}}{(1 + WACC)^t} \tag{5.9}$$

在公式中，决定存量资产的价值创造主要取决于公司存量资源的经营效率；未来增量投资主要取决于增量资源的投入与整合。

再回过来看EVA的基本公式（5.2），EVA＝NOPAT－WACC×IC，可以看出，EVA的直接决定因素是税后净经营利润和资本成本，而税后净经营利润的增加取决于销售收入的增长、经营利润的增长以及税率的降低。公式（5.3）中的EVA还可表述为：EVA＝IC×（ROIC－WACC）。公式表明，在其他因素保持不变的情况下，提高投入资本收益率（ROIC）、降低资本成本（WACC）、增加资本投入或减少资本投入时，就会增加EVA，为股东创造价值。将ROIC分解后，可以得出ROIC＝销售增长率×资本周转率，因此，提高销售的盈利能力和资本的使用效率是提升ROIC的有效途径。下文具体阐述EVA的几个主要驱动要素。

2）提高销售增长率

企业价值产生源于企业销售的增长。那么，是什么支撑着企业销售的持续增长？成功企业的实践表明，企业的核心能力是引导企业持续增长的关键要素。核心能力一般是指企业独自拥有的、能为消费者带来特殊效用、使企业在某一市场上长期具有竞争优势的内在能力资源，这些资源可以是人力、产品、技术、流程、企业文化等。核心能力引导企业增长，这种增长必须是持续稳定的，必须是能带来现金流量的销售增长，单纯销售增长率的提高可能潜伏着危机。罗伯特·C. 希金斯教授（1998）认为："从财务角度看，增长不总是上帝的一种赐福。快速的增长会使一个企业的资源变得相当紧张，因此，除非管理层意识到这一结果并且采取积极的措施加以控制，否则，快速增长可能导致企业破产"。希金斯教授强调企业应保持可持续增长，即在目标值（经营目标和财务目标）不变的条件下，企业销售额可以达到的最大增长率。如果预计或实际的销售增长率脱离可持续增长率，必有一些因素脱离目标值。可持续增长率一方面受商品市场和管理效率的双重影响，如产品的价格、成本水平管理，应收账款、存货、固定资产的管理等；另一方面受金融市场和财务政策的影响，如企业的负债水平、投资规模、筹资方式、股利政策等。因此，某一销售增长率是否能实现，不仅取决于企业的盈利水平和资产周转的情况，而且也取决于企业的财务政策或财务资源的影响。

3）降低投资支出/ 销售收入比率

企业进行投资支出的终极目标是为客户与投资者创造持久的价值，或者说为企业的未来创造价值。这一投资主要包括为扩充企业生产能力而进行的长期资产投资和为维持企业成长所需要的营运资本投资等。投资支出/销售收入比率的倒数称作资产周转率，为提高资产周转率，企业或者扩大销售收入，或者降低投资支出。投资与销售收入比率的高低不仅与企业内部资源的使用效率有关，也与企业调度外部资源的能力有关。在信息经济时代，资源的概念不再是企业拥有多少资源，而是企业能调度多少资源。企业不仅通过内部资源的流动和重组获取利润，而且还要善于整合外部资源（包括物质资源、人力资源、技术资源、组织资源和商誉等）为己所用。

4）税收筹划

企业税收筹划是通过对企业经营、投资和融资活动的事先筹划和安排，选择符合立法意图且减轻税负的经济行为。企业的税收筹划方案一般包括以下 3 个方面：一是根据国家税收政策导向设计纳税策略；二是根据经营活动的特点设计纳税策略；三是根据财务活动的特点设计纳税策略。

5）降低资本成本

影响资本成本的因素主要是不同资金来源的资本成本以及不同来源资金所占的比重。前者与风险相关，后者与资本结构有关。从理论上说，不同筹资方式资本成本的差异主要取决于风险的大小。政府债务成本一般与无风险利率有关；债务风险补偿率的大小与市场利率成因有关；股权资本成本风险补偿率主要取决于经营风险补偿率和财务风险补偿率的大小。风险管理从某种意义上来讲就是充分发挥企业价值增长的两个杠杆（经营杠杆、财务杠杆）作用，权衡经营风险和财务风险对企业价值的影响。风险管理就是通过风险识别、风险衡量、风险控制等活动，达到风险获利等目的。在资本成本管理中，另一个要素就是合理设计企业的资本结构。

此外，增加资本投入，剥离不良资产，处置毁损价值的无效资产，降低资本占用，同样可以实现价值创造。如果以比资本投入增加更快的速度增加市场价值，或者以比市场价值减少更快的速度减少资本投入，都会得到同样的效果，即增加股东价值。

5.3.2 竞争战略与价值驱动因素

1）竞争战略分析

价值创造有两个重要源泉，一是公司经营所在行业的吸引力，二是相对于竞争对手，公司所建立的竞争优势。竞争战略分析涵盖了3个基本步骤：评估行业的吸引力、评价企业在行业中的竞争地位以及确认企业的竞争优势。行业吸引力分析的根本目的是衡量每个行业的价值创造潜力。行业吸引力分析的一个重要因素是行业竞争风险。波特的五力模型是分析该风险的重要工具。

行业吸引力分析主要解决以下问题：

行业总体的吸引力有多大？

行业中能够创造价值的最重要的因素有哪些？

重要因素的变化对于行业中不同公司价值的影响有多大的敏感度？

行业结构的变化、总体经济形势的变化对于企业个体或整个行业有多大的影响？

竞争战略分析的第二个步骤是评价企业在行业中的竞争地位。如果一家公司处于弱势竞争地位，那么无论这个行业多么有吸引力，也无益于公司的价值创造。反之也一样，如果一家公司处于强势竞争地位，那么即使这个行业没什么吸引力，也将有益于公司的价值创造。当然，通过竞争战略的选择，公司可以改变它在行业中的地位。

竞争地位分析主要解决以下问题：

在相关的行业中，公司竞争者所展现出来的优势和劣势是什么？

公司对其竞争者的战略如何回应？竞争对手的战略又对公司有怎样的影响？

在竞争地位、成本结构和资金供给都已经给定的情况下，竞争者能够很好地执行对应的战略么？

行业结构的变化、总体经济形势的变化对于个体竞争者或整个行业有多大的影响？

行业吸引力分析和行业竞争地位分析为竞争战略分析的第三步——企业的竞争优势的确认，提供了背景支持。好的价值创造战略源自稳定的竞争优势，评估竞争优势就是在评估公司股东价值创造的潜力。更确切地说，可持续的价值创造就是要持续不断地寻找超过资本成本的长期投资机会，这是竞争优势的终极体现。

2）成本领先战略与差异化战略的价值驱动因素分解

一系列文献研究表明，价值创造源于行业中竞争行为所产生的经济租金（economic rents）。在竞争性环境中，如果公司能够产生竞争优势，就会有超额利润产生。Shapiro（1991）指出，现有竞争者的进入壁垒和独特的竞争优势（例如规模和范围的经济效应、绝对的成本优势和产品的差异化等）是超额利润的真实源泉。

表 5-4　　　　不同竞争战略的价值动因

竞争战略	项目价值动因
成本领先战略	绝对成本优势 · 专有产品技术 · 重要原材料的控制 · 早期进入者的优先权 · 学习和经验曲线效应
差异化战略	规模经济效应 范围经济效应 新产品的研发 知名度的建立

成本领先战略通过成本控制和价值链的重新配置来形成更有效的方式去设计、生产、分销或销售产品。从价值管理的角度分析，具有价值创造功能的战略，必然能够将在战略设计过程中所有竞争优势因素转化为财务上的价值驱动因素。结合图 5-1，下文中表 5-5 和表 5-6 列示了成本领先战略和差异化战略按价值驱动因素分类的支持性策略。

表 5-5　　　　成本领先战略下按价值驱动因素分类的支持性策略

价值驱动因素	支持成本领先战略的策略
销售增长率	· 保持有竞争力的价格 · 追求市场份额以获得生产、分销等的规模经济性
营业利润	· 在每一个价值活动中争取相关的规模经济性 · 引入提高学习速度的机制，例如，标准化、产品设计修正、改善时间进度等 · 在供应商的产品设计、质量、包装、订购程序中寻求降低成本的方式 · 寻求与渠道有关的成本减少 · 减少不能增加产品价值的一般管理费用
营运资本投资	· 最小化现金余额 · 管理应收账款以减少平均收账期 · 在不损害客户服务所要求的水平下减少存货
固定资产投资	· 增加固定资产的利用率 · 获得提高生产率的资产 · 出售闲置的固定资产 · 以最低的成本获得资产（例如，选择租赁还是购买）
资本成本	· 设定最优资本结构目标 · 选择成本最低的筹资工具（债务或股权） · 降低公司风险因素

资料来源：①阿尔弗洛德．创造股东价值［M］．昆明：云南人民出版社，2002：70.

②ALFRED. Creating shareholder value: a guide for managers and investors［M］. New York: Free Press, 1998.

表5-6 差异化战略下按价值驱动因素分类的支持性策略

价值驱动因素	支持差异化战略的策略
销售增长率	·争取较高的价格 ·追求消费者愿为差异化支付溢价这一市场份额的增长
营业利润	·选择最有成本效益的差异化价值活动组合，例如，通过降低购买者成本和风险并同时提高产品性能的方式 ·减少不能对消费者需求做出贡献的成本
营运资本投资	·最小化现金余额 ·将应收账款政策与差异化战略联系起来 ·维持存货水平，使之与服务的差异化水平相一致 ·争取向供应商支付应付账款的最优条款
固定资产投资	·投资于能产生差异化的特定资产 ·购买具有最佳效用的资产 ·出售闲置的固定资产 ·以最低的成本获得资产（例如，选择租赁还是购买） ·设定最优资本结构目标
资本成本	·选择成本最低的筹资工具（债务或股权） ·提高差异化程度，使产品需求较少地依赖于整体经济状况

资料来源：①阿尔弗洛德. 创造股东价值［M］. 昆明：云南人民出版社，2002：70.

②ALFRED. Creating shareholder value：a guide for managers and investors［M］. New York：Free Press，1998.

差异化战略的支持性策略和成本领先战略的支持性策略有明显的不同，这些不同反映在每一驱动因素的分解上。例如，价值创造对于营业毛利通常比较敏感。在成本领先战略中，实现目标利润的关键就是实行有效的成本控制；然而在差异化战略中，焦点的核心看起来更像是公司寻求溢价的能力。无论公司计划实行哪一种竞争优势，管理层都必须要在不同的价值驱动因素间实现平衡。

5.4 价值创造体系

价值创造体系主要揭示公司价值创造的驱动因素，根据前述的资源理论和核心能力理论，公司价值的持续增长来源于公司的持续竞争优势，持续竞争优势则来源于公司所拥有的战略资源。在上述各节的讨论中，主要是从财务资源的角度分析价值创造的驱动因素，事实上，除投资者提供的财务资源外，客户资源和人力资源以及其他无形资产都是构成公司竞争优势所不可缺少的资源。

5.4.1 客户价值与公司价值

在价值管理中，不仅要为财务资源的提供者——股东创造价值，也要为人力资源提供者或财务资源的使用者——员工（包括经营者和其他员工）创造价值。此外，还要为公司产品/服务的购买者——客户创造价值。价值创造体系的核心要素就是客户价值。

公司价值或股东价值的实现是通过为客户创造价值完成的，或者说，通过为客户提供超越竞争对手的价值，从而为公司或股东创造价值。为提高客户价值，公司不但要在产品属性、服务质量、价格、品牌等客户价值收益来源上做文章，而且也要研究影响客户支出成本的因素，设法降低客户购买成本、时间成本、精神成本、体力成本以及风险承担（因信息不对称导致的客户所购与所需产生差异而带来的损失）；通过建立客户信息共享机制和内部沟通机制，实现公司与客户的双向沟通，建立基于共同利益上的新型公司——客户关系，通过客户服务（争取客户、满足客户、保持客户）创造价值。

企业的价值实现主要由顾客忠诚来驱动的这一观点，得到许多学者的实证检验。Heskett、James 等（1994）为这一问题提供了清晰的思路：他们认为企业的收益增长与赢利能力主要是由顾客忠诚决定的，顾客忠诚是由顾客满意决定的，而顾客满意由顾客的价值决定。企业的价值创造或价值增值是由顾客的数量和质量来决定的，由于保有顾客忠诚的成本低于获得新顾客的成本，因此企业首选的做法应该是尽量保有原来顾客，在不考虑降价的情况下，增加顾客所感知的价值就会增加顾客的满意，也就提高了顾客的忠诚度，企业价值因此获得实现。为此，为顾客创造价值应该成为企业的最重要的目标。

从客户的角度看待产品/服务的价值，其目的就是通过为客户提供超越竞争对手的服务，从而为企业创造价值。客户关系管理包括客户分析、成本、便利和沟通 4 个方面的内容。利用数据仓库、报表等技术手段对客观数据进行分析，以便了解、研究、分析客户的需求与欲望，确定企业应该生产什么产品；研究影响客户支出成本的因素，设法降低客户购买和消费成本；研究如何把产品/服务有效率地传达到客户那里，并方便地使得客户实现其效用；研究如何在企业研、产、销之间建立客户信息共享机制及内部沟通机制，通过企业与客户的双向沟通，建立基于共同利益上的新型企业——客户关系，通过为客户服务，争取客户、满足客户、保持客户以从中获利。客户关系管理这 4 个方面呈顺时针的方向变化，体现了在客户价值创造体系中的逻辑关系。

5.4.2 无形资产在价值创造中的作用

有形资产和金融资产是工业经济时代企业创造价值的主要来源。但是，在知识经济时代，无形资产正在成为企业价值创造的主要驱动因素。财务资源主要表现为有形资产和金融资产；组织资源、信息资源和人力资源主要表现为无形资产。在无形资产中，组织资源是指为执行创造公司价值战略所要求的组织能力，主要包括：（1）文化——执行战略所需要的使命、愿望和核心价值的意识和内在化；（2）领导力——管理者动员和领导员工实现公司目标的能力；（3）协调一致——个人、团队和部门目标与战略目标的实现相结合；（4）团队工作及知识管理——整个公司共享的具有战略潜力的知识。信息资源主要包括信息系统、数据库、图书馆和网络资源等。IT的应用会带来企业组织结构和行为的显著变化，进而导致新的商业过程和新的市场策略的出现。众所周知，沃尔玛的主要资产不是计算机软件和硬件，而是围绕信息系统所形成的无形的商业流程，其拥有的关于消费者、供应商和商业知识等数据的价值是用于存贮上述信息的磁盘成本的好多倍。人力资源主要指员工技能、知识和诀窍的有效性，这些技能、知识和诀窍主要用来执行对创造公司价值至关重要的内部经营。据A. Bhide（2000）的统计，名列“Inc1500”（美国主要的新兴成长型公司）中的公司，71%是由那些对其原先雇主创新工作进行复制或修改的人建立的，这充分说明了留住关键员工并拥有其所创造价值的重要意义。

从无形资产形成的过程看，它与企业的创新活动、组织设计和人力资源实践有密切的相关性，三者单独或共同作用的结果表现为无形资产的形成和价值的创造。例如，默克制药公司所拥有的巨大无形资产主要来自其每年投入的巨额研发费用，这是创新活动的结果；戴尔计算机公司主要的价值驱动因素是其独特的计算机直销体系，这属于组织设计的范畴；可口可乐公司的品牌是通过其秘密配方和出众的营销能力组合形成的，它是创新活动以及组织设计共同作用的结果。

在知识经济时代，由于经济的全球化、管制的解除和技术的发展等因素导致竞争的加剧，企业的基本面发生了重大的变化，有形资产和金融资产正在迅速商品化，其投资报酬率趋同于社会平均报酬率，从而不能为企业提供持续的竞争优势与增长。面对这一变化，企业必须采取组织重构和战略聚焦两大基本策略。前者使纵向一体化的内部组织被供应商、客户和员工之间的紧密合作与联盟的网络所取代，导致大量的有形资产被无形资产（主要是组织资本）所替代；后者强调创新是获得持续竞争优势的主要来源，导致更多的无形资产投资（研发、信息技术、员工培训、争取客户等），并且凸显了人力资本的重要性。因此，无形资产正在成为企业价值创造及增长的主要驱动因素。

本章小结

1. 投资决策是评价和选择投资项目、优化资源配置的一种经济活动。投资项目决策的目的旨在评价或选择能够创造公司价值的投资项目，以便提高公司价值的长期增长潜力。

2. MVA的来源是公司的投资活动和经营活动，市场增加值主要是向市场或投资者展示这种价值的度量结果，仅当投资活动和经营活动所创造的价值大于资本成本时，才能为投资者创造增量价值。

3. 经济增加值是一种剩余价值指标，在数量上等于税后净营业利润超过资本成本的价值。

4. 调整后的NOPAT=税后净利润+税后利息费用+少数股东损益+递延税项贷

方余额的增加+各种准备金余额的增加×（1-所得税税率）+（本年发生的研发费用-本年研发费用摊销额）×（1-所得税税率）+经营租赁中隐含的税后利息费用。调整后的IC=普通股权益+少数股东权益+递延税项贷方余额（借方余额为负值）+当年资本化的研发费用+经营性租赁+各种准备金贷方余额+短期借款+长期借款+长期借款中短期内到期的部分。

5. 项目净现值衡量投资项目对公司增量价值的贡献大小。投资净现值为正的项目将会增加公司价值；反之，则会损害公司价值。经济增加值是对于净现值法则的简单拓展。

6. 市场增加值是从总体上衡量公司为投资者创造价值能力的指标，其大小不仅取决于公司当前经营创造的价值能力，还与公司未来创造价值的能力有关。

7. 在其他因素保持不变的情况下，提高投入资本收益率（ROIC）、降低资本成本（WACC）、增加资本投入或减少资本投入时，就会增加EVA，为股东创造价值。将ROIC进行分解后，可以得出ROIC=销售增长率×资本周转率，因此，提高销售的盈利能力和资本的使用效率是提升ROIC的有效途径。

8. 财务战略矩阵是通过两维的参数综合分析公司价值增长程度的工具，一是资本收益率差幅（ROIC-WACC），二是销售增长率与可持续增长率之间的差幅。

9. 价值创造有两个重要源泉，一是公司经营所在行业的吸引力，二是相对于竞争对手，公司所建立的竞争优势。竞争战略分析涵盖了3个基本步骤：评估行业的吸引力、评价企业在行业中的竞争地位以及确认企业的竞争优势。

10. 有形资产和金融资产是工业经济时代企业创造价值的主要来源，但是，在知识经济时代，无形资产正在成为企业价值创造的主要驱动因素。

讨论题

1. 在企业的价值创造和毁损过程中，行业的特征是非常明显的。从我国央企的EVA情况来看，煤炭、石油、黄金等资源性行业仍然在EVA价值创造中占据着重要地位，而航运、航空、钢铁以及电力行业则集中出现于EVA价值毁损的前列。请分析行业特征对于EVA的影响。

2. 请根据经济增加值说明公司价值创造的驱动因素。

3. 访问以下网址：http：//www. gtarsc. com/login. aspx，寻找一家IT行业的公司，结合竞争战略理论分析其采用的竞争战略，并分析这家公司是如何实现价值创造的。

4. 访问以下网址：www. hexun. com，寻找一家上市公司，分析其处于财务战略矩阵的哪个象限？你对其财务策略有何建议？

5. 访问以下网址：www. cninfo. com. cn、www. sse. com. cn、www. szse. cn，找到实施成本领先战略和差异化战略的两家公司，按价值驱动因素划分其对应的支持性策略。

案例分析

互联网时代——谁的江湖

Facebook 起初的目的并不是要创立一家公司，它建立的目的是为了实现一种社交模式——让世界变得更开放更紧密。

——马克·扎克伯格 Facebook 创始人　2012 年 5 月 16 日

Facebook 创始人、CEO 马克·扎克伯格于 2012 年 5 月 18 日在位于美国加利福尼亚州的 Facebook 总部敲响开市钟。此次 IPO 发行价为 38 美元，发售 4.2 亿股，融资规模将达 160 亿美元。按此发行价计算，Facebook 的估值为 1 040 亿美元，创下美国公司的最高上市估值。但是 Facebook 在开盘日即跌破发行价，在 6 月 6 日的交易中，Facebook 股价再度下挫，收盘跌破 26 美元，与上市之初的千亿美元相比，Facebook 的市值已经缩水三成，按收盘价计算约为 709 亿美元。标准普尔分析师斯科特·凯斯勒（Scott Kessler）6 月 6 日将 Facebook 的股票评级从“卖出”上调至“持有”，称这只股票的价格已经跌破其此前设定的 27 美元的目标价。凯斯勒同时指出：“Facebook 仍旧在商业化、移动业务、内部投资支出、第三方公司的并购交易和知识产权以及公司治理等领域中存在问题。”上市之后，Facebook 将不可避免地应对来自投资者的股价和业绩压力，扎克伯格会将这个庞大的社交帝国带向何处？

Facebook 的三大挑战：

现实挑战：广告营收。顶着千亿美元估值上市的 Facebook 从未摆脱过泡沫的质疑，而营收是支撑股价最关键的指标，他们必须保持营收的持续稳定增长，才能推动股价维持高位乃至继续走高。2011 年 Facebook 实现营收 37 亿美元，其中 85% 来自广告。作为全球最大的社交网站，Facebook 本该是广告主最青睐的平台。但就在上市前几天，他们的广告价值却遭到了沉重打击。美国第三大广告主通用汽车宣布，由于对 Facebook 的广告成效存在怀疑，决定取消总额 1 000 万美元的 Facebook 广告预算。据 Forrester 的分析师内特·爱列奥特（Nate Elliott）透露，宝洁、美国运通、AT&T、迪士尼和 Verizon 等数家广告大金主也对 Facebook 的广告成效产生了怀疑。广告价值在于信任，如果这一多米诺骨牌开始倒塌，那么 Facebook 的广告营收前景可能会更加暗淡。市场调研公司 WordStream 的数据显示，Facebook 的广告点击率平均只有 0.051%，不仅低于行业平均水平 0.1%，更远远低于谷歌的 0.4%。Gartner 预计，2015 年移动应用广告市场规模将达到 200 亿美元，只要 Facebook 愿意的话，这一领域也会带来重要营收。创新将是扎克伯格解决营收问题的关键。

迫切挑战：移动领域。Facebook 成为全球最大社交网站主要是基于网页平台，但随着移动互联网时代的到来，越来越多的用户通过智能手机登录 Facebook。有数据显示，在 Facebook 的 9 亿月活跃用户中，有 4.88 亿用户通过移动设备使用服务。以 Facebook 的人才储备和研发能力，这个问题只能被解释为没有基于移动来做产品。但好在 Facebook 已经重视移动领域的挑战，单是在招股书中就 71 次提到“移动”字眼。目睹谷歌取代雅虎的地位，而后 Facebook 又挑战谷歌，扎克伯格显然比谁都明白优胜劣汰的道理。2012 年 4 月，移动图片应用 Instagram 刚刚推出 Android 版，用户数以每周 500 万人的井喷式速度增长。Instagram 刚刚完成了估值 5 亿美元的新一轮融资，两天之内扎克伯格就开出了双倍价格，斥资 10 亿美元收购 Instagram。收购 Instagram 显然是出于战略考量，化解一个潜在的竞争对手。第三方应用平台应用中心（App Center）是 Facebook 在移动领域的杀手锏，这是一个基于 Facebook 移动网站的跨平台应用商店，用户可以通过网页、Android 以及苹果 IOS 设备登录 Facebook 应用中心。跨平台带来了更多的用户和开发者，凭借着全球 9 亿多用户与跨平台的优势，Facebook 的应用中心从一开始就吸引了普遍关注。这个应用中心打通了苹果、谷歌、微软和亚马逊等应用商店的界限。此外，Facebook 从未放弃推出自有移动系统的计划。苹果 IOS 系统深度整合了 Twitter，却没有与 Facebook 推进合作，或许是忌惮 Facebook 未来会成为另一个谷歌，扎克伯格和他的 Facebook 需要自己的平台。

长远挑战：新业务开拓。在广告营收和移动战略之外，Facebook 还面临着新业务开拓的挑战。诞生于 2004 年的哈佛大学宿舍，Facebook 一路击败了 Friendster、MySpace 等竞争对手成长壮大，如今已经成为社交网站的代名词。但上市也意味着 Facebook 进入了稳定期，怎样开拓新的业务是扎克伯格面临的长远挑战。自 2006 年 9 月向所有用户开放注册后，Facebook 的用户数就开始了疯狂的增长。2008 年突破 1 亿，2010 年突破 6 亿，2012 年达到 9 亿，Facebook 在全球市场的扩张速度令人瞠目结舌。但在急剧扩张数年之后，Facebook 的用户量增速不可避免地放缓，或许会在相当长时期内停留在 10 亿左右。面对用户基数增长放缓，Facebook 的重心将是打破传统的网络界限，成为用户网络服务的入口。

Facebook 最有价值的要素是什么？答案显然是 9 亿的用户和海量数据。大数据俨然已经成为社交网站时代的最热技术，上市之后的 Facebook 会走出怎样的弧线？

在网络社交领域，Facebook 不仅面临着 MySpace、Google、Twitter 和 Linkedin 在全球范围内的竞争，也面临着来着中国的腾讯、人人、新浪微博等的强有力挑战。

腾讯公司成立于 1998 年 11 月，是目前中国最大的互联网综合服务提供商之一，也是中国服务用户最多的互联网企业之一。2004 年 6 月 16 日，腾讯公司在香港联交所主板公开上市（股票代号 700）。2013 年“BrandZ 全球最具价值品牌百强榜”腾讯品牌价值排名第 21 名，超越第 31 名的 Facebook。腾讯把为用户提供“一站式在线生活服务”作为战略目标，提供互联网增值服务、移动及电信增值服务和网络广告服务。通过即时通信 QQ、微信、腾讯网、腾讯游戏、QQ 空间、财付通等中国领先的网络平台，腾讯打造了中国最大的网络社区，满足互联网用户沟通、资讯、娱乐和电子商务等方面的需求。截至2012年12月31日，QQ即时通信的活跃账户数达到7.982亿，最高同时在线账户数达到1.764亿。2013年9月16日腾讯旗下搜搜的通用搜索、问问和百科相关团队以及QQ输入法团队与搜狗原有团队融合，共同组建新的搜狗团队。2014年2月14日，腾讯和银河基金合作银河定投宝。2014年2月19日，腾讯收购大众点评20%股权，双方共同打造中国最大的O2O生态圈。2014年3月4日，腾讯宣布与王老吉成为战略合作伙伴。北京时间2014年3月10日，腾讯港交所公告，称同意以2.15亿美元收购京东3.5亿多股普通股股份，占上市前在外流通京东普通股的15%。同时京东腾讯还签署了电商总体战略合作协议，腾讯将旗下拍拍C2C、QQ网购等附属关联公司注册资本、资产、业务转移予京东。

——根据Facebook官网、新浪网、腾讯网资料整理

请结合案例资料及Facebook和腾讯公司的公开资料回答以下问题：

（1）Facebook和腾讯公司各自实施的投资决策有益于股东的价值创造吗？请具体分析这一过程。

（2）请对Facebook和腾讯公司进行竞争战略分析。

延伸阅读文献

[1] 刘淑莲．公司价值评估与价值创造战略研究［J］．会计研究，2004（9）：67-71.

[2] 罗珉．价值星系：理论解释与价值创造机制的构建［J］．中国工业经济，2006（1）：80-89..

[3] 茅宁．无形资产在企业价值创造中的作用与机理分析［J］．外国经济与管理，2001（7）：2-8.

[4] 王化成，尹美群．价值链模式下价值创造的要素体系研究［J］．管理世界，2005（5）：106-110.

[5] 王世权．试论价值创造的本原性质、内在机理与治理要义［J］．外国经济与管理，2010（8）：10-17.

[6] 翁世淳．从价值创造到市值管理：价值管理理论变迁研究评述［J］．会计研究，2010（4）：74-80.

[7] 徐光辉．从价值创造开始——论中国经济战略转型［J］．管理世界，2011（11）：1-11.

[8] 刘淑莲．公司理财［M］．北京：北京大学出版社，2011.

[9] 阿尔弗洛德．创造股东价值［M］．北京天则经济研究所，等，译．昆明：云南人民出版社，2002.

[10] 加布里埃尔．经理人员财务管理——创造价值的过程［M］．王全喜，译．北京：机械工业出版社，2006.

[11] S. 戴维，斯蒂芬，斯蒂奥伯恩：EVA 与价值管理——实用指南 [M]. 李丽萍，史璐，等，译. 北京：社会科学文献出版社，2002.

[12] 托马斯，弗雷德，库尔迪普. 金融理论与公司政策 [M]. 柳水明，温婷，田正炜，译. 上海：上海财经大学出版社，2007.

[13] RAPPAPORT. Creating shareholder value：a guide for managers and investors [M]. New York：Free Press，1998.

[14] CROWTHER. Creating shareholder value. London，Rollinsford [M]. NH：Spiro Press，2002.

[15] NORTON. Valuation：maximizing corporate value [M]. New York：Wiley，2003.

[16] SMIT，LENOSTRIGEORGIS. Strategic investment：real options and games [M]. Princeton：Princeton University Press，2004.

[17] OGDEN，JEN，O'CONNOR F. Advanced corporate finance：polices and strategies [M]. 影印版. 北京：中国人民大学出版社，2004.

[18] STEGMANN. Strategic value management：stock value creation and the management of the firm [M]. Hoboken：John Wiley & Sons，2009.

[19] PAULVERDIN. Growth and value creation in investment management [M]. Copenhagen：SimCorp，2010.

第6章 公司并购

学习目标

◇ 熟悉并购的类型与并购浪潮
◇ 熟悉并购效应理论
◇ 掌握并购价值评估方法
◇ 掌握并购融资与对价方式
◇ 了解并购中的敌意收购与防御

大连万达集团于2012年5月与全球排名第二的美国AMC影院公司签署并购协议，将以31亿美元并购美国AMC影院公司。此次并购总交易金额26亿美元，包括购买公司100%股权和承担债务两部分。同时万达承诺，并购后投入运营资金不超过5亿美元，万达集团总共将为此次交易支付31亿美元。大连万达集团在并购AMC公司后，将同时拥有全球排名第二的AMC院线和亚洲排名第一的万达院线，万达集团将成为全球规模最大的电影院线运营商。

自20世纪以来并购已经成为企业快速扩张和整合的重要手段之一。寻求扩张的企业面临着内部扩张和通过并购发展的两种选择，当一家公司用其货币资本来购买企业比它自己直接投资建厂的收益更大时，购买行为就显得更加经济可行。在优胜劣汰的市场竞争中，公司并购与重组能够最有效地将某些经营困难的公司的闲置生产要素转移给那些正在扩大生产规模的公司。不同的企业并购动机与效果也各不相同，通过本章，可以对并购的相关理论和实践建立较为清晰的架构。

第6章在介绍并购的类型和并购浪潮的基础上，分析总结了并购效应的理论并找出相关的经验证据，以此了解并购发展的必然性。在了解了并购动机之后，简要介绍了企业并购价值评估的思路，了解并购定价的理论依据，然后对并购的融资和对价方式进行总结。最后介绍了国外比较常见，但在我国也应引起关注和重视的敌意收购以及其相关的防御策略。

6.1 上市公司并购行为

6.1.1 并购的含义与类型

并购一般是指兼并和收购的简称。兼并是指一个公司采取各种形式有偿接受其他公司的产权，使被兼并公司丧失法人资格或改变法人实体的经济活动。收购是指一家公司通过现金、股票等方式购买另一家部分或全部股票或资产，从而获得对该公司的控制权的经济活动。

公司的兼并和收购，在本质上都是公司所有权或产权的有偿转让；在经营理念上都是通过外部扩张型战略谋求自身发展；目的都是加强公司的竞争能力，扩充经济实力，实现一体化。因此，通常将公司兼并和收购统称为并购。

根据并购的不同功能及并购所涉及的产业组织特征，可以将其划分为横向并购、纵向并购和混合并购3种基本类型。

横向并购是指处于相同市场层次上的公司并购，即两个或两个以上生产和销售相同或相似产品公司之间的并购行为。它的主要目的是使公司资本向同一生产、销售领域集中，扩大公司的生产经营规模，取得规模收益。近年来，由于全球性行业重组的趋势加快，我国各行业谋求发展的实际需要以及我国在政策法律层面对横向重组的一定支持，行业横向并购的发展十分迅速，对行业发展产生了重要影响。

纵向并购是指发生在同一产业的上下游企业之间的并购，即出于生产经营同一产品的不同生产阶段。这些企业之间不是直接竞争关系，而是供应商和需求商之间的关系。通过纵向并购活动，使同一产业链上的公司相互整合，构成一个同一集团内的产业价值链。纵向并购在我国发展尚处起步阶段，基本都在钢铁、石油等能源与基础工业行业。这些行业的原料成本对行业效益影响较大，企业希望通过纵向并购来加强业务链的整体优势。

混合并购是指两个或两个以上相互没有直接投入—产出关系的公司之间的并购行为，其目的主要在于分散风险，寻求范围经济。在面临激烈竞争的情况下，我国一些企业希望通过混合并购的方式，实现多元化发展的格局，为企业进入其他行业提供有力、便捷、低风险的途径。

除了上述基本分类外，按并购的支付方式划分，并购可分为现金支付式、承债式、股份置换式、买壳式、借壳式以及联合收购式等；按被购企业意愿的划分，并购可以分为善意并购和敌意并购。

6.1.2 并购浪潮

以美、英、日、德等发达国家为代表的并购活动按历史进程大概可以分为6个阶段，在每一个阶段总有一种特定的并购方式处于主导地位。

1）第一次并购浪潮（1895—1904 年）

第一次并购浪潮以横向并购为主要特征。19 世纪下半叶，科学技术的巨大进步显著地推动了社会生产力的发展，并掀起了以铁路、冶金、石化、通信等为代表的行业大规模并购浪潮，各行业的许多企业通过资本集中组成了规模巨大的垄断公司，如美国钢铁公司、杜邦公司、美国烟草公司、美国橡胶公司等。在美国并购高峰时期的 1899 年，公司并购达到 1 208 起，是 1896 年的 46 倍，并购资产额达到 22. 6 亿美元。在 1895—1904 年的并购高潮中，美国有 75% 的公司因并购而消失。作为工业革命发源地，英国在此期间的并购活动也大幅增长，有 665 家中小型企业在 1880—1981 年间通过兼并组成了 74 家大型企业，垄断着主要工业部门。在这股并购浪潮中，大企业在各行业的市场份额迅速提高，形成大规模的垄断企业。

2）第二次并购浪潮（1916—1929 年）

经历了第一次并购浪潮后，企业并购活动处于低潮，到了 20 世纪 20 年代，企业并购又形成了第二次浪潮。第二次并购浪潮与第一次有着显著的不同：第二次并购浪潮以纵向并购为主要特征，使得那些在第一次并购浪潮中形成的大型企业继续开展并购活动，并进一步增强其经济实力，扩展并巩固其对市场的垄断地位。在这一时期，纵向并购所占比例达到 85%，各行业部门将其各个生产环节统一在一个企业联合体内，形成了一批在各部门处于领导地位的大型企业，如 ICI 至今仍然控制着英国的制造业。

3）第三次并购浪潮（1965—1969 年）

这一阶段的并购以混合并购为主要特征，而且无论是在规模上还是在速度上都大大超过了前两次。各主要工业国的经济经过 20 世纪 40 年代后期和 50 年代的逐步恢复，在 20 世纪 60 年代迎来了经济发展的黄金时期，同时催生了大规模的投资建设活动。随着第三次科技革命的兴起，一系列高新科技成就得到广泛应用，社会生产力实现迅猛发展，并造就以混合并购为主要特征的第三次并购浪潮。第三次并购浪潮的主体主要是大型企业，企业和市场的垄断程度进一步提高。

4）第四次并购浪潮（1984—1989 年）

第四次并购浪潮由 20 世纪 70 年代中期持续至 80 年代末。这一阶段以融资并购为主要特征，交易规模空前，数量繁多。据统计，1980—1988 年间企业的并购总数达到 20 000 起，其中 1985 年达到顶峰。第四次并购浪潮的特点是杠杆并购盛行，出现了大量小企业并购大企业的现象，金融界为了支持杠杆并购，开始发行“垃圾债券”，导致 20 世纪 80 年代“垃圾债券”危机四伏。同时，这一时期的跨国并购不断增多，并一直延续至第五次浪潮。

5）第五次并购浪潮（20 世纪 90 年代）

自 20 世纪 90 年代以来，全球化、信息技术、金融创新及产业整合等要求企业做出迅速调整，全球跨国并购迎来新浪潮。在此背景下，跨国并购作为对外直接投资的重要方式，逐渐替代跨国创建新企业而成为跨国直接投资的主导方式，并由此出现了像波音—麦道公司那样的世界性行业垄断集团。统计数据表明，1987 年全球跨国并购额仅有 745 亿美元，1990 年就达到了 1 510 亿美元，2000 年全球跨国并购额进一步达到 11 438 亿美元。以往的并购活动主要集中在几个行业，而第五次并购浪潮涉及了通信、化工、航空、零售、医疗保健、银行等行业，促进了产业结构调整。

6）第六次并购浪潮（2004 年至今）

全球在经历了前五次的跨国并购后，2004 年的跨国并购再掀狂潮。跨国并购额在 2004 年增长了 88%，达到 7 160 亿美元，交易数增长 20%，达 6 134 起。这一期间，并购活动的猛增一部分归因于 2005 年股市复苏带动的大宗交易。价值 10 亿美元以上的特大交易有 141 起，2005 年特大交易的价值为 4 540 亿美元，是 2004 年的 2 倍以上，占全球跨国并购总价值的 63%。

前五次并购浪潮，中国企业只是在第五次并购浪潮中，以联想、海尔为主力的机构稍有参与。目前中国企业大量崛起，国际上的大型投资银行等机构纷纷入驻我国展开并购活动。2013 年全年，中国大陆企业共参与海外并购 200 宗，并购数量同比上升 5%，并购总金额达 515 亿美元。相信第六次并购浪潮，将会以中国为主。

6.1.3 中国上市公司并购特征

随着 1990 年 12 月上海证券交易所和 1991 年 7 月深圳证券交易所的成立，中国股份制企业的数量迅速增长，证券市场高速发展，利用证券市场进行的企业并购数量和交易规模也快速上升。通过 20 年的发展和完善，中国上市公司的并购活动取得了令人瞩目的成果。

1）中国上市公司并购活动基本情况

我国从改革开放至今，企业并购活动已经有 30 多年的实践经验。随着我国企业优胜劣汰进程的加快和资本市场容量的扩大，资本市场并购活动总体呈现上升趋势，1998—2001 年，我国共发生了 1 700 多起企业并购事件，交易金额达 1 250 亿元人民币，据《中国企业并购年鉴》统计，2002—2011 年我国的企业并购活动的数量呈显著增长，具体情况如图 6-1 所示。

2005 年，在我国上市公司相继进行了股权分置改革之后，上市企业的并购活动呈现出新的变化。2005 年以前主要是以资产交易为主，之后股权交易开始占主流，并且控股权转移的并购不断增多，反映了我国资本市场上通过并购重组来进行业务拓展和实现行业整合的功能在增强，具体情况如图 6-2 所示。

2）中国上市公司并购活动特征

现阶段我国上市公司的并购呈现模式多样化和领域广泛化等特点，民营资本以及外资资本也开始成规模地进入并购市场，然而由于我国资本市场的结构具有一定的特殊性，因此还呈现出以下 3 个特征。

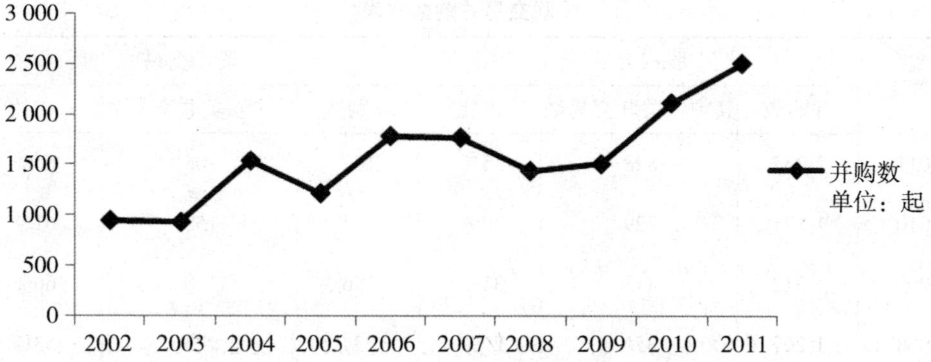

图6-1 2002—2011年我国的企业并购活动数量趋势图

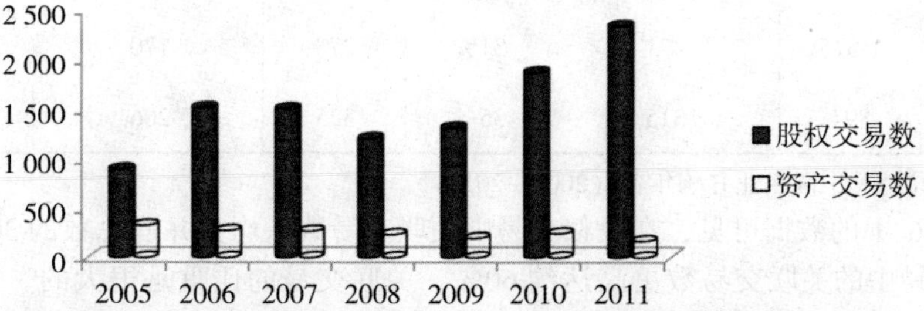

图6-2 2005—2011年中国上市公司并购股权交易与资产交易数目对比图

（1）进行市场化的业务结构调整和行业整合

自从改革开放30多年以来，我国很多产业的产能都出现了不同程度的过剩，同时随着经济全球化，我国的企业还面临着外资特别是国际巨头的激烈竞争，因此通过市场整合现有产业的分散状态，调整业务结构是我国企业并购重组的主要动机，对企业发展具有战略意义。主要表现在并购同行业不同领域公司或是同行业不同市场的公司，达到做大做强的现实目标并重新配置资源、延长和重整产业链条，典型的例子是中国铝业不仅对众多铝业企业的并购还收购了上海有色等铜业企业。

2013年1月，工业和信息化部、发展改革委、财政部等国务院促进企业兼并重组工作部际协调小组等12家成员单位联合印发了《关于加快推进重点行业企业兼并重组的指导意见》，提出了汽车、钢铁、水泥、船舶、电解铝、稀土、电子信息、医药和农业产业化共九大行业和领域应通过企业兼并重组，提高产业集中度，促进规模化、集约化经营，形成一批在行业中发挥引领作用的大企业大集团，以促进产业持续健康发展。这项政策会进一步的加快相关行业的重组整合。

当然，由于我国资本市场对上市公司资产和股权的不正常溢价，这种整合机会也给了上市公司进行资产套现和再融资的借口。

（2）封闭型并购占重要比重

封闭型并购是指关联企业之间或者政府主导的同一管辖范围内企业间的并购重组，相对应的是开放型并购重组。表6-1是近几年属于关联交易并购的数据。

表 6-1　　关联交易并购数据表

	股权交易			资产交易		
	并购数	其中：关联交易数	占比	并购数	其中：关联交易数	占比
2011	2 337	828	35%	167	108	65%
2010	1 871	729	39%	244	150	61%
2009	1 312	413	31%	196	130	66%
2008	1 207	356	29%	234	125	53%
2007	1 505	468	31%	268	165	62%
2006	1 515	471	31%	273	170	62%
2005	894	315	35%	325	206	63%

资料来源：《中国企业并购年鉴（2006—2012）》。

从表 6-1 的数据可见，在股权交易中关联交易数平均为并购总数的 30% 左右，在资产交易中的关联交易数更高达约 60%，关联交易的比重是很大的。这是由于在我国的上市公司中，分拆上市的多，法人整体上市的少；同时国有企业多，民营企业少，使得母公司与上市公司之间可以通过并购重组将非上市的资产注入上市公司或将上市公司的资产剥离，以实现上市公司资产规范增加、质量改善、结构优化等目的，或实现主业整体上市及法人整体上市。

（3）对控股权的争夺稳中有降

自 2005 年起，随着股权收购的日益增多，上市公司对控股权的争夺没有股权分置刚开始那么激烈了，在 2005 年的 894 笔股权交易中有 397 笔发生控制权转移，占全部股权交易的 44%，而 2011 年的占比降到了 32%。虽然有所下降，但总体还是不少，具体趋势如图 6-3 所示。

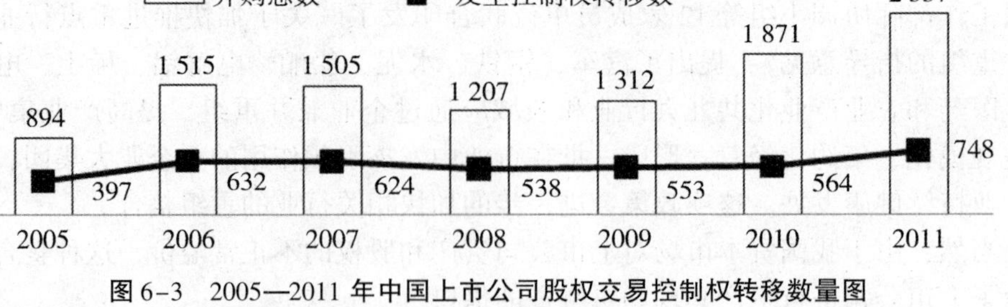

图 6-3　2005—2011 年中国上市公司股权交易控制权转移数量图

资料来源：《中国企业并购年鉴（2006—2012）》。

对控股权的争夺的主要原因是我国上市公司控制权存在较大溢价，同时控股股东利用控制权获得额外好处的可能性很大，特别是可以从资本市场进行再融资并将资金用于对控股股东非常有利的领域。尤其是在股权分置改革初期，限制流通股的溢价非常大，使对控股权的争夺非常激烈，随着市场开放程度的加深，这种溢价优势开始减弱，因此有一定程度的降低。

（4）并购事件易引发资本市场动荡

由于并购对上市公司的未来资产质量和盈利能力的影响比较大，因此对并购事件的预期容易引起上市公司二级市场价格的剧烈波动。因为我国对并购的管理存在一些漏洞，使不法分子会利用并购信息的不对称性操纵市场价格，导致投资者利益受到侵害，不利于投资者形成良好的投资理念和证券市场的健康发展，针对此问题应对《上市公司收购管理办法》中存在的内幕交易、操纵市场等行为予以详细界定和严惩。

（5）并购交易支付方式单一

我国并购规模与国外成熟的资本市场相比总体不大，而且往往是以大吞小式的并购，强强联合或蛇吞象式的并购案并不多。其中80%以上的支付方式都是现金支付，同时由于我国企业并购市场化程度低，很多并购都是政府主导，所以存在一些具有我国特色的特殊并购支付方式，如资产支付、承债支付和无偿划拨等。国际上流行的股票支付运用较少，而综合证券支付则几乎没有。

6.2 并购效率理论与经验证据

6.2.1 并购效率理论

在众多的并购案例中，成功的并购可以使企业扭亏为盈，创造更多的价值，而失败的并购却会为社会和企业增添负担。并购成功与否可以通过对并购双方股东财富或公司价值的增减来体现，对并购财富效应的研究不仅直接关系到能否增进社会财富，还影响到企业的并购决策，甚至会涉及反垄断问题。然而由于并购活动的动因多种多样，并购所产生的效应也并不一致，甚至同一个企业不同时期的并购效应都有所不同，因此有关并购效应的研究是历久弥新，产生了很多相关的理论以及众多经验证据。

效率理论认为公司并购活动对整个社会而言是能带来潜在收益的，并且会提高并购参与者的效率。这一理论包含两个基本的要点：一是公司并购活动的发生有利于改进管理层的经营业绩；二是公司并购活动会导致某种形式的协同效应。该理论支持公司并购活动能够增加社会财富的观点，共有7种理论支撑并购效率理论。

1）管理协同效应理论

该理论也被称作“效率差异化理论”和“效率效应理论”，这种理论认为并购活动产生正效应的原因在于并购双方的管理效率是不一致的。也就是说，如果甲公司的管理效率优于乙公司，那么在甲公司兼并乙公司后，乙公司的管理效率将被提高到甲公司的标准，由于两公司的整合而使效率偏低的公司的管理效率得到了促进。该理论有两个基本假设：

（1）并购方的管理资源有剩余且具有不可分散性。因为如果并购方的管理资源没有剩余，已经得到充分利用，或是可以轻易地分割出来，并购活动将是没有必要的。

（2）对于目标公司而言，其管理的非效率可经由外部经理人的介入和增加管理资源的投入而得到改善。

在这种理论中，收购方一般具有目标公司所处行业所需的特殊经验并致力于改进目标公司的管理，同时使自己的管理资源得以充分利用。因此，效率差异化理论适用于解释横向兼并。

2）非效率管理理论

对非效率管理有两层解释，首先目标公司的既有管理层没能充分利用既有资源以达到潜在绩效，相对而言，并购方的介入能使目标公司的管理更有效率，同时目标公司的管理是绝对无效率的，几乎任何外部经理层都能比既有管理层做得更好。非效率管理理论具有 3 个理论假设：（1）目标公司无法替换有效率的管理，而诉诸需要成本的收购；（2）如果只是因为经理人的无效率管理，目标公司将成为收购公司的子公司；（3）收购完成后，目标公司的管理者需要被替换。非效率管理理论更适用于分析混合兼并，即处于不相关行业的公司间的并购活动。

3）经营协同效应理论

经营协同效应，是指由于经济上的互补性、规模经济或范围经济，而使得两个或两个以上的公司合并成一家公司，从而造成收入增大或成本减少的情形。该理论的前提是行业中存在着规模经济，且在合并前公司的经营水平达不到实现规模经济的要求。在企业尚没有达到使各种资源得到充分利用的合理规模时，并购是解决这一问题很好的手段。

这种理论比较适用于解释纵向兼并。因为根据交易成本理论，通过纵向一体化可以形成经营协同效应。例如，将同一产业的不同生产阶段或是不同发展阶段的企业合并起来，可以降低或避免讨价还价、通信联络等交易成本，从而提高企业经营效率。

4）财务协同效应理论

财务协同效应理论建立在内外部资金分离的基础之上，认为并购可以给企业提供成本较低的内部融资。通过兼并可以使公司从边际利润较低的生产活动向边际利润较高的生产活动转移，也就是低成本地促使资金在企业内从低回报项目流向高回报项目，将资金在并购企业的产业与目标企业的产业之间进行再配置。例如，当一方具有充足的现金流而缺乏投资机会，而另一方有巨大的成长潜力却缺乏融资渠道时，两者的兼并就会产生财务协同效应。此外，在一个税法完善的市场经济中，并购后企业的负债能力往往大于并购前各单个企业的负债能力之和，虽然合并后企业的规模显著增大，但其筹资成本和交易成本却不会同步扩大，甚至可能与兼并前某个企业的成本差不多，同时负债的节税效应也会降低企业的财务成本。

5）多元化经营理论

作为一种并购理论，多元化经营理论区别于股东证券组合的多样化理论。股东可以在资本市场上通过将投资分散于各类产业而分散风险，但是，在所有权与经营权相分离的情况下，公司管理层和其他员工却很可能面临因为公司的单一经营而陷于困境的风险。多元化经营不是为了股东财富最大化，而是为了分散企业经营的风险，从而降低企业管理者和员工的人力资本投资风险。而且，公司内部的长期员工由于具有特殊的专业知识，其潜在生产力必优于新进的员工，为了将这种人力资本保留在组织内部，公司可以通过多元化经营来增加职员的升迁机会以及工作的安全感。此外，如果公司原本具有商誉、客户群体或是供应商等无形资产时，多元化经营可以使这些资源得到充分的利用。虽然多元化经营未必一定通过收购来实现，可通过内部成长达成，但时间往往是重要因素，通过收购其他公司可迅速达到多元化扩展的目的。

6）战略性结盟理论

该理论强调企业并购是为了增强企业适应环境变化的能力，而不是为了实现规模经济或是有效运用剩余资源。并购可以使企业迅速进入新的投资领域，占领新的市场，获得竞争优势。虽然企业也可以通过内部发展来获得新的资源和新的市场，但并购显然能使企业更快实现这种调整。

7）价值低估理论

这一理论认为，当目标公司的市场价值由于某种原因未能反映出其真实价值或潜在价值时，并购活动将会发生。公司市值被低估的原因一般有以下 3 种：（1）公司的经营管理未能使公司达到其潜在可达到的效率水平；（2）并购公司拥有外部市场所没有的、有关目标公司真实价值的内部信息；（3）通货膨胀造成资产的市场价值与重置成本之间存在差异，从而出现公司价值被低估的现象。

常被用来衡量企业价值是否被低估的指标是托宾 Q。Q 等于公司的股票市场价值和实物资产重置成本的比例，如果 Q 值小于 1，说明企业的价值被低估了，如果并购这样的公司将会产生潜在收益。例如，某公司 Q 值为 0.7，即使收购成本为市值的 1.2 倍，其收购成本也只有资产重置成本的 84%，收购该公司依然有利可图。

6.2.2　并购信息与信号理论

并购信息与信号理论认为，企业并购会传递给市场参与者一定的信息或信号，表明目标企业的未来价值可能提高，从而促使市场对目标企业的价值进行重新评估或激励目标企业的管理层贯彻更有效的竞争战略。在以这种理论解释并购效应的研究中，有 3 种不同的看法：

（1）即使收购活动并未最终取得成功，目标企业的股票在收购过程中也会被重新提高估价。这种假说认为新的信息是作为要约收购的结果而产生的，且重新估价是永久性的。该信息假说可以区分为两种形式：一种形式认为，收购活动会散布关于目标企业股票被低估的信息并且促使市场对这些股票进行重新估价，目标企业和其他各方不用采取特别的行动来促进价值的重估；另一种形式认为，收购要约会激励目标企业的管理层自身贯彻更有效的战略，不需要任何外部动力来促进价值的重估。

（2）在一项不成功的兼并收购活动中，目标企业的股票价格提高是由于市场预期该企业随后会被其他企业收购。这些被预期的企业将拥有用于目标企业的专门资源。Desai 和 Kim（1988）的研究结果表明，那些没有再收到收购要约的目标企业的股票价格在首次收购之后的 5 年内会回到原来的水平，而那些随后又收到新的竞价的企业，股价则进一步上涨。他们认为信息假说是无效的，只有当目标企业的资源与收购企业的资源结合到一起时目标企业股票的永久性重估才会发生，收购活动并不必然意味着目标企业的股票在市场上被低估或可以依靠自身力量来改善经营效率。

（3）由于信息不对称，作为内部人的经理人比外部人更多地了解公司状况，在这种情况下可能存在最优资本结构。根据罗斯理论①，最优资本结构可能在下述情况下存在：①公司投资政策的性质将通过其资本结构的选择向市场发出信号；②经理报酬与资本结构信号的真实性相关联。信号的发布可以以多种方式包含在收购与兼并活动中。公司收到兼并要约可能给市场这样的信息：该公司拥有尚未被认知的额外价值或者企业未来的现金流量将会增长。当竞价企业用普通股来收购目标企业时，可能会被目标企业或其他各方认为是竞价企业的普通股价值被高估的信号。当企业回购自己的股票时，市场会将此视为是股票价值被低估的信号，且该企业将获得有利的成长机会。

在信息和信号理论中，非对称信息的假设更具有现实意义，但也存在一定的缺陷，并没有考虑到经理人会与其他人员勾结向市场输送错误信息而使自己获益的行为。

6.2.3 代理问题与管理主义理论

1）代理成本理论

当企业的管理者仅拥有少量的公司股票或者在所有权极为分散的大公司中，所有者难以有效地监督管理层，便会产生代理问题。

解决代理问题一般有两种途径：第一是组织机制方面的制度安排，第二是市场机制的制度安排。在现实中，通过设计股权支付的报酬安排、外部产品市场、资本市场和经理人市场都可以适度地降低代理成本。但当这些机制都不足以控制

---

① 1977 年，美国经济学家罗斯（Ross）首次将信息不对称理论引入资本结构理论的分析中，建立了激励信号传递模型。罗斯认为企业债务比例或资产负债结构是一种把内部信息传给市场的工具。负债比例上升是一个积极的信号，它表明经理对企业未来的收益有较高的期望，传递着经理对企业的信心。

代理问题时，接管可能是最后的外部控制机制。代理理论认为并购可以通过改选经理人和董事会成员而对现有管理层构成有效的威胁，是解决代理问题的重要途径。

2）管理主义理论

与并购可以控制代理问题的观点相反，管理主义理论认为并购本身就是一种代理问题的表现而不是解决方法。Mueller（1969）认为，代理人的报酬决定于公司的规模，因此代理人有动机通过并购使公司规模扩大，从而增加自己的收入以及保障其职位的安全。这样，管理者很容易只重视企业的增长率而忽视企业的实际投资收益率，从而做出错误的并购决策。

并购是企业获得管理价值最大化的行为，企业家希望通过并购扩张企业，不断促使企业迅速发展，以实现其在事业上的雄心壮志。在企业并购中，最普遍的并购动机是来自企业家的事业心和成就感，然而企业并购并不能为企业带来最大价值和利润，不是增强企业效益的最好方法，只是在管理者的扩张动机下产生的行为。同时，Roll（1986）提出，管理者由于野心、自大或过分骄傲而在评估并购机会时可能犯过分乐观的错误，支付给目标企业股东的价值偏大，从而导致在并购公告日附近目标公司的累计超额收益显著大于零。这种理论意味着，发生收购时，目标公司的股东财富增加是因为收购方管理者的盲目乐观，过高地支付对价，使财富从收购方转移到目标公司股东所导致的，因而从整个社会角度来看财富并没有增加。

3）自由现金流假说

该理论认为，管理者和股东之间在自由现金流量配置上存在冲突而产生的代理成本是导致并购活动的主要原因。所谓自由现金流量，就是超过所有投资项目资金要求量的现金流量，且这些项目在以适用的资本成本折现后要有正的净现值。公司如果要实现效率最大化，自由现金流量就必须支付给股东，这也直接削弱了管理层对企业现金流的控制，并相应缩小了管理层的权利。当管理层为额外的投资活动进行融资时，就更容易受到公共资本市场的监督。但是，管理者并没有将这些自由现金流量派发给股东，而是投资于回报率很低的项目，或兼并别的企业以扩大企业规模，由此造成更高的代理成本，进一步的削减股东财富。

6.2.4　并购效率的经验证据

并购后双方公司的绩效如何是衡量并购是否成功的重要依据，国内外学者都对此进行了大量研究，并取得了相当数量的经验证据。

1）简单绩效研究

由于并购活动对公司绩效的影响主要体现在目标公司收益的增减、并购公司收益的增减以及总收益的增减上，以下将从这几方面对国内外的研究结论进行汇总，具体内容见表6-2和表6-3。

表 6-2　　　　并购绩效结论汇总表（国外）

总收益	目标公司收益	收购公司收益	研究者	研究内容
没考虑	通过兼并，享有 20% 的超额报酬	不显著	Jensen，Ruback（1983）	总结 13 篇研究文献的研究成果
	通过接管，享有 30% 的超额报酬	享有 4% 的超额报酬		
负	一年内反常收益为 -1.53%，两年反常收益为-4.94%，三年内反常收益为-7.38%	将近一半的并购公司股东累积反常收益为正	Agrawal 等人（1992）	1955—1987 年间的 1 164 个并购事件
正效应	正效应	正效应	Healy，Palepu&Ruback（1992）	1979—1984 年美国最大的 50 起并购的业绩
没考虑	反常收益为 35%	不显著	Schwert（1996）	1975—1991 年间的 1 814 个并购事件
没考虑	不显著	兼并完成后 5 年时损失了财富的 10%	Agrawaland Jaff（2001）	美国的 937 起兼并交易和 227 起要约收购交易
综合股东收益具有不确定性	10% ~ 30% 的股票超额收益率	股票收益率不确定，有负的趋向，长期财务业绩随着时间推移递减	Bruner（2002）	对 1971—2001 年间的 130 篇经典文献进行汇总分析

表 6-3　　　　并购绩效结论汇总表（国内）

总收益	目标公司收益	收购公司收益	研究者	研究内容
没考虑	正效应	负效应	檀向球（1998）	沪市 1997 年的 198 个案例
没考虑	没考虑	累积超常收益有上升趋势，但统计不显著	陈信元、张田余（1999）	1997 年上交所的并购活动
没考虑	收益变化差异不显著	收益变化差异不显著	高见、陈歆玮（2000）	1997—1998 年的资产并购重组活动
没考虑	正的累积异常收益	不显著	余光、杨荣（2000）	深、沪两地 1993—1995 年的并购事件

续表

总收益	目标公司收益	收购公司收益	研究者	研究内容
没考虑	不显著	显著增加	李善民、陈玉罡（2002）	对1999—2000年的深、沪两市共349起并购事件进行研究，国家股比重最大和法人股比重最大的收购公司其股东能获得显著的财富增加
正效应	股票溢价达到29.105%	股票溢价为-16.176%	张新（2003）	对1993—2002年上市公司的1 216个并购事件进行研究
没考虑	没考虑	当年绩效提高，但其后绩效下降，且下降程度甚至抵消之前的提高	李善民等（2004）	1999—2001年中国A股上市公司的兼并收购活动
没考虑	没考虑	并购两年内经营绩效降低股东利益，并购3年后有所改善	陆桂贤（2012）	选取沪深上市公司2005年发生的37起并购案在2004—2009年间各并购公司的EVA值分析其变化趋势

2）特定视角绩效研究

随着讨论的逐渐深入，很多学者结合中国资本市场的特殊背景以及并购的不同动因对并购绩效进行进一步研究，得出很多具有实际意义的结论，具体内容见表6-4。

表6-4　**基于特殊视角的并购绩效汇总表**

特殊视角	研究者	研究结论
考虑并购所涉及的产业组织特征分类	Elgers，Clark（1980）	混合并购的并购公司的收益高于非混合并购
	Agrawal 等人（1992）	兼并后若干时间内混合并购的并购公司收益并不低于非混合并购
	冯根福，吴林江（2001）	总体上先升后降；混合并购的短期效益好，长期优势有限；横向并购的短期效益一般，长期绩效稳定且上升；纵向并购效果不显著

续表

特殊视角	研究者	研究结论
考虑并购动因	朱宝宪、王怡凯（2002）	业绩较差的公司较愿意出让控股权；多数并购是战略性的，获上市地位是主要的并购动力；并购后主业得到明显加强；市场化的战略性并购效果较好，有偿并购的效果也较好
考虑关联方关系	王跃堂（1999）	关联方资产重组有更明显的操纵业绩的倾向，关联方资产重组采用资产置换的比例远高于非关联方，但其绩效并未好于非关联方
考虑重组类型分类	陆国庆（2000）	资产剥离+收购兼并、第一大股东变更的股权转让+资产剥离+收购兼并这种类型的绩效最好；单纯的收购兼并次之；资产置换和没有实质性重组的股权转让不但没有改善企业业绩还恶化了企业的财务状况
考虑连续并购问题	吴超鹏等（2008）	管理者能够充分学习，则可避免并购绩效的逐次下降，甚至可能逐次上升；若管理者仍不学习，则并购绩效将持续较差，甚至逐次显著下降
考虑支付方式、并购类型、相对规模、关联关系和行业属性	张晶、张永安（2011）	现金支付的并购绩效高于股票支付的并购绩效；股权收购的并购绩效高于资产收购的并购绩效；并购交易相对规模与并购绩效负相关；同行业并购有利于并购绩效的提升；关联关系没有显著影响
考虑了产业周期和并购类型	刘笑萍等（2009）	并购类型影响并购绩效的优劣，并购双方所处的产业周期也会影响并购绩效的优劣
考虑股权结构	刘大志（2010）	总体而言并购前后绩效是先降后升的；国有股东属性与并购绩效负相关；管理层持股与并购绩效负相关，但并不显著；股权集中度与并购绩效负相关；流通股比例与并购绩效正相关
考虑异质波动	赖步连（2006）	异质性波动通过影响投资者的投资预期会影响并购绩效
考虑政府干预和企业生命周期	王凤荣（2012）	较高的政府干预对处在成长期的地方国有企业的并购绩效产生负面影响；对处在成熟期的地方国有企业的并购绩效能起到明显改善的作用
考虑政治关联和高管变更	吴超鹏（2012）	CEO 并购绩效越差越容易被变更，但是政治关联 CEO 即使并购绩效差也不易被变更，这一现象在政府干预较少的省份较不明显；政治关联 CEO 被变更时的市场反应好于其他 CEO，而且其所实施的并购绩效越差，其公司所在地政府干预越严重，其被变更时市场反应越好

6.3 并购价值评估

6.3.1 目标公司价值评估步骤

并购价值评估主要是确定目标企业的价值以及并购增值，是在企业并购中制定并购策略，评价并购方案，分析并购增值来源，确定并购支付成本的主要依据之一，是企业并购的中心环节，具有十分重要的地位。并购价值评估是否准确合理在很大程度上将影响到并购能否成功。如果高估了目标公司的价值，就会导致并购公司付出过高的代价，从而导致并购成本过高，增加了并购风险。

目标公司价值评估就是对该公司进行综合分析，以确定目标公司的价值。在进行综合分析时要获取公司所处的经济环境、行业环境和公司本身的相关评价，在此基础上结合适合的评估方法将财务信息、市场信息转化为价值信息。在进行价值评估时，一般按照以下步骤：

1）收集信息资料

收集相关的信息是进行分析评估的前提，收集准确、全面的信息能为价值评估提供坚实的基础。这个过程包括制订收集计划、收集信息资料、核对信息资料、鉴定信息资料和信息资料归类，要分别从目标公司内外收集到企业的财务信息、法律文件、经营信息、宏观经济信息和行业经济信息。

2）分析目标公司的法律地位

对目标公司的各种法律文件进行审查、分析有助于及时发现并购的风险、更理性更客观地进行价值评估，主要包括：审查企业章程、股票证明书中是否有对并购方面的限制；审查主要财产目录清单，了解公司的资产所有权、使用权以及租赁情况；审查目标公司的产业是否符合国家的相关产业规定等。

3）环境及竞争力分析

经济环境和行业环境分析是财务预测和价值评估的基础，通过这些分析可以考察所有公司共同面临的环境以及对公司竞争能力的影响，具体需要分析的方面如下：

（1）宏观经济环境分析

主要用PEST分析方法①来进行分析，从价值评估的角度看，除了考虑政治、社会和技术等因素外，应重点关注经济因素，如经济发展的总体指标、通货膨胀率、利率、失业率等。虽然公司不能控制宏观经济因素，但这些因素会影响到公司的发展前景，因此也必须考虑这些因素的影响。

---

① PEST是分析企业外部宏观环境的一种方法。由于自身特点和经营需要的不同，不同行业和企业在对宏观环境因素进行分析时，分析的具体内容会有差异，但一般包括政治（political）、经济（economic）、社会（society）和技术（technological）这四大主要的外部环境因素，简称之为PEST分析法。

（2）行业环境分析

行业分析主要是通过考察特定行业的经济特性、生命周期、关键成功因素来找出公司的竞争优势，正确制定公司的战略。可以用波特五力模型和行业生命周期理论来进行分析。通过分析该行业现有企业间的竞争状况、新进入者和替代品的威胁、客户和供货商的议价能力来评估目标公司所在行业的盈利能力。同时还要关注行业生命周期对公司的影响，一般分为4个阶段：投入期、成长期、成熟期和衰退期，不同的阶段企业的盈利能力不同。除此之外还要考虑经济周期对特定行业的影响，例如，高档消费品对经济周期的敏感性较强，而公共事业对经济周期的敏感性较弱。

（3）竞争战略分析

通常采用SWOT分析法，通过对自身优势、弱势、外部的机会和威胁的分析，明确目标公司的竞争优势和在市场中的地位，最终分析目标公司是否能与并购企业的业务以及战略相融合，看能否产生协同效应。

4）进行会计分析

会计分析是根据公认的会计准则对财务报表的可靠性和相关性进行分析，目的在于评价被评估企业会计所反映的财务状况与经营成果的真实程度，是财务业绩分析的基础。会计分析的内容主要包括：

（1）阅读经审计的年度报告

年度报告是会计分析的出发点，首先要关注注册会计师发表的审计意见，其次是找出能够决定公司成功的关键业务并识别其收益与风险，然后在阅读时要着重注意企业的财务报表附注和财务情况说明书，了解企业的会计政策和会计估计及其变更情况。

（2）评价会计政策

由于不同的会计政策和会计估计对公司财务报告的影响不同，能够为管理者操纵财务报告提供机会，因此要予以重点关注。可以通过对同一个公司不同时点或不同公司间的财务状况、经营业绩进行比较，从而对目标企业采用相关政策和估计的适当性做出评价，进而对管理者的真实目的进行深入分析。

（3）分析变动情况

变动情况主要包括报表项目的变动和会计政策及会计估计的变更。财务报表项目的显著变动往往意味着不正常的原因，分析时需要对报表项目的变动额度、变动幅度和变动趋势等进行分析，找出显著的变动，并利用会计报表附注判断此变动是否具有充分合理的解释，排除正常变动。对未加解释的报表项目变动和会计政策及估计变动进行进一步搜集信息，寻找出产生异常变动的原因。

（4）调整财务报表

如果通过以上步骤确实发现了不真实的财务数据，就需要利用相关资料对财务报表进行调整，以恢复财务数据的可靠性。

5）财务业绩分析与预测

财务业绩分析主要包括对企业的盈利能力、偿债能力、营运能力和增长能力4方面进行分析，是了解目标企业财务状况、经营成果和现金流量的主要手段，有助于判断目标企业的盈利能力、财务风险和发展前景，为财务预测提供依据。财务业绩分析主要是以目标公司调整过的财务报表中的财务数据为基础进行相应的计算和评价。

财务预测是根据历史资料、预测数据与基本假设（商业环境和经济环境）、财务业绩比率、公司增长率等资料编制预计资产负债表、预计利润表、预计现金流量表，确定公司在计划期内各项投资及生产发展所需的资本数量及其时间安排；结合公司的股利政策、目标资本结构或债务方针等财务政策，确定资本的来源与运用计划；分析各种因素对预计财务报表的敏感程度，提高预测结果的准确性和可行性。

6）选择价值评估方法

将预测出的各项数据结合相适应的价值评估方法进行价值评估。为了避免使用单一评估方法产生偏差，可以借助多种评估方法从不同角度评估目标企业的价值。

企业并购估价与其他估价并没有太大的不同，基本方法大致可分为现金流量折现法、市场价值法、成本法、换股估价法、期权估价法以及上市公司基准法。前几种方法可参照有关教材，在这里仅介绍上市公司基准法。这种方法是将选择出的某上市公司的股票总体价值作为参照价值，然后与目标企业的经营业绩或财务状况指标进行比较，得出适合于目标企业的乘数，再应用乘数计算出标的企业的价值。

在选择要参照的上市公司时，通常考虑以下因素：①企业规模，在一般情况下使用销售量指标进行衡量；②产品或服务，当上市公司存在多样化的产品或服务时，每一项产品或服务及其销售量都应与标的企业的情况进行比较；③市场情况，许多行业的市场由于地理区域、客户、产品、服务、技术等因素被分割为不同的部分，其中每一项因素都有可能影响到一个上市公司是否能够成为参照标准；④财务表现，财务表现的差别经常反映在产品生产线、产品质量、所拥有的市场份额等方面，这些因素必须在选择上市公司时加以考虑。

同时双方的财务报表也要进行适当的调整：①双方须使用相同的会计方法；②双方需要调整那些非经营性或非持续性项目，使报表更精准反映企业的经营业绩。

然后比较双方的主要财务指标，如资产收益率、毛利率、资产使用率、资产流动性等等，然后根据这些因素判断目标公司是否达到了被参照上市公司的水平。若目标公司的指标高于被参照公司，那么说明目标公司比被参照公司更有优势，可以相应放大价值乘数；如果目标公司的指标与被参照公司基本相当，那么说明目标公司与被参照公司的优势大致相当，双方价值基本持平；如果目标公司的指标低于被参照公司，那么说明目标公司没有拥有与被参照公司一样的优势，因此应该相应缩小价值乘数。

上市公司基准法的优势在于它提供了充分分析行业内公司的机会，并明确了这些公司的价值驱动因素和风险因素是什么。在分析过程中通常能够洞察到一些企业为创造优势或促进发展所采取的战略措施，以及造成劣势或阻碍发展的问题所在。但对于规模、行业或产品比较特殊的企业，可以进行比较的上市公司一般很少或者几乎没有。

7）价值评估结果的调整

根据估值方法与并购交易的特征不同，选择是否要进行溢价与折价调整，确定在每种方法下的评估结果，并对每种初步结论进行分析，在综合考虑不同评估方法的质量和相关性的基础上，采用加权平均的方式形成最终的并购评估结果。

6.3.2　并购溢价与折价调整

要最终确定的目标企业的价值，还要考虑一些调整事项。价值评估结果的调整类型主要分为控制权溢价或折价调整以及流动性不足折价调整。在进行价值调整时必须要考虑评估方法的特点。因为每一种估值方法或程序都会产生不同的价值特征，因而并非所有的估值方法或程序所得到的评估结果都需要进行溢价或折价的调整。

1）判断是否需要调整

正确的判断方法是首先区别不同价值评估方法的特点，看所使用的评估方法是否已经考虑了控制性和流动性问题；如果考虑了，再与目标企业的控制性和流动性特征进行比较，看在评估方法中隐含的控制程度或流动性水平与所评估权益的控制程度或流动性水平之间的差异性，如果评估方法所包含的价值特征不同于要评估的权益，那么就要求进行相应的调整。同时，由于具有控制性的投资者能随时选择出售企业将其变现，从而具有一定的流动性，因此，一般将对流动性水平的调整放在控制性调整之后。

例如，在市场比较法中的并购交易法暗含的控制程度约等于收购 100% 的企业权益，如果这一数据用于评估同样是带有控制性的所有者权益，则不需要溢价或折价调整，因为这种方法得到的价值所反映的控制性，与所评估权益的控制程度相适应。再比如，通过上市公司基准法得到的价值是建立在少数权益可流通的基础上，那么评估非上市企业的少数权益，就需要对缺乏流动性进行折价。

2）并购溢价调整

溢价调整主要是指控制权溢价。控制权能使收购者有权决定被收购企业的财务和经营决策，并能据以从该企业的经营活动中获取利益。控制权溢价是指投资者为了获得目标公司普通股里的控制权而愿意付出比市场流通的少数权益价值更高价格的这部分附加价值。大多数企业产权交易并非企业整体的产权转让，交易的对象只是企业的部分股权。如果拥有这部分股权从而对公司产生控制力，则其单位价值通常要高于对企业无控制力的少数股权单位价值，即产生了控制权溢价。控制权溢价产生的根本原因在于收购者看到了并购目标公司价值增值的潜力。

对产生溢价的另一种解释是，人们所研究交易的大部分都是战略投资者的收购，他们进行收购的主要动机在于获取协同效应和相关的战略益处，虽然买方获得了交易中的控制权益，但价格高于市价的主要推动因素是协同效应，而不全是控制权。所以一般认为除非能够得到交易的协同效应，否则买方很少支付溢价。控制性溢价不能完全表示出目标公司对收购者的最大投资价值，而协同效应产生的价值才是真正的最大投资价值。对于每一项战略性收购，控制性溢价和协同效应产生的溢价都是不同的，各自的大小要根据具体收购情况来决定。所以，每个买方的投资价值还取决于每一笔交易独特的协同性。

3）并购折价调整

并购折价调整包括缺乏控制的折价和流动性不足的折价。

（1）缺乏控制的折价。这种折价反映了控制不足对价值的负面影响，因为初始确定的评估价值具有全面性，没有考虑股权所有者对所具有的份额缺乏控制时的损失，我们可以将这一折价用于少数权益或缺乏控制的多数权益。缺乏控制的折价通常是通过控制权溢价间接换算得出，即控制权折价不是由于收购不具有控制权的股权带来的，而是由于支付控制性股权溢价得出的：

$$MID=1-1\div(1+CP)$$

式中：MID 表示控制权折价；CP 表示控制权溢价。

简单的理解就是一个企业所能带来的价值是固定的，当具有控制权的一方为目标公司支付了一定的溢价，那么不具有控制权的另一方就应该相应的少支付一些。

（2）流动性不足的折价。待评估企业股权如果缺乏流动性，就可能会产生流动性不足，需折价调整以反映不能迅速将所有权转化为现金，对价值带来的减值影响。产生流动性不足折价的原因主要是：第一，缺乏流动性增加了投资风险，流通股的流动性强，交易活跃，流通股持有者可以随时迅速出售所持有的股票，通过用脚投票来避免进一步遭受损失的可能，流通不足的股权缺乏这种快速变现的能力；第二，缺乏流动性增加了交易费用，流通股权由于可以在证券市场公开进行交易，费用较低，而流通不足的股权往往在获取信息、实施交易等方面存在困难，交易费用较高，从而价值较低。

从上述分析可以看出，少数股权折价与流动性折价是有区别的，即使是控股股权，同样需要考虑其流动性折价。也就是说，市场变现能力与股权比例没有必然的内在关系，不论是控股股权、少数股权还是等份股权，在评估时均要考虑其流动性折价。

4）调整方法

虽然控制性和流动性对价值的调整是相关的，但两者并不相同。应该先对控制性进行调整，然后才是对流动性的调整。须注意的是，这些调整以乘数方式进行，而不是简单的叠加。即：

调整后评估值=调整前评估值×（1+控制性溢价率）×（1+流动性折价率）

或　　　　　=调整前评估值×（1+控制性折价率）×（1+流动性折价率）

控制性溢价率的获取来自于对上市公司控股权的研究，通过分析上市公司的控制性权益被收购的数据来确定控制性溢价率或缺乏控制性的折价率。理论研究常见的方法有 3 种，第一种是 Barclay 和 Holderness（1989）对事关控制权的大宗交易的转让价格进行研究，发现转让价格比宣布并购之后的交易所价格高出 20% 左右，他们认为这 20% 代表了控制权的价值；第二种是 Nenova 采用的，Nenova（2000）对非一股一票的股票报价进行研究，比较具有相同股息权但不同投票权的股票的股价，由此推算出控制权价值。她对 18 个国家的 661 家双重股票结构（Dual Class）公司进行了统计，发现控制权价值在公司市价的 0（丹麦）~50%（墨西哥）之间；第三种是针对中国进行的研究，Chong en Bai，Qiao Liu and Frank Song（2002）对 1998—2000 年沪深两市的 66 家 ST 公司自宣布 ST 处理之日起的累计超常收益进行统计，计算出累计超常收益为 29%。他们将这 29% 归因于在位者和潜在竞争者对 ST 公司控制权的争夺，因而间接认为这就是控制权价值，但这种方法的局限性在于仅对 ST 公司有效。截至目前，并没有公认的计算溢价率的标准方法。伴随着中国资本市场股权分置改革的成功进行，更多的第一手数据可以为研究者使用，中国上市企业可以为控制权溢价的定量分析提供更多、更好的实践机会。这些成果也可以被引用或推广到所有企业价值评估的过程中去。

流动性折价率来源于市场的经验数据，通过数据拟合出来的，普遍认为这些数据比控制溢价率所得数据更为精确。①流动性折价率的第一个数据来源是对限制性股票交易的研究，限制性股票的发行公司无需向证券交易委员会注册，因此不能在公开市场出售，但可以在私募市场出售。交易中的买方要遵从限制规定，就只愿意为这些不能立即转化成现金的证券支付折价。研究表明限制期越短，流动性不足的限制性股票折价越低。②流动性折价率的第二个数据来源是对首次公开发行前的研究。根据行业情况和收购方式的不同，收购可以以股票或票据形式支付，对于股东而言这种方式不如现金有吸引力，所以加剧了控制权益出售的困难程度，同时也决定了流动性不足折价是要考虑的因素。在市场被分割的行业或并购活动不发达的行业里，买卖双方很难接触，交易时间长，交易成本高，流动性不足的折价也高。

需要注意的是这些数值并不一定就是由于缺乏流动性造成的，可能是由于特殊的交易因素而使法人股的交易价格偏低，如出售方故意压低法人股价格转让给关联方。

6.4 并购融资与对价方式

6.4.1 并购融资方式

在企业并购活动中，并购融资与支付对价是完成交易的两个实质性环节，而且事实上这两个环节是紧密联系、不可分割的。在本节我们将介绍并购融资的原则与方式，支付对价的方式及其影响。

鉴于基本的融资方式在初中级财务管理中都有过介绍，在本书中不再赘述细节，仅列出整体的框架和基本定义，希望对读者在整体的融资思路构建上有帮助。所有常见的融资方式见表6-5。

表6-5 **融资方式**

内源融资		留存收益：从企业内部开辟资金来源筹措所需资金
外源融资	债务融资	借款融资：根据借款合同或借款协议向金融机构融资
		债券融资：按照法定程序发行的企业债券、垃圾债券等
	权益融资	普通股融资：股份有限公司发行无特别权利的主权资本股份
		优先股融资：在盈余分配和剩余财产分配上优先于普通股
	混合型融资	可转换债券：持有人依据一定条件将其转换为普通股的证券
		认股权证：是股票衍生产品，持有人有权在未来某一特定日期，以约定的价格购买一定数量的标的资产，标的资产可以是个股，可以是一篮子股票、指数、商品或其他衍生产品

企业在并购过程中，往往是同时采用上述几种不同的融资方式拓宽融资渠道，以综合利用各种融资方式的优点。目前，我国企业的并购融资方式主要还是以银行贷款为主，少数企业采取了普通股融资和可转换债券的融资方式，极少数企业采用优先股融资、认股权证融资等方式。融资方式单一，企业并购缺乏资金来源的多元化，导致收购企业的资金压力加大，这是我国企业在未来并购融资过程中需要考虑的重要问题。

在2010年之前，我国可转换债券的存量规模一直较小，2010年以来可转换债券的扩容态势非常显著，2008年可转债市场的总发行规模仅为123.81亿元，但2010年发行规模骤升至717.3亿元，中行转债和工行转债的上市分别贡献了400亿元和250亿元的规模。2011年，市场共发行可转债9只，发行规模为413.2亿元；2012年发行可转债9只，合计发行可转债规模为946.55亿元，发行规模创历史新高。

认股权证交易于2005年又重新出现在中国的证券市场上，并且逐步开始得到市场的认可。近年来，认股权证逐渐在市场上普遍。例如，2011年8月，中国贵金属成功发行了面值为9 348万元的认股权证，该认股权证的持有人可按每股新股份2.1元的认购价认购新股份。

现以联想并购IBM为例说明并购融资方式。2004年12月7日，联想对外宣布以6.5亿美元现金和6亿美元股票合计共12.5亿美元并购IBM公司的PC全球业务。2005年1月27日，联想召开股东特别大会以99.47%的赞成票通过收购IBM公司的PC业务议案；2005年3月，美国外国投资委员会对联想并购IBM公司PC

业务的审查提前通过。2005 年 5 月 1 日联想集团正式宣布以 12.5 亿美元完成对 IBM 公司全球 PC 业务的收购，并承担来自 IBM 公司约 5 亿美元的净负债。

在整个财务安排上，当时只有 4 亿美元自有现金的联想，为减轻支付 6.5 亿美元现金的压力，与 IBM 公司签订了一份有效期长达 5 年的策略性融资的附属协议，从巴黎银行、荷兰银行、渣打银行和中国工商银行分别获得总计 6 亿美元的国际银团贷款。随后，联想获得全球三大私人股权投资公司的青睐，以私募的方式向德克萨斯太平洋集团、泛大西洋集团及美国新桥投资集团发行股份，获得总计 3.5 亿美元的战略投资。

联想向这 3 家私人投资公司共发行 921 636 459 股价值 3.5 亿美元的可转换优先股以及可用作认购联想股份的非上市认股权证。获得额外投资后，联想集团再拿出 1.5 亿美元现金回购 IBM 公司股份，而另外 2 亿美元用作运营资金及一般企业用途，最终联想向 IBM 公司支付 8 亿美元现金及价值 4.5 亿美元的股票，IBM 公司的持股比例从最初约定的 18.9% 下降到 13.4%，公众股占有 34.8% 的股份。

浙江吉利收购沃尔沃主要是通过债务融资完成收购活动的。2010 年 3 月 28 日，浙江吉利控股集团有限公司与美国福特汽车公司在瑞典正式签署最终股权收购协议。吉利成功收购沃尔沃轿车公司 100% 的股权以及包括知识产权的相关资产。

在吉利收购沃尔沃的过程中，收购及后续发展共需 27 亿美元。但是，吉利的自有资金仅占用于收购沃尔沃和后续发展所需的 27 亿美元的 25%，其余资金均来自借债融资。吉利既利用了中国主权银行的并购资金，还利用了分别来自于美国、欧洲和中国香港的境外资金。以中国银行浙江分行以及伦敦分行为首的财团为吉利提供了 5 年期的长期贷款，金额近 10 亿美元，吉利还与中国进出口银行签署了贷款协议。此外，吉利还吸取了源于欧盟银行的部分资金。在吉利收购及发展沃尔沃的资金来源中，自有资本、银行贷款各占四分之一，境外筹资占二分之一，是以小博大的典型成功案例。吉利收购沃尔沃成功的关键便在于完美的融资借债。这一案例表明，杠杆融资最大的特点便在于收购方只需投入少量的自由资金便能获得大额进款用于收购目标公司。

6.4.2　并购对价方式

1）对价方式概述

支付是整个收购交易的最后一个环节，也是决定交易最终能否成功的重要一环。支付方式的选择关系到并购双方的切身利益，适合的支付方式可以使各方达到利益上的均衡。国际上较为常见的支付方式见表 6-6，其中承担债务方式和国家无偿划拨方式是我国在特殊的制度背景和经济背景下存在的方式。

表6-6 **对价方式**

现金对价		并购方通过支付一定数量的现金来购买目标企业的资产或股权，从而实现并购交易的一种支付方式
股票对价		并购方通过换股或增发新股的方式取得目标企业的控制权进而收购目标企业的一种支付方式
承担债务收购		收购方在收购目标企业时，不向目标公司的股东支付任何现金或有价证券，采用承担目标公司所有债务进而取得对目标公司的控股权
综合证券收购		收购公司对目标公司提出收购要约时，其出价不仅仅有现金、股票，而且还有认股权证、可转换债券和公司债券等多种混合形式
杠杆收购	一般杠杆收购	通过增加并购企业的财务杠杆完成并购交易的一种并购方式。实质是并购企业用少量的自有资金，主要以借债的方式来购买目标企业的产权，继而以被并购企业的资产或者现金流来偿还债务
	管理层收购	杠杆收购的一种特殊形式，它限定收购主体是目标公司的内部管理人员，具体方式是通过借债融资获取股份
卖方融资收购		也叫推迟支付或分期付款，指卖方根据未来收益而让买方分期偿还付款
国家无偿划拨		国家通过行政手段将国有企业的控股权直接划至另一个国有资产管理主体，这种支付方式是与我国企业的产权结构联系在一起的

2）特殊对价方式介绍

现金支付、股票支付和我国特有的两种支付方式比较容易理解，因此在本节中没有进行展开叙述。由于综合证券收购、杠杆收购和卖方融资收购等特殊对价方式在我国的应用还不是很广泛，很多人对这些方式的操作流程和优缺点仍旧一知半解，下面将通过一些小案例简单介绍下这些对价方式。

（1）综合证券收购

收购公司在并购目标公司时采用混合证券收购的方式就是将多种支付工具组合在一起，这样可取长补短，从而满足并购双方的需要。这样既可以少付现金，避免本公司的财务状况恶化，又可以防止控股权的转移。采用综合证券收购尽管会使并购交易变得繁琐，但它也增加了风险套利的难度。正因为如此，在各种出资方式中，综合证券支付呈逐年递增的趋势。

当然，这种支付方式的风险也是显而易见的，如果搭配不当，非但不能尽各种支付工具之长，反而有集它们之短的可能。此外，综合证券支付对价方式对并购双方的股东利益和并购价格的影响是十分复杂的，在不同情况下，各种证券所占权重不同，其影响也有所差异。因此，综合证券支付方式是一种技术含量相当高的支付方式，一般需由投资银行经过周密的设计才能确定各种不同证券的比重，必要时还要进行模拟分析来推测市场的反应，因而操作相当复杂。

（2）杠杆收购

自20世纪80年代以后，随着银行、保险公司、风险资本等各种金融机构的介入，杠杆收购交易得以快速发展。然而，在当前我国资本市场迅速发展、企业并购此起彼伏的形势下，杠杆收购仍然未能被普遍接受并广泛应用。

杠杆融资收购与其他并购融资方式相比，主要有以下基本特征：第一，收购公司用来收购所使用的自有资金远远少于收购总资金，收购资金的大部分是借债而来，贷款方可能是金融机构、信托基金、个人，甚至可能是目标公司的股东；第二，收购公司用来偿付贷款的资金来自目标公司的资产或现金流量，也就是说被收购公司将自己偿还收购自己所支付的款项；第三，收购公司除投资非常有限的资金外，不负担进一步投资的义务，即贷方通常在目标公司的资产上担保，以确保优先受偿地位。

这种融资方式对于收购公司是非常有利的，但是杠杆收购在提高财务效益的同时也带来了高风险。由于这种收购的大部分资金依赖于债务，沉重的债息偿还负担可能会令收购公司和目标公司都不堪重负而最终被压垮。这就需要并购公司的管理层具有较强的重组整合能力，在组织结构和文化上达到和谐统一，最终实现各方面的协同效应，提高经营效益与偿债能力，使资产收益率和股权回报率有所增长。只有当大部分债务已经偿付完毕时，并购活动才算真正成功。

（3）卖方融资

目前，我国应用卖方融资方式的并购案例并不多，应用卖方融资理念也主要用在日常的经营融资管理上。一些商业银行开展了一些这方面的业务，应用最多的是国内信用证项下的卖方融资。为满足客户（卖方）日常的资金需求，银行以客户收到的延期付款国内信用证为依据，以信用证项下应收账款为还款来源，向符合条件的客户发放的短期融资。

在企业并购范畴，这种方式通常发生在目标公司获利不佳，股东急于获得现金或者并购方拥有极为出色的经营管理能力的时候。这种支付方式一般对收购方更为有利，而对卖方而言也有一定的好处。

在收购一些以某些个人的特殊技艺或管理才能为特性的公司时，应特别注意人的稳定性，所以在具体价款支付上要有特别条款予以保障。若原来所有者与经营者为同一人，收购后仍保留经营者的资格，则可要求商定价格时，一半付现金，另一半视未来时点被收购公司的绩效目标的完成情况而定。

这种融资方式通常根据未来目标公司的经营业绩而决定支付价款的多少，可以使目标公司一直努力保持正常运作以证明公司的价值，有助于缩小双方在并购价格认定上的差距。对于收购方而言，这种支付方式，既可减轻收购当时的现金负担，又可免除很多保证措施，还可建立奖励措施。但是此种依绩效而定价的方式，若支付期间过短，则在收购后，原所有者将可能只为了获得更高的支付价格而忽视企业长远的发展，从而使以后的支出大增影响今后正常的生产和效益，这也是收购者在签约时应该考虑到的问题。对于卖方而言，由于分期收取收购款项，卖方可以获得税负的分段延迟支付，同时还可以要求较高的利息。

例如几年前美国华纳传播（Warner Communications）欲将其亏损的阿泰利（Atari）电脑公司出售时，收购者即以未来偿还价款为保证，购买其全部股权。收购方提出能够拯救该亏损公司的计划，并将利用在其有效管理下所赚的盈余来偿债。在该案例中，因为华纳对收购方的拯救计划非常有信心，因而愿意以应付票据的方式达成交易，且并不要求前几年马上付清本金，使阿泰利在新业主经营下的前几年现金压力大为消除。由此可知，收购须有极佳的事业经营计划，才易取得“卖方融资”。

6.5 敌意收购与防御

6.5.1 敌意收购的基本形式

敌意收购又叫间接收购，是指在一项收购活动中，收购方不向目标公司直接提出收购的要求，而是绕过目标公司的管理层直接以公开出价的方式向目标公司的股东发出要约，从而获得控制目标公司的必要股权，达到控制目的。敌意收购一般是在收购方的收购条件遭到对方管理层拒绝后，仍然强行进行收购，或者在未与目标公司的管理者进行协商的情况下，突然直接提出公开收购要约的行为。

收购防御，是指目标公司为防止其控制权转移而采取的一系列旨在预防或者阻止收购者收购本公司的措施。

在典型的市场经济国家中，主要的敌意收购的方式有2种，即熊式拥抱方式，狙击式公开购买等。其中，熊式拥抱相对最友好，狙击式公开购买中的标购方式使用最频繁。20世纪90年代以来，敌意收购者发现通过提高收购价格获得目标公司的控制权变得越来越困难，代理权之争这种方式开始广泛使用。

1）熊式拥抱方式

所谓熊式拥抱方式是指收购者在发动收购前与目标公司管理层接触，表达收购的意愿，如果遭拒绝，就在市场上发动收购。

这是一种先礼后兵的收购方式，收购者一般会开出较为优厚的收购条件给目标公司管理层，目标公司管理层也有可能处于诚信义务将收购者的收购建议向全体股东公布，且部分股东往往也会向管理层施压要求其接受收购报价，但是，如果目标公司管理层拒绝，则收购者就可能发动标购。

对于管理层并不愿意被收购的目标公司来说，这是一种很有效的收购方法。管理层可能出于自己的利益回绝收购者提出的收购建议或要约，但董事们有义务为股东创造最丰厚的回报，所以说，熊式拥抱更像是一种能够有效促成收购行为的股东利益保障机制。一旦熊式拥抱的消息公开化，风险套利者将会囤积目标公司的股票或卖空收购者的股票，这样一来，发动熊式拥抱的收购者想要大规模购买目标公司股票就变得容易了，也使目标公司想要保持其独立性变得更加困难。所以，这种敌意收购方式比较适合有可能通过协商达成交易的目标公司，既可以节省收购者的收购成本，又可以降低标购可能带来的消极影响。

2）狙击式公开购买

这种收购方式一般是指在目标公司经营不善而出现问题或在股市下跌的情况下，收购者与目标公司既不做事先沟通，也没有警示，而直接在市场上展开收购行为。其具体包括：标购、集中竞价收购、委托书收购等。这种手段针对的是股权相对分散或股价被明显低估的目标公司。

（1）标购

标购是指收购者不直接向目标公司董事会发出收购要约，而是直接在公开市场上向目标公司股东进行招标式（收购的股份数量与价格等）购买的收购行为。

（2）集中竞价收购

国外称之为公开市场收购，是指收购者从二级市场上收购目标公司的股份，其常见形式为“爬行收购”，即收购者先购买目标公司一定比例的股份（法律要求的公告起点内），当达到法律规定的触发点时加以公告，并通过多次购买取得足以控制目标公司的股份。

集中竞价收购与标购，两者既有联系又有区别。标购通常发生在与第三方争夺目标公司股权或对目标公司进行敌意收购时，这时集中竞价收购往往是标购的前奏，一旦信息披露或收购意图曝光即发动标购。两者的区别是：标购是公开向市场出价，征求目标公司股票的出售者；集中竞价收购则是在市场中随行就市按当前价买入目标公司股票，通常会比较隐秘。

标购不是全面收购要约，没有全面收购的义务。标购可以支付现金、股票或其他证券，也可以现金和证券混合支付。但在中国，标购方式都是使用现金的。在公开市场上收购股票很有可能收集不到足够的股份来获得目标公司完全的控制权，这时收购方会十分被动。标购的优势是，如果股东提供的股票达不到期望的数量，那么收购者可以不购买这些股票。

（3）委托书收购

委托书收购是指一个或一群股东通过公司投票权的委托代理机制取得公司控制权的一种方式，即收购方通过与公司其他持股人以及小股东合作，使这些投资基金和小股东将其投票权委托给收购方以达到获得相对控制或绝对控制公司表决权的目的。代理权竞争主要有两种形式：一是争夺董事会的位置，争当具有决策权的董事，希望可以由此控制董事会，当选董事长，进而控制公司管理层及整个公司；二是在董事会中就某项具体的议题争取左右董事会的决策。当公司业绩不佳、公司董事会在股东中的支持率很低以及反对者提出了很有吸引力的方案时，这种收购机制容易发挥较大的作用。

相对于标购，委托书收购可能是一个比较便宜的选择。这是因为标购要购买数额巨大的股票，并按有很高溢价的股价进行支付，而委托书收并购不需要这些开支，所涉及的主要成本有：聘请代理权顾问、投行和法律顾问的费用；大量的打印、邮寄和各类股东沟通的费用；可能在此过程中发生诉讼的费用及其他费用。

在中国，敌意收购最常见的只有一种方式，即在股票的二级市场中争购目标公司的股份，争取最大股东的地位，以此方式争取获得公司的控制权。在美国这有个专门的名称，叫做“街道清扫”，一般是在标购失败后进行的。由于在中国上市公司中大部分股份是还是限制流通股，因此，可实施敌意收购的目标公司亦很有限。

6.5.2 敌意收购的防御

敌意收购的防御措施按照实施的时间不同可分为两类：预防性收购防御措施与反击性收购防御措施。其中具体的防御策略各具特色，各有千秋，很难断定哪种更为奏效，企业应该根据并购双方的力量对比和并购初衷选用一种策略或几种策略的结合。

1）预防性收购防御措施

预防性收购防御措施是指目标公司为了降低潜在的敌意收购获得成功的可能性，而在敌意收购发生之前就采取的收购防御措施。

（1）驱鲨剂条款

驱鲨剂条款是指目标公司可以通过在公司章程中设置某些条款的方式为收购设置障碍，增加收购成本从而阻止收购行，也叫做豪猪条款，主要内容包括：

①分期分级董事会条款，也称为“错列董事会条款”和“董事会轮选制”。其具体做法是在公司章程中规定，董事会分为若干组，每一组有不同的任期，股东会每年只能依次改选其中的一组，且辞退董事必须具备合理的原因，更换董事也需要说明理由。这样，即使收购人控制了目标公司多数股份，也不能在短时间内完全控制董事会，从而有利于抵御敌意收购。

②超级多数条款，企业章程都需规定修改章程或重大事项所需投票权的比例。超级多数条款规定，涉及企业控制权变动的交易都必须取得2/3或80%的投票权，有时甚至会高达95%。这样，若企业管理层和员工持有企业相当数量的股票，那么即使收购方控制了剩余的全部股票，收购也难以完成。

③公平价格条款，公平价格条款规定收购方必须向少数股东支付目标企业股票的公平价格。所谓公平价格，通常是以目标企业股票的市盈率作为衡量标准，而市盈率的确定是以企业的历史数据并结合行业数据为基础的。

（2）毒丸计划

所谓毒丸计划，是指目标公司通过发行证券以降低公司在收购方案中的价值的措施。最初的形式很简单，就是目标公司向普通股股东发行优先股，一旦公司被收购，股东持有的优先股就可以转换为一定数额的股票。这一方式有效地稀释了收购方的控制，但也会使目标公司的长期负债增加，使公司的经营风险增加。

随着并购交易的复杂化和时间的推移，该计划产生了以下变异：

①转致条款，指目标公司以股利形式（其价值远远高于市场价格）向股东赋予购买期权：如果收购公司通过购买目标公司一定比例以上的股份与目标公司合并，被赋予期权的股东能以非常有利的价格（其价格远远低于市场价格）购买收购公司的股份。

②反致条款，指目标公司以股利形式（其价值远远高于市场价格）向股东赋予购买期权：如果收购公司购买了目标公司一定比例以上的股份，即便没有发生合并，被赋予期权的股东能以非常有利的价格（其价格远远低于市场价格）购买目标公司的股份。

③回致条款，指目标公司以股利形式向其股东赋予出售期权，如果收购公司购买了目标公司一定比例以上的股份，即便没有发生合并，被赋予期权的股东也能以非常有利的价格（其价格远远高于市场价格）强制目标公司回购其股份。

由于毒丸计划可以不经过股东表决即能获得通过，而且从法律角度看，毒丸计划是以股息的形式伪装出现的，因此，许多大企业的股东对此表示强烈不满，认为这与股东的利益是相互对立的。一方面，“毒丸”一经实施，企业股票价格立即就会出现下降趋势；另一方面，“毒丸”的威慑作用将使股东丧失对可能的收购者出售股票的基本权利。

（3）金色降落伞

金色降落伞是一种补偿协议，规定在目标企业被收购的情况下，高层管理人员无论是主动还是被迫离开企业，公司都会提供相当丰厚的解职费、股票期权收入和额外津贴作为补偿费，以此来增加收购方的收购成本。与之相似，还有针对低层雇员的“银色降落伞”。

但金色降落伞策略的弊病也是显而易见的，即支付给管理层的巨额补偿反而有可能诱导管理层低价将企业出售。

（4）相互持股

为避免公司股权旁落，目标公司可以选择一家关系密切并值得信赖的公司，双方通过互换股权的方式，相互持有对方一定比例的股份，使流通在外的双方股权都大量减少，从而不易受到控股冲击。这要求持股双方形成默契，互不干涉，拥有自主经营的权利。

2）反击性收购防御措施

反击性收购防御措施是针对已经发起的敌意收购而采取的收购防御措施，尽管采取的各种预防性防御措施会增加收购成本，使收购变得更加困难和昂贵，但是这些措施并不能保证目标公司的绝对安全。当收并购方不惜代价，绕过重重防御时，就需要目标公司采取积极的措施进行反击。

(1) 绿票讹诈

绿票讹诈是指目标公司以较高的溢价购买自己在收购者手中的股票，换取收购者不参加收购的承诺。然而，这很可能会对公司其他股东产生负面影响，稀释其他股东的权益，合法性存在很大质疑。

(2) 白衣骑士

当遭到敌意收购时，目标公司邀请一个友好公司，作为另一个购买者，以更高的价格来对付敌意收购，从而自己被这个友好公司并购。如果敌意并购者的出价不是很高，那么目标公司被“衣骑士”拯救的可能性就很大；如果敌意并购者的出价很高，那么“白衣骑士”的成本也会相应提高，目标公司获得拯救的可能性会减少。最好的结果是寻找“白衣护卫”，即使友好公司购买目标公司一部分股份但不达到控制的程度。从目前的法律法规来看，中国的证券市场管理者比较倾向于这种收购防御措施，不仅能够带来收购竞争，也有利于保护全体股东的利益。

(3) 锁定交易

锁定交易是指当目标公司面临着不良收购时，可以以协议价格将其优良的资产或经营最好的业务（“皇冠明珠”）出售给友好公司或赋予其购买期权。设置这种锁定交易的目的是通过使目标公司的吸引力减弱而使竞争出价者失去收购的兴趣。

(4) 帕克曼

该措施的做法是，遭受敌意收购的目标公司反过来收购敌意收购对手的股票。这种措施适合实力雄厚或融资渠道广泛的公司，在对手是一家上市公司并且本身存在缺陷的前提下才适合实施。

(5) 资本结构调整

当面临收购时，目标公司会采取各种措施调整自己的资本结构，以避免被收购者收购，具体措施包括：①管理层收购，是杠杆收购的一种类型。一般情况下，管理层对被收购公司的资产价值或运营状况最为熟悉，故有相当比例的杠杆收购是由被收购公司的管理层发动。②员工持股计划，是指由全公司员工来收购自己公司的股票，这一计划也可以通过大量借款来实现。员工为自己的工作及前途考虑，不会轻易出售自己手中的本公司股票。如果员工持股数额庞大，在敌意收购发生时，目标公司则可保安全。③股票回购，可以使敌意收购者不容易获得股份，也使那些常常帮助收购者的套利者难以获得股份，并增加了目标公司自己的持股比例。该策略的做法主要有两种：一是公司用自留资金以不低于市场价的价格向股东发出回购要约；二是通过发行公司债、优先股或其组合，以换股方式回购股票。

(6) 焦土战术

焦土战术是指当目标公司面临被收购的威胁时，采用各种方式来有意恶化公司的资产和经营业绩，如低价出售优质资产、增加负债，以此降低目标公司在收购公司眼中的价值，使进攻方却步。这是公司在遇到收购袭击而无力反击时，所采取的一种两败俱伤的做法。

(7) 法律手段

在收购防御中，也可以引入法律武器：①反垄断法。并购能起到优化资源配置的作用，但如果某一行业的经营本来已经高度集中，继续并购当然会加剧集中程度，在一定程度上会导致垄断，限制公平竞争。反垄断法作为政府对企业并购进行管理的重要工具，因而成为目标公司进行反敌意并购的第一保护措施。②证券法或证券交易法。当目标公司是上市公司时，就会涉及上述法律。这些法律一般对证券交易及公司并购的程度、强制性义务有规定，比如持股量、强制披露与报告、强制收购要约等均有规定，收购方一旦在强制性义务方面有疏忽，很有可能因违反法律而导致收购失败。③其他相关法律。2002 年 10 月，中国证监会颁布了《上市公司收购管理办法》和与之相配套的《上市公司股东持股变动信息披露管理办法》。这标志着中国调整上市公司收购兼并的法律制度有了新发展。此外《公司法》及其他相关法律建立了严格的企业并购的申报、报批制度以限制企业并购的进行。

诉讼策略是目标公司在遭遇敌意并购时常使用的法律手段。目标公司在收购方开始收集股份之时便以对方收购的主体资格、委托授权、资金来源、信息披露等方面的违法违规为由向法院起诉，请求法院确认对方的收购行为无效。从提起诉讼到具体审理以至裁决，一般都需要一段时间，目标公司可以利用这段时间来商议对策拯救公司。这种诉讼的目的并非在于目标公司管理层希望在诉讼中最终获得胜利，而是为其赢得宝贵的时间而已。

本章小结

1. 并购的基本分类是分为横向并购、纵向并购和混合并购；并购活动分为 5 个发展阶段，被称为 5 次并购浪潮；中国上市公司的并购活动取得了显著的成果并具有鲜明的特征。

2. 并购的短期和长期效应各有不同，有多种理论对其解释剖析，主要有并购效率理论，并购信息与信号理论，代理问题与管理主义理论等，其中并购效率理论可细分为 7 种从不同角度思考的理论。国内外学者在各种理论的基础上进行了大量研究，并取得了相当数量的经验证据。

3. 并购价值评估时并购的核心环节。首先要了解目标公司价值评估的总体步骤，其次要选用适当的价值评估方法，最后对评估出的价值进行溢价与折价的调整。

4. 并购融资与对价是完成并购交易的实质性环节。根据对风险与收益的分析，选择适合的对价方式，再根据对价方式考虑融资渠道和来源。

5. 识别敌意收购的基本类型，并采取相应的防御策略。

讨论题

1. 我国上市公司并购以股权交易为主流，股权交易与资产交易的主要区别有哪些？为什么大多数公司选择采用股权交易的方式？

2. 企业进行并购的动因有哪些？并购动因与并购效应之间是什么关系？

3. 价值评估结论的合理性通常取决于用来估算未来经济收益的预测和假设，在考虑预测和假设时应该注意哪些问题？

4. 中国上市公司并购对价方式选择主要受哪些因素的影响？不同的对价方式对并购双方的股东财富又会产生怎样的影响？

5. 评价防御敌意收购的各种方法的适用条件和优缺点，举例说明哪些方法得到了有效运用。

案例分析

混合证券支付买壳上市

2013年1月18日，“招商新能源集团有限公司”的子公司“招商新能源控股有限公司”与“金保利新能源”（00686HK）及所属公司签订股权买卖协议，通过此次交易，招商新能源集团将实现借壳在香港联交所上市。

表面上看来，此次交易的出售方是招商新能源控股有限公司的股东们，包括中国绿色控股有限公司、招商新能源集团有限公司、逸昇有限公司、Hyatt Servicing Limited、腾晖电力香港有限公司、SinoArena Investments Limited等，共出售招商新能源控股530 000 000股，占其所有已发行股份的92.17%。

购买方是金保利新能源有限公司及所属PROFIT ICON INVESTMENTS LIMITED，购买方支付的对价是价值959 462 250元的金保利股份以及可换股债券面值港币1 160 447 750元（其中受托管可换股债券面值为港币847 964 000元）。

该交易还规定招商新能源控股要向金保利及所属公司承诺及保证：招商新能源控股于利润保证期（2013年1月1日—2015年12月31日）产生的溢利将不少于495 000 000元港币。如未能在利润保证期达到利润保证，则对价须透过下调受托管可换股债券的本金额予以调整。

由于招商新能源集团持有招商新能源控股公司47.83%的股权，为其第一大股东，该收购交易完成后，招商新能源集团直接持有金保利新能源公司25.39%股权，变身成为金宝利第一大股东。换句话说，招商新能源集团光伏业务成功借壳上市。招商新能源借助金保利新能源上市平台，将更有助于其全球光伏电站运营、开发和交易。

招商新能源借壳上市最大利基点是，国家正在推进的金太阳工程，以及2013年中国宏大的光伏电站装机目标。招商新能源的前海深港合作光伏示范电站正在申请金太阳补贴，若成功将获得投资额50%的补贴，也意味着该示范电站5年后就可以收回投资成本，而未来20年还有5 000万度电约3 750万元的电费收入。显然能否成功申请金太阳工程补贴，已成为目前光伏电站能否快速盈利的条件之一。这也应该是招商新能源集团借壳上市后，公司的盈利点所在。然而，金太阳工程的审批非常严格，硬性规定很多，包括屋顶电站所在房产必须明确，充裕的资金证明，产品品质认证的证明等，而且由于金太阳补贴必须在电站建设过程或者建成后才可以申请，而电站的前期投入非常大，这对企业的资金力量提出了很高的要求。对于普遍亏损的光伏业来说，资金来源是摆在面前的一大难题。相关媒体统计，2012年，沪深25家光伏上市公司蒸发的流通总市值已高达229亿元。因此，不少上市公司开始借助资本平台大力掘金，而将资本平台运作得淋漓尽致的当属在香港上市的企业。

根据上述资料，思考以下问题：

（1）查找与并购交易的相关资料，了解交易的详细信息，思考并购交易的类型及并购动因。

（2）评价并购对价方式的特点及影响。

（3）该案例属于反向收购，思考反向收购的利弊及其操作过程以及相关具体注意事项。

延伸阅读文献

［1］陈信元，张田余．资产重组的市场反应［J］．经济研究，1999（9）：47-55.

［2］程实．第六次并购浪潮“袭来”［J］．资本市场，2006（3）：14-15.

［3］冯根福，吴林江．我国上市公司并购绩效的实证研究［J］．经济研究，2001（1）：54-68.

［4］高见，陈歆玮．中国证券市场资产重组效应分析［J］．经济科学，2000（1）：66-77.

［5］赖步连，杨继东，周业安．异质波动与并购绩效——基于中国上市公司的实证研究［J］．金融研究，2006（12）：126-139.

［6］李善民，陈玉罡．上市公司兼并与收购的财富效应［J］．经济研究，2002（11）：27-35.

［7］李善民，曾昭灶，王彩萍，等．上市公司并购绩效及其影响因素研究［J］．世界经济，2004（9）：60-67.

［8］刘笑萍，黄晓薇，郭红玉．产业周期：并购类型与并购绩效的实证研究［J］．金融研究，2009（3）：135-153.

［9］刘大志．股权结构对并购绩效的影响——基于中国上市公司实证分析［J］．财务与金融，2010（3）：17-23.

［10］陆桂贤．我国上市公司并购绩效的实证研究［J］．审计与经济研究，2012（2）：104-109.

［11］陆国庆．中国上市公司不同资产重组类型的绩效比较——对1999年度沪市的实证分析［J］．财经科学，2000（6）：20-24.

［12］檀向球．沪市上市公司资产重组绩效实证研究［J］．中国证券报，

1998：9-28.

［13］王凤，荣高飞．政府干预、企业生命周期与并购绩效——基于我国地方国有上市公司的经验数据［J］．金融研究，2012（12）：137-149.

［14］王跃堂．我国证券市场资产重组绩效之比较分析［J］．财经研究，1999（7）：53-59.

［15］吴超鹏，吴世农，郑方镳．管理者行为与连续并购绩效的理论与实证研究［J］．管理世界，2008（7）：126-132.

［16］余光，杨荣．企业购并股价效应的理论分析和实证分析［J］．当代财经，2000（7）：70-74.

［17］张新．并购重组是否创造价值？［J］．经济研究，2003（6）：20-29.

［18］张晶，张永安．并购交易特征与并购绩效——基于后股权分置时代中国上市公司的经验数据［J］．企业经济，2011（6）：20-23.

［19］朱宝宪，王怡凯．1998年中国上市公司并购实践的效应分析［J］．经济研究，2002（11）：20-26.

［20］吴超鹏，叶小杰，吴世农．政治关联、并购绩效与高管变更——基于我国上市公司的实证研究［J］．经济学家，2012（2）：91-99.

［21］ASWATH. 投资估价——评估任何资产价值的工具与技术［M］．朱武祥，邓海峰，译．北京：清华大学出版社，1999.

［22］刘淑莲．高级财务管理理论与实务［M］．2版．大连：东北财经大学出版社，2012.

［23］张先治，池国华．企业价值评估［M］．大连：东北财经大学出版社，2010.

［24］北京交通大学中国企业兼并重组研究中心．中国企业并购年鉴［M］．北京：中国经济出版社，2003—2012.

［25］全球并购研究中心．中国企业并购报告［M］．北京：人民邮电出版社，2005—2011.

［26］AGRAWAL，JAFFE J F. The post-merger performance puzzle［J］．Advances in Mergers & Acquisitions，2001，1（1）：7-41.

［27］AGRAWAL，JAFFE J F，MANDELKER G N. The post-merger performance of acquiring firms：a re-examination of an anomaly［J］．The Journal of Finance，1992，47（4）：1605-1621.

［28］DESAI A，KIM E H. Synergistic gains from corporate acquisitions and their division between the stockholders of target and acquiring firms［J］．Journal of Financial Economics，1988，1（21）：3-40.

［29］MICHAEL B，HOLDERNESS C. Private benefits of control of public corporations［J］．Journal of Financial Economics，1989，25（8）：371-395.

[30] SCHWERT G W. Markup pricing in mergers and acquisitions [J]. Journal of Financial Economics, 1996, 41 (2): 153-192.

[31] JENSEN M C, RUBACK R S. The market for corporate control: the scientific evidence [J]. Journal of Financial Economics, 1983, 11 (1): 5-50.

[32] ROLL R. The hubris hypothesis of corporate takeovers [J]. The Journal of Business, 1986, 59 (2): 197-216.

[33] STEPHEN R. The determination of capital structure: the incentive signaling approach [J]. Bell Journal of Economics, 1977, 8 (2): 23-40.

[34] ELGERS P T, CLARK J J. Merger types and shareholder returns: Additional evidence [J]. Financial Management, 1980, 9 (2): 66-72.

[35] HEALY P M, PALEPU K G, RUBACK R S. Does corporate performance improve after mergers? [J]. Journal of Financial Economics, 1992, 31 (2): 135-175.

[36] TATIANA N. The Value of corporate votes and control benefits: across country analysis [C]. SSRN Working Paper Series, July, 2000.

第7章 衍生工具与风险管理

学习目标

◇ 熟悉衍生工具的含义与种类
◇ 理解衍生工具的功能
◇ 了解全球衍生品市场发展概况
◇ 掌握远期合约、期货合约、期权合约和互换的含义与特点
◇ 掌握利用衍生工具对商品价格风险、利率风险和汇率风险进行管理的策略和方法

随着金融创新的日新月异，衍生金融工具不断推陈出新，已经成为经济全球化和金融一体化发展的主要推动力量。无论是20世纪70年代金融期货、期权的诞生，还是80年代货币互换的兴起；无论是20世纪90年代信用衍生产品的问世，还是21世纪耳熟能详的ABS、MBS、CDO，资本市场衍生产品交易种类和结构为变化都令人叹为观止、目不暇接。

然而，2007年美国市场的次级债券问题触发了一个几乎是全球性的金融危机，许多西方银行因资产证券化等金融衍生产品而蒙受了巨大损失，雷曼兄弟、AIG等跨国金融机构因CDS等场外金融衍生品轰然倒下，金融市场一片狼藉。在危机冲击下的中国也未能独善其身，2008年多家国有企业因投资金融衍生产品失败发生巨额亏损，中国东方航空股份有限公司的航油套期保值公允价值损失约62亿元；中国国航因航油套期保值浮亏68亿元；中国远洋远期运费协议（FFA）公允价值损失约40亿元……一时间，金融衍生产品成为众矢之的，被视为给全球金融市场带来巨大灾难的罪魁祸首，是金融界的大规模杀伤性武器。对金融衍生品不加区分的口诛笔伐充斥着国内外的舆论，金融衍生产品似乎有被“妖魔化”的趋势。

那么金融衍生商品真的有如洪水猛兽这么可怕吗？其实不然，比如有人因为触电而死亡，有人因用火不慎而引起火灾，难道我们能够因为这些意外情况的发生而

否定电与火的功能吗？我们需要做的是让大家都能普遍掌握用电、用火的安全常识，知道它们的危险性，但并非因为操作不当引发的意外事件，就要求大家不要用电或用火。“水可载舟、亦可覆舟”贴切地形容了金融衍生性产品的特性。在几年前的安然倒闭事件中，由于购买了CDS，持有12亿美元安然债券的花旗银行幸运地躲过了一劫。然而，同样是CDS，却在此次全球性的次贷危机中将雷曼兄弟送上了不归路。金融衍生品究竟是天使还是魔鬼？这个问题并非是一个非此即彼的答案。

因此，通过对危机的反思，我们应更为深入和客观地认识了金融衍生产品，不能否认其稳定市场、管理风险的作用，忽视其在金融危机考验下显示出的旺盛的生命力，而是应该反思自身在风险管理和金融衍生产品管理过程中的失误，总结教训，得到启示，从而充分发挥金融衍生产品固有的套期保值、管理风险的积极作用，促进我国金融衍生品市场的发展。

第7章在介绍衍生工具基本概念和分类的基础上，简要介绍了衍生工具的功能，重点阐述利用衍生工具管理商品价格风险、利率风险和汇率风险的基本策略和方法。

7.1 衍生工具与衍生品市场概述

7.1.1 衍生工具的含义与功能

1）衍生工具的含义

衍生工具（derivatives），又称“衍生产品”，是与基础产品相对应的一个概念，就是由现货市场的既有产品所衍生出来的产品。之所以冠上“衍生”这个词条，是因为该种产品建立在基础产品或基础变量之上，其价格随基础产品的价格（或数值）变动而变动。例如，股票指数期货合约的价值，受到其标的资产（underlying asset）现货股票价格指数高低的影响，故股票价格指数期货合约是一种典型的衍生性产品。2004年，在巴塞尔新资本协议中给出了衍生工具的明确定义：“金融衍生交易合约的价值取决于一种或多种基础资产的价值或相关指数，除了远期、期货、掉期（互换）和期权等基本合约形式之外，具有以上任一种或多种特征的结构化金融工具也称为衍生工具。”

2）衍生工具的功能

（1）风险管理功能

风险是客观普遍存在的，不同的投资者对风险的承受能力不同，有的投资者愿意冒一定风险去获取较高的收益，而有的投资者只希望赚取确定的收益，不愿意承担风险。这样就产生了分离风险的客观需求。衍生工具的出现为投资者提供了一种有效的风险分配机制，该功能也是衍生工具被企业界广泛应用的初衷所在。通过套期保值使希望避免风险的人把风险转移给愿意承担风险的人，这样投资者可以根据各种风险的大小以及自己的偏好更有效的配置资金。2003 年 4 月，世界掉期与衍生产品协会（ISDA）的研究显示，在世界 500 强中有 92% 的企业利用衍生产品管理和对冲风险。在使用衍生品的企业中，有 92% 的企业利用衍生品控制利率风险，85% 的企业利用衍生品控制汇率风险，25% 的企业利用衍生品控制商品价格风险，12% 的企业利用衍生品控制股价风险。① 使用衍生产品对冲利率、汇率、商品的价格风险已成为许多公司的经常性工作。

（2）价格发现功能

由于衍生工具交易特别是场内交易集中了各方面的市场参与者，带来了成千上万种基础资产的信息和市场预期，使寻找交易对象和决定价格的信息成本大大降低。交易者在信息收集和价格动向分析的基础上，通过公开竞价的方式达成买卖协议，协议价格能够充分反映出交易者对市场价格的预期，也能在相当程度上体现出未来的价格走势，这就是价格发现。被衍生市场发现的价格随时随地通过各种传播方式向各地发布，这就为相应的经济领域提供了信息的生产和传递功能，为广大的生产者和投资者提供了正确的价格信号，从而使生产者和投资者可以相应制订和调整其生产与经营计划，使经济社会的每一个成员都能更快更好地从未来价格预测中获益，促进资源的合理配置。

（3）增强市场有效性功能

即使没有衍生产品市场，证券的现货市场也可能是有效的。然而，即使在有效市场中，也存在少量的套利机会，这些套利机会意味着一些资产价格在某些时候偏离了其正常价值。衍生工具的出现增加了不同金融工具市场和不同国家之间的联系，衍生品市场中低廉的成本和简便的方式有助于套利交易和迅速的交割调整，以消除套利机会的存在，从而有利于减弱市场的不完善性，加强市场的竞争，缩小金融工具的买卖差价，消除或修正某些市场或金融工具的不正确定价。

7.1.2 衍生工具的种类与特点

按照最基本、最常见的分类，衍生工具可以分为远期合约、期货合约、期权合约和互换合约四大类。

1）远期合约

远期合约是交易双方约定在未来某一特定时间，以某一特定价格买卖某一特定数量和质量资产的合约标的物的一种协定。远期合约的品种主要有商品远期交易、远期外汇交易、远期利率协定等。远期合约交易的特点有：

（1）远期合约交易是通过现代化通讯方式在场外进行的，交易双方互相认识，合约内容由交易双方互相协商，具有较高的灵活性。

（2）远期合约交易不需要保证金，没有初始投资，但是远期合约的履约也没

① MELLO A. and PARSONS J E. Maturity structure of a hedge matters: lessons from the metallgesellchaft debacle [J]. Journal of Applied Corporate Finance, 1995, 9 (1): 106-120.

有保证，当价格变动对一方有利时，另一方可能无力或无诚意履行合约，因此远期合约的违约风险较大。

(3) 由于远期合约为非标准化合约，每份合约千差万别，同时由于远期交易没有固定、集中的交易场所，因此远期合约的流动性较差，大部分交易都导致最后进行实物交割。

2) 期货合约

期货合约简称期货，是交易双方约定在未来某一特定时间，以某一特定价格买卖某一特定数量和质量资产的合约标的物的一种正式合约性协定。当合约到期时，合约双方必须履行交割义务，即买方交钱，卖方交货，以完成合约所规定的事项。为了保证在一方违约时，另一方不致遭受损失，在签订合约时买方和卖方都被要求支付一定数量的保证金，并视期货价格的变动情况确定其是否追加保证金。期货类衍生工具主要包括商品期货、外汇期货、利率期货、股票期货、股票指数期货等。期货交易的特点有：

(1) 期货交易所需资金较少。进行期货交易不需要按实际期货合约的价值交纳现金，而只要交纳较低比例的保证金。

(2) 期货交易在多数情况下不进行实物交割。多数的期货交易者在期货合约到期之前就通过对冲了结了屡约义务，真正需要进行现货交割的，一般只占期货合约总额的1% ~2%。

(3) 期货交易的地点、方式等都有严格的限制。期货交易的对象是一张期货合约，期货合约中明确限定了交易商品的等级、数量、交易方式和交易地点，投资者可以选择的只是价格和交货期。

(4) 期货交易风险较大。在期货交易中，买卖双方都要支付保证金，而且随价格的变化，有可能需要追加保证金，而且交易双方所承担的风险损失都是无限的。

3) 期权合约

期权合约简称期权，又称选择权，期权交易实质上是一种权利的买卖。期权的一方在向对方支付一定数额的权利金后，即拥有在某一特定时间，以某一特定价格买卖某一特定种类、数量、质量的原生资产的权利。期权类衍生工具主要包括商品期权、外汇期权、利率期权、股票期权、股票指数期权等。期权交易的特点有：

(1) 期权交易对象特殊。期权交易是以一种特定的权利为买卖对象的交易，是一种权利的有偿使用，即期权的买方向期权的卖方支付了一定数额的权利金后，就拥有了在规定的有效期内按事先规定的敲定价格向期权的卖方买进或卖出一定数量的某种商品期货合约的权利。

(2) 买卖双方的权利义务不等。在期权交易中，期权的买方有权确定是执行权利还是放弃权利，卖方只有义务按买方的要求去履约，只有当买方放弃此权利时卖方才不执行合约。

(3) 买卖双方的风险收益结构不对称。期权交易的买方在成交时要支付一定的权利金，但没有实际执行合同的义务，所以期权买方的亏损是有限的，其最大的损失额就是权利金；而期权交易的卖方收取权利金，出卖了权利，他的损失可能是无限的。

(4) 买卖双方的履约保证金不同。在期权交易中，期权的买方没有执行期权合同的义务，因此不需要交纳保证金；而期权的卖方则不然，他在期权交易所面临的风险损失很难准确预测，为此必须预先交纳一笔保证金以表明其具有履约的能力。

4) 互换合约

互换合约是指交易双方签订的在未来某一时期相互交换某种资产的合约，更为准确地说，互换合约是当事人之间签订的在未来某一期间内相互交换他们认为具有相等经济价值的现金流的合约。较为常见的互换类衍生工具是利率互换和货币互换，其他互换类衍生工具还有商品互换、股票指数互换等。

互换交易的主要目的就是防范利率风险、外汇风险，降低筹资成本，提高资产的收益。互换交易的特点有：

(1) 互换交易是表外交易。所谓表外业务，是指那些不会引起资产负债表内业务发生变化，却可为交易者带来业务收入或减少风险的中间业务。互换交易就是一种衍生工具的表外业务。

(2) 互换交易的期限较长，可进行长期安排（2~20年），因此在资产负债长期管理中，互换交易更为适用。

(3) 互换交易是场外交易，按非标准形式进行（目前有标准化趋势），具有较高的灵活性以适应各种交易者的需要。但正是由于互换交易的非标准化方式，它的交易成本较高，谈判比较复杂，同时违约风险也较大。

(4) 互换可以暂时改变给定资产或负债的风险与收益，而不必出售原始资产或负债。这对于流动性相对较差的资产负债来说很重要。

7.1.3 全球衍生品市场概述

1) 全球衍生品市场的发展

国际衍生品市场的发展，大致经历了由商品期货、金融期货到期权和互换，交易品种不断增加、交易规模不断扩大的过程。

1848年芝加哥期货交易所（CBOT）的诞生以及1865年标准化合约的推出，标志着现代衍生品交易的开始，随着现货生产和流通的扩大，新的期货品种不断出现，除了农产品期货之外，又增加了金属期货。1876年成立的伦敦金属交易所（LME）是第一家金属期货交易所，至今该交易所的期货价格依然是国际有色金属市场的晴雨表。20世纪70年代初国际经济形势发生急剧变化，布雷顿森林体系的解体，使固定汇率制被浮动汇率制所取代，利率管制等金融管制政策逐渐取消，汇率、利率频繁剧烈波动，促使金融期货、期权和互换合约的产生。1972年5月，芝加哥商业交易所（CME）设立了国际货币市场分部（IMM），首次推出包括英镑、加拿大元、西德马克、法国法郎、日元和瑞士法郎等在内的外汇期货合约。1973 年，期权交易出现了革命性的变化。世界上最早也是最大的期货交易所——芝加哥期权交易所（CBOE）的诞生，标志着现代意义上期权交易的产生。此后，世界各地的交易所纷纷开始进行期权交易，交易品种也由股票期权逐渐扩展至货币、指数及期货期权等，交易量迅速膨胀。1975 年 10 月，在芝加哥期货交易所上市国民抵押协会债券（GNMA）期货合约，从而成为世界上第一个推出利率期货合约的交易所。1982 年 2 月，美国堪萨斯期货交易所（KCBT）开发了价值线综合指数期货合约，使股票价格指数也成为期货交易的对象。1985 年 2 月，以活跃在互换市场上的银行、证券公司为中心，众多的互换参与者组建了旨在促进互换业务标准化和业务推广活动的国际互换交易协会（International Swap Dealer's Association，简称 ISDA），拟定了标准文本“利率和货币互换协议”。该协议的实施，标志着金融互换结构进入标准化阶段，为金融互换交易的深入发展创造了良好的条件，大大提高了交易效率。

虽然现代衍生产品市场的发展只有短短 160 多年的历史，但是衍生产品市场一直是增长速度最快的金融市场。自 20 世纪 70 年代以来，衍生产品市场特别是场外金融衍生产品市场发展迅速，其交易量远远超过了金融现货市场，在当今世界金融市场体系中居于举足轻重的地位。

从全球地区分布来看，北美、欧洲和亚太地区三足鼎立，拉美等其他地区则占据较小的市场份额（见表 7-1）。2011 年，亚太地区的期货和期权交易量占全球交易量的 39.31%，居全球首位，交易量达到 98.16 亿张，同比增长 9.18%；其次是北美地区，占全球交易量的 32.78%，达到 81.86 亿张，同比增长 14.17%；欧洲地区排名第三，占全球的 20.09%，交易量达到 50.17 亿张，同比增长 13.46%；拉丁美洲占 6.42%，交易量为 16.03 亿张，同比增长 5.55%；其他地区占 1.40%，交易量为 3.51 亿张，同比增长 8.42%。

表 7-1　**全球不同地区的期货期权交易量**

（基于全球 81 个期货交易所的成交量）　单位：张

地区	2010 年	2011 年	占全部比重（2011 年）	增长率
亚太	8 990 583 917	9 815 764 742	39.31%	9.18%
北美	7 169 695 107	8 185 544 285	32.78%	14.17%
欧洲	4 422 009 307	5 017 124 930	20.09%	13.46%
拉丁美洲	1 518 883 227	1 603 203 726	6.42%	5.55%
其他	323 517 719	350 764 885	1.40%	8.42%
总和	22 424 689 277	24 972 402 568	100%	11.36%

资料来源：2011 全球金融衍生品市场年度调查报告，上海期货交易所发展研究中心。

从交易品种来看，衍生品市场主要由金融产品、农产品、能源产品、金属产品及其他的期货和期权构成。其中，金融期货和期权（股指、利率、外汇）占据主要的市场份额，传统的农产品、能源产品和金属产品的期货和期权占据份额较小（见表7-2）。2011年，金融期货和期权交易量占全球交易量的88.74%，交易量达到221.60亿张；农产品、能源产品和金属产品的期货和期权交易量占全球交易量的10.34%，交易量为25.83亿张。

表7-2 全球不同类别的期货期权交易量

（基于全球81个期货交易所的成交量） 单位：张

种类	2010年	2011年	占全部比重（2011年）	增长率
股票指数	7 416 030 134	8 459 520 735	33.88%	14.07%
单个股票	6 295 265 079	7 062 363 140	28.28%	12.20%
利率与债券	3 202 061 602	3 491 200 916	13.98%	9.03%
外汇	2 525 942 415	3 147 046 787	12.60%	24.59%
农产品	1 305 531 145	991 422 529	3.97%	-24.06%
能源产品	723 614 925	814 767 491	3.26%	12.60%
非贵金属	643 645 225	435 111 149	1.74%	-32.40%
贵金属	174 943 677	341 256 129	1.37%	95.07%
其他	137 655 075	229 713 692	0.92%	66.88%
总和	22 424 689 277	24 972 402 568	100%	11.36%

资料来源：2011全球金融衍生品市场年度调查报告，上海期货交易所发展研究中心。

2）我国衍生品市场的发展

以1990年10月12日郑州粮食批发市场的开业为标志，我国衍生品市场已经走过了二十多年的发展历程，大致可以划分为3个阶段：1990年10月—1993年11月初创时期的盲目发展阶段，1994年4月—2000年12月以政策调控为主的治理整顿阶段和2001年3月以来的复苏与规范发展阶段。在我国商品期货盲目发展的初创阶段，曾出现过50多家商品交易所、300余家期货经纪公司和2 000多个期货兼营机构。由于行政主管部门不明确，无法可依，期货市场混乱，欺诈行为盛行。1998年8月，国务院确立中国证监会统一负责全国证券、期货业的监管，并发布《关于进一步整顿和规范期货市场的通知》，明确了“继续试点，加强监管，依法规范，防范风险”的原则，将14家交易所撤销合并为上海、郑州和大连3家，仅保留12个商品期货交易品种。2000年12月28日，中国期货业协会成立大会在北京举行，期货业监管和自律体系完全确立，治理整顿阶段全面结束。2001年3月，“稳步发展期货市场”被写入“十五”规划纲要，标志着我国商品期货市场复苏阶段的开始。2004年6月，期货市场经过多年清理整顿后的第一个新品种——棉花期货合约在郑州商品交易所成功上市。之后，商品期货市场获得长足发展，燃料油、玉米、黄大豆2号、豆油、白糖、棕榈油、黄金等期货品种陆续上市，期货交易规模逐年扩大。大连期货交易所于2003年进入了全球十大期货交易所的行列，标志着我国的商品期货市场逐渐走向成熟。2005年我国又相继开放了国债远期交易市场，股票权证市场，人民币远期交易市场以及抵押债券市场。2006年9月8日中国金融期货交易所（简称中金所）在上海成立，交易所积极筹划推出期权，并深入研究开发国债、外汇期货及期权等金融衍生产品。2010年4月16日，中金所正式推出沪深300股指期货合约。2013年9月6日，中国金融期货交易所又推出了国债期货合约，这说明我国衍生品市场正在不断地发展进步。

7.2 衍生工具与商品价格风险管理

由于供求关系的异常波动、国家宏观政策的调整、季节性和突发性等因素，会给商品的价格带来不确定性，由此给持有、买卖商品的企业或个人带来收益或损失，这就是商品价格风险。衍生工具的产生为管理商品价格风险提供了新的手段。

7.2.1 利用远期商品合约管理商品价格风险

远期商品合约可以说是最早出现的衍生性产品，可以追溯到中古世纪，主要是提供农产品的避险之用。比如，种黄豆的农夫，当黄豆还未成熟时，黄豆的价格是不确定的，一旦黄豆收成，价格下跌，对农夫是不利的。因此对农夫而言，黄豆价格的波动是相当大的风险。相反，黄豆的收购商，以黄豆为原料加工制作的工厂，如果黄豆歉收，价格上涨，因此他们也承受着黄豆价格变动的风险。因此，农夫和黄豆收购商，为回避风险在黄豆尚未收成以前，签订一个远期合约，以一个约定的价格买卖黄豆，如此可以提供双方消除由于未来黄豆价格变动带给双方的风险。现在人们对远期商品合约的定义是：一种在现在约定未来特定时日交易特定标的物的合约。合约的买方同意在未来的约定时日，按约定价格支付一定金额，以交换卖方特定数量的商品。远期商品合约交易发展演变至今，因其在规避商品价格风险、发现商品价格、商品价格投机等方面的特殊功能，仍然在金融市场上发挥着重要的作用。

生活中常有利用远期商品合约对冲商品价格风险的例子。例如，企业签订的长期房屋租赁合同，提前锁定了其厂房、办公室的租金；电力公司与煤炭企业签订的远期商品合约，事先确定了煤炭的供应价格；钢铁公司与采矿公司签订的远期商品合约，提前确定了铁矿石的供应价格。通过远期商品合约，签约双方都能实现它们的原材料或产品的价格保持稳定。

在2000年年初，当油价接近20美元每桶时，美国西南航空的CFO加里·凯利（Gary Kelly）就实施了一项可以保护公司免受油价剧烈上涨危害的策略，即签订了一份购买燃油的远期合约，合约约定到期时以每桶23美元的价格购买燃油。当年年底，油价飞涨超过每桶30美元，航空运输业因此陷入财务危机之时，而西南航空因为之前签订的合约却保证了它可以以每桶23美元的价格购买燃油，由此带来的资金节约额总计几乎达到了西南航空公司当年收益的50%。西南航空公司仍继续采用这种策略对冲燃油成本的上升。在2004年，要是没有燃油供货合约提供的45 500万美元的成本节约，西南航空当年31 300万美元的收益也就付之东流了。

当然，对冲商品价格风险并不总能提升公司的利润。如果在2000年秋天，油价下跌至每桶23美元以下，但西南航空必须依据合约仍以每桶23美元的价格购买燃油，因此成本的上升会减少公司的收益，但是由于每桶23美元的价格是事先约定并且是企业可接受的价格，所以即使购买燃油的成本高于市价，但却不至于引起财务危机。换句话说，不论油价如何变化远期商品合约将西南航空的收益稳定在一个可接受的水平上。

远期商品合约通常是由买方和卖方协商签订的双边合约。这种合约存在一些潜在的缺陷。第一，合约的每一方都面临着对方可能违约或不履行合约条款的风险。这种合约使公司避免了商品价格风险，但却又使公司暴露于信用风险之下；第二，合约内容依据买卖双方个性化需要制定，不是标准化合约，且不在交易所内交易，因此中途转让较困难，流动性差；最后，公司可能不容易确认合约在任何时点的市场价值，难以追踪合约的收益和损失。为避免这些缺陷，公司可以选择期货合约来对冲风险。

7.2.2　利用期货合约管理商品价格风险

期货合约是在未来某一时点，以现在锁定的价格交割资产的协议。期货合约以公开的市场价格在交易市场上匿名交易，流动性强，买方和卖方都可以在任何时间以当时的市场价格将合约出售给第三方。利用期货合约规避价格风险的交易策略是套期保值，它可在现货与期货之间、近期与远期之间建立一种对冲机制，以使价格风险降低到最低。

“套期保值”译自英文单词hedging，又译作“对冲交易”或“海琴交易”。其一般性的定义是，买进（或卖出）与现货数量相等但交易方向相反的期货合约，以期在未来某一时间再通过平仓获利来抵偿因现货市场价格变动带来的实际价格风险。常用的避险策略一般可分为空头套期保值和多头套期保值。

1）空头套期保值

空头套期保值（short hedge）是指由于持有现货商品，但担心将来因价格下跌而遭受损失，所以在期货市场中出售期货合约，通过持有空头头寸为现货市场的多头头寸保值，以规避现货市场价格可能下跌的风险，通常为直接生产者、加工商、出口商、贸易商及储运商等采用。

[例7-1] 某粮油进出口公司，8月购入美国大豆10 000吨，预计11月份将大豆售出，售价2 900元/吨可保证其正常利润。由于预测大豆价格在11月可能下降，于是该公司于8月在大连商品交易所（DCE）做了空头套期保值。其价格情形

及操作过程见表 7-3（不考虑交易成本）。

表 7-3　　空头套期保值情况分析

现货市场	期货市场
8 月 1 日进口大豆 10 000 吨 目标销售价格 2 900 元/吨	卖出 11 月大豆期货 10 000 吨 期货价格 3 100 元/吨
11 月 1 日出售大豆 10 000 吨 实际销售价格 2 600 元/吨	买进 11 月大豆期货 10 000 吨 期货价格 2 800 元/吨
现货亏损 300 元/吨 合计亏损 3 000 000 元	期货盈利 300 元/吨 合计盈利 3 000 000 元

根据表 7-3 的可知，该粮油进出口公司由于准确地预测了价格变化趋势，果断地入市保值，成功地以期货市场每吨盈利 300 元弥补了现货交易每吨的损失，考虑期货市场的盈利，最终大豆的实际销售价格为 2 900 元/吨（2 600+300），达到了目标值，从而规避了由于价格下降带来的损失。

2）多头套期保值

多头套期保值是指由于未来要购入现货商品，但担心将来因价格上涨而遭受损失，所以在期货市场中买入期货，以期货市场的多头头寸来为现货市场的空头头寸保值，以规避现货市场价格可能上涨的风险，通常为加工商、供应商、进口商等采用。

[例 7-2] 某铜材加工厂，3 月份签订了 9 月交货的加工合同，加工期为 1 个月，需买进原料铜 3 000 吨，合同签订时铜原料的价格较低，工厂欲以此为进货成本，而该厂又不愿早进原材料库存，决定 8 月份再买进原材料进行加工。由于担心到那时原料的价格上升，于是该工厂在期货市场上做了买入套期保值，其交易的价格资料及情况分析见表 7-4（不考虑交易成本）。

表 7-4　　多头套期保值情况分析

现货市场	期货市场
3 月 1 日目标成本价格为 28 500 元/吨	买进 9 月铜期货 3 000 吨的期货价格为 28 700元/吨
9 月 1 日买进铜 3 000 吨的实际成本价格为 28 800元/吨	卖出 9 月铜期货 3 000 吨的期货价格为 29 000元/吨
现货亏损 300 元/吨 合计亏损 900 000 元	期货盈利 300 元/吨 合计盈利 900 000 元

根据表 7-4 的分析可知，该加工厂以期货市场每吨盈利 300 元抵补了现货原料成本的上涨，则实际的购原料成本为 28 500 元/吨（28 800-300），达到了既定的

保值目标，并且避免了库存及占用资金，降低了费用。

但是，期货市场毕竟是不同于现货市场的独立市场，它还会受到其他因素的影响，因而，期货价格的波动时间与波动幅度不一定与现货价格完全一致，即存在基差风险，这样套期保值就不能完全抵消价格风险，这是需要特别注意的。

7.3 衍生工具与利率风险管理

利率风险是指因利率变动，导致附息资产（如贷款或债券）承担价值波动的风险。一般来说，当利率上升时，固定利率债券的价格会下降；反之亦然。20 世纪 70 年代的两次石油危机导致世界能源价格上升，引发全球性成本推进型通货膨胀。为了抑制通货膨胀，美国政府采取了提高利率的政策，但结果未减轻通货膨胀，失业率反而上升，造成严重的社会问题。无奈美国政府只得降低利率，但是利率降低，物价再度上升。所以 20 世纪 70 年代美国的利率水平每月都在变化。利率的反复变动，给银行、公司以及其他投资者带来了与利率相关的金融风险。投资者为了保证资本不受利率的影响，管理利率风险的衍生工具应运而生。

7.3.1 利用远期利率协议管理利率风险

远期利率协议（forward rate agreement，FRA）是指买卖双方同意在未来一定时间（清算日），以商定的名义本金和期限为基础，由一方将协定利率与参照利率（通常为伦敦银行同业拆放利率 LIBOR）之间差额的贴现额度付给另一方的协议。在协议结算日如果市场利率高于协议规定的利率，那么协议的卖方必须向买方支付按名义本金计算的利差；反之，如果市场利率低于协议规定的利率，那么买方必须向卖方支付按名义本金计算的利差。这样通过固定将来实际交付的利率而避免了利率变动的风险。

[例 7-3] A 公司准备在 3 个月后借入 100 万美元，借款期为 6 个月。公司的财务部门担心未来 3 个月的 LIBOR 利率会上升，希望通过远期利率协议来对冲利率风险。2013 年 1 月 8 日，A 公司向 X 银行买入一份“3V9”的 FRA，名义本金为 100 万美元，协定利率为 4.75%。参照利率根据 3 个月后的 6 个月的 LIBOR。

“3V9”是指合约的交易日和结算日之间为 3 个月，交易日至名义贷款最终到期日之间的时间为 9 个月，则名义贷款期为 6 个月。因此该合约的交易日为 1 月 8 日，结算日（起息日）为 4 月 8 日，到期日为 10 月 8 日，它们之间的关系如图 7-1所示。

在远期利率协议的买卖中，买卖双方交易的只是名义本金（用于计息的基础），实际上并没有任何本金的转移，双方交割的仅仅是利差部分。如在上例中，3 个月后（2013 年 4 月 8 日），如果 LIBOR 大于 4.75%，X 银行将支付给 A 公司利息之差；如果 LIBOR 低于 4.75%，A 公司将支付给 X 银行利息之差。

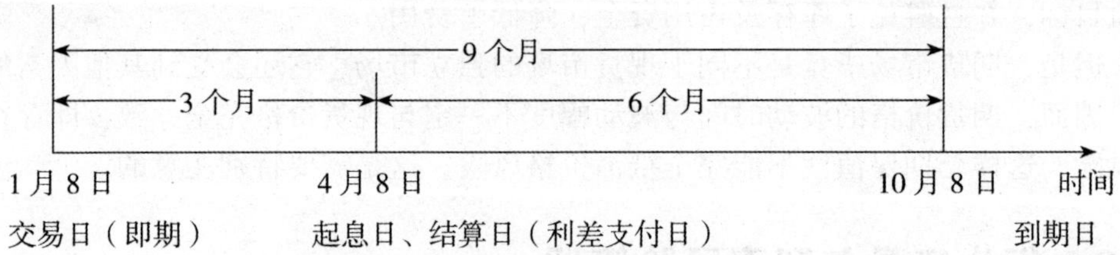

图7-1 远期利率协议的时间关系图

由于在远期利率协议条件下，没有本金的流动，所以可以成为资产负债表外的金融工具。

远期利率协议的结算日通常为名义贷款或名义存款的起息日，FRA 差额的支付是在结算日，而不是到期日的，因此结算日所交付的差额按参考利率折现方式计算，即：

$$结算金=\frac{(R_r-R_k)\times A\times \frac{D}{B}}{1+R_r\times \frac{D}{B}}$$

式中：R_r 表示参照利率，R_k 表示协定利率，A 表示合约的名义本金、D 表示合约规定的存款或贷款天数，B 表示一年天数。

上例中，假定3个月后的6个月的 LIBOR 为5.25%，名义贷款天数为184天（从2013年4月8日到10月1日），一年按365天计算。由于参照利率大于协定利率（5.25%>4.75%），则 A 公司将从 X 银行收到利息差额的现值，即：

$$结算金=\frac{(5.25\%-4.75\%)\times 1\,000\,000\times \frac{184}{365}}{1+5.25\%\times \frac{184}{365}}$$

$$=2\,455.56（美元）$$

由此可见，虽然未来的市场利率上升对 A 公司不利，但是 A 公司从远期利率协议中得到利息的补偿，从而使其实际负担的利息成本锁定在协定利率的水平上。因此 FRA 最重要的功能在于预先锁定将来实际交付的利率而避免了利率变动的风险。

图7-2 表明了 A 公司签订的远期利率协议，以及它希望通过这一协议规避利率风险的相关贷款。A 公司从 X 银行收到以 LIBOR 计息的利息恰好弥补了贷款需要支付的利息，因此，远期利率协议使公司将支付的贷款利率预先固定在了4.75%（LIBOR-LIBOR-4.75%）的水平上。

签订 FRA 后，不管市场利率如何波动，协议双方将来收付资金的成本或收益总是固定在合同利率水平上。如果市场利率发生对自己不利的变化，则应当可以从远期利率协议中得到利息补偿；如果市场利率发生对自己有利变化，则这种变化产生的好处会被向远期利率协议另一方支付的结算金所抵消。

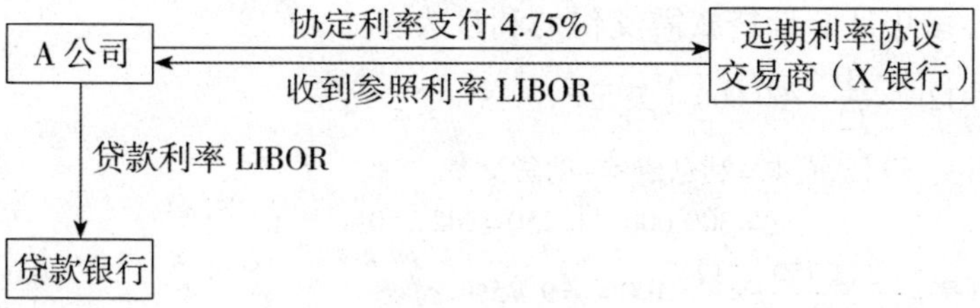

图7-2 贷款加远期利率协议

7.3.2 利用利率期货管理利率风险

利率期货是指标的资产价格依赖于利率水平的期货合约，利率期货的种类繁多，通常按照合约标的的期限划分，利率期货可分为短期利率期货和长期利率期货。短期利率期货是指期货合约标的的期限在一年以内的各种利率期货，即以货币市场的各类债务凭证为标的的利率期货均属于短期利率期货，包括各种期限的商业票据期货、国库券期货及欧洲美元定期存款期货等。长期利率期货则是指期货合约标的的期限在一年以上的各种利率期货，即以资本市场的各类债务凭证为标的的利率期货均属长期利率期货，包括各种期限的中长期国库券期货和市政公债指数期货等。利率期货价格与实际利率呈反方向变动，即利率越高，利率期货价格越低；利率越低，利率期货价格越高。由于利率期货有标准化的合约并且流动性较高，因此相对而言被非金融公司的财务经理们广泛使用。下面举例说明利率期货在利率风险管理中的应用。

［例7-4］C公司是一家机床制造商，公司正处于经营扩张阶段。为了弥补资金的不足，公司希望于9月1日向银行申请贷款以支付货款1 000万美元。假定目前6月1日银行公布的贷款年利率为9.75%，该公司考虑若9月份利率上升，必然会增加借款成本。于是，该公司准备利用短期国库券期货做套期保值（每张期货合约的面值为100万美元），规避利率变动风险。假设6月1日，90天期国库券期货报价为90.25；9月1日，报价为88.00。假定9月1日银行公布的贷款年利率为12%，那么C公司利用短期利率期货套期保值的结果如何？该公司的贷款实际利率是多少？

C公司套期保值交易策略及结果如下：

由于利率期货价格与实际利率呈反方向变动，C公司欲固定未来的借款成本，避免利率上升造成的不利影响，因此，应采用空头套期保值的交易方式：即在6月1日卖出90天期国库券期货，待9月1日向银行贷款时，再买进90天期国库券期货平仓。期货交易数量为10张（1 000/100）合约。

则期货交易盈利为：

225×25×10＝56 250（美元）①

① 短期国债期货采用指数报价法，由于C公司采用空头套期保值，则开仓时卖出价格为90.25，平仓买入价格为88，获利（90.25－88）×100＝225（点），每点的价值为25美元，共10张合约，因此期货交易盈利56 250美元。

如果C公司9月1日贷款需支付的利息为：

$$10\ 000\ 000\times12\%\times\frac{3}{12}=300\ 000\text{（美元）}$$

套期保值后实际利息成本＝利息成本－期货交易盈利

$$=300\ 000-56\ 250=243\ 750\text{（美元）}$$

$$\text{贷款实际利率}=\frac{243\ 750}{10\ 000\ 000}\times\frac{12}{3}\times100\%=9.75\%$$

由此可见，C公司最终将贷款利率锁定在6月1日9.75%的水平。然而如果财务经理预测失误，在到期日前实际利率下跌，这时期货价格就会上涨，期货合约平仓后的损失将吞噬利率下降而节约的债务利息，最终利率仍然锁定在近于9.75%的水平。

上面所提到的利率风险主要是来自债务的偿付，但实际上这不是公司唯一的利率风险，公司的另一大利率风险是存在于公司持有的利率敏感性有价证券。债务记录在资产负债表的右边，而有价证券记录在资产负债表的左边，代表公司潜在的收益和利息收入流。因此，财务经理不仅要利用利率期货锁定未来支付的成本，也需要利用利率期货锁定未来的利息收益。不同的保值目的采用的策略也不相同，表7-5列示了两类基本利率风险和使用利率期货管理利率风险的策略。

表7-5 **利用利率期货防范利率风险的策略**

风险头寸	期货交易	利率变化	平仓结果
未来某日支付利息	卖出期货合约（空头）	利率上升 利率下降	期货价格下跌，空头获利 期货价格上涨，空头损失
未来某日收取利息	买入期货合约（多头）	利率上升 利率下降	期货价格下跌，多头亏损 期货价格上涨，多头获利

7.3.3 利用利率互换管理利率风险

利率互换（interest rate swap），是指互换双方同意以名义本金为基础交换不同类型的利率（固定利率或浮动利率）款项。基本特征是互换双方使用相同的货币；在互换整个期间没有本金的交换，只有利息的交换，但名义本金在互换中是计算利息的基础；最基本的利率互换是固定对浮动利率互换，即互换一方支付固定利率，另一方支付浮动利率。固定利率在互换开始时就已确定，在整个互换期间内保持不变；浮动利率在整个互换期间参照一个特定的市场等量利率确定，在每期前预先确定，到期偿付。利率互换的运用和利率风险的管理有着十分密切的关系。对于一种货币来说，其利率有着固定利率和浮动利率之分。无论是固定利率还是浮动利率的持有者，都面临着利率变化的影响。对固定利率的债务人来说，如果利率的走势上升，其债务负担相对较高；对浮动利率的债务人来说，如果利率的走势上升，则成本会增大。正因为如此，从利率风险管理的角度出发，人们有时需要将固定利率的债务换成浮动利率的债务，有时需要将浮动利率的债务换成固定利率的债务，利率互换正好可以满足这种要求。

［例7-5］假设一家公司发行的债券金额是3 000万英镑，固定利率为8%，距离到期日还有8年，公司预计未来市场的利率会下降，因此想降低其支付利息的成本把债券的固定利率变成浮动利率，就与银行签订了一份8年期的利率互换协议。银行愿意按7.25%的利率支付固定利息，作为交换，公司同意按6个月LIBOR利率向银行支付利息。通过互换交易，公司将其每年8%的固定利率变成了LIBOR加75个基点的浮动利率，具体计算如下：

债券：支付固定利息	（8%）
互换	
收到固定利息	7.25%
支付浮动利率	（LIBOR）
总体成本	（LIBOR+0.75%）

也许有人会问这样的问题：为什么公司要把固定利率换成浮动利率或把浮动利率换成固定利率？它们为什么不终止现有贷款然后再重新安排一笔贷款？原因是这样做的交易成本可能太高。因为提前终止现有的贷款涉及大笔的终止费用，而安排新贷款又会发生发行成本，但是进行互换交易就便宜多了，即使是在利用银行作为中介的情况下。因为银行在掉期的安排中只担任中介的角色，所以它不承担任何违约风险，因此中介费很低。表7-6列示了利用利率互换管理利率风险的基本策略。

表7-6　**利用利率互换防范利率风险的策略**

债务头寸	利率变化	利率互换策略
固定利率债务	利率上升	不进行互换
	利率下降	用浮动利率换固定利率
浮动利率债务	利率上升	用固定利率换浮动利率
	利率下降	不进行互换

7.4 衍生工具与外汇风险管理

随着世界经济一体化的发展，跨国投资已经比较常见，而跨国公司必须特别注意的是对其外汇风险的管理，即由于世界货币间相对价值的变化而造成的损失的可能性。

通常将外汇风险分为3类：交易风险、折算风险和经济风险。交易风险是指在汇率变动前发生的金融负债在汇率变动后进行结算时金融负债价值变化的风险，它度量的是由现存合同义务导致的现金流变化。例如，一家美国公司从中国进口零件，该美国公司面临人民币升值从而使零件的美元价格上涨的风险。折算风险是指跨国公司在合并财务报表时，将国外子公司的外币向母公司货币折算而产生折算收益或损失的可能性。例如，一家美国公司在英国投资了一个子公司，该公司面临着英镑贬值，从而使在合并报表中以美元表示的子公司利润减少的风险。经济风险是指由于相关汇率发生意外变化所引起的未来营运现金流量变化进而导致的公司价值变化的风险，这一风险与公司的竞争力相关。例如，一家美国公司和一家日本公司在德国市场的竞争，如果日元对人民币贬值而美元对人民币汇率不变，则日本公司可在德国降价而不损失日元收入，从而相对美国公司具有竞争优势。其中交易风险和经济风险都会影响未来现金流量的变化，二者的区别在于交易风险是已合约化的现金流量变化，而经济风险强调的是未合约化的预期现金流量变化。由于对汇率变动的长期经济后果的预测非常复杂，因此，大多数企业并不对长期经济风险进行套期保值。对于折算风险，即使管理者采取积的极措施努力降低折算风险，他也不可能同时规避交易风险和折算风险，如果必须在两者之间做出选择，那么管理者应优先选择规避交易风险，因为它将产生实际的损失。

7.4.1 利用远期外汇合约管理外汇风险

远期外汇合约（faorward exchange contracts）是指双方约定在将来某一时间按约定的远期汇率买卖一定金额的某种外汇的合约。交易双方在签订合同时，就确定好将来进行交割的远期汇率，到时不论汇价如何变化，都应按此汇率进行交割。在交割时，名义本金并未交割，而只交割合同中规定的远期汇率与当时的即期汇率之间的差额。利用远期外汇进行套期保值是很简单也很容易的。例如，某香港公司在 3 个月后要向一个美国供货商支付 100 万美元的货款。目前银行报出的远期汇率是 1 美元=7.771 港元，为了规避港元对美元汇率下跌的风险，该公司可以与银行签订一个远期合约，按照 1∶7.771 的价格从银行买入这笔美元。无论接下来的 3 个月里汇率发生什么样的变化，通过这个合约香港公司在现在这个时点就已经锁定了 3 个月后支付 100 万美元的港元价值 777.1，因此不会随汇率的变动而变动。

远期合约允许交易双方自定义合约的各项条件，因此具有较高的灵活性，但是由于是场外交易，交易双方的信用风险较高。

7.4.2 利用外汇期货管理外汇风险

外汇期货（foreign exchange futures）合约是指期货交易所制定的一种以外汇为标的的标准化合约，合约对交易币种、合约金额、交易时间、交割月份、交割方式、交割地点等内容都有统一的规定。外汇期货也被称为外币期货（foreign currency futures）或货币期货（currency futures）。为了避免由汇率变动风险造成的损失，许多跨国公司、进出口公司以及外汇管理机构都以期货交易的方式进行套期保值，表 7-7 给出了利用外汇期货合约构建多头套期保值的例子。

表7-7 **利用外汇期货合约构建多头套期保值**

背景资料：6月1日那天，一个英国汽车制造商订立了一份合同，向一个美国汽车交易商卖出100辆英国生产的运动跑车，一辆的售价为50 000美元，合同约定于12月1日收取500万美元的货款。该制造商担心英镑会在接下来的数月内升值，从而导致收入减少。（当前的即期汇率是1英镑=1.4310美元，相关的英镑期货合同的交易价为1英镑=1.4275美元。假设6个月后的即期汇率是1英镑=1.4800美元，期货价格是1英镑=1.4 790美元）

日期	现货市场	期货市场
6月1日	即期汇率是1英镑=1.4310美元，出售5 000 000美元等于： 5 000 000÷1.4310≈3 494 060（英镑）	12月份英镑期货合同的交易价为1英镑=1.4275美元，则500万美元的当前英镑价值为： 5 000 000÷1.4275≈3 502 627（英镑） 因为英镑合同的标准数量是62 500英镑，因此适当的合约数量为： 3 502 627÷62 500≈56（份） 买进56份期货合约
12月1日	即期汇率是1英镑=1.4800美元，出售5 000 000美元等于： 5 000 000÷1.4800≈3 378 378（英镑）	12月份英镑期货合同的交易价为1英镑=1.4790美元，则卖出56份期货合约的总收益为： 56份合同×515波动点×每波动点6.25美元=180 250美元 卖出56份期货合约
结果	亏损 115 682英镑	盈利 121 791英镑

分析：如果不进行套期保值，12月1日现货市场出售的5 000 000美元得到的英镑相对于6月1日而言要减少115 682英镑（3 494 060-3 378 378=115 682），而期货交易的收益等于121 791英镑（180 250÷1.4800），完全抵消了现货市场的损失。

这里我们还可以计算在套期保值的操作下，英国公司最后出售美元的实际汇率。由于6个月后从客户处得到付款5 000 000美元，加上通过持仓终结得到的现金收益180 250美元，英国公司最后得到的美元总金额是5 180 250美元。按照12月1日的即期汇率$1.4800，出售美元得到3 500 169英镑（5 180 250÷1.4800），其实际汇率为：

5 000 000美元÷3 500 169英镑=1.4285美元/英镑

表7-7表示的是一个相当理想的决策，因为英镑的确发生了升值，因此使现货市场的收益比原先减少了115 682英镑，但是期货合约产生了121 797英镑的收益，抵消了现货市场的损失还绰绰有余。空头套期保值的原理也一样，只要英镑的即期汇率和期货汇率沿着同一方向运动，套期保值就可以成功地降低现货市场中的部分损失，但是在上例中，如果英镑贬值，则期货市场必然导致亏损，也会蚕食一部分现货市场的收益。但是套期保值的目的不是为了获利，而是为了规避汇率变动

的风险，因此从这个角度而言，套期保值能够达到预期目的。

7.4.3 利用外汇期权管理外汇风险

外汇期权交易，是在约定的期限内，以某种外国货币或外汇期货合约为交易对象，以商定的价格和数量进行“购买权”或“出售权”的买卖交易。外汇期权交易也是规避汇率风险的有效保值工具，从某种意义上讲它具有远期外汇交易和外汇期货交易所没有的优点。我们仍以某香港公司在3个月后要向一个美国供货商支付100万美元的货款为例。目前银行报出的远期汇率是1美元=7.771港元，为了规避港元对美元汇率上涨的风险，该公司可以在交易所买入行权价格为1：7.771的名义金额为100万美元的美元/港元外汇看涨期权，假设期权费为10 000港元。这个合约允许公司在港币贬值时，仍按1：7.771的价格从卖方买入100万美元。通过这个合约，香港公司可以规避美元兑港元汇率上涨的风险，但并不妨碍享受港币升值带来的收益。

另外，当公司并不特别明确是否会在未来的某个时点涉及外汇交易时，则要使用外汇期权进行套期保值。例如，当一家美国公司竞争投标英国的一项建筑工程合同，竞标价格是用英镑提交，那么当公司将投标书提交以后，就必须作好准备一旦竞投成功必然有大量的英镑入账。因为这是一家美国公司，所以它必须将英镑兑换成美元，但是如果在支付日英镑贬值，该公司实质收入的美元金额就会减少。当然公司可以利用远期合约或期货合约对汇率变动进行套期保值，但是如果竞投失败，就意味着这家公司将不会有英镑的收入，而对已建立的远期合约或期货合约，公司只能针对该合约再做一个对冲合约，或者等合约到期履行交割货币的义务。为了避免这个问题，外汇期权可以发挥其独特的功能：在投标成功的情况下，当英镑贬值时，现货市场的英镑亏损会被执行看跌期权所形成的收益所抵减；当英镑升值时，看跌期权合约到期，只损失权力金。在投标失败的情况下，当英镑贬值时，执行看跌期权会给公司带来可观的盈利；当英镑升值时，看跌期权合约到期，只损失权力金。当然公司也可以选择不使用套期保值工具，但是如果投标成功，一旦英镑大幅贬值，则公司所获收益就会减少很多，期权合约的套期保值给公司提供了一种很好的策略选择，当然有时远期合约或期货合约的效果更好。总而言之，选择何种合约避险取决于对二者期望值的差异及管理者的风险偏好强弱。

本章小结

1. 衍生工具是由基础工具衍生出来的各种金融合约及其各种组合形式，建立在基础产品或基础变量之上，其价格随基础产品的价格（或数值）变动而变动。

2. 衍生工具具有风险管理功能、价格发现功能和增强市场有效性功能。按照最基本、最常见的分类，衍生工具可以分为远期合约、期货合约、期权合约和互换合约四大类。

3. 公司经营面临多种风险，这些风险可以概括为商品价格风险、利率风险、外汇风险等。衍生工具可以通过套期保值发挥转移风险的功能，是一种重要的风险管理手段。

4. 远期合约是交易双方约定在未来某一特定时间，以某一特定价格买卖某一特定数量和质量资产的合约标的物的一种协定。远期合约的品种主要有远期商品合约、远期外汇合约、远期利率协定等。利用远期商品合约管理商品价格风险，利用远期外汇合约管理汇率风险，利用远期利率协定管理利率风险。

5. 期货合约是交易双方约定在未来某一特定时间，以某一特定价格买卖某一特定数量和质量资产的合约标的物的一种正式合约性协定。期货类衍生工具主要包括商品期货、外汇期货、利率期货、股票期货、股票指数期货等。利用期货合约进行套期保值，可以管理商品价格风险、利率风险和外汇风险。

6. 期权合约又称选择权，期权交易实质上是一种权利的买卖。期权的一方在向对方支付一定数额的权利金后，即拥有在某一特定时间，以某一特定价格买卖某一特定种类、数量、质量的原生资产的权利。期权具有避免风险、固定成本的作用，而且克服了期货交易的局限，可以使期权的买方在市场价格有利变化时获利，市场价格不利变化时放弃履约。

7. 互换合约是指交易双方签订的在未来某一时期相互交换某种资产的合约，更为准确地说，互换合约是当事人之间签订的在未来某一期间内相互交换他们认为具有相等经济价值的现金流的合约。较为常见的互换类衍生工具是利率互换和货币互换。利率互换可以管理利率风险和汇率风险。

讨论题

1. 有些公司的老板宣称由于操作衍生品的风险太大，他们公司绝对不进行衍生品交易，以免增加公司的风险。试分析这一见解是否正确？

2. 假设你是一位向美国出口电子设备的某国内公司的财务经理，请讨论你将采用什么样的策略来对冲出口交易产生的外汇风险，你将如何使用这一策略并获得公司高管的认可？

3. 2 月份，某公司预计 6 月份需要 1 000 吨大豆做原料，当时大豆的现货价格是 2 500 元/吨，该公司预测未来大豆价格可能上涨，于是在期货市场进行大豆套期保值交易，当时 6 月份大豆期货价格为 2 550 元/吨。若 4 个月后，大豆的现货价格上涨到 2 700 元/吨，期货市场上当时交割的价格为 2 750 元/吨。为规避由于大豆价格上涨所带来成本上升的风险，该公司应如何套期保值？

4. 7 月 6 日，X 公司确知其将在 11 月 30 日获得大约 2 000 万美元，该公司打算将这笔资金投资到欧洲美元存款，当前 90 天的欧洲美元存款的远期利率为 12. 25%，该公司担心欧洲美元利率将在以后数月中下跌。12 月份的欧洲美元 IMM 指数为 86. 30。请讨论该公司如何进行套期保值交易来规避欧洲美元利率下跌的风险。

5. 一家银行现在持有一个本金为1 000万美元的贷款。这笔贷款每季度能产生LIBOR加200基点的浮动利率的利息收入，分别在2月、5月、8月和11月的15日进行支付，以实际天数计算，一年360天。银行认为未来利率将会下降，所以想通过一个互换来改变所持的这笔贷款的利息收入。银行能通过普通标准互换的利率水平是6.25%。请讨论银行该如何使用一个互换来达到目的。

案例分析

航空公司深陷"套保门"①

截至2009年4月30日，国航、东航、南航、海航、上航五大航空公司的年报无一盈利，亏损总额高达305.79亿元，而在此前国际航空运输协会发布的报告显示，2008年全球航空公司的亏损总额约合人民币540亿元，这也就意味着，在全球230多家航空公司中，中国五大航空公司的亏损总额就占到了57%。

在对亏损原因进行分析时，几家航空公司都把"全球金融危机导致航空运输需求急剧下滑和燃油成本大幅攀升"作为2008年主营业务亏损的理由。然而有人发现，国航、东航巨额亏损还有一个重要原因，在两家公司"关于燃油套期保值的提示性公告"中披露出这样的信息：2008年，在东航139.28亿元的亏损中，燃油套期保值业务的损失为64.01亿元，占比46%；而国航的油料套期保值业务损失达74.72亿元，竟然占到了总亏损额91.49亿元的82%。

2008年，全球金融危机对各国的实体经济都产生了巨大冲击，航空业当然也不例外，客流急剧减少、油价大起大落。但是，从几家航空公司的公告中我们却发现，亏损的大头却来自并非主营业务的燃油套期保值。那么，同样经历了2008年的境外航空企业又有什么样的遭遇呢？

为了了解境外航空公司2008年的盈亏状况，我们对北美、欧洲、亚洲和澳洲的8家大型航空公司的年报进行了分析，结果发现，8家航空公司都进行了航油套期保值操作，其中美利坚航空、英国航空、澳洲航空和新加坡航空这4家公司的套期保值业务均实现了盈利。德国汉莎航空公司虽然套期保值业务出现了1.6亿欧元的亏损，但主营业务盈利13.83亿欧元，公司总体盈利。

在8家大型航空公司中，只有3家的套期保值业务和主营业务均出现亏损，分别是美国达美航空、奥地利航空和香港的国泰航空。2008年年报显示，美国达美航空的亏损总额为8.964亿美元，其中主营业务亏损8.314美元，占比92.75%，套期保值业务亏损0.65亿美元，占比7.25%；中国香港国泰航空的亏损总额为87.6亿港元，其中主营业务亏损79.29亿港元，占比90.51%，套期保值业务亏损8.31亿港元，占比9.49%；奥地利航空的亏损总额为4.2亿欧元，其中主营业务

① 根据http：//www.sina.com.cn，2009年5月20日13：23，CCTV经济半小时改编。

亏损3.121亿欧元，占比74.3%，套期保值业务亏损0.47亿欧元，占比11.19%。

通过对比不难发现，境外3家航空公司亏损总额的90%左右来自航空运输主营业务，套期保值的损失还不到10%。相比之下，在国内两大航空公司的亏损总额中，却有60%来自于套期保值业务的亏损。同样是套期保值，为什么境内外的航空公司会有这么大的差异呢？为了进一步了解情况，我们详细分析东航的燃油套期保值策略。

在东航的2007年年报中，在交易性金融资产及交易性金融负债一栏的航油期权合约中写到："本集团通过航油期权合约来降低市场航油价格波动对于飞机航油成本所带来的风险。截至2007年12月31日，根据签订的航油期权合约，本集团需以每桶50～95美元的价格购买航油约7 980 000桶，并以每桶43～115美元的价格出售航油约2 300 000桶，此等合约将于2008—2009年间到期。"东航在2008年的半年报曾透露消息，公司在2008年6月30日签订的航油期权合约是以每桶62.35～150美元的价格购买航油约1 135万桶，并以每桶72.35～200美元的价格出售航油约300万桶，此等合约将于2008—2011年间到期。在东航签订的期权合约组合中，主要包括3种期权买卖：

（1）买入看涨期权，即东航以比较高的约定价（如在半年报中提到的每桶150美元）在未来规定的时间从对手方买入定量的油，当行权日时东航有权选择是否购买，对手方必须接受。

（2）卖出看跌期权，即东航以较低的约定价（如在半年报中提到的每桶62.35美元）在未来规定的时间向对手方卖出定量的油，不过当行权日时对手方有权选择是否买油，东航必须接受。

（3）卖出看涨期权，即东航以更高的约定价（如在半年报中提到的每桶200美元）在未来规定的时间向对手方卖出定量的油，当行权日时对手方有权选择是否买油，东航必须接受。

这样的套期保值策略，显然风险与收益是不对称的，当然，这是期权的交易特色。根据东航的公告，东航平均每年需买入航油378万桶，如果东航卖出的看涨期权被行权，东航需卖出航油100万桶，即当燃油价格（P）在72.35～150美元之间时，协议不会给东航带来大额亏损，因为东航可以选择行权以对冲对手方行权可能造成的损失；当P在150～200美元之间时，东航必然行使买入的看涨期权，以150美元/桶的价格买入燃油，如果东航卖出的看涨期权不被行权，协议最多产生收益：（200−150）×378万桶＝18 900万美元；当P在62.35～72.35美元之间时，东航卖出的看跌期权和卖出的看涨期权都不会被行权，协议产生的亏损最多为买卖期权的费用差额；当P>200美元时，东航的买入看涨期权和卖出看涨期权都将被行权，行权后可能给东航带来的亏损为：（P−200）×100万桶，燃油价格越高，亏损额越大；当P<62.35美元时，东航卖出的看跌期权将被行权，协议将为东航带来亏损为：（62.35−P）×100万桶，油价越低，协议亏损额越大。

案例分析题：

1. 什么是套期保值？套期保值业务应如何操作？

2. 什么是期权？期权包括哪些种类？买入看涨期权与卖出看涨期权、卖出看跌期权有何区别？

3. 套期保值只是一种交易手段，可为什么东方航空公司却出现巨额亏损？

4. 多家航空公司套期保值业务的亏损给我们带来什么启示？

延伸阅读文献

[1] 邬瑜骏，黄丽清，汤振宇．金融衍生产品——衍生金融工具理论与应用［M］．北京：清华大学出版社，2007.

[2] 张元萍．金融衍生工具教程［M］．3 版．北京：首都经济贸易大学出版社，2011.

[3] 惠利．衍生工具［M］．胡金焱，等，译．北京：机械工业出版社，2010.

[4] 钱斯，布鲁克斯．衍生工具与风险管理［M］．7 版．丁志杰，郭凯，等，译．北京：机械工业出版社，2010.

[5] 赫尔．期权、期货及其他衍生产品［M］．8 版．王勇，索吾林，译．北京：机械工业出版社，2011.

[6] ARAK，MARCELLE，ARTURO ESTRELLA. Interest rate swaps：an alternative explanation［J］. Financial Management，1988，17：12-18.

[7] ARDITTI，FRED D. Derivatives：a comprehensive resource for option，futures，interest rate swaps and mortgage securities［M］. Boston：Harvard Business School Press，1996.

[8] BICKSLER，JAMES，ANDREW CHEN. An economic analysis of interest rate swap［J］. Journal of Finance，July 1976，41：645-656.

[9] BROWN，KEITH C，HARLOW. The empirical analysis of interest rate swap spreads［J］. Journal of Fixed Income，1993，3：61-78.

[10] HOWARD，CHARLES T，ANTONIO. The cost of hedging and the optimal hedge ratio［J］. Journal of Futures Markets，1994（14）：237-258.

[11] LUDWIG，MARY S，Understanding interest rate swaps［M］. New York：McGraw-Hill，1993.

第8章 财务危机与预警

学习目标

◇ 明确财务危机的内涵及其与财务困境的本质区别
◇ 理解引发公司财务危机的宏观与微观因素
◇ 掌握公司财务危机的共性特征及其财务表现
◇ 理解财务预警的基本思路以及财务预警模型
◇ 动态掌握ST公司前一年到前三年财务危机的显著性变量特点

2013年7—11月，万科（000002）因在十余天内"三拿地王"而遭受热议，万科的解释是：万科将适应房地产过冬模式；那么，冬天该如何过？万科的答案是——只有多锻炼身体，更谨慎对待现金流，更多去满足客户的主流需求，才能对抗各种可能的不利因素。通俗理解万科抗险的策略无非两点：第一，身体好，即：盈利能力、营运能力强；第二，"棉衣厚"，即现金储备多。我们可以通过查看万科2004—2012年财务报表的数据（参见章后附录）体会万科的过冬法则。

房地产开发行业是资金密集型行业，公司往往要通过负债的方式来筹措部分资金。万科的流动负债主要有：有息负债、预收款项、应付票据和应付账款、其他负债。理论而言预收款项与资产之比大，表明在公司的资产中由预收款项支撑的占比多，可以认为公司主要通过快速开发、快速销售取得好的经营现金流入，这是营运能力强的表现。万科的预收款项与资产之比从2004年的13%大幅上升至2013年的38%，同时，有息负债与资产之比从37%降至16%。对银行贷款等有息负债的依赖减少，转而主要依赖自身的销售，这足以表明万科的"身体好"。万科的存货周转率2010—2012年低于0.5次（在此以当年的营业成本/两年前的存货来计算存货周转率这是对传统的存货周转率指标的修正，因为两年前的存货与当年的开发成本更具相关性），非历史较好水平，这与万科实施的精装修、高端楼盘等战略有关，精装修使得开发楼盘的竣工速度放缓，当然可能还有其他原因。

万科的应付票据和应付账款与资产之比有所上升，这是否意味着公司的资金更紧张了呢？答案是肯定的。衡量房地产开发公司的资金紧张程度还可以观察另一项指标——（期末应付票据+期末应付账款）/当期销售商品、提供劳务收到的现金，因为应付票据加应付账款比总负债、流动负债、有息负债等对资金的紧张反应更敏感；而销售商品、提供劳务收到的现金则比营业收入能更直观稳健地反映公司的经营规模。万科该指标在2012年创出最高值，相对而言，现金流是否能应对流动与周转的需求，"厚棉衣"能否过冬御寒尚需审时度势加以预警。①

第8章以财务危机的内涵与特征为研究起点，对财务危机的宏观与微观影响因素予以阐述，以阶段论、业务范畴论和性质论的研究视角，对公司财务危机的共性特征进行研究与探讨，以此推演出财务危机共性特征的财务表现；同时对财务危机预警的经典方法——多元判定分析模型和多元逻辑模型进行理论阐述，并结合我国上市公司的特点进行预警应用研究，以达到读者对财务危机及其预警的理论理解和应用方法掌握的学习效果。

8.1 财务危机的内涵与影响因素

8.1.1 财务危机的概念界定与本质

在西方关于财务危机研究的经典文献中，使用过财务危机（financial crisis）、财务困境（financial distress）、财务失败（financial failure）、公司失败（corporate failure）、公司破产（corporate bankruptcy）等多个概念，并且其概念的界定在很大程度上受实证研究样本选择的范围所限。Beaver（1966）使用公司失败（failure）一词，并明确将其定义为公司不能偿付到期债务；Carmichael（1972）、Scott（1981）等大量研究均遵循这条思路；Altman（1968）使用公司破产概念，将公司根据破产法提出破产申请的行为视为公司财务危机的标志，其后Deakin（1972）、Gilbert（1990）等均沿用这一思路；Laitinen（1991）则从程度上来界定财务危机，认为财务危机使得上市公司失败分为3个过程，即慢性失败公司、收益失败公司和严重失败公司；Ross（2000）进一步从4个方面概括了公司财务危机：技术失败、会计失败、公司失败和法定破产。

财务困境与财务危机不同，根据Altman（1993）、Ross（2000）的观点，财务困境是由于公司现金流不足所导致的到期债务不足以抵偿，影响公司正常运作的状态。关于财务危机概念的界定，彭韶兵和邢精平②（2005）采用两阶段划分法，将轻微的资金管理技术性失败到大规模重组阶段视为财务困境阶段；将大规模重组到破产这一过程视为财务危机阶段。因此，财务危机可以被定义为：由于公司外部与

---

① 根据《证券市场周刊》2013年第65期整理编辑。
② 彭韶兵，邢精平．公司财务危机论［M］．北京：清华大学出版社，2005.

内部因素引起的，导致公司整体运营陷入危及生存的非常状态，其极端形式是破产。财务危机的实质是财务风险的外在显性和集中爆发，财务表现为长时间财务恶化、亏损且无扭亏迹象、净资产为负、资不抵债面临倒闭以及审计报告被出具无法表示意见或者否定意见等，财务危机是公司长期陷入财务困境的结果。

关于财务困境与财务危机的本质区别，可见表8-1。

表8-1 财务困境与财务危机之比较

比较	财务困境	财务危机
内涵及本质	现金流出量超过现金流入量，不能按期偿付债务；本质是现金流匮乏、负债过重、经营与理财所不当所致，是财务危机的诱因	公司整体运营陷入危及生存的严重状态；本质是经营失败，是财务风险集中爆发的结果
风险类型	技术性失败。个别风险，偿债能力的丧失；某一时段的负债不能及时偿还；如果处理不当，对公司的后续经营有深度的负面影响	契约性失败。整体风险，整体偿债能力的丧失；是长期风险和终极风险，严重威胁公司的经营能力和永续生存
与公司盈利的关联	在一定程度上与公司当期是否盈利的相关性并不显著；公司盈利，并非当期有现金净流入，即使有净流入，也不一定能应对到期的全部债务	显著取决于公司的长期盈利能力和现金流实力；取决于公司的盈利质量和资产质量；取决于公司的竞争力和发展实力

危机的本质是公司在发展过程中若干矛盾激化而导致的一种非常规状态，是事物矛盾的极致表现，因此，财务困境是财务危机前期的潜伏过程。

8.1.2 财务危机与经营危机的关系

一般情况下，只要提及财务危机，即认为是由于公司财务管理水平低下，或者由于公司的财务失控、偿债无力、现金流量失控及其资金链断裂所导致的结果。就结果而言，只要出现财务危机，必然会导致上述各种不健康的财务状况，但是财务危机可能只是一个结果，而导致这种结果的原因完全可能是公司经营失败，即由于公司的经营危机所造成的财务危机。众所周知“市场是龙头，资金是基础”，两者合理配置，才能正常营运。然而，当公司经营完全失败，公司的产品由于种种原因无法在市场上按既定的价格数量销出去的时候，由于公司既无必要的现金流入，又无良好的财务盈利状况的支撑，出现财务危机就成为一种必然的后果，试图通过财务本身来避免这种危机是徒劳的。所以，公司财务危机的发生，不能局限于财务风险本身，而是要充分关注公司不同时期的各种经营风险和经营危机，及时关注在营运中表现出来的各种非正常特征，以及它对财务危机所造成的直接或间接的影响。

经营风险会引发财务风险，财务风险的不可控结果将引发财务危机，财务危机是公司综合风险失控的结果。

8.1.3 财务危机的宏观因素分析

公司财务危机的宏观因素是指公司外部对公司财务危机产生制约和影响的各类因素。宏观因素特别是宏观经济环境因素对公司运作的影响如同蝴蝶效应，同时二者存在互动制约，前者引发后者，后者强化前者，其影响结果可能是正面的，也可能是负面的。关于宏观因素对公司财务危机的影响，拟从经济环境因素、金融政策因素、法律法规因素 3 个方面进行分析。

1）经济环境因素

经济环境因素是指影响公司财务状况的各种外部经济因素，主要包括经济周期、经济发展水平和速度、经济政策、国家产业政策的变化与倾斜、地区经济扶持政策的不平衡、行业政策出台与变化、GDP、CPI 水平、汇率、竞争、消费信心指数及其变动、监督质量标准等等，这些因素的变化与调整对公司财务预警变量的选择和公司财务预警系统的构建具有外部的影响作用。

在市场经济下，经济发展与市场运行具有周期性规律，经济周期的不同阶段的公司战略和财务状况迥异；西方学者关于经济周期与公司基本营运情况，见表8-2。

表 8-2　　经济周期与公司基本营运表

复苏	繁荣	衰退	萧条
增加投资 引入新项目 站稳市场 增加贮备 增加劳动力	继续追加投资融资 扩充市场份额 提高价格 上下游共赢 增加劳动力	停止扩张 出售多余设备 停产不利产品 停止长期采购 消减存货 停止雇用员工	缩减投资 保持市场份额 缩减管理费用 放弃次要利益 消减存货 裁减雇员

公司在经济衰退时更容易陷入危机，经济增长、货币供给量和股价指数对公司陷入危机的概率显著。公司在不同的经济周期阶段财务危机的威胁程度显著不同，影响因素的特点和敏感度也有所区别。

同时，经济发展水平和速度因素也是影响公司财务预警的重要因素之一，经济增长促使需求扩张，利润的诱惑使得更多的公司加入新行业，投入新项目。公司纷纷通过举债、扩股等筹资方式获取资本支持，如此行为加大了投资及生产规模；某些经营管理不善、效益一般的项目和质次价高的产品也能暂时获得令人不解的利润。相形之下，当高速增长的经济势头开始走入拐点乃至下调时，原本膨胀的需求出现收缩，使得市场份额有限的公司间竞争更为激烈，从而引起利润率的下降；不确定的经济走势和不利的经营局面促使原本处于临界淘汰边缘的公司不堪激烈的行业竞争而出现经营危机，并在维系的过程中逐步陷入更深的困境，资本的筹集、回收越发困难，最终使公司陷入财务危机的沼泽。同时，由于经济高速增长而扩大投资规模时所借入的大量资本面临偿还高额的利息甚至还本的境遇，这无疑是雪上加霜，更激化了困境公司的危机恶化矛盾，甚至会使部分微利公司陷于破产的境地。

2）金融政策因素

金融政策的变动对公司理财环境和财务危机产生直接或间接的制约作用，财务管理策略和财务危机受货币政策、信贷政策、风险控制、对公司信用监管的要求、金融交易的规范化运作等等因素的制约。众所周知，国家宏观金融政策越收紧，公司资本运作和筹资活动会就相对艰难，经营面临的挑战就越严峻，网络了整个社会经济关系的资金链就会由此变得脆弱，一旦诱发，在多米诺骨牌效应下的公司财务危机即从可能变为现实。

3）法律法规因素

公司的财务活动在各项法律法规的规范和制约下有序进行，各项法律法规的出台与完善对公司经营和财务绩效产生的影响更直观。所有上市公司都在《公司法》、《税法》《合同法》、《证券法》、《会计法》、《会计准则》、《股票上市规则》等法律法规框架下运营，该法律法规框架对公司的经营与财务活动既作了规定和保护，又作了相应的制约。法律法规因素对公司的财务运作影响很大。

研究表明，宏观经济指标虽然是决定公司陷入财务危机概率大小的重要因素，但由于宏观经济变量对于公司财务危机属于系统性风险，故宏观环境因素在公司财务预警变量选择中显著性有限。Rose 和 Giroux（1982）通过考察 28 个经济周期的相关指标，结果发现宏观经济变量的确对公司陷入财务危机有一定影响作用；Demirguc Kunt 和 Detragiache（1997）在其研究模型中运用了 10 个宏观经济变量，结论为只有 4 个变量具有显著性，具体是：GDP 季度增长率、短期实际利率、通货膨胀率和货币供应（M2）。

8.1.4 财务危机微观因素分析

财务危机的微观因素是指由于公司内部诱发公司财务危机的各类因素。公司的财务危机的微观因素较多，按其对财务危机影响的路径分类主要有以下 5 个方面：

1）公司综合特征因素

公司综合特征主要是指公司规模、经济性质、行业以及行业特征、行业生命周期、行业获利能力等，公司的市场变动的承受能力和抗风险水平在一定程度上取决于其规模和经济性质，不同规模和经济性质的公司，在资本市场实力、筹资渠道、贷款能力、投资规模、资本运作、管理规范度、价格策略、税收优惠和股利政策等方面都存在较大差异。

公司的经营和财务风险受行业特征的影响较大，对于市场稳定但盈利空间有限的行业来说，在市场销售和顾客消费倾向没有发生重大变化前，公司的经营和财务状况稳定，风险也较小，但是当市场消费和竞争对手发生较大变化时，公司可能会面临重大风险，而这类行业的公司大多抗风险能力较弱；对于市场多变、竞争激烈和盈利较高的行业来说，对公司的经营和财务管理的要求较高，面临的风险也较大，对于小风险具有较强的抗御能力，而面临大风险时可能会陷入财务危机的境地。下面举例说明。

中国南方航空集团公司（以下简称 NH）成立于 2002 年 10 月 11 日，是以集团公司为主体，联合 XJHK 公司、ZGBH 公司组建而成的大型国有航空运输集团，是由国务院国资委直接管理的三大骨干航空集团之一，主营航空运输业务，兼营航空客货代理、飞机发动机维修、进出口贸易、金融理财、建设开发、传媒广告等相关产业。NH 是中国运输飞机最多、航线网络最发达、年客运量最大的航空公司。1997 年，NH 分别在纽约和香港同步上市，2003 年在国内成功上市。

从短期偿债能力和长期偿债能力指标数据看，与同行业其他航空公司相比较，NH 的偿债能力好于部分同行。尤其在短期偿债能力分析中 NH 集团实施了较为理想的 OPM 战略，在 2012 年实现了“两头吃”的资金占用策略，提高了本集团的资金使用效率，降低了资本成本并提高了中和竞争力，NH2012 年具体财务数据见表 8-3、表 8-4。

表 8-3　　**NH2012 年应收应付数据**　　单位：万元

	期末	期初		期末	期初
应收账款	18 850	21 860	应付账款	114 500	98 700
应收票据	—	—	应付票据	—	500
预付账款	8 610	7 110	预收账款	—	—
存货	17 080	16 180			

2012 年 NH 占用客户 3 010 万元，即：

应收账款期末余额-应收账款期初余额=21 860-18 850=3 010（万元）

2012 年 NH 占用供应商 88 810 万元，即：

$$\begin{matrix}应付账款\\期末余额\end{matrix}+\begin{matrix}应付票据\\期末余额\end{matrix}-\begin{matrix}预付账款\\期末余额\end{matrix}-\begin{matrix}存货\\期末余额\end{matrix}=114\ 500-8\ 610-17\ 080=88\ 810\text{（万元）}$$

表 8-4　　**NH 2011 年应收应付数据**　　单位：万元

	期末	期初		期末	期初
应收账款	21 680	20 050	应付账款	98 700	90 580
应收票据	—	—	应付票据	500	1 040
预付账款	7 110	6 650	预收账款	—	—
存货	16 180	13 550			

2011 年，NH 占用客户 1 630 万元，即：

应收账款期末余额-应收账款期初余额=21 860-20 050=1 630（万元）

2011 年，NH 占用供应商 75 910 万元，即：

$$\begin{matrix}应付账款\\期末余额\end{matrix}+\begin{matrix}应付票据\\期末余额\end{matrix}-\begin{matrix}预付账款\\期末余额\end{matrix}-\begin{matrix}存货\\期末余额\end{matrix}=98\ 700+500-7\ 110-16\ 180=75\ 910\text{（万元）}$$

2011—2012 年 NH 实施了较为成功的 OPM 战略，各会计期间占用供应商大量资金，节省筹资成本，尤其是 2012 年，NH 的 OPM 战略优势显著，市场占有与竞争实力相对明显。2010—2012 年的集团数据可以呈现 NH 的增长与同业竞争优势，具体见表 8-5。

表 8-5　　2010—2012 年同业比较结果　　金额单位：万元

	NH			ZGGH		
	2012 年	2011 年	2010 年	2012 年	2011 年	2010 年
毛利率	15.32%	16.99%	19.57%	19.10%	21.05%	24.65%
存货周转率	51.67	51.77	47.93	72.34	74.44	65.48
核心利润	22 530	22 830	58 440	50 660	99 270	110 460
经营现金流量	133 840	134 850	128 580	124 190	216 400	196 670
经营现金流量/核心利润	5.94	5.91	2.20	2.45	2.18	1.78

2）公司治理因素

哈特（Hart，1986）在其发表的《一股一票与公司控制权市场》和《所有权的成本与收益：一种垂直合并的理论》学说中认为："代理问题和合约的不完全性是公司治理存在的条件和理论基础"；"代理问题之核心是组织成员之间的利益冲突"；并认为"公司所有权的核心是剩余权，即剩余索取权和剩余控制权。由于剩余索取权具有不稳定的期望，因此私有所有权就是剩余控制权"。德姆塞茨（Demsetz，1985）等认为，由于控股股东和外部小股东的利益冲突，从而使公司增加财务与经营风险；Laessensc、Djankov、Lang（1999）的研究结果表明，公司治理机制不良是亚洲金融危机和许多公司危机的重要原因。Panayotis Kapopoulos 和 Sophia Lazaretou（2007）对希腊公司的研究认为公司绩效和股权集中度正相关。

国内很多学者也认为公司治理不力与公司危机有较强相关性。姜秀华、孙铮（2001）研究了公司治理和财务危机的关系，结果表明治理弱化是财务危机的重要原因，财务危机是治理弱化的外在表现和最终归宿。由于治理机制的不健全，公司剩余控制权的利益冲突，管理缺乏、低效是导致公司破产的可能。姜国华、王汉生（2004）基于 2000 年的财务变量和股权结构数据对 2003 年的"ST"上市公司进行预测，结果发现，主营业务利润水平以及第一大股东持股比例对公司在 2003 年被"ST"具有显著性，并据此设计了上市公司"ST"的逻辑回归模型，结果显示出良好的预测能力。Tsun-SiouLee 和 Yin-Hua Yeh（2004）以台湾上市公司为样本，通过实证检验结果认为控制权以及现金流量要求权的偏离度与财务危机正相关。刘银国、高莹和白文周（2010）对机械、设备和仪表行业 2005—2008 年沪市数据的研究认为股权集中度和公司绩效是倒"U"形的关系。赵昌林（2011）认为只有使用第一大股东持股比例来衡量公司股权集中度时，股权结构和公司绩效会存在倒"U"形关系。这说明公司治理不佳、最终控制权与现金流权的分享程度越重，上市公司侵占小股东的利益倾向也随之严峻，在公司失控下财务状况下滑乃至财务危机的产生顺理成章。

从近年来发生的财务危机案例①来看，由公司治理问题引发公司财务危机主要体现在以下 3 方面：

第一，股权结构不合理。中国上市公司绝大部分由国企改制而成，虽然我国的股权分置改革已于 2005 年正式启动并顺利推进，但是国有股比例占上市公司的股份总额比重过大的这一现象仍然广泛存在。理论界和实务界普遍认为，国有股的“一股独大”是我国股票市场出现的各种问题的根本原因。上市公司近些年来所暴露出来的许多问题，譬如虚造业绩、盈余管理、市场操纵、虚假披露、“老鼠仓”（大股东利用关联关系对业绩良好的上市公司进行掏空）等，都与国有股股权比例过大有千丝万缕的关系。

股权结构不合理的另一个表现就是流通股过于分散，机构投资者②比重较小。作为人格化的法人，机构投资者最大的优势是它能将众多小股东的资本和其他社会资本集中起来，形成强大的投资实力。美国的研究表明，机构投资者不仅提高了股东对公司的监控力度，机构持有股份额高的公司效益也高于其他公司。我国的流通公众股股权高度分散于小散之中，使得公众对上市公司的直接控制力匮乏，从而导致上市公司的治理机制薄弱，为其内部人控制制造温床。根据 2009 年机构投资者持有股权比例的研究数据显示，在调查的 89 份有效样本的 262 个项目中，持有股权比例为 10% ~20% 的项目所占的比例最高，达到 20.99%；其次是持股比例在 5% ~10% 的项目，占项目总数的 19.47%，具体见表 8-6。

表 8-6　　2009 年样本投资机构持有股权比例分布表

持股比例	5% 以下	5% ~10%	10% ~20%	20% ~30%	30% ~50%	50% 以上	合计
数量（个）	47	51	55	36	46	27	262
比例	17.94%	19.47%	20.99%	13.74%	17.56%	10.31%	100%

数据来源：2009 年统计年鉴。

第二，管理阶层寻租。我国上市公司多起财务危机案例的起因在于管理层（兼大股东）涉嫌挪用公司资金，违法炒作甚至中饱私囊，如此行为不仅危害到整体金融的稳定及其公司本身的发展，对投资大众（小散）也存在严重的不公平。La Porta（1999）表示：在不对称信息下，小股东缺乏必要的信号判断公司的策略和业绩，大股东以此严重侵犯小散利益，而不是兢兢业业把公司做大做强，长此以往公司绩效将如履薄冰。

第三，财务报告虚假。虚假财务报告是在现有一系列制度失衡下的产物，即由于上市公司的质量控制机制（外部监管）引发的上市公司管理层虚假披露乃至欺

① 如江苏春兰集团、熊猫集团、秦池酒厂、实达集团、东方宝龙、四川长虹、新疆德隆等。
② 机构投资者主要由投资基金、保险公司、投资银行、其他法人机构组成。

诈的压力和动机，会计信息披露行为制度给管理层以从事虚假披露的机会，而会计信息监控制度掩饰了他们作假行为被发现或处罚的概率。因此，虚假财务报告不容易发现，但却造成极大的危害。

我国的会计信息的需求先天不足。在委托代理机制下，所有权和经营权的分离，信托责任的严重缺失使得所有者地位不断弱化，经营者地位不断强化，进而成为企业事实上的控制者。由此造成的后果是，管理层成为会计信息的垄断者，他们为了达到寻租预期，在会计准则允许的范围内适度博弈选择最为有利的会计政策，盈余管理或者利润操纵由此产生。

吴联生等（2007）以非上市公司的盈余管理程度为比较基准，对股市对公司盈余管理的强化作用予以研究，结论显示：就1998—2004年的研究样本和数据，我国上市公司与非上市公司都存在避免亏损的盈余管理行为；但上市公司盈余管理频率大约为非上市公司的3倍，盈余管理的平均幅度大约为非上市公司的13倍，研究结论为股票市场对公司盈余管理强化作用显著。孙亮、刘春（2008）采用2003—2005年证券市场的数据，借助调整的截面Jones现金流模型衡量操控性应计利润，对民营性质上市公司与国有性质上市公司盈余管理程度的差别及其决定性因素予以分析，研究显示：民营性质上市公司比国有上市公司盈余管理强度显著，决定盈余管理程度差异的因素来自于经营绩效激励，而非公司治理制约。

3）经营战略与策略因素

引起公司财务危机的经营战略与策略因素很复杂，主要可归纳为制定战略及执行策略两方面。其中，财务危机公司的战略制定常见为战略缺位、战略错位和战略越位。战略缺位通常是没有明晰的全盘思想；战略错位通常是战略与环境不相适应；战略越位通常是超越自身的资源和能力，导致盲目扩张和多元化。

“公司建立新形象要远比改善经营业绩容易”（Fridson and Alvarez，2009）。Sharma与Mahajah（1980）认为，公司经营受到内在与外在因素的交互影响，其中，内在因素着重于战略与执行；波特（1980）指出，一家公司经营的成败通常取决于“策略”运用是否妥当。当一个公司经营决策不当，可能就会种下财务危机的隐患。

在公司长期的经营和发展过程中，其经营状况的好坏及经营的稳定性往往是决定一个公司是否出现财务危机的重要因素之一。公司经营战略的重大调整，如投资战略、融资战略、技术优势与品牌战略等；供产销的调整，如供应商的重大变更、订单计划的大幅调整、销售策略完善、重大促销政策的实施等；公司产品的特征与市场占有等，这些因素的变化与调整，都会对公司经营业绩及其稳定性产生影响，进而引发财务危机。公司因经营杠杆导致财务危机的案例很多，标王“秦池”、“五谷道场”广告费因引发经营风险进而诱发财务危机即是鲜活的佐证。原因在于固定成本的构成要素很多，在无法保证销售规模的前提下固定成本过量导致较高的经营杠杆风险。纵观公司经营策略失误情形具体集中在以下诸多方面：

第一，跨业多角化经营的失败。当公司在其所属行业面临高度成熟或强大竞争威胁时，经济学的理论解释的结果是无法赚取超额利润的，而通常该类公司会采取多角化的方式来维持营运。多角化作为经营战略和方式而言，其本身并无优劣之分，然而跨业转投资有可能因为决策的失当或不熟悉另一种产业而拖垮公司主业的营运绩效，多角化经营的直接后果使新项目耗资，若未来景气程度不确定，则使得原来的竞争优势难以确保。这也是对多角化未必获得异常报酬的论点较好的诠释。

第二，核心竞争力非核心。在利润、市场份额、核心竞争力等微观因素中，核心竞争力是公司保持竞争优势的主要因素，是公司竞争长期发展的支撑和优势的原动力。核心竞争力可能表现为先进的技术、服务理念或者应变能力，其实质就是核心竞争力的结合体，公司的竞争归根到底是核心竞争力的抗衡；核心竞争力的培养需要长期精心打造，公司首先应该在拥有集中的竞争能力的核心产品之后，再考虑是否围绕核心产品进行多角化经营。否则，多角投资的直接后果会使新项目挤占主业资金，使公司原来的竞争优势也丧失殆尽。

在我国上市公司中有些公司在长期经营中积淀其独特的专长，具有良好的发展空间和较为凝聚的核心竞争力：国际星级服务的海尔品牌、特殊文化内涵的豫园高城、成本管理专长的邯郸钢铁、预算管理闻名的新兴铸管等等。从整体上审视，我国上市公司国际或者区域范围内的核心竞争力匮乏，核心技术研发能力、公司产品结构以及技术结构与日益变化的市场需要相距甚远，自身的研发能力基础相当薄弱，具有实力的研发机构力量支持苍白，与国外具有高精尖技术的同行很难比拟。

第三，盲目提速。公司在飞速发展时，经营者头脑容易发热，盲目提速追求高速。事实上，高增长的关键是看公司是否具备快速发展的条件；速度过快，会使公司处于资金短缺困境，会付出进步的代价。有些公司为做大做强，常常不顾风险、不计成本、不择手段盲目进行融资而非理性投资，结果有的不得不进行价格战，使融资成本、营业成本升高而影响收益甚至收不抵支，这种非理性扩容的结果会带来财务困境的阵痛。

4）负债规模和结构因素

从理论上讲，适度负债，公司可以获取财务杠杆效应，但负债过度将会使公司的支付能力为变得极其脆弱，甚至出现支付危机。不同的负债结构，对处于不同的经营阶段、不同的经营特征的公司，有完全不同的影响。假如负债结构与经营特征发生错位，尤其负债期限结构没有合理规划，公司未来的现金流量将不确定，有可能引发公司的支付危机。与此同时若大量举债用于投资，投资规模大、战线长，投资项目若出现系统或者非系统风险时，公司巨额的债务、较低的预期回报和艰难的融资渠道的共同作用，导致公司必然出现绩效状况恶劣，进而走向危机在所难免。

负债规模过度是财务危机的重要原因，过高的负债一方面会弱化公司的支付能力，蕴含着财务危机；同时，一旦公司信用链条上某一环节出现运行不畅，或者实际现金流出超过预期，则影响即期债务的偿付，就必然会出现财务危机。德隆问题的原因在于，其经营策略和发展模式造成了资金链的紧张，外部金融环境的变化只能说是德隆问题爆发的催化剂而已。

5）财务弹性因素

财务弹性是指公司对市场机遇和市场逆境的适应能力和应变能力。其具体是指公司动用闲置资金，应对可能或无法预见的紧急事件，以及把握未来投资机会的能力，是公司筹资对环境的反应能力、适应程度及调整余地。财务弹性可以直接转换为经营弹性，最一般的行动是将现金“滞留”于有价证券，当紧缩的信用导致筹集所需的营运资金比较困难时，此行为将使公司较其“精干刻薄”的竞争者领先一步。

财务弹性来源于现金流入和现金流出需要的比较。这里着重考虑公司的造血机能即经营活动的现金流，经营现金净流量充足，如果当市场突然出现理想的投资机遇时，那么这种储备即可立即变为高回报；反之如果当市场出现预想不到的逆境时，那么这种储备即化干戈为玉帛，可以防范逆境给还本付息以及股利支付带来压力。由此，财务弹性对公司面临逆境的挑战起了重要作用，在现金流量表中要素不仅是风险厌恶型投资者的安全保障，而且是度量财务弹性的最好工具①。

公司财务危机的诱因是宏观环境与微观环境共同作用的结果，其中宏观环境为诱发危机的条件，微观环境为诱发危机的根据；就同行业内的不同公司而言，宏观变量为系统性风险变量，较之微观变量对公司财务危机影响程度的显著性相对有限。

8.2 财务危机特征

8.2.1 基于阶段论的公司财务危机共性特征

所谓阶段论是指财务危机所处的阶段不同，其特征也各不相同。这种观点认为，财务危机具有客观积累性，它是公司在一定时期内的资金筹集、投资、占用、耗费、回收、分配等各个环节出现失误的综合体现，是各种营运活动行为失误的综合反映。大多数公司陷入财务危机都是一个逐步发展的过程，一般是一个从财务正常逐步发展成财务危机的过程。

1）Amy Hing-Ling Lau 的五状态论

1987 年，Amy Hing-Ling Lau 在《五状态财务困境预测模型》一文中将公司财务状况分为 5 个状态：

状态 1——财务稳定；

状态 2——取消或减少股利；

状态 3——技术性违约和债券违约；

① FRIDSON，ALVAREZ. 财务报表分析［M］. 朱丽，译. 3 版. 北京：中国人民大学出版社，2009：19.

状态 4——处于破产法的保护之下；

状态 5——破产和清算。

依据 Amy Hing-Ling Lau 的观点，取消或减少股利是公司财务危机开始的信号，破产和清算意味着公司的终结即财务危机达到最严重和最后阶段。

2）Donald 和 Richard 的四阶段论

Donald 和 Richard（1988）认为财务危机的发生是一个渐进式的过程，通常包括 4 个阶段：

第一阶段是指公司在发生财务危机的前 10 年。当时公司一切运行正常，但公司整体获利性已经不如以前。此时公司在日常运营上并无明显的异常发生。

第二阶段是指公司在发生财务危机的前 10 年到前 6 年，这时是公司早期遭受损伤的阶段。公司遭受大环境不确定性的影响而使其绩效下降，此时绩效下降的影响是潜在的，负面结果不会明显表现出来，但是此时公司的各种能力已经步入拐点。

第三阶段是指公司在发生财务危机的前 6 年到前 3 年，这时公司的获利情况急剧下降，只能勉强维持在损益平衡的状态。处在这个时期的公司会有以下 4 种状态：

①公司对已经制定的决策会进行复杂的变动或者完全不从事决策活动；

②公司在策略行为上会出现摇摆不定的现象；

③外在大环境变得不确定，对公司产品的需求变化也不明确；

④运营资金没有出现不足的情况，与其他非危机公司相差不大，运营资金不会因为公司在这段期间绩效表现不佳而造成无法支付短期负债的现象。

第四阶段是指公司在面对财务危机时的挣扎阶段。在财务危机发生的前 2 年到危机发生时点，此时公司会面对大环境突然转差，进而使获利表现得急速下降，公司丧失支付短期负债的能力，运营资金因而严重不足。

3）国内学者的四阶段论

第一阶段危机潜伏期，主要症状：盲目扩张、无视环境变迁并缺乏风险管理、无效经营；

第二阶段危机显示期，主要症状：过分依赖外部资本，自有资本严重不足，债务延期，利息负担沉重；

第三阶段危机恶化期，主要症状：经营混乱，资金周转困难，到期债务不能偿还；

第四阶段危机发作期，主要症状：资不抵债，丧失偿付能力，宣布破产。

阶段论的观点认为：财务危机的发生过程具渐进式，识别不同阶段财务危机的特征可以归纳出财务危机的提示信号，有助于发现、预测公司财务恶化状况并判定其危机程度。

8.2.2　基于业务范畴论的公司财务危机共性特征

业务范畴论的观点认为，公司营运涉猎不同的业务领域，当发生财务危机时，不同的业务领域会表现出不同的特征。公司运作不是单一环节，而是依赖于多个环节的有机整合和协作，任何一个环节的失误都可能导致财务危机。不同业务范畴的财务危机共性特征见表 8–7。

表 8–7　　不同业务范畴的财务危机共性特征表

管理领域	财务领域	销售领域	生产领域
公司员工大幅变动	过分依赖某个关联方或某家银行贷款	订单非预期下跌	盲目扩充生产设备
拖欠借款和与债务	关联方濒临倒闭	信誉恶化	存货异常变动
市场竞争力不断减弱	财务结构及财务效率明显恶化	平均收账期延长	规模过度扩张
盈利能力严重滑坡	财务报表不能及时公开		

8.2.3　基于性质论的公司财务危机共性特征

性质论认为，财务危机具有可预见性和突发性两种特性。财务危机之所以具有可预见性，是因为财务危机是由于公司利益相关者长期矛盾日积月累所形成，所以必然会表现为公司内部的一种逐步扩展或传导的过程，并且能反映在内部管理流程与管理行为的重要环节中；财务危机具有突发性的原因在于，尽管有些影响财务危机发生的因素是可控或可视的，但也有很多诱因尚具突发性和意外，当这些突发性因素出现时财务危机就可能被引爆。

财务危机的可预见性在阶段论已阐述，财务危机突发性的特征突出体现在两个方面：

1）现金极度匮乏

成功的公司，各有其成功秘籍，失败的公司，征兆大致相同，即现金流链条断裂。纵观发达国家破产倒闭的企业的征兆特点，80% 的企业表现为盈利但现金流极度匮乏使之破产，也可称之为黑字破产；只有 20% 是亏损破产。可见，现金为王的理念在财务危机特征判断过程中仍不失其魅力。

现金流量在公司的不同生命周期显示的特征有所不同并具有一定的规律性。1968 年波士特矩阵理论的出现，再次印证了市场成长性、市场占有率与公司现金流量的相互关系规律。现金流量信息的财务困境预测模型基于的原理是：公司的价值等于预计现金净流量的现值。公司现金流能不能持续、稳定，对投资者和债权人等利益相关者的决策来说都是重要参照。投资者会通过公司现金流的分布时间、金额和风险来对股价进行估值，不会因较低的或者非持续的现金回报再支付高股价；债权人在面临一个公司非持续稳定的现金流时，对其贷款风险的焦虑与担心远高于担保、抵押与质押，对此类公司的风险溢酬决策会因公司现金流的变化而调整，公司的现金流匮乏状态将雪上加霜。

在 Gentry，Newbold 和 Whitford（1985）的研究基础上，Aziz，Emanuel 和 Lawson（1988）发展了现金流量信息预测财务危机的模型，在研究中根据破产企业和非破产企业的配对数据，发现在破产前 5 年两类企业的经营现金流量均值以及现金支付的所得税均值具有显著差异；Aziz，Emanuel 和 Lawson（1989）研究比较了使用现金流量模型、Z 模型和 ZETA 模型预测企业发生财务危机的准确率，结果发现现金流量模型的预测效果最令人满意。

国内学者章之旺（2004）选取了 2003—2004 年度 60 家财务危机样本和 2 倍的非财务危机样本，分别用单变量和多变量 logistic 模型验证现金流量信息在财务危机预测的作用，研究发现："第一，我国上市公司在财务危机的前 1 年，经营现金流量的相对信息含量仅次于总资产报酬率和总资产周转率，其预测效率比应计制会计变量更有效；第二，公司财务危机的前 1 年或前 2 年，现金流量类变量在会计比率的基础上增量信息含量均具显著性。结果显示：从财务危机预测的角度看，充分挖掘现金流量信息的分析意义和预测价值应当成为未来此领域的研究方向"。杨孝安（2010）针对上市公司存在盈余管理和利润操纵的行为，利用现金流对上市公司的盈余质量进行评价，使投资者准确分析上市公司的财务报表。通过列举在新会计准则下上市公司盈余管理的途径，并介绍用于盈余管理评价的主要财务指标，指出现金流量指标不受人为因素的影响，用于评价上市公司的经营业绩较为客观。

2）主营业务萎缩业绩下滑

公司主营业务萎缩业绩下滑的原因多重，主要与公司经营战略密不可分。决策的失误是根本的失误，在共同的宏观因素和行业因素面前，有的公司在行业中稳健经营主营天下；有的公司为了防范并化解经营风险，开展多元化经营，以期不断开拓市场、培育多元的经济增长点，但此种拓展的前提是公司在保证主业市场占有业绩持续稳定的前提下，否则，此举表面看是注重外延性扩张、实施多元化经营，而实际上是投资分散导致凝聚力分散难以形成合力与市场抗衡，公司会因此丧失核心竞争力，从而影响公司的本初业绩。

公司价值取决于预计现金净流量的现值，预计现金流的重要组成为利润，利润的源泉来自主营。收入的实质一是净资产的增加，二是其主要源自公司的主业经营的持续。作为利润表的首行项目，其重要性毫不逊色于利润表的净利润项目，主营效益是公司创造经营活动现金流量的根本源泉，衡量其核心竞争力、核心盈利质量的重要指标之一，同时在资本市场有效的前提下，主营效益及其成长性与波动性直接关系到公司的证券估值。林恩．特纳[①]（Lynn Tumer）在对公司主营收入的重要性高度评价时称："主营收入的增减变动是投资者制定投资决策的重要判断指标，当投资者评价公司的历史业绩及其展望、收益前景时，主营收入的变化趋势和成长性总会左右着他们的思维。"更重要的是，它是判断经营风险与财务风险的可能性的重要依据。

8.2.4 财务危机共性特征的财务表现

由于公司所处的行业、大小规模、经营特点各不相同，公司发生财务危机的征候也不尽相同。但是，经验证明，当公司遇到可能发生财务危机的威胁时，总会具有某些共同的特征。财务危机的共同特征可以概括如下[②]：

第一，运营能力方面。

①非计划的存货积压。存货通常是公司重要的资产项目，存货项目对公司的资产状况和损益状况均能产生直接的影响。产品销售不畅，必然导致存货的大量积压、存货周转率和变现率的降低、现金流短缺，情况严重时，还会造成公司的巨额亏损，并产生严重的财务危机。

②平均收账期延长。较长的平均收账周期会吸收掉许多的现金。当公司的现金余额由于客户迟缓付款而逐渐消失时，较长的平均收账期就会为公司带来严重的财务问题。还有一些原因也会减少公司正常的营业现金余额，但管理人员更应重视公司的收账期，并从中找出主要问题，以免使问题变得更为严重。

③资产质量下降，经营资产运营效率下降。经营资产一般主要包括：存货类、债权类、固定资产类资产，这些资源的投入是公司自主经营的需要。如果公司这部分资源的投入在一定时未见增量收益或者增量市场占有，周转相对缓慢，此时的基本结论是公司的经营资产质量不佳；以此推理，对外投资资产也应该形成预期投资回报或者是撬动效应，否则，对外投资资产令人怀疑。

第二，偿债能力方面。

①负债过多。债务增加，造成资金结构失调，当公司的资产负债率超过一定比率时，可能引起公司的偿债能力和公司的融资信誉下降导致难以清偿到期债务，陷入严重的财务危机。

据2010年对黑龙江、辽宁、四川、湖北和江西5省的调查，各省均有中型以上国有公司破产的案例。破产公司的资产负债率接近100%，有的甚至超过100%，而国际上这一指标的安全值为50%。因此，当公司的资产负债率超过一定比率时，可能引起公司的偿债能力和公司的融资信誉下降，导致公司清偿到期债务的困难，公司陷入严重的财务危机，甚至引发公司破产。这种征兆一般可从资产负债率等偿债能力指标反映出来。

---

① 美国证券交易委员会（SEC）会计师。

② 除此以外，企业盲目多元化经营和扩张，企业信誉的降低，市场竞争力的不断减弱以及关联企业发生诉讼或倒闭等也是多数企业财务危机的表征。这里就不一一赘述。

②财务结构不合理。首先，筹资结构不合理，长、中、短期债务搭配不当。表现为：一是筹资成本过高，导致公司盈利能力下降；二是偿债高峰过于集中或过早到来，造成偿债困难。其次，投资结构不合理，长、中、短期投资比例失当。有的项目选得不准，有的投资超过风险限度。表现为：一是投资回报率低，致使盈利能力减弱；二是变现困难，不能及时偿还到期债务。另外，在 ST 公司中大股东占用资金并利用上市公司担保的现象极为严重，这是造成资本结构异常，进而影响公司经营业绩的重要原因。究其根源，这与我国上市公司非整体上市、公司治理结构不完善、银行经营机制欠缺以及证券市场监管与处罚效率不高等方面有深刻关系。

第三，现金流量能力方面。

国外从现金流的角度建立公司财务危机的预警模型早已取得显著成果。例如：Beaver（1966）在排除行业因素和公司资产规模因素的前提下，对 1954—1964 年间的 79 家失败公司和相对应的 79 家成功公司的 30 个财务比率进行研究表明，现金流量/债务总额指标对财务失败的预测是最有效的；现金支付严重不足，是表明公司已面临财务危机重要的、最为直接的表现形式。国内学者的研究也表明，我国发生财务危机的公司的现金流量能力明显低于正常公司。现金流量能力主要表现为缺乏偿还即将到期债务的现金流，现金总流入小于现金总流出，特别是经营活动的现金净流量长期不佳，与核心利润以及净利润严重失衡，进而出现了经营现金净流量与核心利润以及净利润相背离的状态。

第四，盈利能力方面。

①主营业务严重萎缩。销售量的非预期下降，公司销售额的下滑，成本却在不断攀升，导致盈利空间在逐步缩小，甚至连年出现亏损。公司的主营业务发生严重萎缩，利润依赖关联方交易及外来补贴。由于主营业务较其他业务的稳定性强，因而主营业务是否经营得好是上市公司能否生存和发展的关键。有的投入无效益或者无利润质量，公司的核心利润明显下降，投资收益不佳，营业利润与公司规模严重脱节甚至亏损严重。

②市场竞争力不断减弱。市场竞争力的高低，主要体现在公司产品所占的市场占有份额和盈利能力上，如果公司产品的市场占有率很高，且盈利空间很大，说明公司市场竞争力很强；相反，如果公司的产品出现压库现象，造成市场占有率明显下降，或公司产品的市场份额未变，但盈利空间却在明显缩小，则说明公司的市场竞争力在减弱。公司的市场竞争力一旦由强变弱，公司就无法按计划、按目标生产经营自己的产品。

③对外巨额投资无收益。在我国证券市场上，有不少上市公司实施投资计划之前没有经过科学严谨的可行性论证，带有较大的盲目性，因而在投资项目实施后，不但没有给公司创造良好的经济效益反而带给了公司由巨额投资资源所形成的机会成本。

④公司的经营风险加大。市场对公司产品的需求缩小，公司产品销售价格偏

低，公司对产品销售价格的调整能力下降，单位产品变动成本的增加，公司固定成本总额偏高，上述问题形成了公司经营方面的不确定性。

第五，发展能力方面。

①资产增长率较高。一般表现为投资资产、在建工程、固定资产等的异常增加，而且其来源多为负债规模增大，而不是所有者权益增加。

随着我国市场经济的不断发展和完善，许多上市公司将证券投资组合理论运用到公司投资活动中，在公司财务资源有限的条件下，实行多元化投资，但并没能合理解决公司资产结构与资本结构的有机协调、盈利性与流动性的有机协调等财务问题。所以往往公司遭受重大损失，严重时可能会导致公司破产，巨人集团的惨痛失败就是典型的例子。

②销售增长率萎缩。从上市公司历年年报中可以看出，一般主业经营好的上市公司都有良好且稳定的业绩，而且主营业务利润占利润总额的比例较高；而大多数的亏损公司均是由于主营业务陷入困境，主业收入萎缩以至出现亏损的。主营业务严重萎缩，主要表现为销售增长率下降，主营业务利润无法抵补期间费用。上市公司出于改善财务状况、维持股票市值，或为了达到配股条件，通常会采用诸如出售资产、与关联方交易、获得政府补贴、与控股母公司资产置换或债务重组等手法，增加公司非经营性利润来维持公司的账面盈利。这种由“报表重组”形成的公司盈利，不是公司盈利能力的真实反映，因而无法掩饰公司实际处于财务危机的窘况。

8.3 财务危机预警：经验研究与应用

8.3.1 财务危机预警的基本内涵和经典观点

1）财务危机预警的基本内涵

预警是指根据系统的外部环境和内部环境的变化对系统未来所带来的风险进行预测和警报。财务危机预警（简称为财务预警）的概念界定为：以公开的财务会计信息为基础，其他相关信息为补充，以特定的敏感性变量或者数值为标识，对导致公司整体运营陷入财务危机的状态予以警示的行为组合。财务预警是风险控制机制的重要一环。

要有效预警必须借助于预警变量。所谓变量，原始的数学意义是：表示尚未清楚的值，即变数；或者是一个可代入函数的值。将数学意义引入预测功能时，变量可理解为解释要素或者解释因子。前已述及财务危机是各种因素诱发的结果，那么此类诱因量化后即可作为财务危机的解释要素或者解释因子，因此在财务预警过程中能够解释财务危机概率的要素或者因子在此界定为财务危机预警变量，简称为财务预警变量。

根据财务危机的微观诱因与宏观诱因，可以将财务预警变量做狭义与广义界定，财务预警变量的狭义界定是：在财务预警研究中，依照一定的理论原则和实际经验，借助公司财务报告、战略决策、经营计划以及其他与预警相关的信息，采用与公司财务危机有直接和明确对应关系的，并能如实反映公司财务危机潜在风险的财务比率集合；财务预警变量的广义界定是：能够预测公司财务危机的财务变量与可计量的非财务变量的集合，即狭义预警变量与非财务预警变量的集合。本章将基于狭义财务预警变量的界定展开应用。

2）财务危机预警模型介绍

最早的财务预警研究始于信用预警研究，当时许多机构在采用预警定量方法衡量公司状况之前，已经建立了用定性信息评估特殊商人的信用状况。1849 年，美国辛辛那提市著名的 Dun & Bradstreet 公司负责组织提供独立的信用调查①。国外对公司财务状况的预警研究起始于在 20 世纪初，亚历山大·沃尔出版的《信用晴雨表研究》以及《财务报表比率分析》两部著作，开创了对公司财务状况综合检测和评价的先河。

Fitzpatrick 于 1932 年运用单个的财务比率以 19 家公司为研究样本进行财务危机的判别，他将样本划分为破产和非破产两组，发现净利润/股东权益和股东权益/负债对财务危机的判别能力最高，此研究开创了基于财务危机预警的实证研究先河。1935 年 R. F. Smith 和 A. H. Winakor 的论文《不成功企业的财务结构变化》，及其随后的系列研究结论如下：濒临经营失败的公司与能够永续经营的公司相比有显著的财务比率差异。Beaver（1966）使用 79 对公司样本组，对反映公司不同财务特征的 6 组 30 个变量在公司破产前 1 年～前 5 年的具体变化分别做了检验，结果发现最好的判别变量是：营运资本/流动负债和净利润/总资产②；Beaver 发现越临近破产日，误判率越低，理论界对此研究俗称 Beaver 单变量判定模型。至此之后，研究者不断探索通过统计模型的方法来建立财务预警模型，这些模型的研究有助于挖掘最有预见性的研究变量和研究方法。截至目前主流财务预警的定量分析模型包括：一元判定模型、多元判定模型、多元逻辑（Logit）模型、Probit 模型和人工神经网络模型等；定性分析模型包括：标准化调查法、四阶段症状分析法、流程图分析法和管理评分法等。目前应用较多的是多元判定模型和多元逻辑回归（Logistic）模型，以下予以介绍。

①多元线性判定模型，也称多变量模型，最早是由 Altman（1968）开始研究的。他得到的最终预测方程包含 5 个判别变量，在破产前 1 年的总体判别准确度高达 95%。多元线性判别方法现已成为财务困境预测最常用的方法。多元判别方法的基本原理是通过统计技术筛选出那些在两组间差别尽可能大，而在两组内部的离散度最小的变量，从而将多个标志变量在最小信息损失下转换为分类变量，获得能

① 在 Altman（1968）经典论文《财务比率，公司破产的判别分析和预测》中予以阐述。

② 营运资本/流动负债：在公司破产的前 1 年成功地判别了 90% 的破产公司；净利润/总资产：在公司破产的前 1 年判别成功率是 88%。

有效提高预测精度的多元线性判别方程。运用多元线性判别方法判定二元问题时，可以通过降维技术，仅以最终计算的 Z 值来判定其归属，其构造的线性方程简单易懂，具有很强的实际应用能力。其判别方程的形式为：

$$Z=V_1X_1+V_2X_2+\cdots+V_nX_n \tag{8.1}$$

根据判别方程可以把单个公司的各种财务比率转换成单一的判别标准，或称为 Z 值，根据 Z 值将公司分为“破产”或“非破产”两类。其中，V_1，V_2，…，V_n 是权数，X_1，X_2，…，X_n 是各种财务比率。在实际运用时，需要将公司样本分为预测样本和测试样本，先根据预测样本构建多元线性判定模型，确定判别 Z 值（Z 值的大小可以作为判定公司财务状况的综合标准），然后将测试样本的数据代入判别方程，得出公司的 Z 值，并根据判别标准进行判定。此方法还可以用于债券评级、银行对贷款申请的评估、子公司业绩考核及投资决策等。多元判定分析模型的典型代表包括 Z 模型和 F 模型。

第一，Z 模型（Z-Score）。

1968 年，Altman 认为单变量分析的解释变量选择代表意义受限等诸多局限性，因此首次将多元判定模型引入财务危机预测领域。根据行业和资产规模，此研究对 1946—1965 年间提出破产申请的 33 家公司和同样数量的非破产公司进行分析，选用 22 个变量作为预测备选变量，根据误判率最小的原则，最终确定了 5 个变量作为判别变量，建立了企业破产预警分析的多变量模型，即著名的 Z-Score 模型。选取的 5 个变量是：营运资本/总资产（X_1），留存盈余/总资产（X_2），息税前利润/总资产（X_3），股东权益的市场价值/负债总额的账面价值（X_4），销售收入/总资产（X_5）。其多元线性判别模型为：

$$Z = 1.2X_1+1.4X_2+3.3X_3+0.6X_4+X_5 \tag{8.2}$$

通过多元判定模型产生了一个总阀值称为 Z 值，并依据 Z 值进行判断，认为 Z 值越小，企业破产的可能性越大，具体见表 8-8。

表 8-8　**短期破产概率的 Z 值**

Z 值	短期出现破产的概率
Z≤1.8	存在严重财务危机，破产概率很高
1.8≤Z≤2.99	灰色区域，可能存在某些财务隐患和财务危机，处理不好则公司破产；接近 1.8，很危险；接近 2.99，有财务危机的可能
Z>2.99	财务状况良好，非常安全，无破产风险

近年来，澳大利亚、巴西、加拿大、法国、德国、爱尔兰、日本和荷兰都进行了类似的分析。尽管 Z 值的判断标准在各国间有相当的差异，但各国“财务失败组”值的平均 Z 值都低于临界值 1.8。

第二，F 模型。

周首华（1996）等学者注意到 Z 模型没有充分考虑现金流量变动问题。为此，他对 Z 模型加以完善，并建立财务危机预测的新模式-F 模型，其主要特点是：第一，F 模型中增添现金流量预测变量；第二，F 模型根据现代公司业绩评价的新理念及标准予以调整；第三，F 模型使用的样本范围较广，此研究在使用 4 100 家公司的相关数据的基础上，检验了 F 模型的有效性，而 Z 模型的样本过小是否有普遍应用意义有待于考证。F 模型如下：

$$F = -0.1774+1.1091X_1+0.10742X_2+1.9271X_3+0.0302X_4+0.4961X_5 \quad (8.3)$$

式中：X_1、X_2、X_4 与 Z 模型相同，X_3 =（税后纯收益+折旧）/平均总负债，X_5 =（税后纯收益+利息+折旧）/平均总资产。

张鸣（2004）在其国家级课题的研究中通过从静态和动态的角度分别构建静态财务预警模型和动态财务预警模型，并进行中长期的预测。同时分别从外部信息使用者和内部信息使用者的角度去阐述具体的应用过程，并构建以财务预警模型为核心的财务预警系统和企业预警系统。张鸣等以 1998—2000 年之间因财务状况异常而被特别处理的公司即 ST 公司 44 家以及按照行业分类和总资产规模选择相应的控制样本即非 ST 公司 44 家组成的 88 家公司为样本，运用多元判别方法并引入逐步判别分析建立了基于年报数据的预警模型。基于年报数据的判定模型，包含了 12 个预测变量，具体模型如下：

$$Z=0.1677+1.4029X_1-2.0601X_2-1.5686X_3+0.0443X_4-0.0726X_5-0.6276X_6-0.0711X_7-0.5608X_8+0.1640X_9+1.0648X_{10}-0.0412X_{11}-0.1346X_{12} \quad (8.4)$$

其中，Z 是判别函数值；X_1 = 资产负债率；X_2 =（利润总额+财务费用）/总资产；X_3 = 主营业务利润/总资产；X_4 = 负债/股东权益合计；X_5 = 存货净额/主营业务收入净额；X_6 = 非主营业务利润/总资产；X_7 = 主营业务收入/净资产；X_8 = 流动负债合计/总资产；X_9 =（本年度净利润-上一年度净利润）/（|本年度净利润|+|上一年度净利润|）；X_{10} = 留存收益/总资产；X_{11} = 每股净资产；X_{12} = 每股未分配利润。该模型将判别临界值设定为 0.5，大于 0.5 的判为财务危机公司即 ST 公司，小于 0.5 的判为财务正常公司即非 ST 公司。通过实证研究，该模型的判定精度达到了 100%，说明该模型对原样本的拟合程度很高，交互验证误判率仅为 10.29%，预测精度达到 85%，确定该模型为在 ST 前 1 年的预测最优模型。

②多元逻辑模型（Logit）。多元逻辑模型的目标是寻求观察对象的条件概率，从而据此判断观察对象的财务状况和经营风险。这一模型是建立在累计概率函数的基础上，不需要自变量服从多元正态分布和两组间协方差相等的条件。Logit 模型假设公司破产的概率 P（破产取 1，非破产取 0），并假设 Ln［p/（1-p）］可以用财务比率线性解释。假定 Ln［p/（1-p）］=a+bx，根据推导可以得出 p=exp（a+bx）/［1+exp（a+bx）］，从而计算出公司破产的概率。判别方法和其他模型一样，先是根据多元线性判定模型确定公司破产的 Z 值，然后推导出公司破产的条件概率。其判别规则是：如果 p 值大于 0.5，则表明公司破产的概率比较大，可以判定公司为即将破产类型；如果 p 值小于 0.5，则表明公司财务正常的概率比较大，可

以判定公司为财务正常类型。

Logit 模型最大的优点是，不需要严格的假设条件，克服了线性方程受统计假设约束的局限性，具有更广泛的适用范围。目前，这种模型的使用较多，但其计算过程比较复杂，而且在计算过程中有很多的近似处理，因而不可避免地有影响到预测精度的可能。

Ohlson（1980）率先规范将多元逻辑回归模型运用到财务危机预警实证领域，他根据美国 1970—1976 年间的 105 家破产公司和 2 058 家非破产公司组成配对样本，采用 9 个变量建立了预测一年内破产、两年内破产和一年或两年内破产的 3 个 Logistic 模型，预测准确率都在 90% 以上，分别为 96.12%、95.55%、92.84%。

吴世农、卢贤义（2001）以 70 家 ST 和 1∶1 非 ST 上市公司作为样本，首先应用剖面分析和单变量判定，研究出现财务危机前 5 年两类公司的 21 个财务变量的差异，最后确定 6 个预测指标，同时应用 Fisher 线性判定分析模型、多元线性回归分析模型和逻辑回归分析模型，建立了 3 种预测模型分别进行预测，结论为：就同一信息集而言，逻辑回归分析模型的误判率最低，财务危机发生前一年的误判率仅为6. 47%。

8.3.2　Z 模型的应用

1）应用样本说明

我国公司股票上市规则（2008 年 9 月第六次修订）规定，上市公司出现财务状况异常或者其他异常情况，导致其股票存在被终止上市的风险，或者投资者难以判断公司前景，其投资权益可能受到损害的，证券交易所对该公司股票交易实行特别处理（ST）。特别处理分为警示存在终止上市风险的特别处理（简称“退市风险警示”）和其他特别处理。

第一，最近两年连续亏损（以最近两年经审计的年度报告披露的当年净利润为依据）；

第二，因财务会计报告存在重大差错或者虚假记录，公司主动改正或者被中国证监会责令改正后，追溯调整年度财务会计报告后，导致最近两年连续亏损；

第三，最近一个会计年度的审计结果表明其净资产为负值；

第四，最近一个会计年度的财务会计报告被出具无法表示意见或者否定意见的审计报告。

财务预警研究对象以首次被 *ST 的公司为研究样本，具体理由分析如下：

*ST 公司财务危机特征明显。我国《企业破产法》于 1986 年颁布并于 1988 年 11 月 1 日试行后，到目前为止，我国上市公司真正破产的大样本几乎没有，因此以上市公司破产作为财务危机的标志予以实证研究基本不可行。1998 年，深沪证券交易所正式启动了当上市公司出现“异常状况”时，对上市公司进行“特别处理（ST）”的条款。对上市公司特别处理的规定经历了多次修订，最新的一次修订是 2008 年 9 月的第六次修订，将特别处理分为两类：即“退市风险警示”和“其

他特别处理”。对“退市风险警示”的处理措施为在股票简称前冠以“*ST”字样以及股票报价的日涨跌幅限制为5%；对“其他特别处理”的处理措施为在股票简称前冠以“ST”字样以及股票报价的日涨跌幅限制为5%。因此，*ST财务危机特征更明显。从我国资本市场运行及其监管历程看，以*ST公司作为财务危机研究对象具有较强的说服力。

财务危机观测点与财务异常公司的条件具有逻辑一致性。根据对财务危机的界定可知，财务危机是由公司外部与内部因素引起的，导致公司整体运营陷入危及生存的严重困难境地的状态，此状态可以表现为：财务恶化、亏损且无扭亏迹象、净资产为负、资不抵债面临倒闭以及审计报告被出具无法表示意见或者否定意见等等。

2）Z模型应用过程与结果

样本选择中随机选择了深圳证券交易所和上海证券交易所20×3—20×6年的23家6个行业的ST公司，包括20×3年被宣布为ST的8家，20×4年被宣布为ST的4家，20×5年被特别处理的6家以及20×6年被特别处理的5家，并根据行业相同等原则予以1∶1配对，如此上市公司财务预警模型应用研究的样本选取见表8-9。

表8-9　　**20×3—20×6年随机样本资料**

行业名称	ST公司名称	非ST公司名称
综合业	ST金盘000572	华西村000936
	ST花雕600659	创兴科技600193
医药、生物制品业	ST中西600842	华东医药000963
	ST哈慈600752	东盛科技600771
机械、设备、仪表制造业	ST自仪600848	江钻股份000852
	ST松辽600715	重庆实业000736
	ST威达000603	四通高科000409
	ST天仪000710	长风特电000552
	ST金马000980	思达高科000676
	ST常柴000570	江淮动力000816
	ST兰宝000631	美菱000521
	ST巨力000880	创元000551
	ST亚星600213	轻工机械600605
	ST天宇000723	长征电器600112
	ST托普000583	深桑达000032
	ST炎黄000805	领先科技000669
	ST科健000035	中兴000063

续表

行业名称	ST 公司名称	非 ST 公司名称
批发、零售业	T 昆百大 000560	西安民生 000564
	ST 一投 600515	天津劝业 600821
金属、非金属业	ST 东源 000656	飞亚达 000026
	ST 屯河 600737	福耀 600660
	ST 国瓷 600286	福建水泥 600802
房地产	ST 海泰 600082	天创置业 600791

Altman 的研究结论中将被研究企业的 Z 值划分为 3 个区域：（-∞，1.8]、（1.8，2.99]、（2.99，+∞），分别对应于存在严重危机的企业、存在某些财务隐患的企业和财务状况良好的企业。结合我国上市公司的财务数据及其说服力程度，进行适用性检验后 Z 模型的变量设计作以下调整：

X_1 = 营运资金/总资产 =（流动资产-流动负债）/总资产

X_2 = 留存收益/总资产 =（未分配利润+盈余公积金）/总资产

X_3 = 息税前利润/总资产 =（税前利润+财务费用）/总资产

X_4 = 资本市价/总负债 =（每股市价×流通股数 +每股净资产×非流通股数）/总负债

X_5 = 销售额/总资产 = 主营业务收入/总资产

拟合的 Z 模型为：

$$Z = 01012X_1 + 01014X_2 + 01033X_3 + 01006X_4 + 01999X_5$$

模型选取的 23 家 ST 公司以及相对应的 23 家非 ST 公司的 Z 值见表 8-10。

表 8-10　　**Z 值计算表**①

ST 公司	Z 值			非 ST 公司	Z 值		
	前 1 年	前 2 年	前 3 年		前 1 年	前 2 年	前 3 年
000656	0.928	1.55	2.15	000026	4.13	3.35	3.01
600842	-0.65	-0.134	0.86	000963	3.01	2.5	2.49
000603	-3.4	-0.8	0.72	000409	2.61	2.59	7.35
600715	-0.68	-0.012	0.22	000736	1.24	1.77	0.71
600848	-0.07	-0.56	0.132	000852	3.22	2.68	1.99
000723	-0.37	1.12	1.371	600112	3.21	3.03	2.68
000560	-0.78	0.17	0.7	000560	3.12	1.86	1.24
000572	-0.99	0.33	0.66	000936	3.69	4.78	6.61
000980	0.58	1.676	2.76	000676	3.05	1.85	2.55

① 常艳．我国上市公司财务预警模型的实证分析 [J]．金融经济，2008（02）．

续表

ST公司	Z值			非ST公司	Z值		
	前1年	前2年	前3年		前1年	前2年	前3年
000710	-0.44	0.27	1.77	000552	0.03	0.97	1.06
600082	2.25	2.46	0.15	600791	2.99	1.98	2.13
000570	-0.014	0.81	1.7	000816	1.7	2.92	2.73
000583	- 0.08	1.92	1.88	000032	3.03	2.92	2.61
000805	0.73	1.61	1.18	000669	0.48	1.12	1.2
000035	1.75	2.36	1.12	000063	3.09	2.81	2.49
600659	- 0.05	0.38	0.86	600193	3.38	3.09	1.84
600737	0.81	0.41	0.26	600660	3.41	3.04	2.99
600752	0.14	0.88	2.38	600771	3.17	2.3	1.22
000631	- 1.08	0.24	0.61	000521	0.83	0.83	1.24
000880	- 0.22	1.16	2.26	000551	3.42	3.06	2.08
600213	0.52	0.5	1.81	600605	3.22	3.07	3.02
600286	- 1.12	0.27	0.87	600802	3.17	3.05	2.96
600515	-1.55	-0.74	1.48	600821	3.49	3.08	2.95

为便于分析，将Z值结果整理得出“Z值分布表”（见表8-11）。

表8-11 **Z值分布表**

		1.8以下	1.8~2.99	2.99以上	均值
ST公司	前1年	95.7%	4.3%	0	-0.16
	前2年	91.7%	8.3%	0	0.79
	前3年	78.3%	21.7%	0	1.19
非ST公司	前1年	21.7%	4.3	74%	3.28
	前2年	17.4%	30%	52.6%	2.67
	前3年	21%	52%	27%	2.57

从以上分析可以看出：

20×2—20×6年新增的ST公司在被特别处理前1年其Z值绝大部分小于1.8，有的甚至为负数，说明公司在特别处理前1年其财务状况已经发生严重恶化。被ST前1年该类公司Z值在1.8以下的占95.7%，在1.8~2.99之间的4.3%，不存在Z值大于2.99的公司，说明ST公司的Z值在概率分布上也支持了新增ST公司在特别处理前1年的财务状况极差，存在严重的财务危机，其Z值应低于1.8的结论。

由表8-11可以看出，ST公司在ST前2年和前3年，其Z值都在2.99以下，前 2 年 Z 的均值为 0.79，前 3 年其均值为 11.9，说明 ST 公司在特别处理前 2 年乃至前 3 年，已经出现一定程度的危机征候，且 Z 值呈逐年递减的趋势。其中被 ST 前 2 年 Z 值在 1.8 以下的占 91.7%，1.8～2.99 之间的占 8.3%；被 ST 前 3 年 Z 值在 1.8 以下的占 78.3%，1.8～2.99 之间的占 21.7%；在其概率分布上也支持新增 ST 公司在被 ST 前 2 年或前 3 年的财务隐患状况，其 Z 值应低于 2.99，并且在被 ST 前 3 年内公司 Z 值呈逐年递减的走势。

在 ST 样本组中，ST 海泰（600082）的 Z 值分布有其自身的特殊性。该公司在 20×3 年被 ST，被 ST 前 1 年 Z 值为 2.25。从表面看，这似乎不符合假设 1。然而从该公司的提供的上市公司的公开资料可见，ST 海泰在 20×4 年被获准摘帽。一方面，该公司被摘帽说明其财务状况有所好转；但由于之前的 ST 惯性，仍然存在一定的财务风险性，所以其 Z 值在 1.8～2.99 之间符合实际。总的来说符合摘帽公司最近年度的财务状况应较戴帽以来以往年度财务状况有所改善，但由于此前连续亏损仍存在较大的经营风险其 Z 值应在 1.8～2.99 之间的事实。

正常公司除特殊情况外其 Z 值基本大于 2.99，说明正常公司的财务状况良好，有一定的抵御风险的能力。

在非 ST 样本组的特殊状况：四通高科（000409）在 20×3 年被特别处理，重庆实业（000736）、长风特电（000552）、江淮动力（000816）分别于 20×4 年被特别处理，依据“ST 公司在被特别处理前几年的财务状况就出现一定隐患，并且随着时间的推移逐步恶化”的结论，此类公司在作为非 ST 公司样本时，其财务状况呈现非正常趋势，其 Z 值均小于 1.8 是符合实际情况的。以上观察结果说明：Z 模型在上市公司预警应用中具有一定说服力：但对个案分析而言，由于其中个别指标的畸高或畸低，不排除导致 Z 值异常的情况。这可以通过个案的描述性统计替换显著性变量从而完善模型判定准确度。研究结果表明：离被 ST 的时间越近，模型的判断精度越高，被 ST 前 1 年的预测精度普遍较高。

8.3.3　预警模型的案例应用

1）案例公司简介

STAG 是大型钢铁集团鞍钢集团下属的子公司，拥有集团全部焦化、烧结、炼铁、炼钢、轧钢等整套现代化钢铁生产工艺流程及相关配套设施，并拥有了与之配套的能源动力系统，实现了钢铁生产工艺流程的完整性、系统性。由于 2011—2012 年连续两年业绩巨亏（分别亏损 21.46 亿元、41.57 亿元），按照深交所的相关规定，鞍钢股份被实行退市风险警示处理，证券简称于 2013 年 3 月 29 日变更为 *STAG。

2）STAG 的 Logit 预警模型构建

模型构建的显著性变量为盈利能力指标、偿债能力指标、发展能力指标中的 10 个变量，并考虑到现金流量因素。其具体构建见表 8-12。

表 8-12　　STAG（000898）的显著性预警变量

指标		2012 年	2011 年	2010 年	2009 年
盈利能力指标	销售净利率 X_1	-5.63%	-2.58%	2.11%	11.45%
	销售毛利率 X_2	2.72%	4.44%	10.53%	16.33%
	净资产收益率 X_3	-8.54%	-4.09%	3.82%	5.57%
	每股净资产 X_4	6.44	7.01	7.47	7.25
	每股经营活动现金流 X_5	0.20	0.66	1.25	1.65
偿债能力指标	流动比率 X_6	0.61	0.77	0.85	0.94
	速动比率 X_7	0.37	0.38	0.49	1.01
	产权比率 X_8	1.81	0.97	0.90	0.88
	利息保障倍数 X_9	-1.14	-0.60	1.90	15.97
发展能力指标	总资产增长率 X_{10}	-1.70%	-2.02	4.09	9.55%

主因子表达式为：

$$Z_1=-0.07X_1-0.79X_2-0.093X_3+0.239X_4-0.037X_5+0.313X_6+0.316X_7-0.17X_8-0.094X_9+0.27X_{10}$$

$$Z_2=0.394X_1+0.395X_2+0.392X_3-0.151X_4-0.02X_5-0.045X_6-0.042X_7-0.029X_8-0.009X_9-0.086X_{10}$$

$$Z_3=0.075X_1-0.216X_2+0.022X_3+0.218X_4+0.515X_5-0.139X_6-0.142X_7+0.014X_8+0.445X_9+0.019X_{10}$$

则 STAG 的 Logit 预警模型为：

$$Y=6.120+4.147Z_1+0.862Z_2+4.062Z_3$$

预警指标 $P_i=\exp(Y_i)/[1+\exp(Y_i)]$

Logit 预警模型的判定临界点 P 值确定为 0.5，判定财务正常企业和财务危机企业的判断精确度最高。如果当企业的 P 值大于 0.5 时，可判定该企业的经营已陷入财务危机；如果 P 值小于 0.5 时，就可判定该企业为正常企业。P 值越大，企业步入危机的可能性就越大，将各指标带入计算结果见表 8-13。

表 8-13　　Logit 预警模型的 P 值结果

年份	Z_1	Z_2	Z_3	Y	P_i
2012 年	1.624875	-1.10511	0.877779	12.37189	0.999996
2011 年	1.86864	-1.15197	1.444857	11.37099	0.832648
2010 年	1.751196	-1.19364	2.932512	9.8945	0.724947
2009 年	0.340321	-1.2742	8.867424	3.130389	0.4792

经过计算得知，2009—2012 年，案例公司的财务预警 P 值不断升高，最后接近于 1，在 2009 年企业的财务预警应该说还是在警戒线范围内为 0.4792，但是到了 2012 年以后，预警值不断上升甚至接近 1，说明公司财务状况恶化的程度，这

也与最终2013年公司被ST处理的结果不谋而合。

本章小结

1. 财务危机是由于公司外部因素与内部因素引起的，导致公司整体运营陷入危及生存的非常状态，其极端形式是破产。财务危机的实质是财务风险的外在显性和集中爆发，财务表现为长时间财务恶化、亏损且无扭亏迹象、净资产为负、资不抵债面临倒闭以及审计报告被出具无法表示意见或者否定意见等，财务危机是公司长期陷入财务困境的结果。

2. 财务危机是一个结果，导致此结果的原因可能是公司经营失败，即由于公司的经营危机所造成的财务危机。当公司经营完全失败，公司的产品由于种种原因无法在市场上按既定的价格数量销出去的时候，公司既无必要的现金流入，又无良好的财务盈利状况的支撑，出现财务危机就成为一种必然的后果，试图通过财务本身来避免这种危机是徒劳的。所以，公司财务危机的发生，不能局限于财务风险本身，而是要充分关注公司不同时期的各种经营风险和经营危机，及时关注在营运中表现出来的各种非正常特征，以及它对财务危机所造成的直接或间接的影响。

3. 经营风险会引发财务风险，财务风险的不可控结果将引发财务危机，财务危机是公司综合风险失控的结果。

4. 公司财务危机的特征依据其发展和恶化阶段的不同而显现出差异。由于财务危机具有客观积累性特点，因此财务危机是由于公司一定阶段各个环节失误的综合堆砌所致，是公司风险控制行为失误的综合反映。经验证明，当公司面对财务危机的威胁时，会具有某些共同的征兆，比如：主营业务萎缩、业绩下滑、现金极度匮乏，以至于资本结构、债务压力、资产营运、经营成果、盈利水平、盈利质量、财务弹性诸多方面都会有所反应。

5. 财务危机预警变量选择的范围较广，根据财务危机的诱发原因和表现，财务危机预警变量可以归为偿债能力、盈利能力、营运能力、增长能力、现金流量等类别；预警变量的选择基本前提是：预警变量具有良好的判别率、普遍适用性、成本效益性、良好的解释力与潜在相关性等等。

6. 截至目前主流的财务预警定量分析模型包括：一元判定模型、多元判定模型、多元逻辑回归（Logistic）模型、Probit模型和人工神经网络模型等；财务预警定性分析模型包括：标准化调查法、四阶段症状分析法、流程图分析法和管理评分法等。目前应用较多的是多元判定模型和多元逻辑回归（Logistic）模型。

讨论题

1. 分析现金流量表与资产负债表、利润表的关系。判断当一个公司出现财务危机征候时，现金流量表的信息是否比资产负债表、利润表的信息更为重要？为什么？

2. 上市公司的财务状况应该着重观测哪些方面，对于盈亏边缘和亏损公司应该如何预警，选择相关样本予以求证。

3. 财务信息粉饰的动机和手段有哪些，一个公司资产质量如何判断？

4. 结合公司的生命周期，如何看待公司的造血功能（经营活动现金流量）、输血功能（筹资活动现金流量）、献血功能（投资活动现金流量）的辩证关系。

5. 选择某行业的上市公司样本数据，观测连续 5 年以上的财务状况及其他有用信息，运用多元判定分析模型、逻辑回归模型预测财务危机程度，并求证财务预警模型的有效性。

案例分析 1

中金再生的现金流启示①

中金再生（0773. HK）造假事发，源于美国做空机构 Glaucus Research 的一份研究报告，根据媒体报道，报告中列举了以下 6 项疑问：

1. 根据国家环保局资料，中金再生旗下仅有广州亚钢、天津亚铜、宁波亚钢和广州亚铜 4 家子公司有资格进口有色废金属，且 2011 年和 2012 年的进口量不会超过 3. 1 万吨和 8. 75 万吨，但是为了达到公司所宣称的产量，公司过去两年却不得不平均每年进口 144 万吨。

2. 该公司必须每月进口 11. 3 万吨废铜以完成公司宣称的铜产量，亦即公司成为中国最大的废铜进口商，但 2011 年和 2012 年的海关资料表明中金再生并在非废铜月进口量排名前 10。相比之下，销售额仅为中金再生五分一的竞争对手齐合天地却跻身前 10。

3. 该公司 2011 年向最大客户（国企广州钢铁企业集团）供应其所需有色金属的 84%。

4. 每名雇员对公司的年收入贡献 1 100 万美元，相当于苹果公司的 6 倍。

5. 存货周转率是竞争者齐合天地的 5~6 倍。

6. 在金融危机期间，资本回报率与“马多夫骗局”相似，不像一个有高度周期性的废旧金属回收企业。

对中金再生打击最大的是前 3 条质疑，而要作出这样的质疑，无疑要对中金再生的业务、竞争对手和客户的情况相当了解。对中金再生的第 5 条质疑是依据其财务指标作出的，但是，分析者并非单纯地计算中金再生的指标，而是和竞争对手作对比。事实上，如果不这样做，可能很难发现中金再生的异常。

另外，中金再生 2009—2011 年的现金流数据见表 8-14：

---

① 孙旭东．中金再生启示录［J］．证券市场周刊，2013（45）．

表8-14　　**中金再生2009—2011年现金流数据表**　　单位：亿港元

	2009年	2010年	2011年	合计
经营活动产生的现金流量净额	-5.01	-9.38	-10.88	-25.27
投资活动产生的现金流量净额	-3.14	-20.91	-2.09	-26.14
筹资活动产生的现金流量净额	10.26	35.43	16.87	62.56
自由现金流	-8.15	-30.29	-12.97	-51.41
净利润	4.78	8.87	18.62	32.27
经营活动产生的现金流量净额/净利润	-1.05	-1.06	-0.58	-0.78
自由现金流/净利润	-1.71	-3.41	-0.70	-1.59

依据上述分析数据，请思考：

1）案例公司财务危机的特征表现在哪些方面？为什么？

2）从案例公司的行业均值状况看案例公司的预警变量异常状况有什么表现？

3）案例公司及其竞争者齐合天地在财务预警模型的应用中是否预警有效，为什么？

4）面对财务危机，结合现实应该如何选择变量和预警模型，预测结果是否有效？

5）公司财务危机的宏观应对与微观应对策略有哪些？

案例分析2

五谷道场盛极而衰与绝地重生

2001年，中旺集团的前身是由13位股东出资180万元创建的河北中旺食品有限公司。2003年12月，中旺集团获得“康师傅”天津顶益国际食品有限公司的注资3亿元。2005年，中旺集团总部由河北省隆尧县迁至北京，五谷道场的品牌开始运作，中旺集团步入了二次腾飞的阶段。2006年，五谷道场的销售额达到15亿元，中旺集团因此荣登第五届中国成长企业100强的榜首。2007年，誓言增加到48条生产线，拿下方便面市场份额60%的五谷道场命运急转直下，衰落速度比成长时还要快。

2007年上半年，因为原材料价格大幅上涨，虽经历了集体涨价风潮，但是方便面行业的整体利润均下滑明显。特别是以广告投放为主要营销手段的“五谷道场”，由于盲目扩张、广告支出过大及研发新产品的费用激增，出现了供应商货款给付不及时、无法给经销商正常发货、拖欠广告费和员工工资等问题。

自从2007年10月起，五谷道场全面爆发财务危机，劳动争议、法律诉讼不断增加。2007年年底至2008年上半年，仅房山区法院就受理涉及五谷道场的案件近80件，标的额3 000多万元。

据报道，2007年9月，北京建设银行房山支行贷款1 000万元给五谷道场，2008年4月到期后，五谷道场只归还了30万元的借款本金。另根据五谷道场向房山法院提供的数据，截至2008年8月31日，公司的资产总额为1亿余元，但负债

6亿余元。

2008年10月16日，企业全面停产，负债总额高达6.2亿元，600多名债权人遍布全国15个省市；在严重资不抵债的情况下，中旺集团向法院递交了破产重整申请书。根据评估公司出具的报告，中旺集团-北京五谷道场食品技术开发有限公司已经符合破产的条件。2008年11月20日，中旺集团-北京五谷道场食品技术开发有限公司破产重整。房山区法院受理此案后确定了由专业律师团队、清算事务所和房山工业局三方组成的五谷道场重组清算组为破产管理人。

2009年2月12日，中粮集团以1.09亿元取得该企业股权。2月26日，中粮集团正式接管北京五谷道场食品技术开发有限公司。中粮入主后的五谷道场继续做大非油炸方便面业务，还进一步投入资金。通过重组五谷道场，中粮集团成功进入方便食品行业。

2009年10月22日，曾经一度在大众视野中消失的“五谷道场”方便面高调宣布回归市场。

以上时间表描绘了一个市场上升空间较大的成长型企业，如果该企业资金链不能顺畅，偿债能力受阻，营运能力将极其脆弱，财务危机随时都有爆发的可能。

请根据上述资料，思考以下问题：

1）五谷道场属于在市场上升空间较大的成长型企业，其步入财务危机的财务表现与非财务表现体现在哪些方面？

2）能否将财务危机的非财务特征用财务数据加以描述？

3）查找ST春兰、ST波导被ST前1年～前3年（2004—2006年）的财务数据，用Z模型进行危机预警。

4）五谷道场资金链不畅，偿债能力受阻的主观原因与客观原因是什么？公司在发展进程中避免破产的对策有哪些？

延伸阅读文献

［1］蔡志岳，吴世农．基于公司治理的信息披露舞弊预警研究［J］．管理科学，2006（8）：79-90.

［2］黄世忠，叶丰滢．上市公司报表粉饰新动向：手段、案例与启示（下）［J］．财会通讯，2006（2）：6-10.

［3］李心合．财务失败及其预警［J］．财务与会计：理财版，2007（12）：57-59.

［4］钱爱民，张新民．公司财务状况质量三维综合评价体系的构建与检验［J］．中国工业经济，2011（3）：88-98.

［5］王克敏，姬美光．基于财务与非财务指标的亏损公司财务预警研究——以公司ST为例［J］．财经研究，2006（7）：63-72.

［6］吴星泽．财务危机预警研究：存在问题与框架重构［J］．会计研究，

2011（2）：59-65.

［7］张友棠，黄阳．基于行业环境风险识别的公司财务预警控制系统研究［J］．会计研究，2011（3）：41-48.

［8］张友棠，唐慧贤，黄辉．现代财务理论及其在财务预警中的应用研究［J］．武汉理工大学学报，2001（2）：78-80.

［9］周首华，杨济华，王平．论财务危机的预警分析——F分数模式［J］．会计研究，1996（8）：8-11.

［10］陈工孟，芮萌，许庆胜．现代公司财务困境预测［M］．上海：上海财经大学出版社，2006.

［11］李秉成．公司财务困境研究［M］．北京：中国财政经济出版社，2005.

［12］秦志敏．成长型公司资金链断裂风险管理调研及启示［J］．财经问题研究，2010（10）：110-115.

［13］秦志敏．基于我国上市公司的公司财务危机共性特征研究［J］．会计师，2007（2）：32-36.

［14］张鸣，张艳，程涛．公司财务预警研究前沿［M］．北京：中国财政经济出版社，2004.

［15］张友棠．财务预警系统管理研究［M］．北京：中国人民大学出版社，2004.

［16］弗里德森，阿尔瓦雷斯．财务报表分析［M］．朱丽，译．3版．北京：中国人民大学出版社，2009：18-19.

［17］AZIZ A，GERALD H，LAWSON. Cash flow reporting and financial distress models［J］. Testing of Hypotheses Financial Management，1989，18（1）：55-63.

［18］BENEISH. The detection of earnings manipulation accounting horizons［J］. Financial Analysts Journal，1999，13（4）.

［19］BURGSTAHLER D，DICHEV I. Earnings management to avoid earnings decreases and losses［J］. Journal of Accounting and Economics，1997（24）：99-126.

［20］RICHARD C，MICHAEL F，JEONG-BON K. Institutional monitoring and opportunistic earnings management［J］. Journal of Corporate Finance，2002（8）：29-48.

［21］EDWARD I，ALTMAN. Financial ratios，discriminant analysis and the prediction of corporate bankruptcy［J］. Journal of Finance，1968，23（4）：589-609.

［22］FITZPATRICK. A comparison of ratios of successful industrial enterprise with those failed firms［J］. Certified Public Accountant，1932（10）：598-605.

［23］HOLTHAUSEN R，LARCKER D，SLOAN R. Annual bonus schemes and the manipulation of earnings［J］. Journal of Accounting and Economics，1995（19）：

29-74.

[24] JAMES A, OHLSON. financial ratios and the probabilistic prediction of bankruptcy [J]. Journal of Accounting Research, 1980, 18 (1): 109-131.

[25] JOHN H, EVANS Ⅲ. Multiple control systems, accrual accounting and earnings management [J]. Journal of Accounting Research, 1996, 34 (1): 45-65.

[26] MCNICHOLS F. Research design issue in earning management studies [J]. Journal of Accounting and Public Policy, 2000 (19): 313-345.

[27] OHLSON. Financial ratios and the probabilistic prediction of bankruptcy [J]. Journal of Accounting Research, 1980 (18): 109-131.

[28] WILLIAM BEAVER. Alternative accounting measures as predictors of failure [J]. Accounting Review, 1968 (3): 113-122.

附录

万科 2004—2012 年部分财务数据及其指标

附表 8-1　万科 2004—2012 年部分财务数据及其指标　单位：亿元

	2004 年	2005 年	2006 年	2007 年	2008 年	2009 年	2010 年	2011 年	2012 年
营业成本	52.97	68.85	114.41	206.07	250.05	345.15	300.74	432.28	654.22
2 年前存货	59.76	86.71	105.46	148.49	341.67	664.73	858.99	900.85	1 333.33
存货周转率	0.89	0.79	1.08	1.39	0.73	0.52	0.35	0.48	0.49
货币资金	32.12	26.24	54.60	223.88	199.42	276.15	315.43	338.99	333.07
资产	158.50	211.98	422.45	950.27	1 214.65	1 295.03	1 879.35	2 832.06	3 477.75
货币资金/资产	20%	12%	13%	24%	16%	21%	17%	12%	10%
应付票据+应付账款	17.32	21.49	41.71	66.03	101.98	121.28	131.34	205.11	337.56
销售商品、提供劳务收到的现金	52.37	85.85	118.29	303.32	319.92	413.56	542.83	751.68	771.83
(应付票据+应付账款)/销售商品、提供劳务收到的现金	33%	25%	35%	22%	32%	29%	24%	27%	44%

第9章 企业集团财务管理

学习目标

◇ 熟悉企业集团组织特征及财务管理体制

◇ 掌握企业集团投资管理的目标、动因及投资决策与过程管理

◇ 了解企业集团筹资的特点与方式，理解企业内部资本市场与外部资本市场的区别

◇ 掌握企业集团资金集中管理的模式，领会不同模式的区别及适用情况

◇ 掌握企业集团的预算控制与业绩评价

企业集团作为一种组织形式自20世纪初期，开始逐步登上世界经济的舞台，展示其特有的魅力。随着经济全球化的趋势不断增强，国际竞争日益激烈，企业集团作为一种高级组织形式，综合了企业组织形态的多种优势，促使企业组织形态和经营机制合理化，成为国民经济发展的支柱，是实现产业结构调整和升级的主导力量，同时还是发展外向型经济的中坚力量，代表着国家的国际竞争力，是现代工商企业的基本标志和民族产业实力的象征。正是基于企业集团的这种战略作用，世界各国都在积极地发展并培育企业集团以提高自己国家的综合国力。

近几十年来，我国的企业集团有了较快发展，但是在发展的过程中仍存在很多的问题。2012年年初国资委主任王勇发表了这样的观点："从中央企业自身看，这几年央企整体保持了平稳较快发展，但仍然存在很多亟待解决的问题：一些企业的成本费用控制不力，投资决策不科学、债务规模增长过快，亏损子公司增多，经营风险不断积累；一些企业集团管控能力不足，管理层级过多，管理风险不断累积，内控机制不健全甚至严重缺失；一些企业资源配置效率不高，产业协同能力不强，内部恶性竞争和重复建设现象较为严重。"由此可见，要提升培育和发展企业集团，我们还需要解决一系列问题。例如：如何获得集团战略发展所需要的财务资

源？如何配置不具有可比性的各类产业发展所需财务资源？如何在多种业务中合理地分配资金，提高资本使用效率，并管控好扩张资产的规模与提升企业核心能力之间的关系？集团总部如何用简捷直观的指标评价全集团和各业务板块的财务资源利用效率、投资资本效率等。

第9章在阐述企业集团组织结构与财务管理体制基本特征的基础上，从企业集团投资管理、筹资管理和财务控制3个方面阐述了企业集团财务管理的重要内容，目的是为了解决企业集团投资决策的科学性、资源配置的效率性和控制评价的合理性等问题。

9.1 企业集团组织与财务管理体制

9.1.1 企业集团的含义与特征

1）企业集团的含义

“企业集团”这一概念于20世纪50年代首先出现在日本，它是由许多独立法人组成的经济联合体。目前世界各国的企业集团的具体形式不同，人们对企业集团的认识也不一致。新中国成立初期一直采用苏联的计划经济体制，不具备企业集团的产生条件，直至1987年“企业集团”这一术语才首次出现在国家的规范性文件中。至今，我国《公司法》中还没有关于“集团”的概念，仅在国家工商行政管理局颁布的《企业集团登记管理暂行规定》中将企业集团定义为：“企业集团是指以资本为主要联结纽带的母子公司为主体，以集团章程为共同行为规范的母公司、参股公司及其他成员企业或机构共同组成的具有一定规模的企业法人联合体。企业集团不具有企业法人资格。”企业集团应具备下列条件：（1）企业集团的母公司注册资本应在5 000万元人民币以上，并至少拥有5家子公司；（2）母公司和子公司的注册资本总和在1亿元人民币以上；（3）集团公司的成员单位均具有法人资格。

经常与企业集团概念混淆的一个概念是“集团公司”，如前所述，企业集团是若干个企业法人组成的联合体，而集团公司则是在这个“联合体”中的核心企业，通常被称为母公司、控股公司、集团总部等，分公司、子公司或其他企业则紧紧围绕在它的周围形成紧密层和松散层。

2）企业集团的特征

（1）主体多元性

企业集团是由若干个具有独立法人资格的企业组成的联合体，企业集团本身并不是法人，不具备法人资格以及相应的民事权利，但是企业集团的成员企业都是具有独立法人资格的个体，它们有独立核算、自主经营、自负盈亏的权利和义务。即使核心企业对下属企业具有经营管理的特权，每个成员企业的管理仍是自主的、自立的。这就使企业在瞬息万变的市场竞争中能及时、灵活、有效地处理各项生产、经营事务，同时有利于培养成员企业的独立竞争意识和市场风险意识。成员企业的高效、合理的管理是企业集团具有运作的秩序性和凝聚性的基础。

（2）多层次性

现代企业集团主要表现为母子公司制，子公司对外投资会形成孙公司，由此在一个企业集团内形成多个企业层级。由于控股关系与控股比例等方面的原因，各成员企业与核心企业之间的紧密关系有所不同，从持股关系和依存度来看，可将企业集团的组织结构划分为核心层、紧密层、半紧密层和松散层等层次。核心层即指在企业集团中的控股公司，通常具有母公司的性质；紧密层通常由核心企业的全资或控股的子公司组成；半紧密层一般由核心企业参股的企业组成；松散层一般由与核心企业无产权联系但有固定、长期协作关系的企业组成。

（3）以产权为主要联结纽带

企业集团内部各成员之间有着多种联结纽带将各成员紧密联系在一起，包括资本、技术、人事、契约、管理等方面的联系。其中资本联结纽带应当是企业集团最基本、最主要的联结纽带，是企业集团得以稳定和发展的基础。以资本为纽带形成的企业集团，其组织形式是以集团公司为母公司，通过控股或参股的子公司构成紧密层或半紧密层；作为松散层的关联企业，则主要以契约为联结纽带，这种契约一般表现为集团章程、具有法律效力的互惠性合同或协议等。

（4）多元化经营方式

企业集团的经营方式通常都具有多元化、差异化的特点，经营范围比较广泛，不仅包括相关产品的多元化，还包括不相关产品的多元化，这种经营方式有助于企业集团充分实现规模经济、分散经营风险、提高资源的综合利用率。

（5）资源配置效率化

由于集团内各成员企业拥有不同的投资机会，集团总部为了追求整体利益最大化，就需要在不同成员企业之间调配资本、人力和技术等内部资源，以提高整体的投资效率。企业集团的成员企业之间大都具有资金、产品或技术等方面的协作关系，这为集团内资源的重新配置提供了较大的活动空间和可行性。

9.1.2 企业集团的组织结构

1979 年诺贝尔奖经济学奖的获得者西蒙教授认为，“有效地开发社会资源的第一个条件是有效的组织架构。”也就是说，组织架构是否合理和科学，直接影响到组织能否高效运转。企业集团的组织架构大体可分为 3 种基本类型，即 U 形结构、H 形结构和 M 形结构。

1）U 形结构：过度集权的组织架构

U 形结构（united structure），也称为“一元结构”，是由泰勒首先提出的，是现代企业最基本的一种组织结构形式。它将管理工作按职能划分为若干个部门，各个部门只有很小的自主权，权力主要集中在企业的最高决策者手中，其基本框架可概括为图 9-1。

U 形结构的优点是：有利于集中领导，统一指挥，便于调配人、财、物；有利

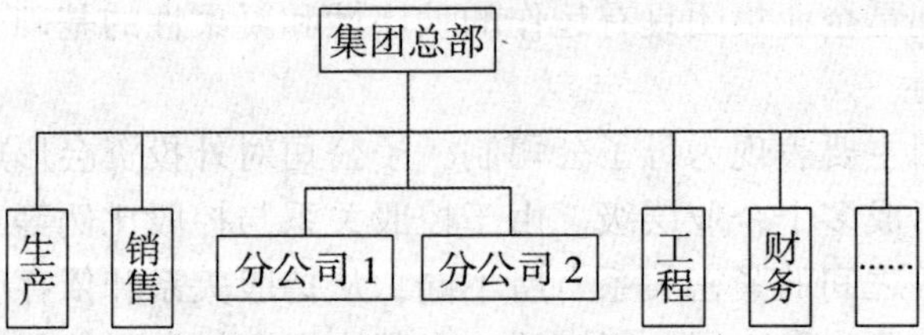

图 9-1　企业集团的 U 形结构

于落实总部的战略部署，加强对分部的控制，使整个企业有较高的稳定性。

U 形结构的缺点是：高层领导者陷于日常的经营活动，无力顾及长期发展战略决策与控制；由于企业的行政机构越来越庞大，各部门之间的协调也越来越困难，管理成本逐渐上升；下级部门的主动性、积极性不能有效发挥。

从企业集团的发展历程看，U 形结构主要适合处于初创期且规模相对较小的企业集团，或者业务单一型的企业集团。

2）H 形结构：过度分权的组织架构

H 形结构（holding company，H-form），也称为“控股公司结构”，集团总部持有子公司部分或全部股份，下属各子公司具有独立的法人资格，所从事的产业一般关联度不大，从而形成相对独立的利益中心和投资中心，控股公司依据其所从事的活动内容，可分为纯粹控股公司（pure holding company）和混合控股公司（mixed holding company）。纯粹控股公司是指其控股目的只是掌握子公司的股份，支配被控股子公司的重大决策和生产经营活动，而本身不直接从事生产经营活动的公司。混合控股公司是指其控股目的是既从事股权控制，又从事某种实际业务经营的公司。H 形结构是与 U 形集权结构形成鲜明对照的分权结构形式，其基本框架可概括为图 9-2：

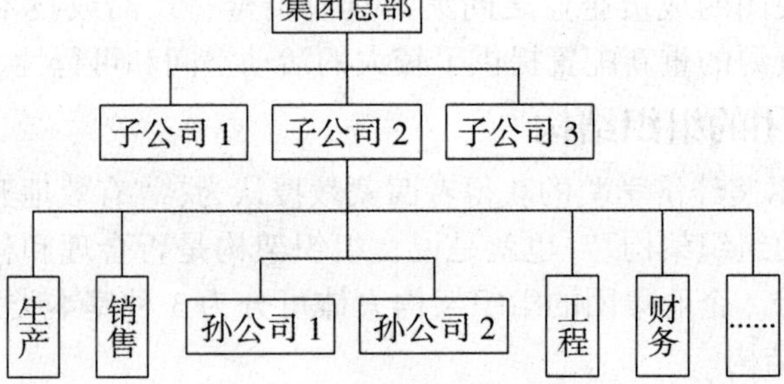

图 9-2　企业集团的 H 形结构

H 形结构的优点是：子公司作为独立的法人和利润中心，对其经营管理享有高度的自主权，有利于调动其积极性；子公司的经营业务可以分布完全不同的行业，有助于分散集团的经营风险；集团总部可以摆脱日常经营管理事务，专注与整个集团发展战略的规划与推进。

H 形结构的缺点是：集团总部不能直接对子公司行使行政指挥权，必须通过股东大会和董事会，加大了控股公司的管理成本；子公司拥有很大的独立性和自主权，集团总部在资源调配方面比较困难；母子公司为独立的纳税单位，相互间的经济往来和盈利需双重纳税。

3）M 形结构：集权与分权有机结合的组织架构

M 形结构（multidivisional structure），也称为事业部制或多部门结构，是 U 形结构和 H 形结构两种结构的进一步演化。在这种结构中，各个事业部拥有一定的经营自主权，实行独立经营、独立核算，通常是半自主的利润中心，按产品、区域和服务等来设立。各事业部通常下设职能部门来协调、管理分部的生产经营活动，各事业部虽然以利润为中心，但其利润的计算并非完全依赖市场，而只能在企业统一发展战略的框架内谋求自我发展，其基本架构可以概括为图 9-3：

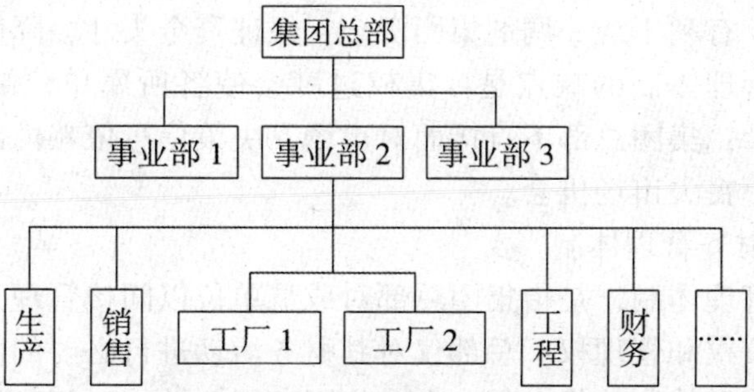

图 9-3 企业集团的 M 形结构

M 形结构的优点是：各事业部虽不是独立的法人，但却是相对独立的利益主体，在利润分配和投资决策等方面有较大的自主权，能灵活自主地适应市场变化；有利于高层领导者摆脱日常事务，集中力量用于重大事项的决策；实现了集权和分权的适度结合，既调动了各个事业部发展的积极性，又能通过统一协调与管理，有效制定和实施集团公司的整体发展战略，能做到上下联动，互相有效配合，反应速度更加敏捷。

M 形结构的缺点是：事业部之间的横向联系差，容易产生本位主义，影响各成员企业之间的协调；管理层次增加，协调和信息传递困难加大，从而在一定程度上增加了内部交易费用。

M 形结构有利于企业集团实行向前、向后一体化，对供应商和客户先前有可能在市场上完成的交易进行内部化，把越来越多的业务活动置于一个企业之中，从而扩大了生产线的规模和产业组织的范围。因此，这种结构适合于规模较大、多元化经营的控股公司。

由于现代企业集团的业务日益复杂，不同的组织结构又各具不同的优缺点，因此为适应不同的情况，企业集团多采用混合的组织架构，即 U 形、H 形和 M 形的混合状态。

9.1.3 企业集团的财务管理体制

1）企业集团财务管理体制的类型

根据权利在母子公司配置的不同，企业集团财务管理体制分为集权型财务管理体制、分权型财务管理体制和混合型财务管理体制3种基本类型。

（1）集权型财务管理体制

集权型财务管理体制，是指企业集团的财务决策权几乎都集中于集团总部，集团总部对分部或子公司的人、财、物和产、供、销实行统一经营、管理、决策和核算，各成员单位只是执行集团总部的财务决策。

集权型财务管理体制的优点是：有利于母公司发挥财务调控功能，便于整体协调，使各子公司与母公司的总体财务目标保持一致；便于安排统一的财务政策，降低行政管理成本；有利于统一调剂集团资金，保证资金头寸，降低资金成本。

集权型财务管理体制的缺点是：集权过度会使各所属单位缺乏主动性、积极性，丧失获利机会；集团总部不直接面对市场，决策信息依赖内部信息传递，造成市场应变能力差，丧失市场机会。

（2）分权型财务管理体制

分权型财务管理体制，是指集团总部对成员单位以间接管理为主，成员单位拥有充分的财务决策权和管理权，总部仅对其财务活动进行必要的监督。

分权型财务管理体制的优点是：企业集团高层能够将时间和精力集中于战略规划与重大财务决策；减少财务决策的盲目性和官僚化，具有较强的市场应变能力，提高决策的准确性与效率性；成员单位拥有充分的理财权，有利于激发成员单位的工作热情和创造性，提高经济效益。

分权型财务管理体制的缺点是：难以统一指挥，不利于及时发现成员单位面临的风险和可能出现的重大经营问题；各所属单位大都从本单位的利益出发安排财务活动，易形成诸侯割据、各自为政的局面，从而失去集团财务整合优势。

（3）混合型财务管理体制

混合型财务管理体制，是指集权和分权相结合的财务管理体制，集团总部对成员单位在所有重大问题的决策与处理上实行高度集权，具体包括：分红权及对子公司收益分配的决策权；集团重大投融资事项的财务决策权；集团财务战略、财务规划的制定权和下属单位财务政策审批权；集团内部的资金集中管理权、资本运营管理权；集团预算、决算方案审批权；集团财务、会计政策的制定权、实施与管理权；对子公司及重要成员单位财务负责人的选择、任免、考核和调配权等。成员单位对其他一切经济活动具有较大的自主权。

混合型财务管理体制的优点是：有利于综合吸收集权与分权的优点，克服或最大限度地消除过度集权或过度分权的弊端；由集团公司对重大问题统一领导，有利于提高企业集团的整体经济利益，增强其在竞争中的实力和应变力；各成员单位对其他经济活动拥有相对独立的自主权，能有效地调动其工作积极性并实现其自我约束。

混合型财务管理体制的缺点是：集团公司往往会造成管理链条较长；相关的监督成本较高；集权和分权的尺度较难把握。

2）企业集团财务管理体制选择的影响因素

企业集团只有采用适宜的财务管理体制才能优化各方资源，激发各层级管理者及员工的积极性，从而实现集团的规模效益。影响企业集团财务管理体制选择的因素是多方面的，概括起来有以下几个方面：

（1）企业集团的发展阶段

每个企业的发展都要经过一定的发展阶段。最典型的企业一般要经过初创阶段、成长阶段、成熟阶段和衰退阶段4个阶段。在不同的发展阶段，企业集团的管理体制存在很大的变化。在初创阶段，集团的抗风险能力不高，对资金的筹集和投放要求更大的稳定性，同时初创期的企业集团还面临管理不规范、各成员企业对总部战略意图缺乏充分认识及市场竞争优势尚未确立等问题，因此这一阶段，企业集团多采取高度集权的财务管理体制；在成长阶段，为了追逐更大的利润，客观上要求企业集团牺牲部分控制权利，以获得更大的灵活性，因此，财务管理体制的集权度降低，子公司获得充分的经营、资金运用权和一定的决策权，处于这一阶段企业集团适宜采用以集权为主，适当分权的财务管理体制；进入成熟阶段后，企业集团所经营的各项业务处于稳定状态，市场风险小，集团多样化经营对财务管理体制的效率性和灵活性提出更高的要求，因此，此阶段的企业集团分权度进一步扩大，集团总部仅关注整体战略规划，而子公司拥有更多的投资决策权；衰退阶段，企业集团一方面通过出售、剥离、分立子公司等以求生存；另一方面要选择进入新的行业以求发展，因此，这一阶段财务管理体制适于高度集权。

（2）企业集团的规模

不同规模的企业集团，在财务管理制度上有明显差别。根据管理幅度和管理层次论，管理者受其时间和精力等的限制，在企业规模扩大到一定程度后，就有必要实行分层次的授权管理。因此，当企业集团的规模不大，经营范围较小，业务比较单一，子公司数量不多，而集团内部关系较为简单时，财务管理就可以相对集权；若企业集团的规模较大、经营业务多样化，或子公司数量较多，则集团内部关系较为复杂，集团公司总部难以统一管理子公司财务或统一管理的效率过低，那么，就会采取相对分权的财务管理体制。

（3）企业集团的业务性质

企业集团按业务的性质一般可以划分为专业化、关联型多元化和非关联型多元化3种业务。当集团从事专业化经营时，其各子公司的业务大致相同，母公司对各子公司实施集中经营和统一管理的集权型财务管理体制有利于企业集团发挥规模效应。针对从事多元化业务发展的企业集团，其各子公司跨行业发展，母公司很难对其进行统一管理与决策，应该适当地分权。

(4) 子公司的管理成熟度

企业集团母公司对子公司进行财务管控的目的是降低子公司所面临的财务风险。如果子公司的管理成熟度很高，能够实现自我规避财务风险，则母公司应当给予子公司更加宽松的经营管理空间，即子公司拥有更多的经营自主权；反之，则子公司拥有较少的经营自主权。

(5) 子公司对集团的重要性

资源依赖理论认为：次级单位在本质上是组织的一项资源，资源越重要，组织对其的依赖性越强，组织越会对其进行控制。另外，根据 Jaeger 和 Baliga（1984）的研究，若企业集团内某一子公司拥有其他子公司的优势资源，则其对企业集团的影响越大，母公司对其集权程度会相对较高；而对母公司来说地位不太重要的子公司，母公司对其集权程度会相对较低，一方面，减轻母公司的决策压力；另一方面，可以有效地调动子公司的积极性，促进其自主发展。

除了上述几项因素外，企业集团战略、信息化水平、管理者素质、企业集团文化、集团地理位置、市场竞争状况等也是影响集团财务管理体制选择的重要因素。企业集团应深入分析本集团的特点，综合考虑上述多种因素的影响，设计一套行之有效、切合实际的财务管理体制。

9.2 企业集团投资管理

9.2.1 企业集团投资管理目标

投资是拉动集团业务及规模增长的引擎，它决定着企业集团的扩张速度，因此投资管理是企业集团管理实践的重要内容，投资活动的成败关系到企业集团的经营效益，甚至关系到企集团的生死存亡。任何投资必须有助于整个企业集团的长远利益、企业集团核心竞争能力的形成以及企业集团整体价值的最大化。具体而言：

1）确保集团总体战略的贯彻执行

企业集团的投资战略是指在企业集团经营总战略的指导下，根据各项条件的分析及对未来的预测所选择的最佳资源组合和运用方案。企业集团的投资战略是总体战略的一个构成要素，它的实施进程和最终结果必然影响着集团总体战略的贯彻执行。比如，企业集团确定了扩张型的总体战略，投资管理就需要考虑是通过多元化还是一体化来实现扩张目标，应选择进入哪些行业等。如果企业集团采用的是稳健型的发展战略，投资管理则需要考虑集团多余现金流量的投资方向。因此，对外投资管理的首要目标则是要能使企业集团的总体战略被有效地贯彻执行。

2）保证投资规模与结构的合理性

集团投资整合自营资产可以维持并发展其的竞争优势，延续企业的生命周期，但随着生产经营规模的不断扩大，更需要外部交易扩张型的发展战略使集团获得持续的、跳跃式的发展。由于集团的投资规模受到生产要素资源和市场容量的双重限制，不可能无限增大。因此，通过投资管理，可以使集团确定有效投资和无效投资甚至是负投资的界点，选择合适的对外投资规模。

3）促使投资决策的科学性

科学的投资决策是投资战略目标得以实现的重要基础，是有效实施投资运作过程管理的前提条件。盲目地做多做大，会造成集团偏离发展方向，资金周转陷入困境，管理鞭长莫及。因此，投资管理的目标是要规范企业集团的投资决策程序，认真考虑国家的宏观政策导向和行业的竞争程度，评估投资风险，审视自身的资源结构和管理能力，考虑企业集团的经济规模和发展目标，合理确定投资战略，以有效地配置资产，实现企业价值最大化。

4）保证投资实施的有效性

投资实施是集团企业依据投资决策方案，通过制定一系列的管理流程与制度，对投资立项、实施、跟踪分析到最后投资退出进行全过程的规范、制约和保证，以实现投资战略，获得预期收益的过程。投资实施过程是投资战略得以落实的最终环节，也是对外投资管理战略效果的集中体现。如果没有有效地对投资过程实施管理，投资活动难以保证最终的成功。

5）有效地识别和控制投资风险

投资风险贯穿于投资的全过程，投资管理通过开展风险评估，准确识别、控制与投资目标相关的内部风险和外部风险，确定相应的风险承受度，并结合风险分析的结果，权衡风险与收益，采取适当的控制措施，避免经营风险、财务风险、市场风险以及因个人风险偏好给企业集团经营带来的重大损失。

9.2.2 企业集团投资的动因与方式

从资产分类管理的角度出发，将企业集团的对外投资分为证券投资和实体投资，由于实体投资是作为企业集团对外投资最主要的内容被纳入企业整体战略而通盘考虑的，因此，这里重点阐述企业集团对外实体投资的动因与方式。

1）企业集团对外实体投资的动因

（1）实现集团外部扩张

实现企业集团外部扩张是企业集团开展实体投资的根本动因。企业集团进行外部扩张大概有两种形式：

第一，横向扩张，即通过对其他同类企业的投资，扩充现有产品或劳务市场的份额，使企业集团的规模不断扩大，从而取得市场定价或竞争的话语权，获取规模效益。例如，企业通过横向并购，对与本企业产销相同或相近产品的企业并购后，就可能在经营过程的任何一个环节和任何一个方面获取规模经济效益。大部分行业都存在规模经济现象，在公用事业、钢铁制造、制药业、化工业和航空制造业等有着极高固定成本的行业，其规模经济尤为明显。

第二，纵向扩张，即通过向主导产品上游企业或下游企业进行投资，实现上下游一体化经营，以此来解决主导产品的原材料供应问题和产品的市场销售问题，提高企业集团整体的市场竞争能力。例如，钢铁厂为了保证铁矿石的来源而兼并铁矿厂，纺织厂为扩大产品销路而兼并印染厂。

（2）谋求其他特定的目的

除了实现集团外部扩张以外，集团进行实体投资还有其他一些目的，如：

通过对外实体投资，投资企业可以获取被投资企业的资金、技术、销售、品牌等优势资源，以优化自身的资源配置。例如，思科（CISCO），IBM等公司通过收购拥有某项先进技术的其他公司来补充自身的技术资源，以保证其在行业中的技术领先地位；TCL公司通过收购德国施耐德公司来获得在欧洲国家销售产品所需要的品牌与销售渠道等资源。

为内部产生的现金寻找更好的投资机会。当一个企业的产品生命周期处于成熟期、拥有充足的财务资源（如充足的现金流量、大量未被抵押的优质资产等）未被充分利用时，而另一个企业产品生命周期处于成长发展期、拥有较多投资机会而急需现金的情况下，可以通过并购、联营、合营等形式，将企业内部多余的现金投入到被投资企业，寻找更好的投资机会，获得较高的投资回报。

寻找新的利润增长点。对投资企业来说，通过自己购买新设备、开发新产品来实现内部增长，不仅投资大、周期长，而且还有较大的风险，但是通过并购活动就可以快速进入某一垄断行业、某一地域、某一新兴市场，获得某一关键技术，取得某一品牌，打破行业、地域、市场、技术的封锁和限制，从而实现收益增值。例如，美国Philip Morris公司原为一家烟草公司，该公司为了进军食品业而收购了卡夫食品公司。

2）企业集团对外实体投资的方式

在实践中，企业集团可以通过合并收购、成立合营公司、联营等途径来实施对外实体投资。每一种投资方式都存在对投资公司特定的收益和成本。因此，公司必须对各种投资方式进行权衡，认真地分析每种方式的优缺点以及自身的需要和在特定竞争环境中的具体情况。

（1）并购

并购，即兼并与收购的统称。兼并是指一家企业以现金、证券或其他形式购买其他企业的产权，使其他企业丧失法人资格或改变法人实体，并取得对这些企业决策控制权的投资行为。与其他投资方式一样，并购也存在自身特有的优点和缺点。并购的主要优点是，它可以迅速地确定投资企业在新业务中的位置。通过并购已经存在的竞争者，公司可以省去在新的业务领域重新构建自己势力所需的时间和精力，或节约公司开发从事该业务的资源所需要的时间，尤其是当这些关键性资源很难被模仿或积累时。除此之外，并购还可以获得市场协同效应、管理协同效应和财务协同效应、税收效应等。

尽管并购存在上述优势，但它也存在严重的缺点。例如，并购是一种相当昂贵的市场进入方式，这是并购的最主要的缺点。通常，为了完成一项收购交易活动，收购方需要支付高于目标公司目前股票市值 30% 的费用甚至更高。所以，无论收购能创造出多少价值，“价值的升水”都有可能使这些价值在收购交易的竞争中损失殆尽。除了存在标价过高的可能性之外，并购活动还存在着并购后整合失败的问题。

（2）合营

合营是指由两个或多个企业或个人共同投资建立的企业，合营各方按合同约定对某项经济活动所共有的控制，被投资企业的财务和经营政策必须由投资双方或若干方共同决定。企业通过合营的形式对外投资而不采取并购或其他形式是由于合营各方均掌握着对方所必须依赖的优势（如资金、技术、营销网络），为了实现优势互补，不得不互相妥协，形成任何一方都可以控制但又无法完全控制合营企业的格局。例如，在 20 世纪 70—80 年代，许多生产高质量产品的日本公司都缺乏进入美国市场所必需的分销服务网络。但是，多数公司既没有收购一家美国公司，也没有建立自己的网络，而是设法合营，使自己的产品与美国本地公司的分销与服务网络结合，并取得成功。由此可见，合营的最大优点就是可以较低成本、迅速地获得本企业所需要的互补资源。但是合营企业也存在一系列问题，如可能援助了潜在的竞争对手、企业整合难度较大、长期有效性存在问题，尤其是如何界定合营各方为企业所做的贡献以及如何监控这些贡献，公司的战略应该由谁来负责制定等，这些问题常常纠缠合作双方而使合营的最初设想与计划的功效大打折扣。

（3）联营

联营是指由有关单位共同出资，组成联合经营的对外投资活动。联合经营的各方共同协商签订章程或契约合同，履行相应的手续、程序、承担相应的经济、社会责任，参加联合经营的各单位一般都具有一定的协作关系。一般而言，投资企业直接或通过子公司间接拥有联营企业 20% 以上但低于 50% 的股权时，投资企业对联营企业的财务和经营政策有参与决策的权力，但并不能够控制这些政策的制定。联营的最主要优势体现在融资方面，当有些大型项目涉及流动资金金额巨大，一家企业无法承担时，只能由数家企业组成联营体共同承担，而且通过联营也可以弥补企业自身在某些技术方面的不足从而增强竞争实力，或者无须购买某些昂贵的大型设备而节省大量资金。另外，通过多家企业组成联营体也可以分散风险。但是联营也存在一些缺点，如联营各方在经营观点和经营策略等方面可能存在差异，会导致意见的分歧，管理层次多，利害关系复杂，控制力度不大，并且当投资企业自身优势不明显时控制的有效性就值得怀疑等。

9.2.3　企业集团投资决策管理

企业集团投资的目标是最大限度地实现资源的有效配置，实现企业集团整体价值最大化。投资决策应围绕这个目标确定投资的战略规划、投资的规模与结构、投资对象的选择等问题，同时要充分识别和评估投资风险，把握集团现有能力和影响因素，以确保投资决策的可行性与科学性。

1）投资的战略规划

投资的战略规划应该属于企业集团总体战略的一部分，因为从形成性质看，投资战略是有关企业全局发展、整体性的、长期性的战略行为；从参与战略的人员看，投资战略制定与实施的人员主要是企业集团的高层管理人员。因此，对投资的战略规划可以依据企业的总体战略思路，按照公司的发展阶段划分为保守性投资战略、进取性投资战略和收缩性投资战略。

（1）保守性投资战略

保守性投资战略一种维持现有投资水平的战略。一般在企业的生命周期处于萌芽期时，企业的规模实力往往不够大，核心竞争力不强，资本积累较少，如果盲目进行扩张，就会造成小马拉大车的现象，因此这一阶段的对外投资采取保守性的投资战略，投资规模较小。

（2）进取性投资战略

进取性投资战略是一种不断扩大现有对外投资水平的战略。通过资本的外部扩张可以获得对企业发展有利的资源，而且从时间效率角度讲，外部扩张比内部扩张的速度更快，因此进取性投资战略是企业在成长时期最主要的投资战略。

（3）收缩性投资战略

收缩性投资战略是一种收缩现有对外投资规模的战略。收缩性投资战略是一种消极的发展战略，即企业从竞争领域退出，从现有经营领域抽出资金，缩小经营范围，收缩市场，撤出某些经营领域，减少生产经营的产品种类等。

2）投资规模与结构优化分析

投资规模是指一定时期企业集团投资的总水平或投资总额。投资规模与经济效益之间存在着密切的联系，如果投资规模设置不当，就很难实现效益目标，甚至会产生负效益。那么实体投资的规模应该是多少？实体投资与自营资产的最优结构比例是多少？这很难用一个具体的数字来概括，但是企业集团通常在确定实体投资规模及结构时要考虑以下因素：

（1）企业的生命周期

在企业生命周期的不同阶段，企业发展、竞争的目标各不相同，为达到目标而制定的投资战略各有侧重，从而导致实体投资和自营资产投资的规模和结构的变化。一般而言，企业在发育萌芽时期的投资行为主要是为了整合内部资源，优化内部经济结构。在企业的成长时期，企业已积累了相当的规模实力和竞争实力，其生产能力、资金、技术、管理都日趋成熟，这些都为企业增加对外实体投资的比重提供了条件。

（2）企业的经营规模

企业进行实体投资必须具备的一个基本条件就是企业的生产经营必须达到一定的规模，企业的净资产必须达到一定的规模。实体投资所实现的生产要素优化配置或产权流动实质上就是资本关系的重新界定，企业的并购、合营等都依赖于一定的资本规模这一基础，没有一定规模的生产经营，没有一定规模的净资产，企业的融资和投资策略都会受到限制，此时企业就不应该把自己的资金大量投向其他企业。

(3) 企业的内部资源

企业进行实体投资必须有相应的资源与之配套，因此对企业的财力资源、物力资源和人力资源都有更高的要求。如果投资企业的自有资本有限，那么采用债务融资方式兼并其他企业或收购其他企业的部分股权和资产时，就会面临较大的财务风险，而在物力资源和人力资源不足的情况下，加大对外实体投资也难以保证投资目标的实现。

3）投资对象选择

在企业集团确立了对外进行实体投资的战略规划后，如何选择合适的投资对象呢？其最重要的标准就是要看被投资企业是否具有潜在价值。这种潜在价值主要表现在：一是投资对象具有的某些功能，由于受到资源的限制、能力的限制或其他因素而使这些功能没有发挥，通过重新调整相关的资源和能力就可以获得更大的使用价值。例如，2001年5月，宝洁公司（P&G）耗资50亿美元收购Clairol（它销售洗发香波、彩色焗油膏等），Clairol的全球销量很小，但是宝洁通过将自己的品牌管理技能、R&D能力和强大的全球销售网络运用到Clairol内部，取得利润的大幅增长，实现了并购的初衷。二是投资对象与本企业的发展有互补性，增加对它的投资可以给企业带来更大的发展。三是投资对象控制着本企业自身发展必须的关键技术或人才。四是投资对象生产本企业发展必需的原材料。五是被投资企业目前处于亏损状态，本企业有能力使其扭亏为盈，并获得资本增值。六是投资对象将来可能成为集团的竞争对手。七是投资对象在行业中有较高的市场占有率和极高的品牌价值和商誉。例如以碳酸饮料起家的可口可乐，在中国果蔬饮料市场上遇到强劲对手汇源果汁，2007年汇源在国内100%果汁及中浓度果汁市场的占有率分别达42.6%和39.6%，属于行业龙头，而2007年可口可乐在中国果蔬汁市场的占有率为9.7%。另外，汇源在中国是一个发展已久的成功的果汁品牌，积累起来的品牌效应和品牌忠诚度使其具有很大的发展潜力。因此，资本雄厚的可口可乐欲抢占中国纯果汁饮料市场，提出以24亿美元现金收购汇源果汁是非常明智的抉择。

4）投资风险的识别与评估

投资风险是企业承受的主要风险之一，它直接影响到企业的资金流向、发展趋势以及中长期发展规划的实施。实体投资的风险是指企业在投资活动中承受损失或不能获利的可能性。这种投资风险来源于企业集团的外部和内部：外部风险主要来自于客观经济环境的不确定性，如国家法律法规政策的变化，金融市场利率变化，通货膨胀程度，市场销售和生产技术，各种要素价格的变化等，这些都会造成对外投资收益的不确定；内部风险主要体现在企业集团内部管理体制和经营水平，风险大小很大程度上取决于管理者的素质和企业集团对投资对象、投资时机、投资方式、投资规模的选择、控制与决策能力。企业集团在对实体投资风险进行识别时，重点关注影响投资资产安全性以及投资利益不能实现的风险发生的可能性。在对这些风险的影响程度进行评估时要重点考虑以下因素：已识别的投资风险的特征、相关历史数据的充分性与可靠性、管理者进行投资风险评估的技术能力、投资成本与收益的考核与衡量等。

5）企业集团自身的投资能力分析

除了考虑企业集团的投资目标、投资行业以及投资风险以外，集团还要客观地分析自身的投资能力，它是企业集团进行实体投资的先决条件，具体可以从以下3个方面分析：

（1）分析评价企业集团主营业务的发展水平

对于选择通过实体投资对外扩张的企业集团来说，稳定且具有相当优势的主营业务是实现扩张战略的前提。扩张战略意味着企业集团规模要扩大，也可能要进入新的领域，如果是进入新的领域，由于对新领域的信息掌握不完全以及缺乏相应专长，进入的风险往往较高，至少要承担比在自己熟悉的主营业务领域更高的风险，因此扩张之初格外需要稳定的保障和雄厚的实力支持，这不仅是实体投资成功的前提条件，也是企业集团避免因对外投资的风险而受到致命打击的客观要求。因此，对外实体投资的一个最基本的原则就是：主营业务领域的发展是第一位的。对企业集团主营业务的发展水平应从国内、国外两方面进行评价。这样既便于确定企业集团在国内市场的竞争地位，也便于为其在国际市场进行定位。具体评价指标包括：第一，产品方面。其主要包括产品差异性、产品质量、产品价格水平、成本水平、技术水平。第二，市场占有方面。其主要包括产品销售额、市场份额。第三，盈利水平。其主要包括销售利润率、资产利润率等。通过对以上指标进行定性、定量分析，就可以评价出企业集团的主营业务是否精干、稳固，是否可以作为企业集团对外实体投资的基础。

（2）分析评价企业集团的资本能力

实体投资具有资金需求量大、周期长、变现能力差等特点，这对投资企业的资金周转能力提出了很高的要求，因超过自身能力而过量使用资金引发债务危机或者因资金周转不灵而错失投资机会都会造成投资计划的失败。因此，分析评价企业集团的资本能力非常重要。在分析评价企业集团投资的资本能力时不仅要考虑初期的投入，而且还要考虑在正常运转中需追加的周转资本。除了考虑企业集团现有的资产外，企业还需考虑未来的资本变化情况，即需分析企业的盈利记录，分析其目前的盈利状况并合理预测未来的盈利趋势。如果企业集团的自有资金不足，这时需考虑其资本结构、筹资能力等问题。

（3）分析评价企业集团的营销能力

营销能力包括营销技能、营销渠道、市场反应能力及售后服务水平等几方面，营销能力的好坏将对企业规模起限制作用，也将对企业集团能否在新涉足的领域取得稳固地位以及能否扩大市场份额产生极大影响，从而成为判定企业可否进行投资的一个重要依据。

9.2.4　企业集团投资过程管理

在制定了投资决策之后，企业集团将面临的是更为复杂的管理过程，即通过制定一系列的管理流程与制度，从投资立项、实施、跟踪分析到最后投资退出进行全过程的规范、制约和保证，以规避风险，实现预期收益。

1）投资立项管理

投资立项管理的目标是确保投资行业选择符合集团发展的战略；地域选择具有政策、资源优势，符合集团业务的布局要求；投资规模适度，投资回报符合要求；如果是参股、控股，要确保其与股权相对应的控制权。对投资立项的可行性研究，要坚持实事求是的原则。通过对市场的分析，研究产品的销路和发展趋势，工艺流程和技术数据，预测产品的销售价格、成本、税金和利润，涉及外汇的还要考虑汇率风险，以及规避这些风险的措施。如果是借入资金进行项目投资，还必须考虑筹资成本。另外，还要从不同角度和不同意见中分析利弊得失，从而取得比较切合实际的可行性研究结论。通过可行性研究、论证后，应予以立项。立项的投资项目，应履行企业规定的审批手续。一般长期、重大投资项目及其决策，必须经过董事会集体决策、审批并实行联签制度。

2）投资实施管理

投资项目实施管理的目标就是建立合适的管理控制体系，保持企业集团对投资项目的控制力度，保证投资支出运作程序的规范性。例如，集团数额较大的实物资产、无形资产对外投资，必须经过国家认可的评估机构进行资产评估，评估结果经国有资产管理部门确认后，才能作为投入资产入账价值的依据。投资部门还要跟踪检查投资项目的进度与投资资金使用量的匹配程度。如果是参股、控股其他公司，还涉及组织文化融合、各方股东关系理顺、财务体系接轨改制、冗员安排、制度体系改革等。

3）投资跟踪管理

项目投资以后，必须加强对投资项目的跟踪管理，不能以投代管，投资后不闻不问，放任自流。对企业集团投资的管理或资产投资管理的内容主要包括：对投资比例较大、控股权较高的企业，应考虑向被投资企业委派参与管理的人员，并对委派的管理人员要建立相应的联系汇报制度；对投资的资产要建立、健全管理备查制度和会计核算制度；投资管理部应对投资项目的经济效益及相关信息进行收集、整理、报告，企业财务部门应对投资项目的价值及增减、收益变动等情况进行跟踪管理；对被投资单位除了听其汇报、审阅其方案外，还应及时了解其经营情况，发现问题尽可能及时解决。这样既帮助了被投资企业，也维护了投资企业的合法权益。

4）投资退出管理

一般而言，如果集团总部的战略发生了调整，因为环境的改变导致子公司不再符合母公司的发展战略，或者子公司的经营绩效不佳，或者通过转让能比继续维持经营产生更大的经济价值，企业集团都可以考虑退出投资。通常退出的流程分为退出项目选择、退出方案制订评估、退出方案实施、退出交接等步骤。

（1）退出项目的确定

退出项目的确定包括以下程序：①投资部门根据集团发展战略和投资回报率的要求，分析投资项目持续经营的可能性与必要性，在初步估算继续经营与处置收益对比结果以及评估退出成本后，提出退出项目名单。②财务部门在审核投资项目年度经营报告和财务报告的基础上对退出项目名单给出初步意见。战略发展部门分析退出项目与企业战略的偏差程度，结合投资部门和财务部门的意见，对属于战略退出的项目给出退出时机的专业意见，对有战略意义的项目提出复评建议。③投资委员会对投资部门、财务部门和战略发展部门的意见进行审查，包括战略符合性审查、经济效益指标审查和非经济效益指标审查，并给予批复。

（2）退出方案的制订

项目退出方案制订的要点有：①投资部门根据投资委员会的批复，会同财务部门、战略部门和法律部门组成项目退出管理小组，分析市场环境、企业的经营状况与前景、接触潜在的受让者并进行协商谈判，提出退出时间、退出方式以及退出的策略；②财务部门要审查财务报表，清理抵押、担保、应收应付款项，规范财务报表；分析项目退出的避税空间；聘请资产评估机构客观评估投资项目的投资价值；③投资委员会根据企业发展战略及行业现状、发展趋势，分析退出方案，报董事会或股东大会审核，并给予批复。

（3）退出方案的实施

退出方案的实施包括：①投资部门履行退出计划，保障退出后各种资源的合理利用，减少退出损失；评估员工安置方案，减少退出影响；协调供应商、客户资源的移交方式。②财务部门监督退出财务制度的执行，完善各种退出财务监管制度，如收回货币资金的，应及时办理收款业务；收回实物资产的，应编制资产回收清单并由相关部门验收；收回债权的应确认其真实性和价值；核销对外投资，应审核因被投资单位破产等而不能收回投资的法律文书和证明文件，并报相关部门审议批准。③投资委员会审查投资、财务、法律等部门的报告资料，评估各职能部门的工作绩效和管理水平；对大额损失进行冲销审查。

9.3 企业集团筹资管理

9.3.1 企业集团筹资的特点与方式

1）企业集团筹资的特点

与单一企业筹资相比，企业集团筹资具有以下几个特点：

(1) 筹资内涵扩大

对于单个企业而言，内部筹资主要是指企业的积累，而对于企业集团的内部筹资除了通常意义上的自我资金积累，还包括集团内部企业之间的内部融资，即母公司与子公司、子公司与子公司之间相互提供资金的融通。集团内部企业之间相互提供资金融通的方式是多种多样的，可采取相互持股、发行债券、短期商业信用等形式。集团内部筹资可以更好地发挥内部筹资的优势，即筹资成本相对较低，交易费用减少，降低信息不对称，提高资金使用效率，优化资源配置等。

(2) 筹资聚合效应显著

一个集团公司是否具有财务优势，最主要的不是业已占有或拥有财务资源的规模，而在于是否拥有或创造出更多、更顺畅的融资渠道，以及有无足够的能力有效地利用这些渠道筹措资金。在这一点上，集团公司的能力要远远大于单一成员企业。

(3) 筹资决策多层化

在集团公司中，母公司作为核心企业，与其属下各级子公司处于不同的管理层次，各自的融资决策权利、内容大小也各不相同，导致在集团公司内融资决策的多层次化。母子公司的融资决策权的界定，取决于集团财务管理体制的不同，集团公司在牢牢确立母公司主导地位的基础上，必须充分考虑不同产业、地区、管理层次的企业的不同情况，合理处理集权与分权的关系，从而最大限度地减少内部矛盾，真正调动集团各层次成员企业的积极性和创造性，保证集团发展规划和经营战略的顺利实施。

(4) 财务主体多元化

集团公司的一个重要特点是母公司与被控股的子公司之间在法律上彼此独立的法人资格，并以资本的结合为基础而产生的控制与被控制机制。这是集团公司与事业部机制的重大区别。事业部制虽然是大公司所采取的高度分权的体制，但是每个事业部一般没有独立法人资格；集团公司的各子公司均为独立法人，都是利润管理中心或投资管理中心，是较为彻底的分权单位，各子公司具有独立的经营管理机构并独自负有利润责任，拥有独立筹资能力，形成“公司内的公司”，所以集团公司本身就意味着多个理财主体。

2) 企业集团筹资方式

企业集团的资金融通包括外部资金融通和内部资金融通两种方式。

(1) 外部资金融通

集团公司与单一企业一样，对外融资的方式有股权融资、债权融资和混合融资 3 种形式，但是企业集团可利用的具体融资方式更为广泛，如企业债券、银行的集团统一授信、银行间交易商协会发行的短期融资券和中期票据等。依据筹资决策主体又可分为两种形式：集中型筹资，即由集团公司统一对外筹资，然后以一定方式投入各成员企业使用；分散型筹资，即由成员企业根据规定直接对外筹资。

（2）内部资金融通

内部资金融通是指集团公司利用自身拥有的资金和各成员企业的闲置资金在集团内部进行资金融通使用。具体来讲，集团公司内部资金的调剂和融通主要方式有成员企业之间的借款、相互担保、股权转让或调拨、内部资产重组和内部产品交易等。利润留存也是集团内部融资的主要方式。在企业集团内部，不仅成员企业的内部留存会形成自身的资金来源，成员企业对母公司的利润分配，也会形成自身的资金来源。

9.3.2 企业集团内部资本市场

1）内部资本市场的含义与功能

（1）内部资本市场的含义与特征

内部资本市场（internal capital market，简称 ICM）是伴随着企业组织结构的创新和多元化经营浪潮的兴起而出现的一个新兴研究领域。内部资本市场的概念由 Alchian（1969）、Wilmson（1970，1975）等人最早提出，他们认为 M 形的联合大企业中存在着内部资本市场，其在强化内部资本配置、缓解外部融资约束方面发挥着重要的作用。20 世纪 90 年代中后期，随着组织创新和内部资本市场研究视野的不断拓展，学术界将对内部资本市场的研究拓展到 H 形的控股企业集团（Khanna and Palepu，2001）。所谓内部资本市场是由企业集团内部形成的，企业集团总部和各成员企业参加的集团企业内部的资本融通市场。在这个市场中，主要以企业集团总部为资本提供者，需要投资的成员企业为资本需求者。

内部资本市场的特征表现为：①内部资本市场是基于企业集团的内部资本配置机制，该资本配置机制是计划与市场的结合体，相比于外部资本市场单一的市场价格配置机制显得更为灵活；②内部资本市场的资本配置是基于信息对称的情况，因此资本成本低、效率高；③内部资本市场运作的主体是集团总部，集团总部是筹资和投资活动的主体。

（2）内部资本市场的功能

企业集团的内部资本市场主要有三大功能：缓解融资约束、优化资本配置、监督激励。①缓解融资约束主要是指内部资本市场可以规避外部融资由于信息不对称等因素造成的高成本，可以通过资本整合缓解内部成员企业的投资对本部门现金流的依赖性，增强成员企业的融资承受能力，提高集团整体的财务协同效应，降低公司陷入财务困境的可能性；②资本配置功能主要体现在内部资本市场能根据市场环境变化调整资本配置方向及数量，将资本配置到效率最高的环节；③监督激励作用则体现在集团总部能通过有效的监督和激励降低股东和经理之间的代理成本，提高资本的使用效率。

2）内部资本市场与外部资本市场的区别

Gertner et al.（1994）认为，内部资本市场与外部资本市场的本质区别表现在：在内部资本市场中，公司总部是资金使用部门资产的所有者，拥有剩余控制权；在外部资本市场中，出资者不是资金使用部门资产的所有者。他们认为，正是由于这一本质的区别，导致内部资本市场在企业的监督、激励和资产的重新配置3个方面产生了不同于外部资本市场的后果。第一，内部资本市场增加了出资者的监督激励，即使内、外部出资者有相同的监督能力，内部出资者也会选择更加严格的监督，这是因为他们拥有对资产的剩余控制权，能从监督中获得更多回报；第二，内部资本市场降低了部门经理的激励，这是因为部门经理没有剩余控制权，他们容易受到公司总部机会主义行为的侵害；第三，内部资本市场有利于更好地重新配置企业的资产。

Stein（1997）进一步指出，内部资本市场是解决资金在企业内不同分部之间的分配问题；外部资本市场则是解决资金在不同企业之间的分配问题。由此可见，内部资本市场与外部资本市场的主要区别集中体现在对资产的剩余控制权上。对资产的剩余控制权不同导致内部资本市场和外部资本市场在激励、监督、重新配置资产等方面的能力和作用机制有较大差异。从本质上看，内部资本市场更多地依靠权威、等级制并配合使用价格机制来配置资源；外部资本市场则主要依靠价格机制来配置资源。配置手段的差异必然导致配置结果和配置效率的差异。表9-1反映了内外部资本市场的区别。

表9-1 **内外部资本市场的区别①**

	资金来源	资金使用	市场媒介	分配调节	配置导向
外部资本市场	拥有剩余资金的社会主体	社会各生产单位	金融中介和资本市场	市场交易	各项目预期收益率
内部资本市场	拥有剩余资金的社会主体和集团内部各成员单位	集团内部各成员单位	集团总部和内部金融中介	市场和企业内部交易	管理者的判断与项目预期收益率结合

从我国的实践来看，近几十年来，随着企业多元化战略的兴起和并购重组的日益频繁，我国涌现出了大量的企业集团。但是由于我国正处于剧烈的经济社会变革时期，金融体制仍存在诸多问题，以“新兴加转轨”为特征的外部资本市场远远不能满足这种迅猛发展的要求。内部资本市场规避了外部资本市场的信息不对称、激励弱化和融资约束的缺陷，在一定程度上成为外部资本市场的补充和替代。

3）内部资本市场交易

（1）交易主体

正如外部资本市场必须有投资者、筹资者、商业银行、投资银行、证券公司、保险公司、其他中介机构和证监会等参与一样，内部资本市场的运行也必须通过内

① 张运来，王峰娟．内部资本市场主体及功能定位［J］．商业研究，2010（7）：45-46.

部资源配置中心、内部资本市场中介、资源提供者与需求者等才能完成。其中企业集团总部为内部资源配置的中心，内部结算中心或财务公司为内部资本市场的金融中介，集团内部的母公司、各分部或子公司为内部资源的提供者和需求者。

①集团总部。内部资本市场的核心功能是对内部资源进行配置。企业集团总部作为“剩余控制权”拥有者，利用自身权威将一个分部的资源配置给另一个效率更高的分部，保证资源的使用符合集团总部的战略决策，因此集团总部是内部资源配置的中心。

首先，集团总部将分部的资源通过结算中心或财务公司集中起来，再按照战略决策为各分部提供资源，并通过对各分部使用资源效率评价，决定对某个分部是增加还是减少资源供应，保证资源从低效率部门转移到高效率部门，从而使集团的经济资源配置到效率最高或效用最大的项目上，为此集团总部必须采取一定措施：第一，制定资源配置的标准，即通过量化指标对众多竞争性项目进行评价，选出最优项目。常用的资源配置标准是财务标准和战略标准，财务标准是在投资项目可行性评价时使用的净现值和内部收益率指标，战略标准是以投资项目与公司战略的符合度作为项目取舍的依据，总部不仅考虑项目本身的收益，更重要的是要考虑项目在公司整体投资组合中与其他项目相比较所具备的相对优势。第二，配置投资决策权。不同的财务管理体制，投资决策权的配置是不同的。在集权式的财务管理体制下，投资决策实行集中化，集团总部是集团唯一的投资中心；在分权式的财务管理体制下，各级投资中心享有一定的投资权，但必须执行集团统一的战略和投资政策。第三，制定借贷款内部利率、内部转移价格。集团总部通过设定内部借贷款的内部利率、内部转移价格等来传达集团的战略意图，并由金融中介贯彻于各分部，从而规范并调控各分部的资金行为，推动集团整体目标的实现。①

其次，集团总部还负责融资规划，建立集中的融资机制。资金集中融通包括两个方面：一是外部资金集中融通。其方式有两种，一种由集团总部负责集团内部所有公司的融资；一种由集团总部统一规划和审批，由总部和子公司各自对外筹资，总部根据投资规划将资本配置到效率最高或具有投资机会的子公司。中国五矿集团公司采用的是第一种方式进行资金的集中融通。集团总部负责集团内所有公司的融资，与银行签署统一的授信协议，并依据全面预算保证各子公司的资金需求。除总部外，任何单位均无权对外融资。二是内部资金集中管理。内部资本市场的显著特征之一就是内部资本“并不是取之于谁、就用之于谁”，集团总部需要对内部资金进行集中管理。子公司在经营过程中产生的现金流，以及在总部规划下从外部筹集的资金均需通过资金集中管理系统纳入内部资本市场。

②内部结算中心或财务公司。内部结算中心或财务公司是内部资本市场的金融中介，为成员企业的结算、融资、投资等提供一个操作或服务平台。它们为成员企

① 张运来，王峰娟．内部资本市场主体及功能定位［J］．商业研究，2010（7）：45-46.

业开立结算账户，统一拨付各成员企业因业务需要而必备的货币资金等，结算中心或财务公司是按照市场机制和集团总部要求管理集团成员的资本需求，既减少了外部资本市场因信息不对称产生的交易成本，也避免了集团总部行政命令对下属成员企业激励不足的问题。此外，内部结算中心或财务公司还通过内部借贷款利率引导资源配置。结算中心或财务公司一方面吸收集团成员的存款，并按照内部存款利率计算其利息收入；另一方面，根据成员企业的资金需求，对其发放贷款，并计算贷款利息，并通过类似于外部资本市场中的银行对成员企业的信用品质、偿债能力、资金用途等进行评价，将资金贷放给资信高、收益好的企业，这样就有助于资金从低效企业转移到高效企业，从而实现资金的优化配置。

③分部。分部是在内部资本市场中资源的提供者和接受者，正是由于分部的存在，才使得内部资本市场有存在的必要和可能。一个分部向总部或其他分部提供资源的方式包括：分配股利，对其他分部的投资，将存款存入结算中心或财务公司，出售部分资产，将自身或其他分部的投资向外部资本市场融资，为其他分部的融资提供担保，代其他分部支付款项，向其他分部提供借款、提供内部融资租赁，在内部商品交易中提供商业信用、内部资产交易等，上述交易的对方即内部资源的接受者。[1]

（2）交易形式

内部资本市场交易分成下列两类：

第一类，内、外部资本市场之间的交易。这类交易包括两方面的内容，通过各种形式从外部资本市场筹集资金，如发行新股、债券或向其他财务公司拆借资金等。资金筹集的主体可以是集团总部（母公司），也可以是成员企业，但这种资金筹集通常是在集团统一规划下进行的。二是偿还借款、支付股利和利息等。

第二类，集团内部交易。集团内部交易是指集团总部与成员企业之间，以及成员企业相互之间的资本交换与分配，具体可分为以下3类：第一类，由总部直接完成的交易，具体包括：将一个项目（或分部）的现金流用于另一个项目（或分部）；成员企业向总部（母公司）分配股利或提供贷款；将总部自身创造或筹集的现金流，以股权投资或借款的形式配置给成员企业；为成员企业提供担保、租赁资产；出售成员企业财产或产权；资产在成员企业间的无偿划拨等。第二类，由内部中介完成的交易。具体包括成员企业在结算中心或财务公司存、贷款业务，委托贷款业务等。第三类，成员企业间的直接交易，具体包括成员企业间的直接借贷款、以资源转移为目的的产品或资产交易、相互担保、代垫款项等。[2]

9.3.3 企业集团资金集中管理

在欧美国家，资金集中管理是目前跨国公司普遍采用的管理模式，世界500强

---

① 张运来，王峰娟．内部资本市场主体及功能定位［J］．商业研究，2010（7）：47.
② 王峰娟．企业集团财务管理［M］．北京：经济科学出版社，2012：127.

的公司有80%采用资金集中管理的模式，西门子、GE、Intel、IBM和TNT等知名跨国公司都建立有财务公司或资金结算中心，对集团内部资金和市场风险实行集中管理和控制，资金集中管理所带来的优势逐步为我国企业集团所认识，特别是发达国家企业集团的成熟运作所产生的巨大效益的示范作用。

1）资金集中管理的意义

资金集中管理是指将整个集团的资金归集到集团总部，在集团总部设立专职部门代表集团公司实施对资金的统一调度、管理、运用和监控。通过资金的集中管理，企业集团能够实现集团范围内资金的整合与调控，充分盘活资金存量，有效提高资金使用效率，降低财务成本和资金风险，具体而言：

（1）集团资金集中管理可以发挥集团资源配置优势，实现集团整体利益的最大化

由于企业集团的各成员企业处于不同的行业或地域，面临的竞争形势和发展机遇也不尽相同，有的企业由于业务增长迅速出现资金短缺，有的企业由于业务水平增长平稳出现资金大量结余而无法有效利用。同时由于处于不同生命周期的企业，其融资能力也不同，新兴产业处于初创阶段，资金需求量大，融资成本高，而处于成熟阶段的企业现金流充沛，融资成本低。企业集团通过资金集中管理中心统揽全局，可以使各成员企业服从总部对资源的一体化整合重组，可以充分发挥资源的聚合优势，从而降低财务成本，提高资金的使用效率，保障集团战略目标的实现以及整体利益的最大化。

（2）集团资金集中管理可以强化财务监控力度，控制财务风险

集团公司通过对资金进行集中控制和管理，首先，可以获得成员企业重大财务事项的知情权；其次，通过对成员企业收支行为的有效监督，实现对企业经营活动的动态控制，保证资金使用的安全性；最后，通过资金集中管理，可以规范成员企业之间的内部拆借行为，有效防范互相担保的风险，避免集团整体的信用级别下降，维护集团整体的外部信用形象。

（3）集团资金集中管理有助于加速资金周转，提高资金使用效率

企业集团的成员企业通常会在不同的经营范围或地域范围进行内部交易，产生大量的内部资金结算业务。将集团资金集中管理，通过网络技术和资金管理系统，可以实现成员企业的内部网上结算。在交易发生时，直接在结算中心实现资金划拨，没有中间环节和时间间隔，划转效率高，能有效提高资金周转速度。由于使用内部结算系统，不需要支付任何额外的费用，因此也能节约大量的财务费用。

2）资金集中管理的模式

企业集团资金集中管理有多种模式，包括传统的统收统支模式、拨付备用金模式，以及现代的内部银行模式、资金结算中心模式以及财务公司模式等。

（1）统收统支模式

统收统支模式是指企业的一切现金收付活动都集中在企业的财务部门，各分支

机构或子公司不单独设立账号，一切现金支出都通过财务部门付出，现金收支的批准权高度集中在经营者或者经营者授权的代表手中。统收统支模式有助于企业实现全面收支平衡，提高现金的流转效率，减少资金的沉淀，控制现金的流出，但是不利于调动各层次开源节流的积极性，影响各层次经营的灵活性，以致降低集团经营活动和财务活动的效率。

（2）拨付备用金模式

拨付备用金模式是指企业按照一定的期限统拨给所属分支机构和子公司一定数额的现金，以备使用。在各分支机构或子公司发生现金支出后，持有关凭证到企业财务部门报销以补足备用金。与统收统支模式相比，拨付备用金模式使得集团所属的各分支机构有了一定的现金经营权。集团所属的各分支机构或子公司在集团规定的现金支出范围和支出标准之内，可以对拨付的备用金的使用行使决策权，但是集团所属的各分支机构或子公司仍不独立设置财务部门，其支出的报销仍要通过集团财务部门的审核，现金收入必须集中到集团财务部门，超范围和超标准的支出必须经过经营者或其授权的代表批准。拨付备用金的优点是有助于企业实现资金预算管理，达到减少内耗的目的。其缺点是资金整合力度偏弱，无法解决资金过多占用的问题。

（3）内部银行模式

内部银行模式是将社会银行的基本职能与管理方式引入企业内部管理机制，从而建立起来的一种内部资金管理机构，主要职责是进行企业或集团内部日常的往来结算和资金调拨与运筹。该模式要求企业内部所有的单位都必须在内部银行设立账户，各单位遵照内部银行统一制定的结算制度进行日常现金结算及往来核算，内部银行实施银行化管理，对下属各单位统一发放贷款、对外统一筹措资金，实施对企业资金的统一监控。这种模式的优点是子公司之间通过内部银行的资金调度解决了内部资金盈缺失衡的问题，使得集团整体的对外债务规模降低，提高集团公司整体的信贷信誉等级。其缺点是内部银行不是独立的机构，集团内公司与集团外公司通过内部银行进行结算很不方便；内部银行只是模拟银行职能，与真正的市场化运作还有一定差距；相比投资职能，内部银行更关注融资职能，其投资管理职能有待加强。

（4）资金结算中心模式

资金结算中心模式通常是由企业集团内部设立的，办理内部各成员或分公司的现金收付和往来结算业务的专门机构。它通常设立于财务部门内，是一个独立运行的职能机构。在资金结算中心模式下，企业集团需要在银行开设一个集中账户，要求各成员企业在此账户下向其所在地的商业银行实名开设两个账户，一个收款账户、一个付款账户，用于收支两条线。成员企业还要在结算中心开设虚拟账户，用于内部往来结算及内部计息。集团总部、成员企业、开户银行应就账户的开设、管理及资金结算签订相关的协议。

资金结算中心的主要功能有5个方面：①账户管理。统一管理企业集团的银行资金账户，为各成员企业在资金结算中心设立内部结算账户并进行统一管理。对各成员企业在银行独立开设的资金账户实行审核和备案，并对该类资金账户进行管理和监控。②内部结算。办理各成员企业内部相互之间的资金往来和资金结算业务。为在资金结算中心开设内部结算账户的成员企业及时办理对内、对外资金往来和资金结算业务，及时提供资金账户信息并核对资金账簿。③内部资金配置。负责制定各个企业内部资金调度、配置、使用的管理制度和管理流程。根据集团总部决策和财务部门的指令对各成员企业的资金进行统一管理、统一调度、统一配置和统一使用，保证资金在体系内的高效循环和流转，从整体上保证资金使用的最大效益。④外部资金往来业务。作为统一的对外资金管理单位，负责办理各成员企业同银行和体系外其他各成员单位的存贷业务、资金往来业务和资金结算业务。⑤投资融资。配合资本运营部门、财务部门进行对外投资和对外融资，具体负责在对外投资计划和对外融资计划中资金管理的业务操作。①

资金结算中心模式通过账户管理，实现资金融通、资金流动和投资等决策过程的集中化，各子公司仍然拥有较大的经营权和决策权，母公司也能及时掌握子公司的资金状况和经营情况。该模式能够促进集团内部资金管理专业化，发挥规模优势，提高管理效率。该模式的缺点是，作为企业集团的内部管理机构通过行政手段约束子公司的行为，不是完全市场化的资金管理模式；同时结算中心缺乏丰富的融资手段，资金的投资管理力度较弱。因此，结算中心模式主要适用于成长速度较快、资金管理要求较低且集团管控力强的大中型企业集团。

(5) 财务公司模式

财务公司是模式一种经营部分银行业务的非银行金融机构。其经营范围除抵押放款以外，还有外汇、联合贷款、包销债券、不动产抵押、财务及投资咨询等业务。我国的财务公司大多是当集团公司发展到一定水平后，由人民银行批准，作为集团公司的子公司而设立的，所以，它还担负着集团公司的理财任务。财务公司与资金结算中心的区别是财务公司是一个独立的法人企业，与其他企业的关系是一种等价交换的市场竞争关系，承担集团公司募集资金、供应资金和投资的功能，并且为集团所属子公司寻找项目供应资金，因而财务公司也行使对子公司和对投资项目资金使用的监控功能。

我国成立财务公司的门槛较高，需经银监会审批，对母公司的成立年限及注册资本、专业人才、法人治理、内部控制、业务操作、风险防范等方面有较高要求。财务公司的经营范围包括：向集团成员单位吸收存款、发放贷款、办理票据承兑和贴现，提供买方信贷及融资租赁，投资有价证券，发行、承销债券，办理财务和投融资顾问等业务。财务公司在投融资和理财方面的功能体现为：①对外融资功能。一般运用同业拆借、发行债券及新股、从事有价证券及外币交易等手段，为集团所属的各子公司的项目供应资金，同时监控子公司和投资项目对资金的使用情况。

---

① 王峰娟．企业集团财务管理［M］．北京：经济科学出版社，2012：131.

②进行资金调剂和对外投资。财务公司负责将集团闲置的资金用于集团自身发展的重大项目或投向高效的产业和行业，实现资金效率的最大化。③提供金融中介服务。办理集团成员单位之间的内部转账结算业务，办理财务和融资顾问、信用鉴证及相关业务，为成员公司提供担保。

财务公司除了担任集团结算中心的职能外，还为集团提供多元化的金融服务，拓展多元化的投融资渠道，因此财务公司在整个集团公司中承担投资中心、筹资中心、结算中心和信贷中心等多重职能。财务公司模式的优点是，实现了完全的市场化运作，资本运作能力和风险防范能力更强；运用多种融资手段，结合集团优势，可进一步优化融资结构，降低融资成本；通过合理的投资，可使集团的闲置资金得到充分有效的利用。其缺点是，需要大量高素质的人才，且需要经过人民银行的审批，设立比较困难；此外，财务公司模式对子公司的资金监控职能较弱，需要子公司具有健全的公司治理能力。

表 9-2 对各种资金集中管理模式进行了对比。

表 9-2　**资金集中管理模式对比表①**

资金集中管理模式	资金集中管理程度	权利配置	机构设置	账号设置	功能
统收统支模式	高度集中	成员企业无现金经营权和决策权	成员企业不独立设置财务部门，资金管理部门为集团总部财务部门	成员企业不单独设立账号	报账中心
拨付备用金模式	高度集中	成员企业以集团规定的支出范围为限，具有少量现金经营权与决策权	成员企业不独立设置财务部门，资金管理部门为集团总部财务部门	成员企业不单独设立账号	报账中心
内部银行模式	相对集中	成员企业有现金经营权与决策权，但超出核定限额要申请	成员企业设置财务部门，内部结算中心是设立于集团总部财务部门内的独立的职能机构	成员企业有独立账号，一般为二级账号	结算中心监控中心
资金结算中心模式	相对集中	成员企业有现金经营权与决策权，对贷款也有权自行安排	成员企业设置财务部门，内部银行是内部资金管理机构	内部银行统一开立账号，成员企业在内部银行开立存款账户和贷款账户	结算中心监控中心借贷中心
财务公司模式	相对集中	成员企业有现金经营权和决策权	成员企业设置财务部门，财务公司是独立的法人企业，是非银行金融机构	成员企业有独立账号	结算中心融资中心信贷中心投资中心信息中心

① 杨雄胜，陈丽花．集团公司财务管理［M］．北京：人民出版社，2007：62.

9.4 企业集团财务控制

9.4.1 企业集团财务控制概述

1）企业集团财务控制的内涵

财务控制作为现代企业管理水平的重要标志，它是运用特定的方法、措施和程序，通过规范化的控制手段，对企业的财务活动进行控制和监督。由于企业集团的特殊性，财务控制包括母公司自身的财务控制和母公司对子公司的财务控制，由于母公司自身的财务控制与单一企业的财务控制相同，所以这里重点讨论母公司对子公司的财务控制。

2）企业集团财务控制的意义

（1）实现企业集团理财目标的需要

企业集团的理财目标是集团价值最大化，但由于其下属成员企业有一定的决策权，出于自身的利益考虑，往往会做出与集团总体目标不一致的行为。为克服这一现象导致的资源浪费和效率低下，必须加强企业集团财务控制，使得成员企业确定理财目标时考虑集团的整体利益，协调好局部与全局的利益冲突，实现企业集团价值的最大化。

（2）实施集团战略决策的需要

集团资源与市场优势的生成，来自共同利益目标下聚合运行的协同性与有序性，集团发展战略的贯彻实施离不开集团成员的配合与努力，加强对子公司的财务控制，能够引导成员企业服从集团总体战略决策的需要，顾全大局，并确保必要的财力支持。

（3）解决母子公司信息不对称的需要

在两权分离条件下，企业集团的母公司不直接管理子公司的日常财务活动，而是授权下属子公司的经营者进行日常管理，这就造成母子公司之间的信息不对称。这种信息往往引发子公司道德风险和逆向选择问题。可能出现子公司出于眼前局部利益的追求而扭曲上报到母公司的财务信息，从而误导整个集团的经营决策。因此，母公司必须加强财务控制，通过派驻财务总监或财务人员，对财务人员统一配置和管理；完善子公司财务决策的程序；对子公司的经营者进行业绩评价，通过事后监督来减少经营者的机会主义行为。

（4）防范集团财务风险的需要

在财务实践中，企业集团依靠其在市场上的整体实力，能够对子公司的对外信贷提供担保或统一借贷资金给子公司，并负责统一偿还。众多的子公司贷款，不可避免地会增加企业的资本成本，集团存在更多的现实与潜在的财务风险。预防控制财务风险也因此成为集团总部的重要职责，科学的财务控制体系无疑是防范和化解集团财务风险的有力手段。

3）企业集团财务控制的内容

依据不同的分类标准，企业集团财务控制的内容也不相同。

（1）按照集团财务控制的内容划分

按照集团财务控制的内容划分，集团财务控制通常包括组织结构控制、制度控制、人员控制、授权审批控制、预算控制、资金控制、业绩评价控制、内部报告控制、风险控制、信息技术控制等。

（2）按照集团财务活动的种类划分

按照集团财务活动的种类划分，集团财务控制包括投资控制、融资控制、资产控制和利润分配控制等。

（3）按照财务控制与财务活动的顺序关系划分

按照财务控制与财务活动的顺序关系划分，集团财务控制可分为事前控制、事中控制和事后控制。其中，事前控制包括预算编制控制、组织结构控制、授权控制；事中控制包括内部结算中心控制、预算执行控制；事后控制包括内部审计控制、业绩评价控制等。

随着现代企业集团的发展，预算控制和业绩评价控制在企业集团财务控制中的地位日益重要，这两种财务控制的方法在一定程度上解决了对子公司实施过程的控制和对子公司经营者的约束和激励问题，因此，这里重点探讨集团的预算控制与业绩评价。

9.4.2 企业集团的预算控制

1）预算控制的内涵与特征

（1）预算控制的内涵

预算控制是借助于特定的组织机构、制度和技术手段，把企业的全部业务、全部经营过程、全部财务会计信息和全部人力资源都纳入预算体系，形成一整套有关管理、控制、协调、监督、考核与激励系统，其目标也从最初的控制支出、控制成本，向前延伸到内部资源、要素的配置和经营目标的落实，向后延伸至企业收入安排和经营成果的分配。

（2）预算控制的特征

预算控制的基本特征是以企业战略为出发点，以企业经营目标为导向。

首先，企业的战略目标是企业预算编制的依据和方向。1999 年《财富》杂志在总结了公司 CEO 失败的典型原因的基础上，得出结论："认为好的战略即代表了企业成功全部因素的理念误导了企业高层管理者。在绝大多数情况下，真正失败的原因并不是战略本身的问题，而是战略不能得到有效地执行的问题。"① 可见，战略的有效实施对公司的成败至关重要。战略实施是将战略转化为实际行动并取得成果的过程。为确保战略的有效实施，需要将战略转变为年度预算，从而将战略指标

① CHARAN and GOLVIN. Why CEO fail [J]. Fortune, 1999, 6 (21).

转化为详细的预算目标和指标体系，并运用价值管理手段，实现企业内部资源的高度整合，同时将企业价值与各职能部门、各层级责任单位的具体目标、岗位职责相联系，强化了业绩考核和业绩评价的战略导向作用。因此，预算管理是战略实施的重要保障，对企业战略具有全方位的支持作用。图 9-4 反映了预算管理与企业战略的内在联系。

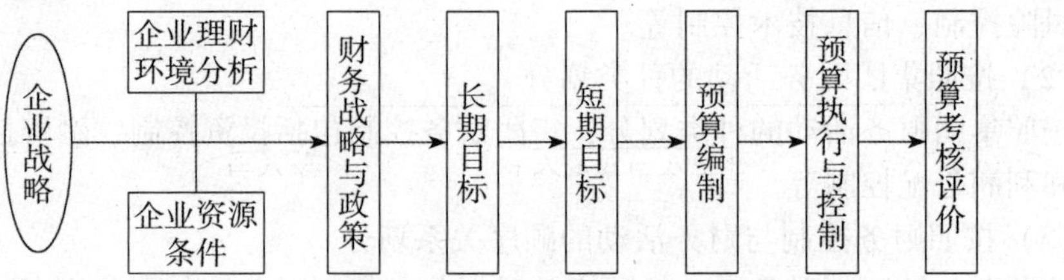

图 9-4　预算管理与企业战略的内在联系①

其次，企业预算是以企业经营目标为导向，运用目标管理的思想，通过预算的编制、执行和考核，对企业经营管理目标进行确定、分解并落实到各责任单位，进而延伸细化到每位员工，在企业内部形成一个纵横交错、完整严密的目标连锁体系，将各职能部门、每位员工的工作目标都与预算目标联系起来。因此，预算控制是一个确定目标与实现目标的过程，企业目标通过预算的编制得以细化，预算执行为企业目标的实现提供了可靠保障，即以目标指导预算，以预算支持目标。

2）企业集团预算组织设置

集团多级法人制要求建立多级预算管理组织体系，具体包括集团公司股东大会、集团公司董事会（含预算委员会）、集团预算工作组、下属单位预算工作小组等。与单一法人企业不同的是，企业集团的预算管理组织更加复杂，主要体现在母子公司多级预算管理组织在上下之间的互动管理关系上。企业集团典型的预算管理组织架构见图 9-5。其中，集团公司的股东大会是预算审批机构，而集团公司的董事会（含预算委员会）则是预算决策机构，预算委员会是集团董事会下设的专门委员会之一，该委员会要在董事会授权的范围内行驶集团预算决策权或审议权，集团预算工作组是预算的综合管理机构，直接对集团公司董事会（含预算委员会）负责，各责任中心则是具体预算的执行机构。集团预算工作组成员一般由总部经营团队（集团总经理、副总经理、总会计师等）、集团总部相关职能机构的负责人（如战略规划部、财务部、人力资源部等）及下属主要子公司的总经理等组成。集团预算工作组的组长由集团总经理或主管财务的副总经理（集团总会计师）担任。作为常设机构，工作组可以单独设立，也可以附设在集团财务部名下。

下属成员单位预算工作小组是集团下属成员单位所设立的预算管理机构。它应在集团董事会（或预算委员会）、预算工作组的统一指导下，组织开展本部门、本

① 责华章．企业集团财务管理［M］．北京：经济科学出版社，2009：115.

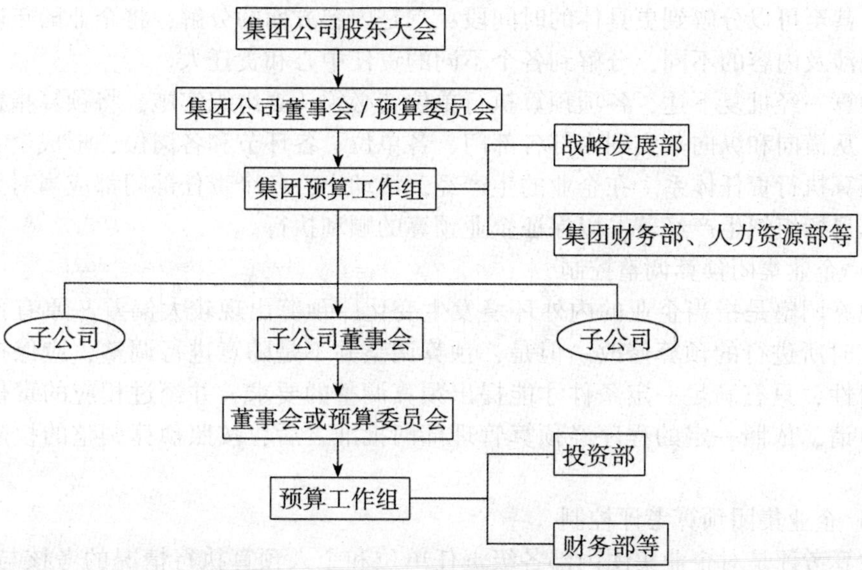

图 9–5 企业集团典型的预算管理组织架构①

企业的预算管理工作。预算工作小组一般由子公司的经营团队、主要职能部门的负责人等构成。其中，子公司的总经理或主管财务的副总经理（总会计师或财务总监）担任工作小组组长。同集团总部一样，它既可独立设置，也可附设在子公司的财务部下。

3）企业集团预算编制控制

预算的编制是整个预算控制体系的基础和起点，没有合理的预算编制依据、适当的预算编制程序和科学的预算编制方法，预算控制工作也就无从开展。

通常，预算编制可以采用自上而下、自下而上或上下结合的主动参与式编制方法。整个过程为：先由高层管理者提出企业集团的总目标和部门分目标；各级责任单位和个人根据一级管理一级的原则据以制订本单位的预算方案，并呈报分部门；分部门再根据各下属单位的预算方案，制定本部门的预算草案，并呈报预算委员会；预算委员会审查各分部的预算草案，进行沟通和综合平衡，拟订整个组织的预算方案；预算方案再反馈回各部门征求意见。经过自上而下、自下而上的多次反复，形成最终预算，经企业最高决策层审批后，成为正式预算，并逐级下达各部门执行。

4）企业集团预算执行控制

预算执行主要包括预算的分解、下达和具体实施等步骤。年度预算经批准后，为保证执行顺利，通常需要进行分解。分解包括两个方面：一是时间方面的分解，需要把年度预算分解到更具体的经营期间内，如分为季度、月度乃至旬等，有条件

① 王斌．企业集团财务管理［M］．北京：中央广播电视大学出版社，2010：136.

的企业甚至可以分解到更具体的时间段；二是内容方面的分解，将企业的年度总预算按照涉及内容的不同，分解到各个不同的责任中心和责任人。

预算一经批复下达，各项预算执行单位就必须认真组织实施，将预算指标层层分解，从横向和纵向落实到内部各部门、各单位、各环节和各岗位，形成全方位的财务预算执行责任体系。在企业的生产经营活动中，各个责任部门都应当对照自己的预算目标组织生产经营，以保证企业预算的顺利执行。

5）企业集团预算调整控制

预算调整是指当企业的内外环境发生变化，预算出现较大偏差，原有预算不再适宜时所进行的预算修改。但是，预算调整并不是随意进行调整，应保持预算的严肃性，只有满足一定条件才能提出预算调整的要求，并经过相应的责任单位提出申请，依照一定的程序经预算管理部门批准之后，按照预算调整的权限与流程进行。

6）企业集团预算考评控制

预算考评是对企业集团内部各级责任单位和个人预算执行情况的考核与评价。俗话说："在管理活动中，如果没有监督与考核，再美丽的天使都会变成可怕的魔鬼。"没有预算考评，企业预算就会因失去控制力而流于形式，预算管理将变得毫无意义。在企业全面预算管理体系中，预算考评起着检查、督促各级责任单位和个人积极落实预算任务，及时提供预算执行情况的相关信息以便纠正实际与预算的偏差，有助于企业管理当局了解企业的生产经营情况，进而实现企业总体目标的重要作用。同时，从整个企业生产经营循环来看，预算考评作为一次预算管理循环的结束总结，为下一次科学、准确地编制企业全面预算积累了丰富资料和实际经验，是以后编制企业全面预算的基础。

9.4.3 企业集团的业绩评价

1）企业集团业绩评价的含义与特征

企业集团业绩考核是指评价主体（控股股东或母公司）运用一定的方法，采用特定的指标体系，对照一定的评价标准，按照一定的程序，对评价客体（被评价企业及其负责人等）在目标经营期间的经营业绩进行评价与考核，旨在改善集团内部管理、增强激励。

与单一法人企业相比，企业集团业绩评价具有以下3个特点。[①]

（1）多层级性

企业集团由多级法人构成，其控股结构复杂、控股链条较长，在业绩评价上呈现出多层级特征：①分部业绩评价。它是集团母公司对下属成员企业的业绩评价。②集团整体业绩评价。它是集团股东对母公司业绩及集团总体业绩（以集团合并报表为基础）的评价。

---

① 王峰娟．企业集团财务管理［M］．北京：经济科学出版社，2012：174.

（2）战略导向性

不同企业集团、同一集团不同时期、同一集团同一时期内不同业务部，因其战略不同，而体现出业绩评价体系的差异性（尤其体现在指标体系及指标权重的设置上）。评价指标体系设计对未来管理导向具有诱导性。例如，如果集团以“做大”为导向，那么“营业收入”、“市场占有率”等指标将可能成为业绩评价的主导指标；反之，如果集团以“做强”为导向，那么“净利润”、“净资产收益率”、“营业活动现金利润率”等将可能成为业绩评价的主导指标。

（3）复杂性

相对于单一的企业组织，企业集团业绩评价更为复杂，这主要因为：①关联交易复杂。企业集团是交易内部化的产物，尤其是产业型企业集团。关联交易业务及其关联交易定价的复杂性，使集团内部“业绩切分”存在不确定性、甚至利益冲突；②业绩影响因素复杂。除关联交易影响业绩因素外，还有很多其他复杂的业绩因素影响集团业绩评价。企业集团作为法人联合体，集团下属各成员单位因行业或产业属性、产品、成长周期和管理成熟度、资源占用等各种业绩影响的不同，存在较大的业绩差异，集团总部如何用“不同尺子、不同刻度单位”去衡量、评价其业绩成果，将是非常复杂的问题。

2）企业集团业绩评价指标体系

业绩评价指标体系是集团业绩评价系统的核心部分，包括评价指标、评价标准和评价方法。评价指标是根据评价目标和评价客体而设计的，以指标形式体现的能反映评价对象特征的因素；评价标准是判断评价对象业绩优劣的基准；评价方法是获取评价信息的手段。

（1）评价指标

集团业绩评价指标主要包括财务业绩指标和非财务业绩指标。常用的财务业绩指标包括：①反映偿债能力的指标，如流动比率、速动比率、资产负债率、权益乘数等；②反映营运能力的指标，如资产周转率、应收账款周转率、存货周转率等；③反映盈利能力的指标，如总资产收益率、净资产收益率、投资报酬率、剩余收益、经济增加值等。

常用的非财务业绩指标包括：①客户方面，如顾客满意度、客户保持度、客户利润；②技术方面，如研究开发费用增长、成本降低能力、技术领导地位与创新能力、技术目标、公司潜在发展能力；③业务流程方面，如产品的生命周期、产品和服务的质量、生产能力利用、市场份额、交货效率及可依赖程度；④企业内部，如员工满意度和保持力、员工培训、团队精神、管理的有效性或公共责任、敏感性与应变能力。

20 世纪 80 年代，随着国际市场竞争的不断加剧，以美国为代表的发达国家企业越来越意识到，提出非财务指标是因为财务指标存在着“面向过去”的缺陷。财务指标反映的只是过去的绩效，并不能提供创造未来价值的动因。非财务指标则相反，是面向未来的，是体现管理层绩效和公司发展前景的指示器。但是，非财务指标难以用货币来衡量，且管理人员在非财务因素方面的努力很难立刻显示出成果，因此不易贯彻执行。到目前为止比较普遍的观点是，传统的单一财务评价体系是信息技术相对落后的工业时代的产物，在信息时代信息系统的发达和高科技信息技术使得非财务指标评价、过程适时跟踪评价、顾客导向评价等成为可能和必要，1992 年由卡普兰和诺顿提出的平衡计分卡将财务指标与非财务指标有机地结合起来成为一种新型的业绩评价指标。

（2）评价标准

业绩考核标准一般可以分为 4 类：①预算标准，是指以事先制订的年度计划、预算和预期达到的目标作为评价标准，如实际净收益与预算净收益相比较，实际剩余收益与预算剩余收益相比较。预算是从合理性出发的，实际与预算的差异，表明了公司中某种工作的不足。该标准如果判定得科学合理，激励的效果就比较明显，但预算标准主观性较强，人为因素较多。②历史标准，是指以企业以前年度的业绩状况作为考核的标准。它是一种自身最优判断方法，可以进行自身的纵向比较，具有排他性，但其结果缺乏行业间的可比性，多为企业集团内部测评时使用。③客观标准，是指以其他同类企业的业绩状况作为评价考核标准。它是以一定时期一定范围内的同类企业为样本，采用一定的方法，对相关数据进行测算而得出的平均值。该标准较为客观、真实，应用范围广，评价结果的可比性强，比较切合评价工作的实际。④经验数据标准，是指根据经济发展规律和长期的企业管理经验而产生的评价标准。

（3）评价方法

评价方法是指进行绩效评价时所采用的具体手段。有了评价指标和评价标准，还要采用科学、合理的评价方法来对评价指标和评价标准进行实际运用，以取得公正的评价结果。根据评价方法的性质和特点的不同，绩效评价方法可以分为定量评价法和定性评价法两类。其中定量评价法包括主成分分析评价法、层次分析评价法、功效系数评价法、模糊评价法等，定性评价法包括综合分析判断法、比较分析评价法等。

本章小结

1. 企业集团是由许多独立法人组成的经济联合体，它具有主体多元性、多层次性、以产权为主要联结纽带、资源配置效率化和多元化经营方式的特征。

2. 根据权利在母子公司配置的不同，企业集团财务管理体制分为集权型财务管理体制、分权型财务管理体制和混合型财务管理体制 3 种基本类型。

3. 企业集团可以通过合并收购、成立合营公司、联营等途径来实施对外实体投资。每一种投资方式都存在对投资公司特定的收益和成本。公司必须对各种投资方式进行权衡，认真地分析每种方式的优缺点以及自身的需要和在特定竞争环境中的具体情况。

4. 企业集团投资的目标是最大限度地实现资源的有效配置，从而实现企业集团整体价值最大化。投资决策应围绕这个目标确定投资的战略规划、投资的规模与结构、投资对象的选择等问题，同时要充分识别和评估投资风险，把握集团现有能力和影响因素，以确保投资决策的可行性与科学性。

5. 在制定了投资决策之后，企业集团将面临的是更为复杂的管理过程，即通过制定一系列的管理流程与制度，从投资立项、实施、跟踪分析到最后投资退出进行全过程的规范、制约和保证，以规避风险，实现预期收益。

6. 内部资本市场是企业集团内部形成的，由企业集团总部和各成员企业参加的集团企业内部的资本融通市场。在内部资本市场中，公司总部是资金使用部门资产的所有者，拥有剩余控制权；在外部资本市场中，出资者则不是资金使用部门资产的所有者。

7. 资金集中管理是指将整个集团的资金归集到集团总部，在集团总部设立专职部门代表集团公司实施对资金的统一调度、管理、运用和监控。通过资金的集中管理，企业集团能够实现集团范围内资金的整合与调控，充分盘活资金存量，有效提高资金使用效率，降低财务成本和资金风险。

8. 企业集团资金集中管理有多种模式，包括传统的统收统支模式、拨付备用金模式，以及现代的内部银行模式、资金结算中心模式以及财务公司模式等。

9. 企业集团的预算控制包括预算组织设置、预算编制控制、预算调整控制、预算执行控制和预算考评控制。业绩评价指标体系是集团业绩评价系统的核心部分，包括评价指标、评价标准和评价方法。

讨论题

1. 请以中石化集团为例，分析其集团组织结构的特点及其财务管理的特征，讨论中石化集团的类型及这种类型企业集团的优缺点。

2. 6S 管理体系是华润集团公司从自身实际出发探索出的管理多元化集团企业的一种系统化管理模式。请查阅资料了解 6S 管理体系产生的背景、内容及演变过程，讨论华润集团推行 6S 管理体系的价值，以及对我们的启示。

3. 请查阅上市公司的相关资料，选择一家集团上市公司分析其投资战略的类型？讨论集团企业进行投资决策时应考虑哪些因素？

4. 以中石油为例，了解其资金集中管理的发展历程，探讨公司资金集中管理的效果及其经验，以及对其他企业集团的启示？

5. 正确、公允地评价企业集团的绩效对集团发展的重要意义。请总结分析现行企业集团绩效评价的方法有哪些？有何优缺点？

案例分析

三峡集团内部资本市场的运作①

在2002年改制重组之后，三峡集团制订了以“构建以大型水电开发与运营为主的一流清洁能源集团”的战略目标，自2003年开始对金沙江流域的水电项目进行前期勘探，自2005年开始进入“多项目同步开发”格局。“多项目同步开发”格局使三峡集团的资金需求在短时期内急剧增加，在建项目的总投资额达到1 993.43亿元。其中，三峡三期工程的资金需求为750亿元，溪洛渡工程的资金需求为675亿元，向家坝工程的资金需求为541亿元，风电的资金需求为27.43亿元。那么，三峡集团总部如何解决巨额资金需求的难题？

作为政策性资金来源的三峡基金、开行贷款和三峡债券很难满足三峡集团2003—2009年的资金需求。同时，内部资金市场提供的1 232.19亿元占到了两类资金来源总额（2 848.09亿元）的43.26%，占所有在建项目资金总需求（1 993.43亿元）的61%是溪洛渡和向家坝工程资金总需求（1 216亿元）的101.3%。因此，内部资金市场是三峡集团最重要的资金来源。以下阐述三峡集团的内部资本市场运作过程：

1. 2002—2003年的内部资本运作

第一阶段的内部资本运作包括葛洲坝电厂改制上市和三峡机组收购两项内容。三峡集团主要的业务单位有三峡工程、葛洲坝电厂、三峡财务公司和专业化子公司。2002年，三峡集团总部经发改委等6部委核准对原葛洲坝电厂进行清算改组，与华能集团等5家单位共同发起设立了长江电力，并于发起时持有长江电力89.5%的股份。长江电力于2003年11月18日上市，股票发行价为4.3元/股，首日收盘价为6.18元/股。依据招股说明书将在三峡电站首批机组发电之后实施逐步收购方案。2003年11月5日，长江电力向社会公开发行23.26亿股，募集资金100亿元，用于收购三峡电站首批投产的2#、3#、5#、6#机组，以及对应的大坝、厂房和共用发电设施等“主体发电资产”，总价值为187.53亿元。

2. 2004—2007年的内部资本运作

第二阶段的内部资本运作的主要内容是三峡机组收购。一方面，长江电力依据三峡机组收购方案，在2005年通过银行借款收购三峡电站1#、4#机组（价值98.37亿元），在2007年对“长电CWB1”认股权证行权获得资金65.55亿元，用于收购三峡电站的7#、8#机组（价值104.42亿元）。另一方面，三峡集团总部从1#、4#、7#、8#机组出售中获得现金390.29亿元。这部分资金主要用于“三峡三期和金沙江流域的梯级项目”以及新能源的开发。在金沙江流域，溪洛渡和向家

① 王化成，曾雪云．专业化企业集团的内部资本市场与价值创造效应——基于中国三峡集团的案例研究［M］．管理世界，2012（12）：155-168.

坝水电站分别于2005年、2006年正式开工。在新能源力面，慈溪风电工程的总投资是6.43亿元，响水风电工程投资额是21亿元。

3. 2008—2009年的内部资本运作

第三阶段的内部资本运作的主要内容是整体上市。2009年，三峡集团总部与长江电力之间进行了重大资产交易。交易资产的评估总值为1 073.2亿元，包括以下三大类：第一，“主体发电资产”，即三峡电站9#~26#共18台发电机组；第二，“公共配套设施”，即与发电业务直接相关的办公大楼、道路、桥梁和供水系统等；第三，“专业化子公司”，即“设备公司”、“招标公司”、“实业公司”、“水电公司”和“三峡高科”。通过2009年整体上市，三峡集团总部从对价中获得现金348.6亿元，向长江电力转移三峡债券等债务493.2亿元。这说明内部资本运作是三峡集团总部进行资金筹集的主要方式，同时也解决了母子公司之间电力生产同业竞争的问题。

总结以上，发现葛洲坝电厂改制上市的资金并非用于葛洲坝电厂的运营与建设，而是用于三峡电站的二期和三期建设；三峡电站的机组出让收益也没有用于三峡电站的三期建设，而是用于金沙江流域水电项目的梯级开发，这就形成了项目与项目之间的资金支持性活动。三峡集团称之为“多项目滚动投融资模式”，也就是，由已完建项目为资金需求量大的新建项目提供资金来源，并且每一个新投产项目的现金流向都与它自身无关，而是与集团总部对下一个建设项目的资金需求有关。

根据以上分析资料，请思考：

1. 三峡集团的产业战略对内部资本市场运作有何影响？

2. 三峡集团内部资本市场的运作方式有哪些？

3. 结合本案例查阅相关资料，说明三峡集团内部资本市场的价值创造效应体现在哪些方面？

延伸阅读文献

[1] 李国忠. 企业集团预算控制模式及其选择 [J]. 会计研究，2005 (4)：47-50.

[2] 谢建宏. 企业集团资金集中管理问题探讨 [J]. 会计研究，2009 (11)：44-47.

[3] 邵军，刘志远. 企业集团内部资本配置的经济后果——来自中国企业集团的证据 [J]. 会计研究，2008 (4)：47-53.

[4] 杨棉之，孙健，卢闯. 企业集团内部资本市场的存在性与效率性 [J]. 会计研究，2010 (4)：28-56.

[5] 姚颐，刘志远，李冠众. 我国企业集团财务控制现状的问卷调查与分析 [J]. 会计研究，2007 (8)：28-35.

［6］王昶，姚海琳．母子公司管理控制方式及其影响因素的实证研究［J］．南开管理评论，2011（1）：63-71.

［7］王化成，蒋艳霞，等．基于中国背景的内部资本市场研究：理论框架与研究建议［J］．会计研究，2011（7）：28-37.

［8］王化成，曾雪云．专业化企业集团的内部资本市场与价值创造效应——基于中国三峡集团的案例研究［J］．管理世界，2012（12）：155-168.

［9］张运来，王峰娟．内部资本市场主体及功能定位［J］．商业研究，2010（7）：46-48.

［10］贡华章．企业集团财务管理［M］．北京：经济科学出版社，2009.

［11］王峰娟．企业集团财务管理［M］．北京：经济科学出版社，2012.

［12］王斌．企业集团财务管理［M］．北京：中央广播电视大学出版社，2010.

［13］杨雄胜，陈丽花．集团公司财务管理［M］．北京：人民出版社，2007.

［14］BALIGA，B R，JAEGER. Multinational corporations：control systems and delegation issues［J］. Journal of International Business Studies，1984（3）：25-39.

［15］BOYACIGILLER. The role of expatriates in the management of interdependence，complexity and risk in multinational corporation［J］. Journal of International Business Studies，1990（21）：57-381.

［16］GERTNER，R H，SCHARFSTEIN. Internal versus external capital markets［J］. Quarterly Journal of Economics，1994（109）：1211-1230.

［17］KHANNA N，TICE. The bright side of internal capital markets［J］. Journal of Finance，2001（56）：489-1528.

［18］STEIN. Internal capital markets and the competition for corporate resources［J］. Journal of Finance，1997（52）：111-133.

［19］WILLIAMSON，OLIVER E. Markets and hierarchies：analysis and antitrust implications［M］. New York：The Free Press，1975.

第 10 章 跨国公司财务管理

学习目标

◇ 了解跨国公司财务管理的环境和特征
◇ 了解外汇的含义及外汇汇率的决定理论
◇ 掌握跨国公司资本预算的程序和方法
◇ 掌握跨国公司融资的来源及计价货币的选择
◇ 熟悉跨国公司内部资本转移的一般方式

党的十七大报告明确指出："坚持对外开放的基本国策，把'引进来'和'走出去'更好地结合起来，扩大开放领域，优化开放结构，提高开放质量，完善内外联动，互利共赢、安全高效的开放型经济体系，形成经济全球化条件下参与国际经济合作和竞争的新优势。"这预示着我国"走出去"、"引进来"的双向开放战略开始向纵深发展。"引进来"旨在积极利用外资，进一步扩大商品和服务贸易，实施市场多元化战略，发挥我国的比较优势，巩固传统市场，开拓新兴市场，努力扩大出口；作为海外投资战略的"走出去"，旨在支持本土企业进行全球布局，同时发展本国和国际市场。无论是"引进来"还是"走出去"，都离不开跨国公司的发展和壮大。以我国为例，2013 年 9 月 9 日，我国商务部、国家统计局、国家外汇管理局联合发布《2012 年度中国对外直接投资统计公报》，正式公布了 2012 年我国对外直接投资的年度数据。《公报》显示，2012 年我国对外直接投资创下流量 878 亿美元的历史新高，同比增长 17.6%，首次成为世界三大对外投资国之一。进入 2013 年，仅 2013 年 1 至 10 月，我国非金融类对外直接投资就达 695.2 亿美元，同比增长 19.5%。从投资的国家和地区分布看，仍多分布在亚洲、欧洲和北美洲地区；从投资的行业构成情况看，近九成的投资流向商务服务业、采矿业、批发和零售业、制造业和建筑业五大门类；对外承包工程业务完成营业额 973.3 亿美元、新签合同额 1 246.1 亿美元；对外劳务合作派出各类劳务人员38.8万人[①]。

第10章首先介绍跨国公司财务管理的环境及特征，在介绍外汇的相关概念及汇率决定理论的基础上，从跨国公司角度出发，说明跨国公司资本预算的方法和跨国公司的融资管理，以及跨国公司内部资本转移管理的相关内容。

10.1 跨国公司财务管理环境及特征

10.1.1 跨国公司财务管理环境

根据联合国“跨国公司行动准则政府间工作组”提出的定义，跨国公司是一个由经济实体构成的工商企业，其主要内容包括：由一系列企业在两个或两个以上国家开展经营活动；这些企业推行总公司的全球战略，并且共担风险、共享资源；这些企业在一个共同控制体系下开展经营活动。该控制体系以股权、合同或其他安排为依据。所以，跨国公司是在一定程度上通过集中控制，并且在两个或两个以上的国家从事跨国界生产经营活动的现代经济实体[②]。

按照环境内容的不同，可以将跨国公司面临的财务管理环境分为政治环境、法律环境、经济环境和社会文化环境四大类。

1）政治环境

任何一个独立的国家都拥有允许或禁止国外企业在其政治边界内开展业务的正当权利，因此跨国公司要想在其他国家进行经营和财务管理，就必须认真考虑东道国的政治环境，包括东道国政府对国外企业的政策态度以及东道国的政治稳定性等等。

（1）东道国政府对国外企业的政策态度

各国政府对待在本国领域内进行经营的跨国企业可能采取不同的政策态度。有的国家政府认为，国外企业与国内企业的自由竞争会对国内企业产生促进作用，维护市场公平，因此对国外企业与国内企业一视同仁，不干涉国外企业的经营和资本运作；有的则认为国外企业在本国的经营会损害本国企业的利益，或者危害本国的文化和价值观念，因此采取禁止或严格限制的政策，比如进口管制、严格限定企业的形式和股权比例、限制借款、限制利润汇出等。东道国政府对国外企业的政策态度直接影响跨国公司的经营和财务管理决策，尤其会对跨国公司的现金流量、资本成本、资本结构等财务决策的重要指标产生直接的影响。

（2）东道国的政治稳定性

政治稳定性包括政权的稳定、社会的稳定，如有没有暴乱、政治性罢工或恐怖活动等，以及政策的连续性和稳定性。东道国政治稳定可以使跨国公司财务决策所需的变量变化较小，企业决策的准确性更高。但是，对跨国公司的经营和财务管理

---

① 中华人民共和国商务部2013年商务工作年终述评，整理自商务部网站：http://www.mofcom.gov.cn/。

② 毛付根，林涛．跨国公司财务管理［M］．大连：东北财经大学出版社，2008.

来说，政治稳定到底是利还是弊不能一概而论。政治稳定不一定就意味着跨国公司经营的经济利益就高，因为当前稳定的政府或政策并不一定是对跨国公司有利的政府或政策。因此，对东道国政治变化的预测以及分析和判断政治变化对企业会带来何种影响是跨国公司经营和财务管理的一项非常重要的内容。

政治环境中其他的一些政治因素，如东道国的政治制度是公有制还是私有制、政府形式是民主共和还是军人专政等等，也会给跨国公司的财务管理带来风险和机会，因此也要纳入考虑范围之内。另外，政治环境决定了法律环境和经济环境，因为政体和社会制度往往决定了该国法律的原则和内容，政府的政策本身都是通过各种法律法规、文件条例等形式颁布，并经执法和检察部门落实的，政治体制决定了经济体制和经济运行规则，决定了经济中各种关系的处理方式。因此，政治环境、法律环境和经济环境在很多方面是相互作用、相互影响的。

2）法律环境

跨国公司的经营和财务管理活动涉及多个国家和地区，其面临的法律问题不仅局限于本国的有关规定，东道国、国际社会的法律也会对它的活动产生效力。实际上，东道国政府对待国外企业的很多政策措施都是通过法律形式颁布的。因此，跨国公司的财务人员不仅需要了解东道国的法律特征、国际法和东道国法律对跨国公司的法律管制内容、国际经营活动中的司法权管辖权问题等，而且还需要了解东道国的法律状况以及有关经营和财务管理方面的法律条文，因为遵循这些法律法规是跨国企业在东道国取得经营资格和顺利经营的前提，同时，熟悉并利用这些法律法规可以保护跨国企业在东道国的利益。

3）经济环境

与政治环境和法律环境相比，经济环境变化更快，对跨国公司财务管理的影响也最直接。例如，东道国的经济制度往往会影响跨国公司财务管理活动的灵活性；经济周期、经济发展水平和发展速度能够决定跨国公司投资的规模；金融体系会影响跨国公司资金筹措的渠道和方式；税收制度会对跨国公司财务管理的资本成本、现金流量产生最直接的影响；东道国的通货膨胀、国际收支状况还可能导致跨国公司现金流量汇率的改变等等。

（1）通货膨胀

通货膨胀或通货紧缩都可能会给跨国公司的经营带来风险。东道国的通货膨胀主要会对跨国公司的现金流量、国外子公司的财务状况产生影响，另外还会通过汇率和利率对财务管理产生综合影响。

（2）经济状况

东道国的经济状况包括其经济发展水平及发展速度，以及所处的经济周期的阶段。经济发展水平较高的国家或地区市场细分程度高，产品需求多样性好，人们的购买力也相对较高；经济发展速度快的国家，产品市场、投资需求会迅速扩大，给跨国公司提供了更多的销售和投资机会。经济周期会对一国或一个地区甚至世界范围的产品需求规模和投资需求规模产生重要的影响。例如，在经济周期的繁荣阶段，产品市场的需求量扩大，企业的销售和投资需求旺盛，那么跨国公司在该国可以扩大收入、扩大投资；在经济周期的衰退和萧条阶段，产品市场萎缩，企业销售减少，投资需求减少，甚至现金流量急剧减少可能会导致资金短缺，引起财务困难的发生。

（3）金融市场

跨国公司在全球范围内进行资金的筹集和投放，如果某个国家金融市场具有优势则可以吸引跨国公司在其中进行融资和投资的操作。比如是否具有丰富或特殊的金融工具可供跨国公司选择，是否有足够大规模和高流动性的股票市场吸引跨国公司筹集大额资金，投资者对收益率要求的高低等等。跨国公司的财务管理人员可以根据不同国家金融市场的特点设计融资和投资战略。

（4）税收制度

投资者最为关心的是税后收益的多少，因此，每个企业对税收制度的内容和变化都非常敏感。研究各国的税收制度对跨国公司而言具有更加重要的意义，因为和非跨国公司相比，跨国公司的财务管理人员可以在世界范围内利用不同的税收制度，有更多的途径和方式进行税收筹划，可以最大限度地减少税收支付。

4）社会文化环境

各国的社会文化环境不尽相同，这将直接影响到东道国消费者的生活方式、消费倾向、购买动机和购买种类，从而影响跨国公司投资的国别与项目的选择等。社会文化因素包括宗教制度、教育和劳动力的素质、社会心理因素、国民感情和民族意识等。如果跨国公司所处的文化环境与投资地的文化环境有较大冲突，则会给跨国公司带来很多不便，在投资过程中产生种种不协调的现象，必将会对投资的经济效益产生不良影响。

10.1.2 跨国公司财务管理特征

跨国公司财务管理是企业国际化与金融市场一体化的必然产物，其研究的领域涵盖了一般财务管理的范围，但研究的角度却和一般财务管理有所不同。跨国公司财务管理从全球的角度探讨各个问题，并且还要考虑公司跨越不同的文化、政治及经济背景以及由于国际形势变化所导致的利率、汇率、商品价格等因素的变动，但同时这些也有可能为跨国公司带来更多的经济机会。与非跨国公司相比，跨国公司财务管理具有以下特征：

1）面临外汇风险

外汇风险是指由于汇率发生变动而对企业财务收支和成果产生影响的风险。浮动汇率制度的引入和汇率的波动增加了跨国公司经营环境的不稳定性，它会对跨国公司的经营活动和国际投资组合的收益产生影响。跨国公司面临的外汇风险主要可以分为三大类①：

---

① 罗菲．公司理财［M］．北京：经济科学出版社，2011.

（1）交易风险

交易风险是指公司在以外币计价的各种交易过程中，由于汇率变动使折算为本币的数额增加或减少的风险。交易风险具体又可以分为：商品进出口交易的外汇风险，即公司在进行商品、劳务进出口的交易过程中用外币计价结算，由于从成交日到结算日的汇率变动，使公司以外币计算的收入、支出可能增加或减少而导致的风险，又可以分为出口交易的外汇风险和进口交易的外汇风险等；外汇借款的汇率风险，即公司借入某种外汇，由于从借入日到偿还日的汇率变动，使公司还本付息折合本币数额增多或减少的风险；外汇买卖的汇率风险，即公司买入外汇，持有一段时间后卖出，由于从买入到卖出这一期间内汇率发生变动从而使本币数额增多或减少的风险；远期外汇交易的汇率风险，即在远期外汇交易中，由于合约规定的远期汇率与合约到期日的即期汇率不一致，使按远期汇率付出的货币数额多于或少于按即期汇率付出的货币数额而发生的风险；对外投资中的外汇汇出、利润汇回和原本撤回的汇率风险，即公司以外汇对境外投资，在外汇汇出到汇回利润和投资本金撤回这一期间内由于汇率的变动使公司发生的外汇风险；其他获得外币资产或带来外币债务的交易活动的汇率风险。

（2）会计折算风险

会计折算风险也可以称为会计风险。所谓折算是指将国外子公司的外币会计报表，采用一定的方法，按照一定的汇率进行折算，以母公司所在国的货币来表示，以便汇总编制整个公司的合并会计报表。折算风险就是指由于汇率变动，报表的不同项目采用不同汇率折算，因而产生损失或利得的风险。

（3）经济风险

经济风险是指由于汇率变动对公司的产销数量、价格、成本等经济指标产生影响，从而使公司未来一定时期利润和现金净流量减少或增加，引起公司价值变化的一种潜在风险。

上述3种风险对公司的影响程度是不同的。对交易风险来说，汇率的变化随时间的变化而不断对交易过程产生影响；对折算风险来说，汇率的变化只对某一变动点之前或到这一变动点时的过去情况发生影响；对经济风险来说，汇率的变化只对变动后的情况产生影响。在这3种风险中，按其影响的重要性不同，排序依次应为经济风险、交易风险和折算风险。

2）面临政治风险

政治风险是指因东道国发生政治事件或者东道国与跨国公司所在国甚至与第三国政治关系发生变化而引起的对跨国公司价值产生影响的可能性。跨国公司面临的政治风险主要原因有以下两项①：

（1）跨国公司与东道国政府之间目标上存在冲突

从历史上来看，跨国公司与东道国政府在目标上的冲突主要集中在：跨国公司

① 毛付根，林涛．跨国公司财务管理［M］．大连：东北财经大学出版社，2008.

是否对东道国经济的发展、东道国国际收支状况以及东道国货币的外汇价值产生影响；跨国公司是否侵犯了东道国的国家主权；跨国公司是否拥有股权并对当地股权形成控制；东道国政府是否应该对出口进行控制；应该使用当地还是外国的经理及员工以及对自然资源的掠夺等问题。

（2）跨国公司经营可能与东道国政府的法规产生冲突

各国政府为达成其战略目标所实施的一些法规通常会限制跨国公司的经营。例如，规定最高管理职位和董事会的成员必须由本国人担任；出口行业在国内销售必须按规定价格销售；对外国投资企业征收额外的税费；要求外国公司必须通过政府有关机构招收员工，并按高于本地企业的标准发放工资等等。

3）市场机会增加

企业的财务活动如果跨越国界，放眼世界，就会有更多的市场机会。这些机会产生的主要原因体现在：

（1）国际金融市场的快速发展和金融工具的不断创新

货币市场和资本市场全球一体化进程的发展使企业可以在不增加风险的情况下，在全球范围内进行融资或投资。国际金融市场上有充沛的资金，企业在国内融资困难的情况下，可以比较容易地从国外筹集到大量资金。同时，企业向多个国家进行直接投资或证券投资也能够为股东提供在世界范围内分散风险和增加收益的机会。

（2）各国资本的供求状况以及获取资本的难易程度不同

跨国公司在全球范围内进行经营，而在全球范围内，货币有软硬、税种有不同、税率和利率有高低、劳动力和商品价格有差距、外汇和外贸管制有宽严，因此企业在经营和财务管理方面有很多可选择之处，可以获得更多的市场机会。例如，企业可以利用国外众多的资金市场，从资金成本率较低的国家筹集资金，向利润率较高和税率较低的国家投资；可以从原材料价格较低的国家进口原材料，生产出产品后运到价格较高的国家销售；还可以到劳动力和原材料价格低廉的国家建厂，就地生产和销售，以获取更多的利润。

以上3个特征是相互联系的。正是由于跨国公司能够在新的环境下进行经营，因而才会面临外汇风险和政治风险，同样也是因为这些新的环境才能够给跨国公司带来新的市场机会。总之，机会和风险总是并存的。

10.2 外汇与汇率决定理论

10.2.1 外汇与外汇汇率

跨国公司财务管理与外汇管理密切结合，外汇管理会渗透于财务管理的各个方面。因此，了解跨国公司财务管理的首要前提就是理解有关外汇的内容。本节将对外汇及汇率决定理论的有关内容进行简要的阐述。

1）外汇的含义及其内容

外汇（foreign exchange）是“国际汇兑”一词的简称。其动态的含义是把一个国家的货币兑换成另一个国家的货币，借以清偿国际间债权债务关系的一种专门性的经营活动；其静态的含义是指它是以外币表示的用于国际结算的支付手段。财务管理中的外汇一般都是指的其静态含义。

外汇一般需要具备3个条件：必须是以外币表示的资产；必须可以兑换成其他形式的资产或以外币表示的支付手段；必须能被实行一定货币制度的一国政府所控制。

按照我国外汇管理条例的规定，外汇的具体内容包括：外国货币，包括纸币、铸币；外币支付凭证，包括票据、银行存款凭证、邮政储蓄凭证；外币有价证券，包括政府债券、公司债券、股票等；特别提款权（SDR）、欧洲货币单位（ECU）；其他外汇资产。

2）外汇汇率

汇率是两种货币兑换的比率，即一国货币用另一国货币表示的价格。汇率又称为汇价或外汇行市。通过银行将本国货币按汇率购买外汇或将外汇按汇率兑换成本国货币，就是进行外汇买卖，汇率是外汇买卖的兑换标准。

（1）外汇汇率的标价方法

国际外汇市场上有两种不同的外汇汇率标价方法。

第一，直接标价法。直接标价法是指以一定单位（1个单位或100个单位）的外国货币作为标准，折算成若干本国货币来表示其汇率的标价方法。在直接标价法下，外国货币数额固定不变，汇率涨跌都以相对的本国货币数额的变化来表示。一定单位外币折算的本国货币增多，说明外币汇率上涨或本币汇率下跌，即外国货币币值上升，或本国货币币值下降；相反，一定单位外币折算的本国货币减少，说明外币汇率下跌或本币汇率上涨，即外国货币币值下降，或本国货币币值上升。

除英国和美国外，世界上绝大多数国家和地区都采用直接标价法。同国际上绝大多数国家一样，我国的人民币外汇牌价也采用直接标价法。

第二，间接标价法。间接标价法是指以一定单位的本国货币为标准，折算成若干数额的外国货币来表示其汇率的标价方法。在间接标价法下，本国货币的数额固定不变，汇率涨跌都以相对的外国货币数额的变化来表示。一定单位的本国货币折算的外币数量增多，说明本币汇率上涨或外币汇率下跌，即本国货币升值或外国货币贬值；相反，一定单位的本币折算的外币数量减少，说明本币汇率下跌或外币汇率上涨，即本币贬值或外币升值。

英国一向采用间接标价法，美国在第二次世界大战之前长期使用直接标价法。在第二次世界大战以后，美元在国际收付和国际储备中逐步取得统治地位，从1978年9月1日开始，除对英镑继续使用直接标价法外，对其他货币一律改用间接标价法公布美元汇率。英国和美国使用间接标价法的目的是为了与其他国家外汇市场上各国货币对英镑和美元的标价一致。

（2）外汇汇率的种类

按照不同的标准，汇率可以分为许多不同的类型，主要有以下几种：

从银行买卖外汇的角度划分，可以分为买入汇率、卖出汇率、中间汇率和现钞汇率；按照制定汇率的方法划分，可以分为基本汇率与套算汇率；按照外汇交易的期限划分，可以分为即期汇率与远期汇率；按银行外汇汇兑的方式，可以划分为电汇汇率、信汇汇率与票汇汇率；按外汇管制的宽严程度，可以划分为官方汇率和市场汇率；按国际汇率制度，可以划分为固定汇率与浮动汇率；按外汇市场营业时间划分，可以分为开盘汇率和收盘汇率；按外汇买卖对象划分，可以分为银行同业汇率和商业汇率等。

10.2.2 汇率决定理论

从理论上说，一种货币对其他货币的汇率取决于外汇市场上对该货币的需求和供给关系，但外汇市场上同时还存在着一些基本的等价关系。这些等价关系表现为：购买力平价理论、费雪效应、国际费雪效应、利率平价理论和无偏差理论等。

1）购买力平价理论

购买力平价理论讨论的是汇率变化和货币购买力变化之间的关系。这一理论的基本思想是：某一种货币之所以被需要，是因为它具有购买力。一个国家的货币价值由其在该国国内所能购得商品及劳务的量，也就是购买力来决定，因此对本国和外国货币比价的衡量主要取决于两种货币的购买力。如果一国发生了通货膨胀（假设为中国），而另一国（假设为美国）的物价水平保持不变，那么，人民币的购买力就会相对降低。如果两国都发生通货膨胀，则两国的货币购买力都下降，此时人民币与美元的相对购买力的变化取决于两国物价上涨的幅度。如果美元物价上涨幅度小于人民币，则人民币的价值相对于美元下降；反之则上升。

以上原理可以用公式表示如下：

$$\frac{S_t}{S_0}=\frac{1+P_d}{1+P_f} \tag{10.1}$$

或 $$S_t=S_0\frac{1+P_d}{1+P_f} \tag{10.2}$$

其中：S_0 表示以直接标价法表示的当前的即期汇率；S_t 表示一段时间以后的即期汇率；P_d 表示当前本国的通货膨胀率；P_f 表示当前外国的通货膨胀率。

假设中国的通货膨胀率为3.6%，美国的通货膨胀率为2.3%，则公式（10.1）的右边等于1.013，即 $S_t=1.013S_0$，这说明年末时一个外币所能兑换的本币数将为年初时的1.013倍，这意味着年末时人民币相对于美元贬值了。也就是说，通货膨胀提高引起货币购买力降低，从而导致了货币贬值。

如果将 Δ 定义为 0 ~ t 期间汇率的预计变化率，则有：

$$\Delta=\frac{S_t-S_0}{S_0}=\frac{P_d-P_f}{1+P_f} \tag{10.3}$$

公式（10.3）左边是直接标价法下的汇率变动百分比，而公式右边的分子是两国通货膨胀率之差。这一公式就是购买力平价理论的基本公式。如果外国通货膨胀率很小，则可以忽略分母项。简化后，可以得到购买力平价理论的近似公式为：

$$\Delta = \frac{S_t - S_0}{S_0} = P_d - P_f \tag{10.4}$$

从公式（10.4）可以看出，汇率的预计变化率应等于两国通货膨胀率之差。

购买力平价理论能够很好地理解汇率的变动，各国的中央银行经常按照这一理论制定新的汇率平价，很多公司也常使用这种方法对未来的汇率进行预测。

2）费雪效应

费雪效应是以美国经济学家 Irving Fisher 的姓氏命名的。这一理论论述的是利率与通货膨胀率之间的关系。其基本思想是：各国的名义利率可以简单地分为投资获得的真实利率和预期通货膨胀率两个部分。在资本可以在国际间自由流动的条件下，两国名义利率的相对差别可以大体上反映两国一般价格水平的预期相对变动，也就是说，名义利率（i）与真实利率（r）和预期通货膨胀率（P）之间具有如下的关系：

$$1+i=(1+r)(1+P) \tag{10.5}$$

费雪效应认为，世界上每个国家的真实利率都是相同的，即世界上只有一个真实利率，记作 r_w。这是因为，如果一个国家货币的真实利率高于其他国家，那么大量的资本就会流入这个国家。只要政府不加干涉，这种套利活动就会持续进行，直到真实利率相等为止。因此根据公式（10.5），两国（本国记为 d，外国记为 f）之间就会存在下列关系：

$$1+r_w = \frac{1+i_d}{1+P_d} = \frac{1+i_f}{1+P_f}$$

也就是：$$\frac{1+i_d}{1+i_f} = \frac{1+P_d}{1+P_f} \tag{10.6}$$

公式（10.6）说明费雪效应所表明的两国名义利率与通货膨胀率之间的关系是成立的。也可以对费雪效应进一步简化。公式（10.5）也可以表示为：

$$i = r + P + rP \tag{10.7}$$

由于真实利率和通货膨胀率都小于 1，两者相乘之积（rP）就更小，因此可以忽略公式（10.7）中的最后一项，则可以得到以下公式：

$$r = i - P \tag{10.8}$$

同样，由于各个国家的真实利率相等，因此可有：

$$r_w = i_d - P_d = i_f - P_f$$

即：$$r_w = i_d - i_f = P_d - P_f \tag{10.9}$$

公式（10.9）表明，两国名义利率之差等于两国通货膨胀率之差。

3）国际费雪效应

把购买力平价理论和费雪效应结合起来就可以得到一个新的平价理论：国际费雪效应。购买力平价理论建立了汇率与预期通货膨胀率之间的关系，而费雪效应反映的是名义利率与预期通货膨胀率之间的关系，它们之间存在着一个共同因素，即预期通货膨胀率。根据公式（10.1）和公式（10.6）则有：

$$\frac{S_t}{S_0}=\frac{1+P_d}{1+P_f}=\frac{1+i_d}{1+i_f}$$

如果上式中的中间项忽略不计，就可以得到国际费雪效应的公式：

$$\frac{S_t}{S_0}=\frac{1+i_d}{1+i_f} \tag{10.10}$$

还可以推导出：

$$\Delta=\frac{S_t-S_0}{S_0}=\frac{i_d-i_f}{1+i_f} \tag{10.11}$$

如果公式（10.11）中的 i_f 相对较小，则可以得到国际费雪效应的近似公式为：

$$\Delta=\frac{S_t-S_0}{S_0}=i_d-i_f \tag{10.12}$$

根据公式（10.12），国际费雪效应的含义是：即期汇率的变化率（直接标价法下的外币升值率或贬值率）应等于两国的利率之差。

4）利率平价理论

不同国家的利率差异必然引起利息套汇，大量的利息套汇者不断地进行利息套汇，就会出现利率平价。利率平价说明的是外汇市场与货币市场的平衡关系。根据利率平价关系，如果以证券代表金融资产，两国风险与期限相同的证券的利率差别（本国利率减外国利率）在扣除交易成本后应等于外币的远期升水或贴水①。

如果 S_0 表示即期汇率，F_0 表示一年期远期汇率，则利率平价理论可用公式表示如下②：

$$\frac{1+i_d}{1+i_f}=\frac{F_0}{S_0} \tag{10.13}$$

如果公式（10.13）等式两边都以分子减去分母，再除以分母，则可以得到：

$$\frac{i_d-i_f}{1+i_f}=\frac{F_0-S_0}{S_0} \tag{10.14}$$

公式（10.14）右边就是在直接标价法下外币的远期升水或贴水。如果该公式中的 i_f 相对较小，则可以忽略公式（10.14）左边的分母项，因而可以得到：

$$\frac{F_0-S_0}{S_0}=i_d-i_f \tag{10.15}$$

公式（10.15）就是利率平价的近似表达式，式中左边表示外币的远期升水或贴水，右边表示本国利率与外国利率之差。

5）无偏差理论

无偏差理论说明了远期汇率与未来即期汇率之间的关系。将国际费雪效应公式（10.10）和利率平价公式（10.13）结合起来，就可以得到：

---

① 远期升水是指一种货币的远期汇率高于即期汇率，在直接标价法下表现为远期汇率的具体数值大于即期汇率的具体数值；远期贴水反之。
② 具体推导过程略。

$$\frac{F_0}{S_0}=\frac{1+i_d}{1+i_f}=\frac{S_t}{S_0} \tag{10.16}$$

由上式可得：$F_0=S_t$ （10.17）

公式（10.17）表明，目前的远期汇率等于一定时期（一年）后预计的即期汇率。上式也可以表示为：

$$\frac{F_0-S_0}{S_0}=\frac{S_t-S_0}{S_0} \tag{10.18}$$

公式（10.18）表明，外汇远期升水或贴水等于预计的外汇升值或贬值。无偏差理论说明，在没有干扰的情况下，当前的远期汇率应等于未来的即期汇率。也就是说，根据远期汇率可以无偏差地预测到期时的即期汇率。上述5种汇率决定理论可用图10-1表示如下①：

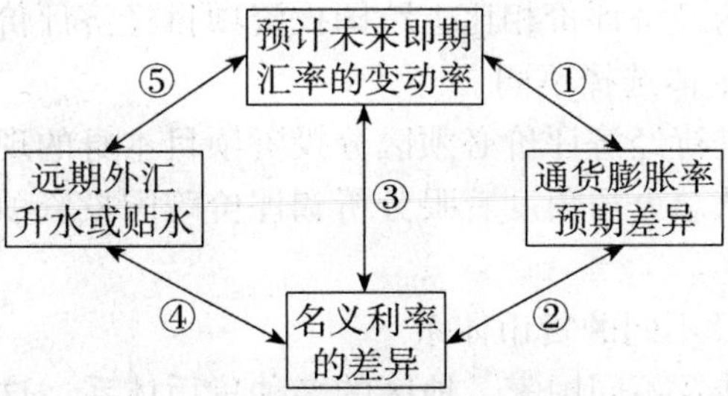

图10-1 汇率平价关系图

注：

①购买力平价理论$\frac{S_t}{S_0}=\frac{1+P_d}{1+P_f}$ 公式（10.1）

②费雪效应$\frac{1+i_d}{1+i_f}=\frac{1+P_d}{1+P_f}$ 公式（10.6）

③国际费雪效应$\frac{S_t}{S_0}=\frac{1+i_d}{1+i_f}$ 公式（10.10）

④利率平价理论$\frac{F_0}{S_0}=\frac{1+i_d}{1+i_f}$ 公式（10.13）

⑤无偏差理论 $F_0=S_t$ 公式（10.17）

在图10-1中，尽管每一种平衡关系强调的是某一对因素的相互关系，但实际上，它们之间是相互交叉相互影响的。例如，根据无偏差理论，可以利用当前的远期汇率预测未来的即期汇率，但名义利率差值率、通货膨胀率的差值率都会对即期汇率产生直接的影响。同时也应注意，上述这几种平价关系是在外汇市场充分发达和完全开放情况下外汇汇率变化的规律，这些平价关系完全由市场调剂作用完成，因此在实际中，外汇可自由买卖的程度对这些平价关系可以应用的程度起到决定性作用。

① 刘淑莲．公司理财［M］．北京：中国金融出版社，2005.

10.3 跨国公司资本预算

10.3.1 跨国公司资本预算基本特性及主体选择

1）跨国公司资本预算基本特性

跨国投资项目是否可行，关键的一步是对投资项目的经济可行性进行科学的评价。跨国公司投资项目的经济可行性评价，其原理类似于国内投资项目的经济评价，但由于跨国投资项目处于其他国家，其面临的政治、经济、社会环境等与国内有所不同，涉及的可变性因素很多，更加复杂，因此其经济可行性评价也具有其自身的特殊性。

与国内投资项目的经济评价相比，跨国投资项目经济评价具有以下基本特性：

（1）项目评价的主体选择不同

对跨国投资项目进行经济评价必须区分投资项目本身的现金流量和母公司的现金流量，从而有助于从总公司角度着眼分析和评价跨国投资项目对公司整体所做的贡献。

（2）项目评价涉及不同的货币体系

跨国生产经营会涉及不同国家、地区的多种货币体系，这些货币体系在各自的资本市场上会形成不同的利率水平、不同的通货膨胀率水平以及不同的汇率水平，并都具有不同程度的变动情况。因此，跨国投资项目的经济评价，必须考虑各国不同的通货膨胀率水平及外汇汇率水平变动对公司竞争地位的影响，以及由此引起的公司现金流量的变动。

（3）项目评价涉及不同的税收制度

跨国生产经营会涉及不同国家和地区的不同税制。这些国家和地区的关税、所得税税率等有所不同，同时，其实施的外汇管制、进出口管制等也有所区别。因此在对项目评价时必须考虑到，跨国投资项目的实际现金流量可能受到汇回母公司的现金形式，如利息、本金、管理费、股利等的影响，同时还会受到当地政府干预程度及金融市场财务功能的影响。

（4）项目评价涉及不同的风险

在不同国家和地区进行投资会有不同的投资风险和经营风险，因此跨国投资还必须考虑不同国家或地区投资风险及经营风险等因素对现金流量的影响。

2）跨国公司资本预算主体选择

由于受税制、外汇管制、汇率变动、跨国公司内部的财务结算制度以及出口替代等因素的影响，在对跨国公司投资项目进行可行性分析时，以子公司为主体和以母公司为主体进行评价，其现金流量差异可能会很多，因而评价结果也可能有所不同。例如，假定东道国政府规定，子公司收益的一定百分比必须留在该国，那么在这类国家进行投资的项目可能对母公司没有吸引力，因为母公司可能永远也无法得到这笔被留在东道国的投资资金。但该项目对子公司可能却是非常不错的。因此，主体的选择至关重要。

（1）以子公司作为评价主体

通过跨国投资在国外形成的子公司是具有较强独立性的经济实体。因此，从子公司这一主体出发，对投资项目本身建成投产后能否取得相应的经济效益进行独立地经济评价，是必不可少的。以子公司为主体进行经济评价，其所用的方法和原理同一般国内投资项目的经济评价基本相同。

（2）以母公司作为评价主体

经济理论认为，一个投资项目的价值取决于投资者可以得到的未来现金流量的现值，而跨国公司及其股东是进行跨国投资的投资者，因此从母公司的角度分析和评价跨国投资项目，即在国外创建一个子公司对公司整体收益的影响也是非常必要的。

10.3.2　跨国公司资本预算程序及方法

跨国投资可以分为直接投资和间接投资两种基本方式。间接投资是指投资者在国际金融市场上购买外国公司的股票、债券等，其目的是获取证券投资的股息或债息。直接投资是指投资者在国外经营公司，并通过直接控制或参与其生产经营管理以获取利润的投资。直接投资的结果通常是建立子公司或分公司。本节以跨国公司为例介绍与直接投资有关的几个问题。

1）跨国投资环境分析

跨国投资环境是指在跨国投资过程中影响跨国资本运行的东道国（资本输入国）的综合条件。与国内投资环境相比，跨国投资环境更为复杂、多变，对投资的效益和风险产生的影响更大、更直接。为了正确地做出投资决策，首先必须对有关国家的投资环境进行分析和评价。关于跨国投资环境分析方法的研究，国外已进行多年，常见的跨国投资环境评析方法主要有以下两种[①]：

（1）冷热分析法

这种方法是由美国学者伊西阿·利特法克和彼得·班廷二人通过对美国、加拿大等国的大批工商界人士进行调查和对大量资料进行综合分析后得出的。在这里，把一国投资环境的好坏归结为以下 7 个因素：政治稳定性、市场机会、经济发展和成就、文化一元化、法令阻碍、实质阻碍（指一国的自然条件、气候等）、地理及文化差距。根据上述 7 个因素进行分析，一国的投资环境好，即为“热国”，反之则为“冷国”。

（2）投资环境评分法

对跨国投资环境的“冷热”分析，主要是从宏观因素进行的，对于干扰跨国投资环境的微观因素考虑得较少。为此，美国学者罗伯特·斯托鲍夫于 1969 年提

① 夏乐书，李琳．国际财务管理［M］．大连：东北财经大学出版社，2010.

出了“投资环境评分分析法”。这种评价方法是从东道国政府对外国投资者的限制与鼓励政策出发，对影响投资环境的八大微观因素及其若干个子因素进行具体分析，并根据各子因素对投资环境的有利程度给予评分，以表格的形式逐级评分，并相加得出总分。分数越高，表明该地投资环境越好；分数越低，表明该地投资环境较差，当低到一定程度时则不适宜在该地进行投资。表 10-1 为投资环境评分法的评分标准。

表 10-1　　投资环境评分法的评分标准

投资环境因素	评分
一、资本抽回	0～12 分
无限制	12
只有时间上的限制	8
对资本有限制	6
对资本和红利都有限制	4
限制繁多	2
禁止资本抽回	0
二、外商股权	0～12 分
准许并欢迎全部外资股权	12
准许全部外资股权但不欢迎	10
准许外资占大部分股权	8
外资最多不得超过股权半数	6
只准外资占小部分股权	4
外资不得超过股权的三成	2
不准外资控制任何股权	0
三、对外投资管理制度	0～12 分
外商与本国企业一视同仁	12
对外商略有限制但无管制	10
对外商有少许管制	8
对外商有限制并有管制	6
对外商有限制并严加管制	4
对外商严格限制并严加管制	0
禁止外商投资	0
四、货币稳定性	4～20 分
完全自由兑换	20
黑市与官价差距小于一成	18
黑市与官价差距在一成至四成之间	14

续表

投资环境因素	评分
黑市与官价差距在四成至一倍之间	8
黑市与官价差距在一倍以上	4
五、政治稳定性	0~12分
长期稳定	12
稳定但因人而治	10
内部分裂但政府掌权	8
国内外有强大的反对力量	4
有政变和动荡的可能	2
不稳定，政变和动荡极有可能	0
六、给予关税保护的意愿	2~8分
给予充分保护	8
给予相当保护但以新工业为主	6
给予少许保护但以新工业为主	4
很少或不给予保护	2
七、当地资金可供程度	0~10分
成熟的资本市场，有公开的证券交易所	10
少许当地资本，有投机性的证券交易所	8
当地资本有限，外来资本不多（世行贷款）	6
短期资本极其有限	4
资本管制很严	2
高度的资本外流	0
八、近5年的通货膨胀率	2~14分
小于1%	14
1%~3%	12
3%~7%	10
7%~10%	8
10%~15%	6
15%~35%	4
35%以上	2
总计	8~100分

资料来源：夏乐书，李琳编．国际财务管理［M］．大连：东北财经大学出版社，2010：371.

投资环境评分法是目前国际上较为流行的投资环境的定量评价方法，投资者只需要将表上各项评分进行比较，即可对不同投资环境做出合理评估，以确定投资环境的优劣，从而做出正确的投资决策。

2）跨国投资现金流量分析应注意的问题

从方法论上讲，跨国投资现金流量分析与国内投资现金流量分析并无差别，但国外投资面临的实际情况更为复杂。在分析时，应注意以下几个问题：

（1）资本预算主体的不同

从不同的资本预算主体出发，现金流量可能会有较大差别。跨国公司对外直接投资后形成了分处两个国家中的不同经济实体：母公司的现金流量和国外投资项目（即子公司）的现金流量。两种不同的现金流量因其国别不同，性质也不同，因此投放在项目上的现金流量与流向母公司的现金流量必须严加区分。

（2）跨国投资具体环境的影响

在分析时要充分认识各国的税收体系、金融机构、外汇管制、会计准则以及金融资产流动的限制等方面对现金流量的影响。同时，汇率变化、利率变化、通货膨胀率变化不仅会改变国外投资项目的竞争地位，还会改变母公司与子公司之间的现金流量的价值，因此在投资分析中应给予充分的重视。

（3）政治风险的影响

在跨国投资中，政治风险的高低会使对外投资的价值发生很大变化。

3）国外子公司资本预算分析

国外子公司投资现金流量表与国内一般项目现金流量表编制方法的基本原理是一样的，但必须考虑以下两点：第一，在估计投资项目的成本和收益时，要充分考虑由于汇率变化、通货膨胀率变化引起的货币贬值、东道国干预等因素；第二，对外投资发生的有关成本和收益的货币与母公司的货币不同。

确定国外投资项目的净现值一般有两种方法：第一种方法是以子公司所在国货币估计现金流量，并按计划汇率换算成母公司所在地货币，然后按母公司所在地货币的资本成本折现，从而得出以母公司所在地货币表示的投资净现值；第二种方法是为了避免进行外汇汇率预测，跨国公司完全以子公司所在国的货币计算净现值，然后按现行汇率将计算结果换算成母公司所在地货币。

假设我国某跨国公司在美国建立一子公司，其净现值的计算步骤见表10-2：

表10-2　**国外投资项目净现值计算步骤**

第一种方法	第二种方法
第一，以美元估计未来的现金流量 第二，根据预测汇率将美元换算成人民币 第三，根据人民币的折现率计算现值	第一，以美元估计未来的现金流量 第二，根据美元折现率计算现值 第三，根据即期汇率将美元换算成人民币

这两种方法的差别在于外汇汇率的预测是否准确，如果各国的利率、汇率、通货膨胀率之间存在着简单的平价关系，那么这两种方法所得出的结论就是一致的。

［例10-1］某中国跨国公司在美国的子公司期望现金流量见表10-3。

表 10-3　　美国子公司期望现金流量表　　单位：万美元

年份	第 1 年	第 2 年	第 3 年	第 4 年	第 5 年
现金流量	80	95	102	115	130

假设该跨国公司要求以 15.5% 的投资收益率从美国的投资中收回人民币，经母公司财务经理预测，名义投资利率在美国为 8%，在中国为 10%；美国的预期通货膨胀率为 5%，中国的预期通货膨胀率为 7%；假设第 1 年年的初即期汇率为 1 美元=6.2 人民币元。试根据上述资料按两种方法计算投资项目的净现值。

首先，计算未来即期汇率。根据购买力平价理论，未来的即期汇率（第 1 年年末）为：

$$S_1=S_0\times\frac{1+P_d}{1+P_f}=6.2\times\frac{1+7\%}{1+5\%}\approx6.318\text{（人民币元/美元）}$$

据此可依次计算各年年末的即期汇率，借以预测以人民币表示的各年现金流量，见表 10-4。

表 10-4　　现金流量预测表

项目	第 1 年	第 2 年	第 3 年	第 4 年	第 5 年
现金流量（万美元）	80	95	102	115	130
预测的即期汇率（人民币元/美元）	6.318	6.438	6.561	6.686	6.813
现金流量（万人民币元）	505.44	611.61	669.22	768.89	885.69

其次，将以人民币表示的各年现金流量按要求的最低收益率或风险调整折现率（无风险利率+风险补偿率）进行折现。其有关指标计算如下：

1+风险调整折现率=（1+名义利率）（1+风险补偿率）

假设预测风险补偿率为 5%，则：

以人民币计算：1+风险调整折现率=（1+10%）×（1+5%）=1.155

以美元计算：1+风险调整折现率=（1+8%）×（1+5%）=1.134

根据上述计算结果，采用第一种方法将以人民币表示的现金流量按最低收益率 15.5% 进行折现，则投资现值（PV）为：

$$PV=\frac{505.44}{1.155}+\frac{611.61}{1.155^2}+\frac{669.22}{1.155^3}+\frac{768.89}{1.155^4}+\frac{885.69}{1.155^5}\approx2\ 193.36\text{（万人民币元）}$$

采用第二种方法时，由于美元的名义利率低于人民币利率，因此调整后的折现率为 13.4%。以这一折现率对美元表示的现金流量进行折现，则：

$$PV=\frac{80}{1.134}+\frac{95}{1.134^2}+\frac{102}{1.134^3}+\frac{115}{1.134^4}+\frac{130}{1.134^5}\approx353.23\text{（万美元）}$$

将美元现值按 1 美元=6.2 人民币元的即期汇率折算为人民币：

$$PV=353.23\times6.2\approx2\ 190.03\text{（万人民币元）}$$

如排除计算误差，两种计算结果相同。根据以上计算结果，即可按一般方法计算投资项目的净现值或内部收益率。

4）母公司资本预算分析

国外投资项目的评价不但应从投资项目本身进行评价，还要站在母公司的立场上评价该项目。在评价时应考虑以下几个问题：净现金流量从子公司转换到母公司的可能性；子公司所在国有关汇兑资本方面的税收规定；两国外汇汇率变化等。

从母公司角度进行分析，其现金流入量主要来自子公司的净现金流量、许可证收入、监管费收益等。现金流出量主要是从子公司获得股利收入而应向本国政府缴纳的各种税款等。现金流入量减现金流出量的净现金流量是母公司可以运用的净收益。据此可以按最低收益率计算母公司进行国外投资的净现值和内部收益率。

5）跨国投资风险调整

跨国投资风险的调整与一般投资项目风险调整的方法基本相同。常见的方法有：缩短投资回收期、提高折现率、调整现金流量等。例如，如果预计投资回收可能会受到东道国外汇管制的限制，跨国母公司可以将正常的折现率 10% 提高到 12%，或者把原定 5 年的回收期缩短到 3 年。又如，为防止投资风险可以从每年的现金流量中提取一笔保险金用于政治和经济风险的保险。保险金可以用于向保险公司购买保险，也可以用于支付其他规避风险的费用。如为了防止汇率变动的损失，可以利用远期外汇市场进行套期保值等等。

10.4 跨国公司融资管理

10.4.1 跨国公司资本来源

跨国公司融资管理主要包括以下 3 个方面，即跨国公司的资本来源、跨国公司计价货币的选择以及跨国公司融资风险管理。

1）跨国公司内部融资

公司内部融资是指资本从母公司流向子公司或从一个子公司流向另一个子公司。其形式主要有：

（1）股权融资

股权融资是母公司通过购买子公司股票，即向子公司投资，使资本流向子公司。通过母公司来源取得的股票融资，其主要优点是能够加强母公司对子公司的所有权和控制权、能够加强海外子公司的举债能力，便于其筹措资本。缺点是外汇风险较大、汇付利润和偿还投资资本的风险较高、财产被没收和国有化的风险较大。

（2）举债融资

举债融资就是母公司利用自有资本或从银行取得的借款向子公司放贷。通过母公司来源的举债融资，优点是支付利息可以获得税收利益，易于得到较低成本的资本，易于汇付利润和偿还资本。缺点是子公司从国外借入资本的外汇风险较大。

（3）其他子公司向某一子公司放贷或公司内部转移

跨国公司内部融资是跨国公司最主要的资本来源，而在以上 3 种来源中，前两种是跨国公司内部融资中最主要的。

2）东道国融资

东道国是跨国公司补充资本的重要来源。跨国公司可以根据东道国的经济状况和金融环境筹集所需要的资本。如通过当地的证券市场进行股权或债券融资，或通过当地银行取得借款等。

通过东道国融资的优点是政治风险低、支付利息扣税、外汇风险小、可与当地公司或其他金融机构建立良好的关系。缺点是东道国的资本可供量有限、母公司对子公司的控制权较弱。

3）国际代理机构和第三国来源融资

跨国公司可以通过各种国际机构，如世界银行、国际开发协会、亚洲开发银行、进出口银行等筹集所需要的资本，也可向第三国银行借款或向第三国资本市场发行股票或债券等进行融资。

跨国公司通过各种金融机构贷款可以分为两种情况：一种是意向贷款，即贷款与一定的目的（例如商品出口、工程项目招标）相联系，这种贷款一般利率低、期限长，有时带有一定的优惠条件；另一种是自由外汇贷款，即由国际金融市场上的外国商业银行提供。这种贷款与其他国家贷款方式相比：优点是贷款方式灵活、手续简便，资本供应充足，允许借款者选择借款币种，贷款可以自由使用，不受贷款银行限制；缺点是贷款利率较高，期限较短。

4）国际贸易融资

跨国公司在对外贸易结算中，通常会有融资活动伴随发生，如远期汇票折现、出口押汇、保理账款（出售应收账款）、进口押汇、信托押汇等，这些都可以作为跨国公司的资本来源。

10.4.2 跨国融资计价货币的选择

跨国公司在举债融资过程中面临的一个重要问题就是如何权衡利率水平和外汇风险水平之间的关系。

1）无风险条件下计价货币的选择

无风险条件下计价货币的选择是指在借款利率不变，未来汇率变动已知的情况下计价货币的选择。在这种情况下，一般可以通过比较两种货币借款成本的大小进行选择。

[例10-2] 假设某公司年初准备借入一笔1年期借款供美国子公司使用，当时国际金融市场上有美元和欧元两种货币可供选择，两种货币当时的汇率为1欧元=1.3762美元。该公司可以直接从银行借入500万美元，假定1年期借款的利率为4.45%；也可以先借入363.32万欧元，1年期借款的利率为6.5%，然后兑换成500万美元。假设借款在年末1次还本付息。如果公司借入欧元，年末还须用美元购买欧元以偿还欧元借款本息386.94万欧元（363.32+363.32×6.5%）。公司将选择哪一种计价货币呢？

在利率不变的情况下，期末汇率（1 年后的即期汇率）的变动相对于期初汇率（现行的即期汇率）来说，有 3 种情况：

第一，如果期末汇率仍然为：US＄1.3762/EUR，该公司显然应选择美元借款，因为美元借款的利率低于欧元借款利率。如果借欧元，1 年后还本付息数为 386.94 万欧元，相当于 532.5 万美元，其借款成本为 32.5 万美元（532.5-500）；如借美元，一年后还本付息数为 522.25 万美元，其借款成本为 22.25 万美元。

第二，如果期末汇率为：US＄1.377/EUR，即欧元升值。如果借欧元，1 年后需还本付息数仍为 386.94 万欧元，按期末汇率换算成美元数为 532.82 万美元，这表明公司必须支付 532.82 万美元认购 386.94 万欧元，借款成本为 32.82 万美元；如借美元，借款成本为 22.25 万美元。因此，当欧元升值时，该公司需要用更多的美元才能购得等额的欧元。在这种情况下，公司仍应选择美元作为其债务的计价货币。

第三，如果期末汇率为：US＄1.345/EUR，即欧元贬值。如借欧元，1 年后还本付息数为 386.94 万欧元，按期末汇率换算美元数为 520.43 万美元，这表明公司只需用 520.43 万美元便可以认购 386.94 万欧元。因此，当欧元贬值时，公司可用较少的美元购入等额的欧元。在这种情况下，公司应选择欧元作为其债务的计价货币。

如果公司的管理者能够准确地预测 1 年后的汇率，也就是贷款偿还时的汇率，计算和比较预测汇率下的美元或欧元借款成本，就可以做出正确的融资决策。但事实上，汇率受各种因素的影响，无法确切预知，所以大多数情况下公司都要在风险条件下进行计价货币的选择。

2）风险条件下计价货币的选择

虽然借款人不可能事先得知未来的确切汇率，但可以在充分分析汇率未来走势的基础上，对汇率的不确定性进行量化。

［例 10-3］假设上例中该公司对未来汇率变化情况进行分析测算，得到如下资料：

汇率（US＄/EUR）	1.345	1.3762	1.402	1.433
概率（P）	0.25	0.20	0.45	0.10

汇率期望值＝1.345×0.25+1.3762×0.20+1.402×0.45+1.433×0.10

＝1.386

根据以上资料，可以采用两种方法比较每种贷款方案的预期成本：

（1）公式分析法

这种方法是将借款方案的成本表示为期末汇率的函数。假设期末汇率用 X_1 表示，则欧元的借款成本为：

C_{EUR} = 借款本金×（期末汇率-期初汇率）+借款利息×期末汇率

$= 363.32\ (X_1 - 1.3762) + 23.62\ X_1$

$= 386.94\ X_1 - 500$

假设 1 年后期末汇率为 1.385，则当 X_1 = US $1.385/EUR 时，代入上式可得欧元借款的预期成本为 35.91 万美元。如前所述，美元借款成本为 22.25 万美元，由于 $C_{EUR} > C_{\$}$，即借欧元成本高于美元借款成本，该公司应选择成本较低的美元借款。

（2）临界分析法

临界分析法是先将期末汇率的不确定性量化为 X_1，然后通过预期成本与汇率的函数关系求出欧元借款成本。临界分析法不必用特定的概率将风险量化，只需要求出在两种借款成本相等时的汇率 X_b 就可以进行决策。按上例，当 $C_{EUR} = C_{\$}$ 时，可以得到下式：

$$386.94\ X_b - 500 = 22.25$$

$$X_b = \frac{500 + 22.25}{386.94} = 1.350$$

上式中的 US $1.350/EUR 是两个借款方案成本相等时的汇率，也称成本重合点。如果期末汇率 X_1 < US $1.350/EUR，则欧元借款便宜；反之，美元借款更合适。上述结果如图 10-2 所示：

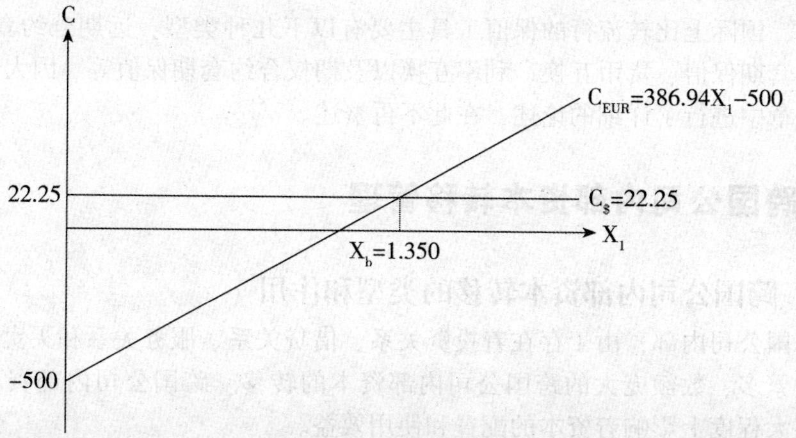

图 10-2　　计价货币选择临界图（万美元）

图 10-2 中 C_{EUR} 线是根据函数 $C_{EUR} = 386.94\ X_1 - 500$ 绘制而成的；$C_{\$}$ 线表示函数式 $C_{\$} = 22.25$ 万美元。两条直线的交点所决定的均衡汇率为 $X_1 = X_b = 1.350$。从图中可知，当 $X_1 > X_b$ 时，欧元借款成本高于美元借款成本；当 $X_1 < X_b$ 时，美元借款成本高于欧元借款成本。因此，公司可以根据预期汇率作出正确的融资决策。按上例，当期望汇率 X_1 = US $1.385/EUR 时，由于 $X_1 > X_b$，则该公司应选择美元借款。

除此之外，借款的计价货币与投资项目的收益货币保持一致也是选择计价货币的一个重要原则，这样可以直接使用投资项目的收益偿还借款本息，避免不必要的汇率风险。

10.4.3 跨国融资风险管理

1）跨国融资风险管理的原则

融资风险管理主要是控制与防范在对外融资过程中以及所融资本在使用和偿还过程中发生的利率和汇率风险。在进行风险管理时应坚持以下原则：

（1）均衡原则

均衡原则主要指融资币种、使用币种和偿还币种相平衡、软货币与硬货币相平衡；融资长短期限相平衡；总体利率结构（固定利率与浮动利率）相平衡；融资市场结构相平衡；融资成本结构（利率、汇率、费用）相平衡等。

（2）保值原则

融资管理的目的是为了防范并减少因汇率和利率等变化所引起的对外债务的增加，而不是为了获利。由于一些防范风险的金融工具，如掉期交易，既可以用来保值，也可以用作投机性交易，因此在使用时应明确使用目的。

（3）全过程原则

风险管理要贯穿始终，包括借、用、还3个环节，即不仅筹措阶段要采取防范风险的措施，在融资本使用阶段和偿还阶段同样应注重风险的防范。

2）跨国融资风险管理中的保值工具

目前，国际上比较流行的保值工具主要有以下几种类型：远期合约套期保值、期货合约套期保值、货币互换、利率互换以及期权合约套期保值等。因大部分内容已在第6章中进行了详细的论述，在此不再赘述。

10.5 跨国公司内部资本转移管理

10.5.1 跨国公司内部资本转移的类型和作用

在跨国公司内部，由于存在着投资关系、借贷关系、服务关系和买卖关系而形成了种类繁多、数额庞大的跨国公司内部资本的转移。跨国公司内部资本转移管理，在很大程度上影响着资本的配置和使用效益。

1）跨国公司内部资本转移的类型

跨国公司内部资本转移大体有3种类型：

（1）母公司向子公司转移资本

这种方式主要包括母公司对子公司的股权投资，母公司向子公司提供贷款，母公司按转移价格从子公司购进商品等。

（2）子公司向母公司转移资本

这种方式主要包括子公司偿还母公司的贷款本息，子公司向母公司支付股利，子公司向母公司支付的各种专利权使用费、许可证费、管理费及出口佣金等，母公司从子公司抽回部分投资的资本等。

（3）子公司之间转移资本

子公司之间转移的资本包括相互间贷款的发放与回收、利息的收入与支付、按转移价格买卖货物时转移的资本等。

2）跨国公司内部资本转移的限制因素

在跨国经营中，公司会面临大量的资本转移障碍或限制。这些限制因素包括：

（1）政治限制

东道国政府实行外汇管制，使该国货币不可兑换，将资本转移完全封锁；对外资公司的股利汇回征收带有没收性质的税款；通过各种制度拖延向外资公司发放必要的许可证明；实施索要高额费用等法律性限制等。

（2）税收限制

在税收方面，一方面东道国政府可以对资本流出课以重税；另一方面，许多国家税种繁多，税务部门重叠交叉，纳税程序错综复杂，也使资本流出十分困难，有时甚至出现同一笔外资收入被多次征税的情况。

（3）交易成本

这不但包括通过银行进行外汇交易和资本转移时所需要支付的费用，还包括当地管理部门的一些规定，比如，要求国际资本的转移必须交由当地指定银行办理，或禁止跨国公司对内部成员公司之间应收、应付账款的国际冲兑等等。

（4）流动性限制

在跨国经营中，母公司通常对子公司或分公司资本的流动性提出要求，以确保母公司将来及时收回自己的贷款。这种流动性要求在很大程度上降低了子公司或分公司将自己的流动资本以最佳的币种存放于最安全项目上的能力。

3）跨国公司内部资本转移的套利效应

虽然跨国经营给公司内部资本转移带来了很多不利因素，但也可能给跨国公司带来获利的可能。跨国公司可以通过建立资本内部转移机制获取3种新的套利机会：

（1）税收套利

跨国公司可以将利润从高税率国家的子公司转移到低税率国家的子公司；或从那些处于应税状态的子公司转移到处于亏损状态的子公司，这样可以减轻其总的税收负担。

（2）金融市场套利

内部资本转移可使跨国公司绕过外汇管制，为母公司或子公司的过剩资本寻找投资场所、为资本不足的子公司寻找新的资本来源。

（3）管理体制套利

当跨国公司子公司的利润不受市场影响，而受政府或工会的影响时，跨国公司可以通过内部转移价格等方式重新分配利润，进而粉饰其真实的获利水平，这样可以使跨国公司在与当地政府谈判时占有一定的优势。

另外，内部资本转移管理还可以让跨国公司的子公司不受东道国信贷管制的影响。如果政府对当地的借款有限额，那么子公司利用内部资本转移管理获得外部资本，就可能给子公司带来较高的短期利润，并且能使其在长期竞争中占据良好的市场地位。

10.5.2 跨国公司内部资本转移的一般方式

跨国公司内部资本转移的方式有很多，以下将介绍几种常用的方法。

1）股利

股利是跨国公司的子公司向母公司转移资本的最重要方式。股利将影响到母公司与母公司所在国、子公司与子公司所在国以及股东的利益，所以跨国公司应详细考察各种因素，对各方的利益进行平衡，认真制定股利政策。股利支付率是股利政策中的核心要素。例如，如果母公司规定子公司的股利支付率为30%，那么国外子公司就应将30%的利润交给母公司。跨国公司采取股利汇出资本时，应着重考虑以下几个因素：

（1）税收因素

东道国与本土国的税法都会对跨国公司的股利政策有重大影响。因此跨国公司应该了解各国的实际税率，通过调整各子公司的股利支付率可以大大降低跨国公司的整体税负水平。

（2）外汇风险因素

如果可以预计汇率变动的趋势，那么跨国公司就能通过股利政策的调整将资本从弱币区转至强币区。也就是说，当子公司所在国的货币将贬值时，跨国公司可以通过增加股利汇出的数量，从而达到减少当地的货币资产的目的；反之当子公司所在国的货币将升值时，跨国公司则可以采用减少股利汇出数量或推迟股利发放时间的策略等。

（3）外汇管制因素

通常情况下，国际收支发生困难的国家会采取一定措施限制外资公司支付股利，如只允许按注册资本的一定百分比汇出股利等。为了降低外汇管制的危害，一些跨国公司会采取相对稳定的股利支付率，以表明股利支付是既定股利支付计划的一部分，而不是对东道国货币的投机，即使股利不能汇出，也照常宣布分配。这样就可以建立一个将来放松或取消管制时汇出股利的基础。如果一国发生政局变动或外汇危机时，母公司会要求子公司尽快转移剩余资本，这时一般可以通过增加股利汇付来实现资本的转移。

（4）融资因素

确定股利支付政策时还应考虑各子公司资本的机会成本和融资能力。例如，与持有剩余资本的子公司相比，一个必须借入资本的子公司通常具有更高的机会成本。也就是说，有些子公司拥有低成本的融资来源，而另一些子公司则只能按相对较高的利率借入资本。在一般情况下，母公司要给资本机会成本相对较低的子公司确定一个较高的股利支付比例，同时只从借入成本较高或面临有利投资机会的子公司提取较少的股利。

（5）子公司具体状况

通常情况下，小型子公司很少制定股利汇出的基本原则，往往是随机应变；中型子公司在运用股利政策配置资金方面具有较大的灵活性；大型子公司一般在确定股利汇出政策后就不再随意变更。同时，跨国公司在制定股利政策时还应考虑子公司的建立时间：如果子公司的建立时间较长，一般会将利润的很大一部分作为股利汇回给母公司，反之，刚刚建立时间不长的子公司向母公司转移的资金相对少些。

（6）其他股东的态度

国外子公司中的当地股东也会影响跨国公司股利政策的制定和调整。与当地股东相比，跨国公司更多地是从长期全球战略出发，所以当地股东追求的是较短的投资回收期，而跨国公司更关心的是全球范围内资金的最佳配置。

2）特许权费、服务费及管理费

子公司向母公司支付或子公司之间支付的特许权费、服务费与管理费，也是跨国公司内部转移资本的一种基本方式。因为各种服务、管理建议、专利等基本没有市场参考价，所以这种方式给了跨国公司更大的调节空间，子公司所在国一般难以控制。

（1）特许权费

特许权费是指子公司为获取技术、专利或商标的使用权而向拥有该技术、专利、商标权的母公司或子公司支付的报酬，通常是通过签订许可证合同的方式进行的。特许权费可以用每单位产品支付一定金额的方法进行支付，也可以按提成方式进行。如果使用提成方式，一般不需要规定提成费的具体金额，但要约定提成年限、提成基础、提成比例、交费币种和时间。提成的具体金额取决于子公司引进技术、专利或商标使用权后所产生的实际经济效果。

子公司以支付特许权费的方式向母公司转移资本主要有以下优点：第一，因为特许权费在许可证合同中具有明确的支付标准，故当由此形成的资本从子公司向母公司转移时，东道国一般无法施加限制。在拉丁美洲等实行严格外汇管制的国家，当地子公司经常以支付特许权费的名义打破东道国政府的资金封锁。第二，特许权费属于子公司的正常营业费用，因此可以抵减应在东道国交纳的所得税，同时该所得税可以在母公司所在国得到抵免。如果子公司不是以特许权费的方式，而是以股利的形式向母公司转移资本，那么不仅在分派股利之前需要在当地缴纳所得税，而且在股利汇出时还要缴纳股利预扣税。在这种情况下，如果包括东道国所得税税率和预扣税税率在内的联合税率高于母公司所在国的所得税税率，那么该项股利已在东道国缴纳的税金就可能无法在母公司得到完全抵免，从而加重跨国公司整体的税收负担。

（2）服务费

服务费是指由于母公司向子公司提供修理、安装、人员培训、技术指导和咨询等专业性服务而向子公司收取的补偿费。由于服务费是针对向某子公司提供的特定服务而收取的，因此一般是按照服务的类型、时间和等级确定费用的支付标准。

（3）管理费

管理费是母公司对跨国经营活动进行全面管理而发生的一般性费用，如现金的集中管理成本、宣传或公关费用、最高管理当局的工资费用等。管理费通常按规定的标准或比率在各子公司之间平均分摊。

由于服务费和管理费不像专利权、商标权、版权和专有技术的特许权费那样明确和具体，因此通常会受到东道国政府和当地合作经营者的密切监督，过高的收费标准必然会遭到他们的反对。但是，这些费用的收取一般没有可比的外部标准做参考，因此只要母公司与子公司事先为此签订明确的书面协定，并且前后一贯地执行，东道国政府也就很难提出反对意见。

3）内部信贷

内部信贷是跨国公司在全球范围内转移资本的一种主要方式。内部信贷是指境内母公司与境外子公司之间以及各子公司相互之间提供的信贷。内部信贷主要有4种形式：直接贷款、背对背贷款、平行贷款及存贷调换等。

（1）直接贷款

它是母公司向子公司、子公司向母公司或子公司向另一子公司直接提供贷款的方式。借贷的货币可以是任何一方或第三国的货币。直接贷款的优点是简便易行，并且由于贷款利息率可以高于或低于市场利息率，使得跨国公司可以有效利用转移价格的优势。其缺点是可能存在资金汇回限制和外汇风险。

直接贷款方式适用于资金移动不受限制或很少受到限制以及外汇风险较小的情况。当预测资金移动将受到限制，并且外汇风险较大时，跨国公司可以选择使用以下各种间接贷款的方式。

（2）背对背贷款

背对背贷款是指两个国家的企业（母公司）通过协议分别向对方在本国的子公司发放贷款，可用图10-3列示如下。

在上例中，A国的某母公司在B国有一子公司，B国的某母公司在A国有一子公司。A的子公司和B的子公司都需要一定数量的资金。如果母公司对自己的子公司提供直接贷款，由于贷款和还本付息要涉及两个国家、两种货币的汇兑，因此可能发生由于汇率变动引起的外汇风险以及本息汇回受限制的转移风险。于是，经过这两家母公司协议，双方可以采用背对背贷款的方式给各自的子公司提供贷款。采用这种贷款方式，贷款与还本付息的货币相同，货币收付不跨越国界，因而避免了上述的外汇风险和转移风险。

（3）平行贷款

平行贷款是在两个母公司之间、两个子公司之间分别贷款，解决资金余缺的问题，可用图10-4列示如下。

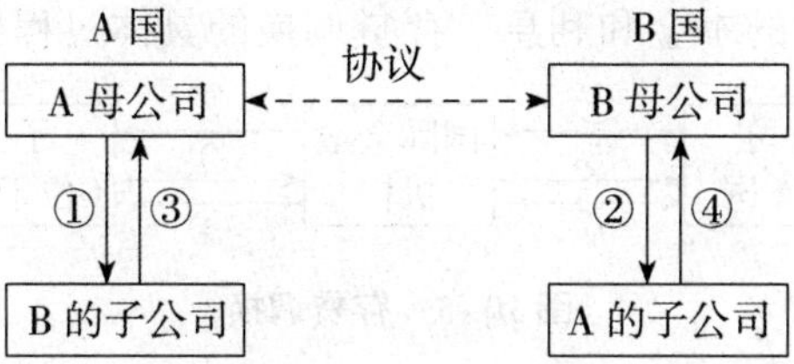

图 10-3　背对背贷款

注：

①A 母公司给 B 的子公司提供 A 元贷款；

②B 母公司给 A 的子公司提供 B 元贷款；

③到期时，B 的子公司用 A 元还本付息；

④到期时，A 的子公司用 B 元还本付息。

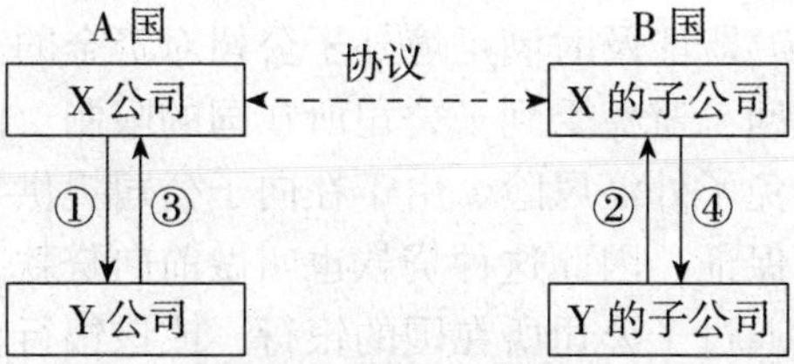

图 10-4　平行贷款

注：

①X 公司给 Y 公司提供 A 元贷款；

②Y 的子公司给 X 的子公司提供 B 元贷款；

③到期时，Y 公司用 A 元还本付息；

④到期时，X 公司的子公司用 B 元还本付息。

在上例中，A 国的两家母公司都在 B 国有子公司，它们的资金余缺刚好相反，X 公司的资金有多余，而它在 B 国的子公司资金短缺；相反，Y 公司资金短缺，但它在 B 国的子公司资金有多余，但由于东道国实行外汇管制，这些多余的资金无法汇回。在这种情况下，经第三方介绍，A 国的两家母公司就可以商定采用平行贷款的方式，两笔贷款期限相同，利息率由借贷双方商定，到期时，借方向各自的贷方还本付息。从上图可以看出，平行贷款的资金也不跨越国界，因而也可以避免外汇风险和转移风险。

(4) 存贷调换

各国政府冻结资本的重点对象是外国的跨国公司，而对银行，特别是对有国际威望的金融机构，一般不会严加限制。因此，当母公司预计向境外子公司贷款其本息汇回将受到限制时，可以采用存贷调换的方式。也就是说，母公司向境外子公司提供资金时，不是由母公司直接贷款给子公司，而是由母公司事先在某国的际金融机构存入一笔资金（等于是向该国际金融机构提供贷款），再由该国际金融机构向子公司提供相应金额的贷款。期满时，先由子公司向金融机构还本付息，再由金融机构向母公司归还存款的本金和利息。存贷调换的具体过程如以下图 10-5 所示：

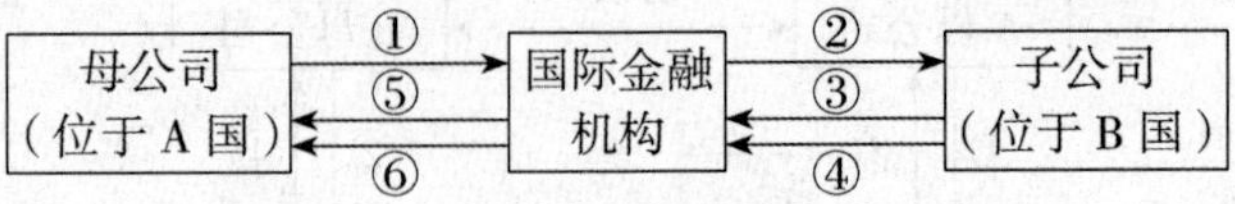

图 10-5　存贷调换

注：汇率为 1A 元=5B 元。

①母公司向国际金融机构存款 100 万 A 元，存款利率 5%；

②国际金融机构为子公司提供贷款 500 万 B 元，贷款利率 7%；

③子公司定期向国际金融机构支付 35 万 B 元贷款利息；

④到期时，子公司向国际金融机构偿还本金 500 万 B 元；

⑤国际金融机构定期向母公司支付 5 万 A 元存款利息；

⑥到期时，国际金融机构向母公司归还本金 100 万 A 元。

通过上述贷款方式，既能及时满足境外子公司对资金的需求，又保障了母公司的资金本息能够顺利收回，避免受到子公司所在国的限制。由于上述存贷款都不经过外汇市场，因此也避免了外汇风险。由于在向子公司提供贷款之前国际金融机构已有母公司的存款作为保证，因此这种贷款也叫做前向贷款。这种贷款方式也可以不通过金融机构，而是通过子公司所在国的银行，或该银行在母公司所在国的分行来进行。

4）转移价格

转移价格，是指跨国公司管理当局从全球经营战略出发，为谋求公司整体利益最优，在母公司与子公司、子公司与子公司之间购销商品以及提供劳务时所采用的内部价格。对于跨国公司来说，转移价格既可以加速跨国公司内部的资本转移，也可以降低整个公司的税赋并保持外汇平衡。其作用主要表现在：

（1）优化资本配置

母公司或其他子公司为了能从某一子公司吸收或转移资本，可以通过转移价格将其所赚取的利润调回母公司或其他子公司。如果母公司要从某国转出资本，则可以提高卖给该国子公司产品的价格；反之，母公司也可以通过压低价格的方式来为该子公司提供资本。同样，资本的这种配置方式还可以通过调节子公司卖给母公司产品的价格以及各子公司之间的交易来实现。

（2）降低整体税负

降低公司整体税负是跨国公司在制定转移价格策略时需要考虑的一个主要问题。跨国公司希望利用转移价格尽可能地减少或逃避有关主权国征收的所得税和关税。

第一，降低所得税。当产品在不同的国家间转移时，出口国和进口国企业的所得税都将受到影响。在出口国的企业中，转移价格是应税收益；在进口国的企业中，转移价格是可抵税的费用。跨国公司应在税法允许的范围内制定出能使在这两个国家的整体税负最小的价格作为转移价格。各国的税率是不一样的，跨国公司通过转移价格降低所得税负担的原则是：将尽可能多的利润转移到税率较低的国家。

如果有关国家或地区的税率相近，跨国公司还可以利用避税港来进一步加大转移价格，降低所得税负面影响的程度。避税港是指单方面向其他国家和地区的投资者提供无税、低税或其他优惠条件的国家和地区，如百慕大群岛、卢森堡、中国香港等。除了税负很低，甚至不需要纳税外，避税港的当地政府对外国公司的法律管制也较松，公司的资金调拨与利润分配比较自由。跨国公司可以在避税港设立象征性的分支机构，利用转移价格，将其他子公司的利润调入避税港，就能够最大限度地降低公司的整体税负。

第二，降低关税。进口关税一般采用从价计征的比率税率，也就是按照进口货物的到岸价格乘以进口关税税率计算。跨国公司可以通过转移价格调整进口产品的到岸价格。在关税税率既定的前提下，调整到岸价格就可以调整进口国子公司的关税负担。比如对位于高关税国的子公司销售产品时，就可以采取低价出售策略减轻关税负担。

（3）调节利润水平

跨国公司可以根据经营需要，通过调高或调低转移价格来影响子公司的利润水平。如果某一子公司在当地获得较高的利润，这不但会引起东道国政府的注意或反感，也可能会导致更多的竞争对手进入同一市场，因此跨国公司可以利用调整转移价格、降低利润的方法，掩盖子公司获利的真实情况。又如，跨国公司为使其在某国新建的子公司在竞争中具有较高的资信水平，在东道国树立良好的形象，易于在当地出售股票、债券或获取信贷，可以通过调整转移价格的方法使该子公司显示出较高的利润水平。

10.5.3 资本冻结条件下的资本转移策略

当一国政府遇到外汇短缺而又不能通过借债或吸引外国投资获得资本时，就会限制外汇从该国流出。有的国家政府会要求一切外汇流出都需要报经当地外汇管理部门审查批准，有的可能只允许资金部分汇出，而更严重的，有的国家政府可能强行规定本国货币不能自由兑换，从而完全封锁资金转移。因此，当东道国推行较为严格的外汇管制政策时，跨国公司就很有可能会遭遇资本被冻结在东道国而无法调回国内使用的风险。冻结资本长期滞留在国外，不但使其无法得到充分利用，而且其实际价值很可能因东道国的货币贬值而受到侵蚀。因此，在跨国公司财务管理中，一项区别于国内公司的特殊工作就是要想方设法对冻结资本采取各种可能的预防和善后措施。根据实施的时间不同，这些措施可以分为投资之前的策略、冻结之前的策略和冻结之后的策略3种。

1）投资之前的策略

跨国公司在向海外子公司投资之前，就应充分考虑资本被冻结的可能性及其程度，并在投资资本预算中进行敏感性分析。某项海外投资是否可行取决于考虑到资本冻结后的期望净现值是否大于零。一旦母公司决定在当地投资，就应事先采取措施对该项投资的各个重要方面做出安排，以增加未来资本转移的弹性，并且削弱资本被冻结的潜在危害。

公司可采取的措施主要有：第一，与其他子公司建立贸易关系。这样做可以使跨国公司在日后能够通过内部转移定价机制从该国转移资本。第二，尽量在当地借款。这样做可使该子公司降低当地货币贬值的风险。此外，当地融资比重越大，需要向母公司汇回的利润就越小，这样即使在东道国政府禁止股利汇回的情况下，跨国公司的损失也不会过大。第三，利用特殊的融资方式，如背对背贷款、平行贷款、存贷调换等，这些融资方式在上一部分的“内部信贷”中已有详细论述，故此处不再赘述。第四，投资前与东道国政府谈判达成特殊协议。例如如果投资项目属于东道国优先鼓励发展的高科技行业项目，对东道国很有吸引力，则跨国公司可以以此为砝码与东道国政府事先协商，达成允许资本汇回和防止冻结的协定。第五，母公司资本以债务方式投资代替股权方式投资。与股利汇出和股本返还相比，东道国可能更愿意允许贷款的偿还，因此如果母公司初始资本全部为股权资本，日后投资的收回就可能会遇到困难。

2）冻结之前的策略

进入生产经营期以后，跨国公司必须密切注意东道国的国际收支状况和宏观金融政策的变化。当有迹象表明该国政府可能会采取严格的外汇管制手段来改善其日益恶化的国际收支状况时，跨国公司就必须尽快采取一切可行的直接或间接的资本转移手段，将多余资本从该国调出，只保留最低限度的维持生产经营所必须的资金。其中，直接转移手段包括利用转移价格调整、特许权使用费、提前或延迟结汇以及支付股利等；间接转移手段包括平行贷款或背对背贷款，为向外转移资本购买商品，为整个公司范围内的使用而购买资本商品和当地的服务，进行研究和开发工作以及举行公司大会、度假等消费性活动等。当然，跨国公司在从该国抽逃资本时，最好以隐蔽的方式进行，否则很能会增加其面临的政治风险，或招致资本的提前冻结。

3）冻结之后的策略

如果跨国公司在采取上述各种方法进行资本转移后，仍有相当多的现金无法汇出。在这种情况下，跨国公司就只能考虑将资本在当地进行再投资，以确保这部分资金的实际价值不会因当地货币贬值而遭到侵蚀。这种被迫进行的再投资可以分为短期投资和长期投资两种：

（1）短期投资

如果预计资本冻结只是暂时性的，就应该在当地进行短期投资，以便在资本解除冻结后迅速将它们撤回。可供选择的短期投资方式有：第一，投资于当地货币市场工具，如购买企业债券、国库券、定期存单等，但通常情况下，在实行外汇管制的国家，其金融市场往往不健全，货币市场工具种类和数量较少，流通性也较差，某些货币市场工具的实际收益率甚至还有可能低于当地的通货膨胀率。在这种情况下，跨国公司应选择其他的短期投资方式。第二，大量购买存货。在通货膨胀情况下，存货可以起到保值的作用。虽然大量购买存货会导致资金占用成本和仓储费用的增加，但在当地货币大幅贬值后，存货的价值增值一般会弥补这些成本和费用。第三，向当地的公司提供短期贷款。在通货膨胀率较高和实行外汇管制的国家，政府往往会严格控制银行放款的规模，因此会令当地公司融资困难。如果跨国公司可以将冻结的资本贷款给当地的其他公司使用，则有可能赚取较高的利息收入。

（2）长期投资

如果跨国公司无法在资本被冻结的国家进行短期投资，或者跨国公司仍然希望能够在东道国进行长期经营，那么它可以考虑将冻结资本进行长期投资，例如扩大现有的生产规模、兴办新的生产投资项目、收购濒临破产的企业，或购买公司并不需用的土地、写字楼或通用厂房等，以达到资本保值增值的目的。

本章小结

1. 跨国公司面临的财务管理环境与非跨国公司环境有所不同，具体可以分为政治环境、法律环境、经济环境和社会文化环境四大类。与非跨国公司相比，跨国公司财务管理要面临外汇风险和政治风险，但也会有更多的市场机会。

2. 外汇是“国际汇兑”一词的简称。汇率是两种货币兑换的比率，即一国货币用另一国货币表示的价格。汇率的决定理论包括购买力平价理论、费雪效应、国际费雪效应、利率平价理论和无偏差理论等。

3. 跨国公司资本预算涉及不同的货币体系、不同的税收制度以及不同的风险。通常在进行资本预算时，应首先进行环境分析，然后可以站在母公司和子公司的角度分别进行现金流量的预测，同时还应注意对跨国投资的风险进行调整。

4. 跨国公司资本来源包括跨国公司内部融资、东道国融资、国际代理机构和第三国来源融资以及国际贸易融资等；在举债融资中，要权衡利率水平和外汇风险水平之间的关系，还要对跨国融资风险进行管理。

5. 跨国公司内部资本转移管理在很大程度上影响着资本的配置和使用效益。跨国公司内部资本转移的方式有很多，主要包括股利、特许权费、服务费及管理费、内部信贷及转移价格等。

讨论题

1. A 国和 B 国货币当前的即期汇率为 1A 元=5B 元。预测 A 国的通货膨胀率为 5%，实际利率为 6%；B 国的通货膨胀率为 8%，实际利率也是 6%。假设利率平价理论是成立的，那么 A、B 两国货币间的一年期远期汇率应为多少？

2. 1993 年 7 月，第一支 H 股青岛啤酒 H 股在中国香港上市，之后我国陆续有企业成功发行 N 股、S 股等，实现了在我国香港、美国和新加坡等地进行股权融资的目的。请问，跨国公司利用这种东道国融资来源有什么好处？

3. 什么是转移价格？举例说明跨国公司如何利用转移价格中的低价出售策略和高价出售策略调整跨国公司的资本配置？如何利用这些策略降低应支付的所得税和关税？如何调整利润水平？

4. 登录一家你感兴趣的跨国公司的网站，查看近期的年度报表。总结年度报表中关于以下问题的讨论：

（1）该跨国公司的国际销售水平？

（2）该跨国公司未来有没有继续向外扩展的计划？

（3）该跨国公司的国外经营业务是否获利？获利水平如何？

5. 2010 年，位于美国加利福尼亚州圣克拉拉市的一家破产的新兴技术公司——美国三叶（3leaf）公司停止运作。在没有其他买主收购 3leaf 公司知识产权的情况下，从 2010 年 5 月起，华为公司分两次以 200 万美元收购了三叶公司的部分专利。2010 年 9 月 17 日，华为公司主动就收购涉及的技术出口问题向美国商务部申请许可，并获得了美国商务部“无须许可”的批示，但随后在 2011 年 2 月 10 日，有 5 位美国国会议员致信美国财政部长和美国商务部长，称华为收购美国三叶公司技术的尝试给美国国家安全带来了风险，应当接受严格审查。2 月 11 日，美国外国投资委员会通知华为，建议华为撤销收购三叶特定资产交易的申请。时隔一周，华为公司最终不得不选择了放弃，决定撤回收购三叶的申请。

请问，华为公司经历的是什么风险？跨国公司应如何防范这种风险？除这类风险外，跨国公司还有可能遇到哪些风险？

案例分析

中远集团的海外扩展①

中国远洋运输（集团）公司（以下简称中远集团 COSCO），成立于 1961 年 4 月 27 日，是中国大陆最大的航运企业，中国中央政府直管的特大型国有企业，全球最大的海洋运输公司之一，2011 年中国物流企业 50 强排名第一，2013 年《财富》世界 500 强企业排名第 401。中远集团是最早进入国际资本市场的中国企业之一。1993 年 10 月，中远集团在新加坡借壳上市，顺利进入国际资本市场，成为第一家进入海外资本市场的中国国企。目前在境内外控股和参股的有中国远洋、中远投资、中远太平洋、中远国际、中远航运和中集集团等 6 家上市公司。

中远集团始终在参与国际竞争的过程中不断发展壮大，是中央企业实施“走出去”战略最早的企业之一，也是国际化经营程度最高的中国企业之一。目前，中远集团已形成以北京为中心，以中国香港、美洲、欧洲、新加坡、日本、澳洲、韩国、西亚、非洲等九大区域公司为辐射点的全球架构，在 50 多个国家和地区拥

① 根据中远集团公司网站（http：//www.cosco.com/）及相关网站（如经济观察网：http：//www.eeo.com.cn/2011/0902/210446.shtml 等）资料整理。

有千余家企业和分支机构，员工总数13.5万人，其中境外员工4 600多人，资产总额超过3 300亿元人民币，海外资产和收入已超过总量的半数以上。

自20世纪80年代以来，中远集团主要的海外扩展活动大体如下：

1988年11月29日，中远总公司收购“中好船务代理有限公司”英方股份，使之成为中远在英国的独资公司，并于1989年8月18日更名为“中远（英国）有限公司”。这是中远第一家海外独资公司。从此，中远开始了跨国经营的历程。

1989年2月15日，由中远总公司德国航运代表处改组的中远总公司海外独资企业——中远欧洲有限公司成立。

1993年9月30日，中远集团与日本正和海运株式会社在日本合资组建“远和船务有限公司”。(中远总公司于1995年10月将日方50%的股份买断后，成为独资的中远日本公司)

1993年10月，中远集团投资（新加坡）有限公司在新加坡证券交易所买壳上市，是中远集团第一家海外上市公司，同时也是第一家中国国有企业在海外上市的公司。

1994年8月28日，中远（香港）集团有限公司正式成立。同年11月1日，中远（香港）集团有限公司正式开业。

1994年12月，中远太平洋有限公司在香港联交所挂牌上市。自2003年6月9日起，中远太平洋有限公司入选香港恒生指数成份股。

1995年6月28日，中远韩国有限公司在韩国成立。

1997年5月7日，中远集团在阿联酋迪拜市独资设立“中远西亚有限责任公司”。

2005年6月30日，中国远洋控股股份有限公司（简称中国远洋1919 HK）股票开始在香港联合交易所有限公司主板正式挂牌交易。

2008年11月25日，中远获得希腊“比雷埃夫斯集装箱码头专营权”。

2009年10月1日，中远太平洋全资附属公司Piraeus Container Terminal S.A.（PCT）正式接管希腊比雷埃夫斯集装箱码头。

但中远集团的海外投资也曾有过失败。

早在2007年6月，中远集团就与菲律宾总统初步达成投资意向，计划在菲律宾投资兴建造船厂、海运物流中心等，总投资约50亿美元，而菲律宾方面也表示，“期待中远这样有实力的中资企业能够扩大与菲律宾的海运合作”。但在投资意向达成两年以后，中远集团最终放弃了在菲律宾的综合投资项目。究其放弃的原因，可能与当时航运业的整体低迷有关，但更大的原因在于投资所在地的投资环境不佳，如果进行投资，工期将要延长，而这极大地增加了中远集团的经营风险。另外在2011年，中远集团旗下的中国远洋还曾经使用“拒付手段”，以逼使船东接受其提出的租船费率下调的请求。虽然最终中远支付了款项，但曾有船东，同时也是某公司的CEO对中远进行过这样的评价：“中国远洋缺乏处理长期国际租赁合同的经验，未能在合同中对冲租金变化风险。”

阅读以上案例，回答以下问题：

(1) 中远集团进行跨国经营的主要目的是什么？

(2) 近年来，越来越多的国内公司进入国外市场成为跨国公司。你认为与非跨国公司相比，跨国公司这样做的好处是什么？它们的目标可能包括哪些方面？

(3) 中远集团海外投资失败给我们带来什么启示？

延伸阅读文献

[1] 谷祺，刘淑莲．财务管理 [M]．大连：东北财经大学出版社，2003.

[2] 刘淑莲．公司理财 [M]．北京：中国金融出版社，2005.

[3] 罗菲．公司理财 [M]．北京：经济科学出版社，2011.

[4] 毛付根，林涛．跨国公司财务管理 [M]．大连：东北财经大学出版社，2008.

[5] 王建英，支晓强，袁淳．国际财务管理学 [M]．北京：中国人民大学出版社，2011.

[6] 夏乐书，李琳．国际财务管理 [M]．大连：东北财经大学出版社，2010.

[7] 马杜拉．国际财务管理 [M]．杨淑娥，张俊瑞，译．大连：东北财经大学出版社，2006.

[8] 杰夫·马杜拉．国际财务管理 [M]．张俊瑞，田高良，李彬，译．北京：北京大学出版社，2010.

[9] 尤恩，雷斯尼克．国际财务管理 [M]．赵银德，张华，石盈芳，译．北京：机械工业出版社，2012.

[10] 罗斯，杰富．公司理财 [M]．吴世农，沈艺峰，译．北京：机械工业出版社，2000.

[11] 达摩达兰．应用公司理财 [M]．郑振龙，译．北京：机械工业出版社，2000.

[12] FERGUSON，BRYCE. A consistent global approach to risk [J]. Journal of Lending and Credit Risk Management，2000 (12).

[13] CHRISTOFFERSEN，PETER，VIHANG. Toward a global financial architecture：capital mobility and risk management issues [J]. Emerging Markets Review，2000.